U0907120

广视角·全方位·多品种

权威·前沿·原创

中国城市竞争力报告 No.9

ANNUAL REPORT ON URBAN COMPETITIVENESS(No.9)

城市：让世界倾斜而平坦

Urban: Impel the World Curve and Flat

顾　问／王伟光　李　扬　裴长洪　高培勇 等
主　编／倪鹏飞
副主编／侯庆虎　梁　华　陈小龙
特约主编／沈建法　林祖嘉　杨允中

社会科学文献出版社
SOCIAL SCIENCES ACADEMIC PRESS (CHINA)

法律声明

顾　　问　王伟光　陈佳贵　李　扬　江小涓　仇保兴　裴长洪　高培勇
　　　　　樊　纲　姚景源　王　元　李晓西　王诚庆　邓淑德　吴志良

主　　编　倪鹏飞

副 主 编　侯庆虎　梁　华　陈小龙

特约主编　沈建法　林祖嘉　杨允中

主编助理　赵　恒　魏劭琨

核心成员　（排名不分先后）

梁　华　李清彬　刘　凯　白　晶　郑琼洁　张兴瑞　李　超
陈　帅　汪怡宁　周　颖　史　萌　李蔬妍　王　宁　刘　伟
董亮亮　赵　恒　谢海生　魏劭琨　李煜伟　黄斯赫　潘文轩
李小江　刘　峥　聂新伟　徐光耀　岳晓燕　李光全　康　珂
潘文轩　依绍华　高广春　刘彦平　邹琳华　吕风勇　姜雪梅
陈小龙　侯庆虎　倪鹏飞

特约成员　（排名不分先后）

李　峰（唐山学院经济管理系）
唐　杰（江南大学 MBA 中心）
钱　斌（扬州大学 MBA 教育中心）
傅志明（山东工商学院公共管理学院）
史建锋（哈尔滨工业大学威海分校管理学院）
朱海珅（内蒙古科技大学人文学院）
周　鹏（东北财经大学杂志社）
周　鸿（内蒙古财经学院工商管理学院）
钟昌标（宁波大学商学院）
白双鸿（哈尔滨工业大学 MBA 中心）
赵全鹏（海南大学旅游学院）
张英伟（东北师范大学经济学院）
张国昱（清华大学继续教育学院）
刘朝林（北京大学光华管理学院 MBA）
袁兢业（广西大学物理科学与工程技术学院）
姚建平（东南大学）
徐世杰（东莞理工学院城市学院）
徐　猛（北京师范大学珠海分校不动产学院）

夏建华（湖南商学院经济学系）
王丽霞（华侨大学人文与公共管理学院）
吕兴仁（东北大学 MBA 教育中心）
曾　萍（云南大学商旅学院 MBA 中心）
石　岩（山东大学管理学院 MBA）
蒲奇军（重庆社会科学院）
欧向军（徐州师范大学城市与环境学院）
万寒生（安徽师范大学 MBA 中心）
马春辉（深圳大学传媒学院）
柳　洁（西南财经大学 MBA 教育中心）
王大海（天津工业大学 MBA 中心）
刘法勤（潍坊学院）
林昌华（福建省社会科学院经济研究所）
李　舟（广西工学院）
李生校（绍兴文理学院经济管理学院）
王陆庄（浙江大学城市学院）
田正芳（中山大学管理学院 MBA 教育中心）
黄　健（南通师范学院）
胡惠英（河北科技大学文法学院）
宁亮（江西财经大学 MBA 学院）
王晓蔚（西北大学经济管理学院 MBA）
过聚荣（上海交大安泰管理学院）
吕颖洁（安徽大学工商管理学院 MBA 中心）
俞　平（武汉理工大学经济管理学院 MBA）
刘　伟（郑州大学 MBA 教育中心）
高厚礼（山东理工大学管理学院）
王呈斌（台州学院经贸管理学院）
范　富（太原市委党校）
程晓萍（常州工学院经济与管理学院）
成晓军（惠州学院政法系）
陈永磊（山东科技大学）
陈体令（温州大学城市学院）
陶　虹（苏州大学商学院 MBA 中心）

中国社会科学院城市与竞争力研究中心简介

中国社会科学院城市与竞争力研究中心是2010年4月26日成立的一个有关城市与竞争力的院级非实体研究中心。中心的主要任务是组织国内外各界相关研究人员，开展城市经济、城市管理、城市化、城市竞争力、房地产经济、房地产金融相关的学术研究，发表城市与房地产相关的研究论文、出版专著和研究报告；开展国内外学术交流，组织中心学者进行国际学术访问；组织国内外相关领域专家、城市市长等各界人士召开城市竞争力国际论坛以及相关学术会议；与相关单位开展合作研究、社会实践、专项调研等活动；承担国内外政府、企业、非政府组织等委托，开展相关的政策和战略咨询研究；可接受研究生实习、学者学术访问，通过举办高级研修班等多种形式的培训，培养学以致用的学术和城市管理人才。

近年来，中国社会科学院这支研究团队在城市与竞争力方面做了许多的创新探索，关于中国城市竞争力的研究获得了“孙冶方经济科学奖”；关于中国住房发展的研究获国家重大社科基金支持。城市竞争力蓝皮书等已成为中国社会科学院重要的学术品牌，在国内外产生十分广泛的影响，进一步确立了中国社会科学院在这些领域的全国领先地位，也为中央及地方政府的相关决策提供参考。中心组织和联合全世界的城市竞争力研究专家，成立全球城市竞争力项目组，与世界银行集团及世界著名城市学者开展相关领域的高端合作，举办城市竞争力国际论坛，扩大了中国社会科学院在这些国际学术领域的话语权和影响力。

城市与竞争力指数数据库简介

城市与竞争力指数数据库是中国社会科学院城市与竞争力研究中心经过对城市与竞争力十余年的跟踪研究，建立的涵盖国家竞争力、城市竞争力、城市联系度、教育竞争力、人才竞争力、商务环境、住房发展等多个方面的大型综合数据库，数据库目前已经拥有数百项指标的数据，样本包括世界主要国家和地区，全球500个城市，中国300各城市，是全球有关城市与竞争力的最重要数据库之一。在数据库中系统性总结了中心专家十余年调研成果，构建了城市与竞争力案例库。

为保证数据权威性与准确性，数据库将数据来源、数据处理方法和指数合成方法等附在数据之中，便于数据库的使用者随时查阅。库藏城市与竞争力案例库是经由中心联合国内外专家悉心总结，综合中心多部著作及调研成果，制作了包含数百个经典案例的城市与竞争力案例库。

库藏数据分为原始数据、单项指数和综合指数三大类，使用英文与中文两种版本。原始数据来源分为主观、客观两大部分，客观数据主要来自国际组织、国家及城市统计部门、有关研究机构，主观数据由问卷调查获得，数据涉及经济、社会、文化、教育、环境等诸多方面，是构成单项指数和综合指数的基础。为保证权威性与科学性，单项指数数据指数化方法借鉴了《中国城市竞争力报告》等著作，经过多年实践检验，力求做到权威、科学、严谨。综合指数由其他指数合成而来，按照指标层次的不同而分为多个等级，其中下层综合指数由单项指数合成，上层综合指数由下层综合指数合成，最终构成综合指数体系。指数合成的权重按照目前国际权威的权重计算方法，保证方法的科学性。库藏案例按照案例主体、案例类型、案例调研时间和案例出处为划分依据进行分类总结，并根据最新研究成果不断更新。表1、表2所示分别为库藏数据和库藏案例初版示例。

表 1　库藏数据示例

综合指数甲	数据来源	处理方法	数据等级:综合指数二级	合成方法
综合指数乙	数据来源	处理方法	数据等级:综合指数一级	合成方法
单项指数丙	数据来源	处理方法	数据等级:单项指数	指数化方法
原始数据丁	数据来源	处理方法	数据等级:原始数据	/

表 2　库藏案例初版示例

<table>
<tr><td>案例甲</td><td>案例主体</td><td>案例类型</td><td>案例调研时间</td><td>案例出处</td></tr>
<tr><td colspan="5">案例内容</td></tr>
</table>

主要编撰者简介

倪鹏飞　男，南开大学经济学博士。中国社会科学院财政与贸易经济研究所城市与房地产经济研究室主任，研究员，博士生导师。香港中文大学、香港亚太研究所客座研究员。全球城市竞争力跨国项目秘书长，中国城市竞争力报告课题组组长，中国社会科学院青年人文社会科学研究中心副理事长，中国城市科学会、中国城市发展学会、中国城市经济学会的副秘书长。曾被聘为联合国开发计划署“中小企业改革和发展”项目评估专家。《中国城市竞争力报告》（No. 1 ~ No. 9）主编。与美国学者彼得·卡尔·克拉索联合主编《全球城市竞争力报告》；与英国皇家科学院院士彼得·泰勒教授合著《全球城市分析》。在美国《国际事务》杂志、英国《城市研究》杂志等国内外权威杂志发表文章10余篇。世界银行集团和中国社会科学院合作项目《中国营商环境报告》（*Doing Business in China*）中方负责人。曾获第十一届孙冶方经济学著作奖。主要研究领域：国家竞争力、城市竞争力、城市经济学、房地产经济学。

侯庆虎　男，南开大学数学博士，南开大学组合数学研究中心教授，博士生导师。主要研究领域：机械证明，城市竞争力计量。

梁　华　女，南开大学经济学博士，中国社会科学杂志社副编审。主要研究领域：外国直接投资与中国经济发展。

陈小龙　男，国家统计局城市司城市资料处处长。主要研究领域：城市社会经济统计。

沈建法　男，伦敦经济学院地理学博士，香港中文大学香港亚太研究所教授，亚太城市与区域发展研究计划主任。主要研究领域：城市竞争力与中国城市化。

林祖嘉　男，加州大学洛杉矶分校经济学博士，台湾政治大学经济学教授。主要研究领域：城市竞争力与房地产经济。

杨允中　男，经济学博士，法学博士，澳门理工大学“一国两制”研究中心主任，教授。主要研究领域：澳门经济。

摘　要

中国未来五年将着力实施扩大内需，建立长效机制，释放消费潜力；着力促进过度依赖投资、出口拉动的经济增长方式，向依靠消费、投资、出口协调拉动经济增长的方式转变。加快城市发展将是未来中国转变经济增长方式，实现包容性增长的主引擎。本年度报告将“城市：让世界倾斜而平坦”作为研究主题。《中国城市竞争力报告 No. 9》在继续深化理论研究、计量研究的基础上，锐意创新。在介绍城市竞争力的分析方法时，首次引入城市居民幸福感调查，扩大研究视角。报告利用计算结果进行了计量分析，计量研究部分主要采取总、分的形式。报告首先运用显示性指标体系及数据，对全国 294 个地级以上城市进行一个总体研究；之后，又分别对六大区域和 22 个省区进行了区域研究。作为本次报告最大亮点的主题报告，鲜明地提出政府部门在制定区域发展和城市发展规划时，要充分考虑到世界是“倾斜而平坦的”，这就要求政府的行政力量一定要发挥在市场失灵的部分，在继续重视中心城市发展的基础上，也要给予边缘城市和区域外部足够的政策支持，要给予发展落后的城市腾飞的机会。这样才能够避免国内区域间发展不平衡，实现全国统一协调发展。

Abstract

China will focus on the implementation in the next 5 years to expand domestic demand, the establishment of long-term mechanism, the release of the consumption potential. Economic growth will be changed effectively from depending overly on investment and exports to keeping coordination of consumption, investment and exports. Accelerating China's future urban development will be the main engine in the transformation of economic growth, inclusive growth to achieve. This report focuses on "Urban: Impel the World Curve and Flat". *Annual Report on China Urban Competitiveness No. 9* enlarged the viewpoint of research, and created new theory of research. In the brief introduction of urban competitiveness method, happiness survey of urban residents is introduced firstly. Quantitative research applied the form of general report and regional reports. Firstly, the general report employed the revealed index system and data to analyze 294 Chinese cities, and then came the regional reports of 6 regions and 22 provinces in China. The theme report is the biggest highlight of the report. It prompts that development plan of regional and urban development, government departments shall take fully it into account that the world is "curve and flat." The executive power to the government must play a part in market failure. While continuing to attach importance to the development of central urban , the edge of cities and regions should be given sufficient policy support; the undeveloped city shall be given the opportunity to take off. Only that can avoid an imbalance in regional development and achieve coordinated development of national unity.

目 录

𝔹Ⅰ 第一部分 总体报告

𝔹Ⅱ 第二部分 理论研究与发现

𝔹Ⅲ 第三部分 区域报告

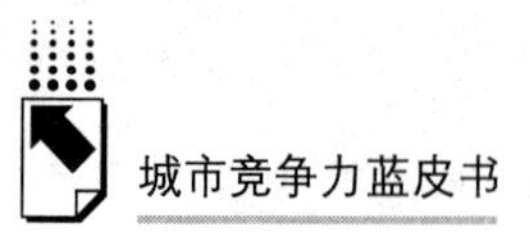

BⅣ 第四部分 主题报告

BⅤ 第五部分 重点城市报告

皮书数据库阅读使用指南

CONTENTS

B I Part I General Report

B II Part II Framework of Research

B III Part III Regional Report

B.Ⅳ Part Ⅳ Theme Report

B.Ⅴ Part Ⅴ Main Cities Report

第一部分　总体报告

Part Ⅰ　General Report

B.1

第一章
中国城市综合竞争力 2010 年度排名

一　2010 年中国 294 个城市综合竞争力（见表 1－1）

表 1－1　2010 年中国 294 个城市综合竞争力

城市	综合竞争力指数	排名	综合增长竞争力指数	排名	经济规模竞争力指数	排名	经济效率竞争力指数	排名	发展成本竞争力指数	排名	产业层次竞争力指数	排名	收入水平竞争力指数	排名	幸福感竞争力指数	排名
香港	1.000	1	0.256	288	0.979	2	0.966	2	0.818	4	0.992	2	1.000	1	0.797	271
上海	0.892	2	0.621	267	1.000	1	0.606	14	0.618	55	0.735	3	0.408	9	0.833	205
北京	0.881	3	0.626	265	0.893	3	0.460	32	0.569	101	1.000	1	0.378	10	0.928	9
深圳	0.859	4	0.723	193	0.731	5	0.609	13	0.615	60	0.685	6	0.365	11	0.815	243

续表

城市	综合竞争力指数	排名	综合增长竞争力指数	排名	经济规模竞争力指数	排名	经济效率竞争力指数	排名	发展成本竞争力指数	排名	产业层次竞争力指数	排名	收入水平竞争力指数	排名	幸福感竞争力指数	排名
台北	0.858	5	0.186	290	0.540	9	1.000	1	0.787	6	0.716	4	0.595	2	0.898	33
广州	0.843	6	0.726	188	0.741	4	0.556	17	0.666	34	0.593	11	0.318	17	0.891	48
天津	0.803	7	0.861	40	0.674	6	0.464	31	0.609	68	0.498	29	0.288	23	0.877	75
大连	0.794	8	0.842	48	0.426	16	0.540	19	0.672	31	0.541	18	0.309	19	0.848	146
长沙	0.783	9	0.818	76	0.362	24	0.535	20	0.753	10	0.554	14	0.277	28	0.863	114
杭州	0.781	10	0.685	223	0.502	10	0.489	26	0.551	115	0.592	12	0.326	16	0.851	141
青岛	0.781	11	0.828	60	0.408	18	0.528	21	0.677	28	0.489	31	0.298	21	0.877	78
佛山	0.778	12	0.879	30	0.550	8	0.646	9	0.592	82	0.370	89	0.248	38	0.886	56
澳门	0.773	13	0.676	231	0.140	97	0.801	6	0.611	61	0.547	15	0.592	3	0.887	54
东莞	0.770	14	0.746	170	0.481	13	0.655	8	0.532	131	0.446	48	0.279	26	0.848	149
苏州	0.768	15	0.753	159	0.424	17	0.528	22	0.616	57	0.478	33	0.330	15	0.794	276
沈阳	0.762	16	0.896	27	0.474	14	0.443	38	0.716	21	0.458	39	0.226	55	0.868	97
无锡	0.762	17	0.734	178	0.404	19	0.545	18	0.611	63	0.450	47	0.310	18	0.871	87
高雄	0.760	18	0.136	292	0.340	26	0.850	4	0.671	32	0.645	7	0.504	5	0.909	18
南京	0.749	19	0.726	189	0.485	12	0.382	59	0.590	84	0.519	24	0.285	24	0.852	140
武汉	0.747	20	0.812	79	0.490	11	0.445	37	0.611	62	0.513	26	0.215	58	0.824	228
宁波	0.745	21	0.643	258	0.388	20	0.504	25	0.508	160	0.478	34	0.352	12	0.877	77
厦门	0.734	22	0.694	218	0.312	33	0.452	34	0.610	66	0.465	36	0.343	13	0.851	142
济南	0.732	23	0.741	173	0.385	21	0.404	48	0.655	38	0.522	20	0.237	43	0.846	155
成都	0.731	24	0.783	116	0.435	15	0.384	58	0.732	16	0.521	21	0.180	89	0.864	111

续表

城市	综合竞争力指数	排名	综合增长竞争力指数	排名	经济规模竞争力指数	排名	经济效率竞争力指数	排名	发展成本竞争力指数	排名	产业层次竞争力指数	排名	收入水平竞争力指数	排名	幸福感竞争力指数	排名
合肥	0.730	25	0.914	20	0.297	34	0.412	45	0.730	17	0.450	46	0.250	36	0.857	128
东营	0.728	26	0.822	69	0.273	39	0.666	7	0.654	39	0.323	152	0.276	29	0.855	132
包头	0.723	27	0.985	6	0.319	32	0.514	23	0.443	211	0.396	71	0.270	32	0.929	8
鄂尔多斯	0.722	28	1.000	1	0.148	85	0.467	30	0.718	20	0.458	40	0.337	14	0.905	21
常州	0.715	29	0.749	164	0.331	28	0.478	28	0.578	93	0.377	81	0.270	33	0.900	29
台中	0.713	30	0.045	293	0.322	31	0.877	3	0.739	14	0.627	9	0.432	8	0.864	105
基隆	0.712	31	0.203	289	0.144	89	0.630	10	0.778	7	0.710	5	0.492	6	0.901	28
呼和浩特	0.711	32	0.836	52	0.250	43	0.426	42	0.639	48	0.511	27	0.244	39	0.840	175
台南	0.711	33	0.172	291	0.210	54	0.620	11	0.778	8	0.607	10	0.452	7	0.899	31
烟台	0.710	34	0.879	31	0.293	36	0.438	40	0.677	29	0.362	95	0.234	48	0.908	20
中山	0.704	35	0.698	215	0.294	35	0.616	12	0.516	146	0.387	75	0.242	40	0.863	113
福州	0.703	36	0.776	129	0.268	41	0.391	54	0.600	75	0.543	16	0.233	51	0.847	153
重庆	0.698	37	0.808	84	0.554	7	0.449	35	0.506	163	0.392	73	0.141	152	0.854	135
西安	0.697	38	0.814	78	0.368	22	0.327	91	0.639	49	0.521	22	0.177	92	0.826	218
长春	0.694	39	0.868	35	0.344	25	0.356	74	0.725	18	0.396	72	0.175	97	0.857	127
珠海	0.682	40	0.637	262	0.231	51	0.436	41	0.598	76	0.398	70	0.284	25	0.864	105
哈尔滨	0.681	41	0.782	117	0.364	23	0.329	89	0.590	85	0.452	45	0.178	91	0.844	165
大庆	0.680	42	0.640	259	0.332	27	0.596	16	0.529	136	0.265	237	0.236	45	0.870	92
郑州	0.679	43	0.718	196	0.279	37	0.340	80	0.437	213	0.559	13	0.249	37	0.879	69
扬州	0.678	44	0.793	105	0.202	56	0.439	39	0.617	56	0.365	93	0.239	41	0.945	3

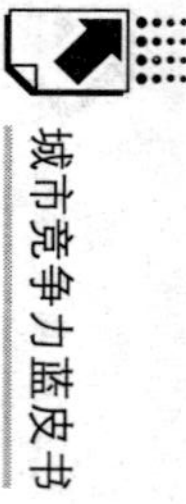

续表

城市	综合竞争力指数	排名	综合增长竞争力指数	排名	经济规模竞争力指数	排名	经济效率竞争力指数	排名	发展成本竞争力指数	排名	产业层次竞争力指数	排名	收入水平竞争力指数	排名	幸福感竞争力指数	排名
南通	0.676	45	0.791	106	0.245	44	0.421	43	0.588	86	0.353	107	0.234	49	0.878	73
石家庄	0.665	46	0.620	268	0.237	47	0.387	55	0.537	125	0.542	17	0.171	106	1.000	1
温州	0.663	47	0.610	273	0.234	50	0.363	71	0.529	134	0.469	35	0.273	31	0.799	268
徐州	0.663	48	0.803	91	0.245	45	0.382	60	0.609	67	0.344	125	0.208	63	0.872	85
南宁	0.658	49	0.853	44	0.240	46	0.280	126	0.607	70	0.479	32	0.189	83	0.843	166
淄博	0.654	50	0.773	132	0.328	30	0.412	44	0.511	155	0.309	170	0.177	93	0.852	138
南昌	0.653	51	0.804	90	0.258	42	0.356	73	0.627	53	0.404	64	0.157	122	0.833	202
镇江	0.651	52	0.767	137	0.189	60	0.405	47	0.546	119	0.355	104	0.236	44	0.889	51
唐山	0.648	53	0.726	190	0.331	29	0.449	36	0.392	233	0.318	160	0.191	78	0.881	66
泉州	0.647	54	0.809	82	0.183	65	0.386	57	0.585	90	0.346	122	0.235	46	0.820	237
泰州	0.647	55	0.807	86	0.139	98	0.392	53	0.611	64	0.327	144	0.275	30	0.911	16
昆明	0.646	56	0.691	221	0.270	40	0.287	120	0.510	156	0.453	42	0.199	70	0.883	63
芜湖	0.646	57	0.840	50	0.174	72	0.387	56	0.631	52	0.343	128	0.208	62	0.860	119
舟山	0.643	58	0.796	101	0.122	111	0.340	79	0.642	45	0.405	62	0.265	34	0.904	22
惠州	0.640	59	0.831	58	0.211	53	0.325	93	0.498	175	0.344	126	0.231	54	0.887	55
马鞍山	0.639	60	0.821	72	0.151	82	0.482	27	0.365	244	0.355	105	0.293	22	0.864	108
威海	0.632	61	0.781	120	0.148	87	0.402	49	0.529	135	0.304	180	0.257	35	0.897	34
绍兴	0.630	62	0.611	271	0.128	105	0.363	70	0.491	180	0.518	25	0.279	27	0.808	258
新竹	0.629	63	0.000	294	0.179	68	0.838	5	0.427	218	0.636	8	0.519	4	0.928	10
台州	0.627	64	0.599	276	0.187	61	0.316	99	0.570	99	0.422	54	0.235	47	0.791	280

续表

城市	综合竞争力指数	排名	综合增长竞争力指数	排名	经济规模竞争力指数	排名	经济效率竞争力指数	排名	发展成本竞争力指数	排名	产业层次竞争力指数	排名	收入水平竞争力指数	排名	幸福感竞争力指数	排名
太原	0.627	65	0.593	277	0.278	38	0.376	62	0.313	262	0.520	23	0.183	86	0.843	168
克拉玛依	0.622	66	0.467	286	0.143	93	0.603	15	0.481	188	0.263	239	0.308	20	0.875	79
沧州	0.621	67	0.741	174	0.110	125	0.455	33	0.564	106	0.401	66	0.202	67	0.836	191
鞍山	0.621	68	0.899	25	0.237	49	0.468	29	0.216	280	0.359	100	0.234	50	0.818	242
柳州	0.620	69	0.775	130	0.183	64	0.372	63	0.514	150	0.334	137	0.189	79	0.835	199
嘉兴	0.619	70	0.666	237	0.144	91	0.320	96	0.537	126	0.409	60	0.238	42	0.857	126
江门	0.617	71	0.723	192	0.193	59	0.337	82	0.567	104	0.313	166	0.189	82	0.858	124
泰安	0.614	72	0.822	70	0.163	75	0.268	138	0.695	25	0.375	84	0.157	121	0.879	69
株洲	0.613	73	0.789	109	0.151	81	0.365	69	0.457	202	0.359	102	0.214	59	0.835	194
岳阳	0.610	74	0.769	135	0.156	78	0.380	61	0.538	124	0.309	169	0.188	84	0.835	195
临沂	0.610	75	0.858	43	0.193	58	0.290	119	0.491	179	0.301	183	0.178	90	0.956	2
济宁	0.609	76	0.831	57	0.154	79	0.328	90	0.513	151	0.296	193	0.210	60	0.889	50
乌鲁木齐	0.609	77	0.745	172	0.237	48	0.240	159	0.426	219	0.457	41	0.168	107	0.854	134
银川	0.607	78	0.661	243	0.135	101	0.287	121	0.568	103	0.534	19	0.174	99	0.820	238
秦皇岛	0.605	79	0.654	248	0.140	96	0.368	66	0.444	208	0.426	53	0.197	71	0.856	130
日照	0.604	80	0.892	29	0.177	69	0.337	83	0.548	117	0.283	209	0.147	137	0.894	39
湖州	0.603	81	0.663	239	0.148	86	0.303	104	0.576	95	0.351	111	0.208	64	0.836	188
龙岩	0.601	82	0.834	53	0.114	120	0.371	64	0.443	210	0.328	141	0.233	53	0.861	118
洛阳	0.600	83	0.737	175	0.177	70	0.314	100	0.359	247	0.453	43	0.182	87	0.837	183
海口	0.600	84	0.650	253	0.145	88	0.226	176	0.999	1	0.413	57	0.134	163	0.823	230

续表

城市	综合竞争力指数	排名	综合增长竞争力指数	排名	经济规模竞争力指数	排名	经济效率竞争力指数	排名	发展成本竞争力指数	排名	产业层次竞争力指数	排名	收入水平竞争力指数	排名	幸福感竞争力指数	排名
漳州	0.599	85	0.791	107	0.104	142	0.358	72	0.517	144	0.368	91	0.200	69	0.870	90
潍坊	0.598	86	0.731	180	0.180	66	0.264	141	0.542	123	0.348	118	0.167	112	0.897	35
湘潭	0.598	87	0.790	108	0.133	103	0.394	52	0.500	171	0.322	154	0.174	100	0.837	186
松原	0.597	88	0.919	19	0.116	118	0.400	50	0.673	30	0.275	225	0.139	154	0.873	83
铜陵	0.597	89	0.762	146	0.100	145	0.399	51	0.459	199	0.325	149	0.233	52	0.895	36
常德	0.597	90	0.810	80	0.158	77	0.302	105	0.772	9	0.253	257	0.146	142	0.866	102
莆田	0.595	91	0.851	45	0.160	76	0.293	117	0.686	27	0.276	221	0.142	150	0.855	131
连云港	0.594	92	0.731	181	0.120	113	0.255	145	0.610	65	0.361	98	0.205	65	0.893	42
廊坊	0.594	93	0.753	157	0.100	147	0.298	111	0.569	102	0.418	55	0.189	81	0.885	57
湛江	0.594	94	0.654	250	0.169	74	0.330	87	0.593	80	0.328	142	0.138	155	0.902	27
金华	0.591	95	0.663	240	0.113	122	0.251	149	0.607	69	0.430	51	0.216	57	0.791	281
盐城	0.591	96	0.750	163	0.152	80	0.243	156	0.700	24	0.276	222	0.175	98	0.913	14
营口	0.590	97	0.996	5	0.137	99	0.330	88	0.385	235	0.306	176	0.197	72	0.833	202
吉林	0.590	98	0.952	15	0.202	55	0.297	112	0.360	246	0.368	90	0.140	153	0.814	247
枣庄	0.586	99	0.760	148	0.174	71	0.293	115	0.633	51	0.241	266	0.148	133	0.894	39
贵阳	0.584	100	0.766	141	0.186	62	0.239	161	0.349	251	0.452	44	0.173	104	0.821	234
兰州	0.584	101	0.696	216	0.198	57	0.276	130	0.478	191	0.401	67	0.123	180	0.832	210
莱芜	0.583	102	0.767	138	0.141	94	0.300	110	0.509	157	0.280	213	0.174	101	0.931	6
德州	0.582	103	0.833	55	0.105	138	0.367	67	0.545	120	0.361	97	0.128	171	0.885	58
肇庆	0.582	104	0.805	89	0.110	127	0.319	97	0.421	222	0.401	65	0.173	103	0.878	71

续表

城市	综合竞争力指数	排名	综合增长竞争力指数	排名	经济规模竞争力指数	排名	经济效率竞争力指数	排名	发展成本竞争力指数	排名	产业层次竞争力指数	排名	收入水平竞争力指数	排名	幸福感竞争力指数	排名
玉溪	0.581	105	0.766	140	0.123	110	0.512	24	0.566	105	0.277	220	0.112	191	0.835	197
滨州	0.581	106	0.783	115	0.100	146	0.279	127	0.517	145	0.350	115	0.194	76	0.932	5
邯郸	0.580	107	0.688	222	0.144	90	0.305	103	0.533	128	0.312	167	0.167	110	0.837	183
盘锦	0.579	108	0.472	285	0.133	102	0.407	46	0.576	94	0.273	230	0.200	68	0.818	241
淮安	0.577	109	0.784	114	0.180	67	0.214	190	0.605	71	0.283	208	0.150	129	0.860	119
锦州	0.575	110	0.823	68	0.118	115	0.308	102	0.454	205	0.323	151	0.166	113	0.894	41
平顶山	0.575	111	0.728	186	0.128	104	0.352	76	0.418	224	0.285	205	0.191	77	0.865	104
三亚	0.573	112	0.914	21	0.068	203	0.189	202	0.887	2	0.351	113	0.195	74	0.836	189
桂林	0.571	113	0.728	187	0.105	140	0.274	133	0.586	88	0.438	49	0.145	146	0.761	291
咸阳	0.570	114	0.784	113	0.109	129	0.273	134	0.791	5	0.294	198	0.138	156	0.778	285
十堰	0.569	115	0.704	207	0.110	126	0.350	77	0.499	174	0.338	131	0.147	135	0.844	161
襄樊	0.569	116	0.754	156	0.184	63	0.271	136	0.741	12	0.280	214	0.086	236	0.839	177
保定	0.569	117	0.692	220	0.143	92	0.342	78	0.368	241	0.352	108	0.146	143	0.891	46
新余	0.566	118	0.878	32	0.128	106	0.337	84	0.384	236	0.291	201	0.164	115	0.809	255
九江	0.565	119	0.760	149	0.125	107	0.366	68	0.381	237	0.388	74	0.126	176	0.825	224
宜昌	0.561	120	0.704	210	0.174	73	0.340	81	0.349	250	0.304	179	0.136	160	0.835	198
景德镇	0.560	121	0.796	100	0.075	186	0.291	118	0.601	74	0.309	171	0.176	96	0.842	170
汕头	0.560	122	0.639	260	0.230	52	0.230	171	0.553	113	0.301	182	0.092	229	0.913	14
新乡	0.560	123	0.777	127	0.096	152	0.229	172	0.504	165	0.412	58	0.153	124	0.885	61
清远	0.558	124	0.970	10	0.107	132	0.296	113	0.461	198	0.265	235	0.152	127	0.829	216

续表

城市	综合竞争力指数	排名	综合增长竞争力指数	排名	经济规模竞争力指数	排名	经济效率竞争力指数	排名	发展成本竞争力指数	排名	产业层次竞争力指数	排名	收入水平竞争力指数	排名	幸福感竞争力指数	排名
乌海	0.556	125	0.861	39	0.107	135	0.337	85	0.283	269	0.292	200	0.209	61	0.869	93
本溪	0.556	126	0.906	22	0.148	84	0.323	95	0.231	277	0.318	159	0.183	85	0.799	267
衢州	0.556	127	0.781	121	0.095	155	0.238	163	0.515	148	0.336	136	0.174	102	0.845	158
辽阳	0.555	128	0.781	118	0.112	123	0.301	109	0.415	227	0.318	158	0.149	131	0.864	105
丽水	0.555	129	0.730	184	0.058	224	0.237	164	0.585	91	0.427	52	0.197	73	0.853	137
抚顺	0.554	130	0.781	119	0.150	83	0.287	122	0.365	245	0.296	192	0.147	136	0.831	213
茂名	0.553	131	0.655	246	0.136	100	0.301	108	0.533	130	0.301	184	0.119	183	0.826	220
绵阳	0.553	132	0.626	266	0.124	108	0.242	157	0.594	79	0.326	147	0.129	169	0.885	59
宜宾	0.549	133	0.776	128	0.100	148	0.265	140	0.512	152	0.270	232	0.168	108	0.832	208
晋城	0.544	134	0.636	263	0.051	243	0.277	128	0.400	229	0.463	38	0.222	56	0.900	29
攀枝花	0.541	135	0.803	92	0.111	124	0.301	107	0.321	260	0.280	215	0.176	95	0.820	239
长治	0.540	136	0.655	245	0.083	167	0.276	131	0.352	249	0.370	88	0.195	75	0.869	94
梧州	0.539	137	0.780	122	0.063	214	0.231	169	0.657	37	0.346	121	0.145	147	0.831	212
北海	0.538	138	0.924	18	0.078	179	0.229	173	0.524	138	0.299	186	0.149	132	0.826	219
邢台	0.538	139	0.663	241	0.079	176	0.294	114	0.431	217	0.348	119	0.159	118	0.844	162
安阳	0.536	140	0.654	249	0.107	134	0.235	165	0.439	212	0.313	165	0.153	125	0.880	67
三明	0.535	141	0.778	126	0.073	194	0.319	98	0.330	256	0.330	140	0.189	80	0.812	248
萍乡	0.534	142	0.819	74	0.094	156	0.259	143	0.516	147	0.262	241	0.138	158	0.797	270
通化	0.533	143	0.950	16	0.075	187	0.281	125	0.450	207	0.278	217	0.130	166	0.893	44
韶关	0.533	144	0.615	270	0.102	144	0.219	185	0.402	228	0.361	96	0.167	109	0.859	122

续表

城市	综合竞争力指数	排名	综合增长竞争力指数	排名	经济规模竞争力指数	排名	经济效率竞争力指数	排名	发展成本竞争力指数	排名	产业层次竞争力指数	排名	收入水平竞争力指数	排名	幸福感竞争力指数	排名
郴州	0.533	145	0.645	257	0.092	157	0.250	151	0.432	216	0.317	161	0.166	114	0.849	144
防城港	0.531	146	0.983	7	0.072	197	0.257	144	0.645	44	0.255	253	0.112	194	0.821	233
河源	0.531	147	0.821	71	0.052	237	0.277	129	0.519	142	0.382	78	0.129	167	0.859	123
衡阳	0.530	148	0.797	99	0.108	131	0.241	158	0.370	240	0.327	143	0.129	168	0.842	171
丹东	0.529	149	0.863	38	0.091	158	0.251	148	0.378	238	0.324	150	0.142	148	0.775	286
黄石	0.526	150	0.692	219	0.105	139	0.324	94	0.367	242	0.294	195	0.120	182	0.833	204
宿迁	0.526	151	0.859	42	0.106	137	0.187	203	0.639	47	0.245	263	0.107	205	0.883	62
漯河	0.524	152	0.748	167	0.114	119	0.250	150	0.659	36	0.193	289	0.097	220	0.909	17
南阳	0.524	153	0.729	185	0.123	109	0.190	201	0.487	182	0.320	156	0.108	202	0.833	206
西宁	0.523	154	0.823	67	0.117	116	0.293	116	0.276	271	0.495	30	0.073	253	0.825	221
濮阳	0.522	155	0.549	280	0.083	168	0.327	92	0.476	194	0.238	268	0.162	116	0.815	245
葫芦岛	0.521	156	0.794	104	0.097	150	0.200	195	0.394	232	0.294	197	0.152	128	0.846	154
赤峰	0.521	157	0.961	13	0.122	112	0.219	184	0.335	255	0.294	196	0.115	189	0.806	259
乐山	0.521	158	0.827	61	0.103	143	0.215	189	0.509	158	0.253	258	0.115	188	0.836	187
黄山	0.521	159	0.667	236	0.050	245	0.169	223	0.704	23	0.409	59	0.146	144	0.873	82
延安	0.520	160	0.735	177	0.051	242	0.215	188	0.654	41	0.356	103	0.132	164	0.833	206
揭阳	0.519	161	0.876	33	0.072	196	0.250	152	0.464	196	0.311	168	0.108	203	0.877	76
宝鸡	0.519	162	0.859	41	0.141	95	0.232	167	0.316	261	0.252	260	0.128	172	0.793	278
许昌	0.518	163	0.648	255	0.067	206	0.282	124	0.509	159	0.236	271	0.158	120	0.899	32
泸州	0.518	164	0.827	64	0.104	141	0.182	207	0.522	140	0.279	216	0.112	192	0.844	162
德阳	0.518	165	0.821	73	0.082	169	0.246	154	0.443	209	0.265	236	0.120	181	0.903	24

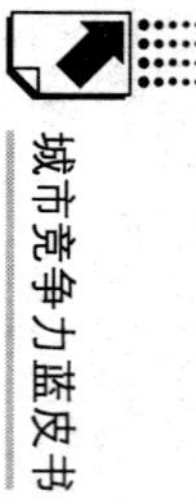

续表

城市	综合竞争力指数	排名	综合增长竞争力指数	排名	经济规模竞争力指数	排名	经济效率竞争力指数	排名	发展成本竞争力指数	排名	产业层次竞争力指数	排名	收入水平竞争力指数	排名	幸福感竞争力指数	排名
鄂州	0.518	166	0.797	98	0.110	128	0.259	142	0.545	122	0.223	278	0.097	223	0.795	273
蚌埠	0.517	167	0.667	235	0.095	154	0.217	187	0.576	96	0.359	99	0.081	244	0.869	94
淮北	0.516	168	0.673	233	0.099	149	0.234	166	0.554	111	0.236	270	0.111	195	0.890	49
鹤壁	0.516	169	0.796	102	0.071	199	0.231	168	0.496	176	0.245	262	0.136	162	0.930	7
辽源	0.516	170	0.998	4	0.077	184	0.302	106	0.258	275	0.298	189	0.138	157	0.836	191
玉林	0.515	171	0.789	110	0.082	170	0.176	214	0.530	133	0.326	145	0.129	170	0.795	272
聊城	0.515	172	0.771	133	0.080	174	0.162	228	0.556	110	0.305	178	0.141	151	0.834	200
阳江	0.515	173	0.704	209	0.078	182	0.239	160	0.603	72	0.277	219	0.105	206	0.848	147
承德	0.514	174	0.764	143	0.073	189	0.221	182	0.259	274	0.368	92	0.176	94	0.935	4
淮南	0.514	175	0.780	123	0.118	114	0.177	213	0.515	149	0.255	254	0.108	200	0.843	167
梅州	0.513	176	0.708	204	0.043	257	0.225	178	0.490	181	0.354	106	0.172	105	0.889	52
呼伦贝尔	0.512	177	0.906	22	0.053	236	0.312	101	0.284	268	0.503	28	0.099	214	0.848	148
齐齐哈尔	0.511	178	0.725	191	0.114	121	0.170	222	0.395	231	0.346	123	0.105	207	0.924	11
安庆	0.511	179	0.638	261	0.074	188	0.176	215	0.487	183	0.463	37	0.116	187	0.815	244
朔州	0.510	180	0.839	51	0.107	133	0.333	86	0.187	287	0.188	292	0.203	66	0.875	80
南平	0.510	181	0.755	155	0.061	219	0.227	174	0.457	201	0.306	174	0.146	145	0.821	236
衡水	0.509	182	0.518	282	0.057	226	0.285	123	0.486	185	0.296	191	0.152	126	0.889	52
自贡	0.509	183	0.833	54	0.116	117	0.221	183	0.502	168	0.257	250	0.076	250	0.832	211
赣州	0.508	184	0.748	166	0.071	198	0.226	177	0.502	167	0.338	134	0.100	212	0.821	235
七台河	0.508	185	0.906	24	0.073	193	0.212	192	0.416	226	0.246	261	0.146	139	0.829	215
娄底	0.506	186	0.694	217	0.066	207	0.254	146	0.505	164	0.352	110	0.094	224	0.824	227

续表

城市	综合竞争力指数	排名	综合增长竞争力指数	排名	经济规模竞争力指数	排名	经济效率竞争力指数	排名	发展成本竞争力指数	排名	产业层次竞争力指数	排名	收入水平竞争力指数	排名	幸福感竞争力指数	排名
嘉峪关	0.506	187	0.681	225	0.064	212	0.371	65	0.254	276	0.264	238	0.182	88	0.836	193
遵义	0.505	188	0.731	182	0.096	153	0.253	147	0.354	248	0.347	120	0.094	227	0.795	275
榆林	0.505	189	0.962	12	0.059	221	0.173	219	0.492	178	0.365	94	0.110	197	0.811	253
四平	0.504	190	0.967	11	0.068	201	0.222	180	0.335	254	0.348	117	0.112	193	0.837	183
焦作	0.504	191	0.647	256	0.083	166	0.202	193	0.325	258	0.351	112	0.147	138	0.868	98
开封	0.503	192	0.765	142	0.073	190	0.172	220	0.519	141	0.343	127	0.111	196	0.812	249
潮州	0.503	193	0.602	275	0.044	254	0.239	162	0.451	206	0.432	50	0.127	175	0.903	23
驻马店	0.502	194	0.763	144	0.063	213	0.183	206	0.533	129	0.326	146	0.117	186	0.832	208
汕尾	0.501	195	0.895	28	0.048	248	0.249	153	0.548	116	0.286	204	0.097	222	0.864	109
通辽	0.501	196	0.948	17	0.109	130	0.268	137	0.231	278	0.262	240	0.109	199	0.846	156
张家口	0.500	197	0.676	230	0.106	136	0.274	132	0.162	288	0.349	116	0.148	134	0.903	24
牡丹江	0.500	198	0.677	229	0.077	185	0.179	212	0.470	195	0.379	79	0.099	215	0.870	91
鹰潭	0.500	199	0.809	81	0.025	282	0.225	179	0.517	143	0.377	82	0.161	117	0.862	115
滁州	0.500	200	0.678	227	0.056	231	0.173	217	0.585	89	0.296	194	0.137	159	0.894	38
曲靖	0.499	201	0.716	198	0.097	151	0.272	135	0.312	263	0.299	188	0.098	218	0.840	173
张家界	0.498	202	0.767	139	0.043	256	0.179	211	0.650	42	0.399	68	0.097	221	0.873	84
荆门	0.498	203	0.757	153	0.080	173	0.218	186	0.479	190	0.273	229	0.104	208	0.780	284
铁岭	0.498	204	1.000	1	0.052	241	0.195	198	0.373	239	0.270	233	0.146	141	0.919	12
佳木斯	0.494	205	0.832	56	0.079	175	0.187	205	0.575	97	0.373	85	0.055	268	0.838	181
益阳	0.491	206	0.808	85	0.086	164	0.167	225	0.524	139	0.243	265	0.094	226	0.867	100
庆阳	0.489	207	0.769	134	0.029	276	0.171	221	0.710	22	0.293	199	0.158	119	0.801	263

续表

城市	综合竞争力指数	排名	综合增长竞争力指数	排名	经济规模竞争力指数	排名	经济效率竞争力指数	排名	发展成本竞争力指数	排名	产业层次竞争力指数	排名	收入水平竞争力指数	排名	幸福感竞争力指数	排名
钦州	0.487	208	0.897	26	0.084	165	0.127	256	0.597	77	0.235	272	0.103	209	0.806	261
菏泽	0.486	209	0.873	34	0.078	180	0.129	255	0.535	127	0.282	211	0.090	232	0.895	37
朝阳	0.485	210	0.981	8	0.055	232	0.166	226	0.290	265	0.376	83	0.119	184	0.893	42
临汾	0.485	211	0.503	283	0.068	202	0.187	204	0.499	173	0.398	69	0.094	228	0.822	232
荆州	0.484	212	0.665	238	0.091	159	0.179	210	0.500	172	0.283	210	0.085	237	0.794	277
池州	0.484	213	0.866	37	0.047	250	0.134	249	0.501	169	0.333	138	0.128	173	0.844	162
宁德	0.484	214	0.805	88	0.045	253	0.213	191	0.552	114	0.338	133	0.082	242	0.812	250
信阳	0.482	215	0.735	176	0.088	162	0.150	238	0.587	87	0.262	244	0.078	246	0.825	222
周口	0.481	216	0.708	203	0.038	266	0.175	216	0.569	100	0.345	124	0.113	190	0.839	176
永州	0.480	217	0.749	165	0.072	195	0.138	247	0.582	92	0.259	246	0.099	216	0.839	179
六盘水	0.477	218	0.752	160	0.061	218	0.199	196	0.214	281	0.385	76	0.146	140	0.797	269
资阳	0.476	219	0.818	75	0.068	204	0.173	218	0.722	19	0.189	291	0.076	251	0.841	172
石嘴山	0.476	220	0.774	131	0.077	183	0.231	170	0.162	289	0.302	181	0.150	130	0.867	101
阳泉	0.475	221	0.577	279	0.087	163	0.266	139	0.123	292	0.359	101	0.157	123	0.908	19
孝感	0.474	222	0.685	224	0.057	229	0.151	236	0.740	13	0.257	249	0.083	241	0.840	174
阜新	0.473	223	0.756	154	0.064	209	0.168	224	0.389	234	0.307	173	0.094	225	0.871	87
怀化	0.473	224	0.713	199	0.052	239	0.195	197	0.264	273	0.405	63	0.125	178	0.809	256
黄冈	0.473	225	0.799	97	0.032	274	0.180	208	0.635	50	0.262	242	0.110	198	0.847	151
内江	0.472	226	0.824	66	0.079	178	0.157	231	0.735	15	0.224	277	0.054	269	0.827	217
白城	0.471	227	0.972	9	0.039	264	0.125	258	0.595	78	0.319	157	0.089	233	0.885	59
晋中	0.469	228	0.635	264	0.050	246	0.157	232	0.422	221	0.371	86	0.102	211	0.880	67

续表

城 市	综合竞争力指数	排名	综合增长竞争力指数	排名	经济规模竞争力指数	排名	经济效率竞争力指数	排名	发展成本竞争力指数	排名	产业层次竞争力指数	排名	收入水平竞争力指数	排名	幸福感竞争力指数	排名
上 饶	0.469	229	0.759	151	0.039	265	0.193	200	0.501	170	0.325	148	0.084	238	0.865	103
乌兰察布	0.468	230	0.844	47	0.036	272	0.226	175	0.417	225	0.331	139	0.081	243	0.839	180
三门峡	0.465	231	0.844	46	0.041	261	0.243	155	0.159	290	0.342	129	0.167	111	0.844	160
云 浮	0.462	232	0.677	228	0.030	275	0.180	209	0.478	192	0.287	202	0.128	174	0.869	94
邵 阳	0.462	233	0.722	194	0.051	244	0.148	240	0.556	109	0.315	163	0.078	249	0.803	262
随 州	0.461	234	0.753	158	0.058	223	0.141	244	0.647	43	0.284	206	0.060	263	0.830	214
咸 宁	0.461	235	0.829	59	0.045	252	0.138	246	0.554	112	0.275	224	0.090	231	0.810	254
巢 湖	0.460	236	0.700	212	0.057	228	0.135	248	0.483	187	0.258	248	0.100	213	0.862	116
宣 城	0.458	237	0.730	183	0.054	235	0.120	262	0.661	35	0.275	223	0.073	254	0.871	86
白 山	0.458	238	0.998	3	0.073	191	0.156	233	0.200	285	0.262	243	0.125	179	0.795	274
南 充	0.458	239	0.802	93	0.090	160	0.115	265	0.640	46	0.238	269	0.051	270	0.839	178
巴彦淖尔	0.456	240	0.959	14	0.063	215	0.202	194	0.192	286	0.254	256	0.108	204	0.878	72
贵 港	0.455	241	0.815	77	0.079	177	0.112	268	0.485	186	0.252	259	0.078	248	0.775	288
鹤 岗	0.453	242	0.751	162	0.055	233	0.142	241	0.495	177	0.255	255	0.083	240	0.800	265
铜 川	0.452	243	0.868	36	0.059	222	0.155	234	0.323	259	0.269	234	0.098	219	0.745	294
广 安	0.450	244	0.785	112	0.054	234	0.129	254	0.693	26	0.228	274	0.059	264	0.856	129
商 丘	0.447	245	0.668	234	0.078	181	0.119	263	0.425	220	0.208	285	0.087	235	0.915	13
眉 山	0.446	246	0.801	94	0.061	220	0.158	230	0.459	200	0.245	264	0.059	265	0.809	257
来 宾	0.446	247	0.800	96	0.063	216	0.150	237	0.435	214	0.212	284	0.071	256	0.853	136
酒 泉	0.446	248	0.751	161	0.038	267	0.153	235	0.670	33	0.298	190	0.051	271	0.835	196
丽 江	0.446	249	0.759	150	0.011	289	0.138	245	0.512	153	0.408	61	0.131	165	0.864	109

续表

城市	综合竞争力指数	排名	综合增长竞争力指数	排名	经济规模竞争力指数	排名	经济效率竞争力指数	排名	发展成本竞争力指数	排名	产业层次竞争力指数	排名	收入水平竞争力指数	排名	幸福感竞争力指数	排名
宿州	0.445	250	0.718	197	0.081	171	0.123	260	0.616	59	0.227	275	0.047	276	0.833	201
达州	0.445	251	0.778	125	0.042	259	0.194	199	0.477	193	0.278	218	0.051	272	0.874	81
吉安	0.443	252	0.809	83	0.037	270	0.127	257	0.547	118	0.299	187	0.074	252	0.800	265
渭南	0.443	253	0.840	49	0.057	225	0.133	251	0.525	137	0.284	207	0.044	281	0.878	74
抚州	0.443	254	0.801	95	0.068	205	0.130	252	0.530	132	0.217	279	0.056	267	0.858	124
亳州	0.443	255	0.699	214	0.064	211	0.085	283	0.820	3	0.215	280	0.063	262	0.863	112
大同	0.442	256	0.455	287	0.081	172	0.100	278	0.326	257	0.273	228	0.142	149	0.823	231
鸡西	0.439	257	0.745	171	0.057	230	0.104	275	0.339	252	0.306	175	0.091	230	0.868	98
双鸭山	0.439	258	0.795	103	0.045	251	0.133	250	0.288	266	0.259	247	0.125	177	0.800	264
汉中	0.437	259	0.721	195	0.037	269	0.142	242	0.432	215	0.378	80	0.066	259	0.763	289
阜阳	0.437	260	0.706	206	0.073	192	0.078	285	0.564	107	0.256	251	0.066	258	0.847	152
遂宁	0.434	261	0.824	65	0.065	208	0.097	279	0.654	40	0.206	287	0.050	273	0.862	116
吕梁	0.433	262	0.543	281	0.015	287	0.129	253	0.454	203	0.414	56	0.136	161	0.811	252
黑河	0.424	263	0.746	168	0.009	291	0.116	264	0.507	162	0.351	114	0.118	185	0.882	64
崇左	0.420	264	0.746	169	0.021	284	0.114	266	0.626	54	0.228	273	0.084	239	0.846	157
百色	0.416	265	0.827	63	0.042	258	0.162	229	0.220	279	0.274	226	0.070	257	0.824	226
雅安	0.416	266	0.710	201	0.026	279	0.149	239	0.454	204	0.323	153	0.048	275	0.847	150
普洱	0.415	267	0.805	87	0.013	288	0.102	276	0.479	189	0.352	109	0.088	234	0.836	190
天水	0.413	268	0.673	232	0.061	217	0.109	273	0.564	108	0.308	172	0.023	289	0.843	169
安康	0.413	269	0.757	152	0.040	263	0.091	280	0.593	81	0.316	162	0.037	284	0.825	225
保山	0.412	270	0.761	147	0.037	268	0.089	281	0.545	121	0.214	283	0.065	260	0.852	139
广元	0.412	271	0.579	278	0.050	247	0.108	274	0.462	197	0.256	252	0.050	274	0.893	45

续表

城市	综合竞争力指数	排名	综合增长竞争力指数	排名	经济规模竞争力指数	排名	经济效率竞争力指数	排名	发展成本竞争力指数	排名	产业层次竞争力指数	排名	收入水平竞争力指数	排名	幸福感竞争力指数	排名
中卫	0.411	272	0.827	62	0.027	278	0.112	270	0.298	264	0.321	155	0.079	245	0.825	223
宜春	0.407	273	0.762	145	0.041	262	0.072	287	0.602	73	0.261	245	0.045	279	0.870	89
贺州	0.406	274	0.616	269	0.057	227	0.123	259	0.264	272	0.214	281	0.078	247	0.806	260
金昌	0.405	275	0.704	208	0.064	210	0.353	75	0.051	293	0.214	282	0.102	210	0.814	246
昭通	0.398	276	0.655	247	0.042	260	0.120	261	0.338	253	0.270	231	0.047	278	0.812	251
六安	0.396	277	0.768	136	0.052	240	0.039	291	0.512	154	0.340	130	0.042	283	0.891	47
巴中	0.395	278	0.707	205	0.037	271	0.086	282	0.751	11	0.206	288	0.029	287	0.903	26
河池	0.390	279	0.700	211	0.028	277	0.141	243	0.206	282	0.287	203	0.071	255	0.775	287
运城	0.388	280	0.481	284	0.043	255	0.110	271	0.202	284	0.383	77	0.058	266	0.851	143
吴忠	0.384	281	0.731	179	0.023	283	0.109	272	0.203	283	0.239	267	0.098	217	0.845	159
商洛	0.368	282	0.787	111	0.018	286	0.059	288	0.421	223	0.305	177	0.044	282	0.849	145
武威	0.367	283	0.700	213	0.052	238	0.112	267	0.487	184	0.191	290	0.011	291	0.791	279
伊春	0.367	284	0.710	202	0.047	249	0.048	289	0.570	98	0.208	286	0.030	286	0.748	292
白银	0.366	285	0.649	254	0.069	200	0.222	181	0.016	294	0.273	227	0.108	201	0.820	240
平凉	0.357	286	0.663	242	0.025	281	0.072	286	0.366	243	0.336	135	0.026	288	0.748	293
忻州	0.356	287	0.604	274	0.025	280	0.102	277	0.137	291	0.370	87	0.047	277	0.860	119
张掖	0.353	288	0.659	244	0.034	273	0.112	269	0.284	267	0.224	276	0.021	290	0.790	282
临沧	0.340	289	0.678	226	0.001	293	0.048	290	0.616	58	0.300	185	0.044	280	0.882	65
固原	0.326	290	0.711	200	0.007	292	0.028	292	0.503	166	0.338	132	0.030	285	0.838	182
安顺	0.324	291	0.653	251	0.088	161	0.163	227	0.396	230	0.000	294	0.064	261	0.762	290
陇南	0.293	292	0.651	252	0.010	290	0.081	284	0.277	270	0.314	164	0.000	294	0.854	133
绥化	0.262	293	0.779	124	0.020	285	0.012	293	0.591	83	0.078	293	0.004	293	0.782	283
定西	0.243	294	0.610	272	0.000	294	0.000	294	0.507	161	0.282	212	0.008	292	0.824	229

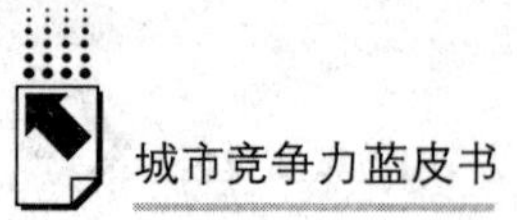

二　中国294个城市综合竞争力2010年和2009年回溯（见表1－2）

表1－2　中国294个城市综合竞争力两年历史回溯

城　市	2010年综合竞争力指数	2010年排名	2009年综合竞争力指数	2009年排名	排名变化	2009年综合竞争力指数	2009年排名	2009年综合竞争力（完善前）指数	2009年（完善前）排名	排名变化
香　港	1.000	1	1.000	1	0	1.000	1	1.000	1	0
上　海	0.892	2	0.822	2	0	0.822	2	0.848	3	1
北　京	0.881	3	0.817	3	0	0.817	3	0.836	4	1
深　圳	0.859	4	0.797	5	1	0.797	5	0.849	2	－3
台　北	0.858	5	0.816	4	－1	0.816	4	0.788	5	1
广　州	0.843	6	0.766	6	0	0.766	6	0.744	6	0
天　津	0.803	7	0.715	8	1	0.715	8	0.728	7	－1
大　连	0.794	8	0.713	10	2	0.713	10	0.719	9	－1
长　沙	0.783	9	0.691	17	8	0.691	17	0.687	16	－1
杭　州	0.781	10	0.711	11	1	0.711	11	0.710	12	1
青　岛	0.781	11	0.715	9	－2	0.715	9	0.714	10	1
佛　山	0.778	12	0.685	20	8	0.685	20	0.671	24	4
澳　门	0.773	13	0.706	13	0	0.706	13	0.703	13	0
东　莞	0.770	14	0.703	14	0	0.703	14	0.694	15	1
苏　州	0.768	15	0.706	12	－3	0.706	12	0.711	11	－1
沈　阳	0.762	16	0.699	15	－1	0.699	15	0.700	14	－1
无　锡	0.762	17	0.692	16	－1	0.692	16	0.685	17	1
高　雄	0.760	18	0.751	7	－11	0.751	7	0.722	8	1
南　京	0.749	19	0.686	19	0	0.686	19	0.675	21	2
武　汉	0.747	20	0.681	21	1	0.681	21	0.685	18	－3
宁　波	0.745	21	0.689	18	－3	0.689	18	0.675	20	2
厦　门	0.734	22	0.677	23	1	0.677	23	0.681	19	－4
济　南	0.732	23	0.669	26	3	0.669	26	0.653	27	1
成　都	0.731	24	0.666	27	3	0.666	27	0.674	23	－4
合　肥	0.730	25	0.653	29	4	0.653	29	0.674	22	－7
东　营	0.728	26	0.672	25	－1	0.672	25	0.669	25	0
包　头	0.723	27	0.633	35	8	0.633	35	0.616	40	5
鄂尔多斯	0.722	28	0.642	31	3	0.642	31	0.638	30	－1

续表

城市	2010年综合竞争力指数	2010年排名	2009年综合竞争力指数	2009年排名	排名变化	2009年综合竞争力指数	2009年排名	2009年综合竞争力(完善前)指数	2009年(完善前)排名	排名变化
常州	0.715	29	0.636	33	4	0.636	33	0.630	34	1
台中	0.713	30	0.680	22	-8	0.680	22	0.654	26	4
基隆	0.712	31	0.658	28	-3	0.658	28	0.631	32	4
呼和浩特	0.711	32	0.630	37	5	0.630	37	0.626	36	-1
台南	0.711	33	0.676	24	-9	0.676	24	0.647	28	4
烟台	0.710	34	0.651	30	-4	0.651	30	0.631	33	3
中山	0.704	35	0.634	34	-1	0.634	34	0.629	35	1
福州	0.703	36	0.624	39	3	0.624	39	0.624	37	-2
重庆	0.698	37	0.610	44	7	0.610	44	0.610	42	-2
西安	0.697	38	0.617	42	4	0.617	42	0.617	39	-3
长春	0.694	39	0.642	32	-7	0.642	32	0.639	29	-3
珠海	0.682	40	0.632	36	-4	0.632	36	0.634	31	-5
哈尔滨	0.681	41	0.606	45	4	0.606	45	0.596	46	1
大庆	0.680	42	0.595	51	9	0.595	51	0.585	47	-4
郑州	0.679	43	0.626	38	-5	0.626	38	0.616	41	3
扬州	0.678	44	0.603	48	4	0.603	48	0.581	50	2
南通	0.676	45	0.610	43	-2	0.610	43	0.603	43	0
石家庄	0.665	46	0.618	41	-5	0.618	41	0.600	44	3
温州	0.663	47	0.624	40	-7	0.624	40	0.596	45	5
徐州	0.663	48	0.596	50	2	0.596	50	0.566	58	8
南宁	0.658	49	0.586	56	7	0.586	56	0.577	53	-3
淄博	0.654	50	0.606	46	-4	0.606	46	0.583	48	2
南昌	0.653	51	0.597	49	-2	0.597	49	0.622	38	-11
镇江	0.651	52	0.581	61	9	0.581	61	0.567	57	-4
唐山	0.648	53	0.586	57	4	0.586	57	0.566	59	2
泉州	0.647	54	0.585	59	5	0.585	59	0.546	71	12
泰州	0.647	55	0.567	67	12	0.567	67	0.553	67	0
昆明	0.646	56	0.566	68	12	0.566	68	0.571	55	-13
芜湖	0.646	57	0.563	70	13	0.563	70	0.549	70	0
舟山	0.643	58	0.591	53	-5	0.591	53	0.564	61	8
惠州	0.640	59	0.573	63	4	0.573	63	0.564	62	-1
马鞍山	0.639	60	0.583	60	0	0.583	60	0.579	51	-9
威海	0.632	61	0.587	54	-7	0.587	54	0.556	64	10

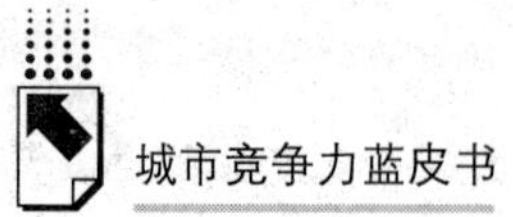

续表

城 市	2010年综合竞争力指数	2010年排名	2009年综合竞争力指数	2009年排名	排名变化	2009年综合竞争力指数	2009年排名	2009年综合竞争力(完善前)指数	2009年(完善前)排名	排名变化
绍 兴	0.630	62	0.587	55	-7	0.587	55	0.579	52	-3
新 竹	0.629	63	0.605	47	-16	0.605	47	0.583	49	2
台 州	0.627	64	0.585	58	-6	0.585	58	0.560	63	5
太 原	0.627	65	0.578	62	-3	0.578	62	0.565	60	-2
克拉玛依	0.622	66	0.594	52	-14	0.594	52	0.569	56	4
沧 州	0.621	67	0.544	82	15	0.544	82	0.534	76	-6
鞍 山	0.621	68	0.561	72	4	0.561	72	0.554	66	-6
柳 州	0.620	69	0.544	81	12	0.544	81	0.539	73	-8
嘉 兴	0.619	70	0.567	65	-5	0.567	65	0.554	65	0
江 门	0.617	71	0.564	69	-2	0.564	69	0.549	69	0
泰 安	0.614	72	0.568	64	-8	0.568	64	0.532	78	14
株 洲	0.613	73	0.548	78	5	0.548	78	0.528	82	4
岳 阳	0.610	74	0.543	84	10	0.543	84	0.520	90	6
临 沂	0.610	75	0.556	74	-1	0.556	74	0.528	81	7
济 宁	0.609	76	0.558	73	-3	0.558	73	0.536	74	1
乌鲁木齐	0.609	77	0.567	66	-11	0.567	66	0.573	54	-12
银 川	0.607	78	0.550	77	-1	0.550	77	0.550	68	-9
秦皇岛	0.605	79	0.562	71	-8	0.562	71	0.533	77	6
日 照	0.604	80	0.541	86	6	0.541	86	0.504	99	13
湖 州	0.603	81	0.555	75	-6	0.555	75	0.531	79	4
龙 岩	0.601	82	0.517	106	24	0.517	106	0.516	93	-13
洛 阳	0.600	83	0.539	87	4	0.539	87	0.541	72	-15
海 口	0.600	84	0.551	76	-8	0.551	76	0.531	80	4
漳 州	0.599	85	0.535	88	3	0.535	88	0.510	96	8
潍 坊	0.598	86	0.545	79	-7	0.545	79	0.526	85	6
湘 潭	0.598	87	0.527	95	8	0.527	95	0.499	105	10
松 原	0.597	88	0.520	104	16	0.520	104	0.502	101	-3
铜 陵	0.597	89	0.533	91	2	0.533	91	0.519	92	1
常 德	0.597	90	0.526	97	7	0.526	97	0.479	121	24
莆 田	0.595	91	0.517	108	17	0.517	108	0.491	114	6
连云港	0.594	92	0.531	92	0	0.531	92	0.525	86	-6
廊 坊	0.594	93	0.541	85	-8	0.541	85	0.535	75	-10
湛 江	0.594	94	0.517	109	15	0.517	109	0.501	104	-5

续表

城市	2010年综合竞争力指数	2010年排名	2009年综合竞争力指数	2009年排名	排名变化	2009年综合竞争力指数	2009年排名	2009年综合竞争力(完善前)指数	2009年(完善前)排名	排名变化
金华	0.591	95	0.545	80	-15	0.545	80	0.525	87	7
盐城	0.591	96	0.525	98	2	0.525	98	0.494	110	12
营口	0.590	97	0.535	89	-8	0.535	89	0.497	107	18
吉林	0.590	98	0.528	94	-4	0.528	94	0.516	94	0
枣庄	0.586	99	0.505	118	19	0.505	118	0.472	129	11
贵阳	0.584	100	0.513	110	10	0.513	110	0.514	95	-15
兰州	0.584	101	0.531	93	-8	0.531	93	0.527	83	-10
莱芜	0.583	102	0.526	96	-6	0.526	96	0.505	98	2
德州	0.582	103	0.544	83	-20	0.544	83	0.522	88	5
肇庆	0.582	104	0.517	107	3	0.517	107	0.509	97	-10
玉溪	0.581	105	0.503	121	16	0.503	121	0.490	115	-6
滨州	0.581	106	0.520	103	-3	0.520	103	0.492	111	8
邯郸	0.580	107	0.524	100	-7	0.524	100	0.492	112	12
盘锦	0.579	108	0.524	101	-7	0.524	101	0.519	91	-10
淮安	0.577	109	0.504	119	10	0.504	119	0.477	123	4
锦州	0.575	110	0.518	105	-5	0.518	105	0.503	100	-5
平顶山	0.575	111	0.513	111	0	0.513	111	0.501	102	-9
三亚	0.573	112	0.492	128	16	0.492	128	0.476	124	-4
桂林	0.571	113	0.525	99	-14	0.525	99	0.527	84	-15
咸阳	0.570	114	0.498	124	10	0.498	124	0.473	125	1
十堰	0.569	115	0.503	120	5	0.503	120	0.460	143	23
襄樊	0.569	116	0.499	122	6	0.499	122	0.457	149	27
保定	0.569	117	0.511	114	-3	0.511	114	0.498	106	-8
新余	0.566	118	0.496	125	7	0.496	125	0.470	132	7
九江	0.565	119	0.496	126	7	0.496	126	0.471	130	4
宜昌	0.561	120	0.484	136	16	0.484	136	0.462	141	5
景德镇	0.560	121	0.487	134	13	0.487	134	0.458	146	12
汕头	0.560	122	0.512	112	-10	0.512	112	0.482	118	6
新乡	0.560	123	0.535	90	-33	0.535	90	0.522	89	-1
清远	0.558	124	0.487	133	9	0.487	133	0.472	127	-6
乌海	0.556	125	0.491	129	4	0.491	129	0.472	128	-1
本溪	0.556	126	0.493	127	1	0.493	127	0.481	119	-8
衢州	0.556	127	0.499	123	-4	0.499	123	0.473	126	3

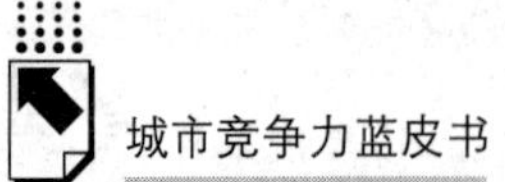

续表

城市	2010年综合竞争力指数	2010年排名	2009年综合竞争力指数	2009年排名	排名变化	2009年综合竞争力指数	2009年排名	2009年综合竞争力(完善前)指数	2009年(完善前)排名	排名变化
辽阳	0.555	128	0.511	113	-15	0.511	113	0.491	113	0
丽水	0.555	129	0.523	102	-27	0.523	102	0.501	103	1
抚顺	0.554	130	0.507	115	-15	0.507	115	0.496	108	-7
茂名	0.553	131	0.507	116	-15	0.507	116	0.485	117	1
绵阳	0.553	132	0.506	117	-15	0.506	117	0.495	109	-8
宜宾	0.549	133	0.472	154	21	0.472	154	0.463	140	-14
晋城	0.544	134	0.486	135	1	0.486	135	0.467	136	1
攀枝花	0.541	135	0.473	153	18	0.473	153	0.469	134	-19
长治	0.540	136	0.481	141	5	0.481	141	0.449	157	16
梧州	0.539	137	0.482	140	3	0.482	140	0.468	135	-5
北海	0.538	138	0.488	132	-6	0.488	132	0.487	116	-16
邢台	0.538	139	0.483	137	-2	0.483	137	0.481	120	-17
安阳	0.536	140	0.474	152	12	0.474	152	0.452	153	1
三明	0.535	141	0.471	157	16	0.471	157	0.477	122	-35
萍乡	0.534	142	0.475	148	6	0.475	148	0.448	158	10
通化	0.533	143	0.490	130	-13	0.490	130	0.460	144	14
韶关	0.533	144	0.483	138	-6	0.483	138	0.453	152	14
郴州	0.533	145	0.467	162	17	0.467	162	0.458	147	-15
防城港	0.531	146	0.468	160	14	0.468	160	0.440	169	9
河源	0.531	147	0.478	145	-2	0.478	145	0.469	133	-12
衡阳	0.530	148	0.467	161	13	0.467	161	0.446	161	0
丹东	0.529	149	0.481	142	-7	0.481	142	0.470	131	-11
黄石	0.526	150	0.475	151	1	0.475	151	0.456	150	-1
宿迁	0.526	151	0.458	176	25	0.458	176	0.437	174	-2
漯河	0.524	152	0.462	169	17	0.462	169	0.429	190	21
南阳	0.524	153	0.472	155	2	0.472	155	0.446	162	7
西宁	0.523	154	0.469	159	5	0.469	159	0.452	154	-5
濮阳	0.522	155	0.482	139	-16	0.482	139	0.457	148	9
葫芦岛	0.521	156	0.479	144	-12	0.479	144	0.460	145	1
赤峰	0.521	157	0.457	182	25	0.457	182	0.433	180	-2
乐山	0.521	158	0.459	174	16	0.459	174	0.441	168	-6
黄山	0.521	159	0.471	156	-3	0.471	156	0.451	155	-1
延安	0.520	160	0.489	131	-29	0.489	131	0.439	172	41

续表

城　市	2010年综合竞争力指数	2010年排名	2009年综合竞争力指数	2009年排名	排名变化	2009年综合竞争力指数	2009年排名	2009年综合竞争力（完善前）指数	2009年（完善前）排名	排名变化
揭　阳	0.519	161	0.475	149	-12	0.475	149	0.465	137	-12
宝　鸡	0.519	162	0.458	178	16	0.458	178	0.424	197	19
许　昌	0.518	163	0.441	205	42	0.441	205	0.417	205	0
泸　州	0.518	164	0.460	172	8	0.460	172	0.440	170	-2
德　阳	0.518	165	0.451	192	27	0.451	192	0.428	191	-1
鄂　州	0.518	166	0.446	199	33	0.446	199	0.418	204	5
蚌　埠	0.517	167	0.475	150	-17	0.475	150	0.447	159	9
淮　北	0.516	168	0.460	171	3	0.460	171	0.412	213	42
鹤　壁	0.516	169	0.476	147	-22	0.476	147	0.450	156	9
辽　源	0.516	170	0.456	185	15	0.456	185	0.426	195	10
玉　林	0.515	171	0.463	167	-4	0.463	167	0.433	182	15
聊　城	0.515	172	0.469	158	-14	0.469	158	0.447	160	2
阳　江	0.515	173	0.461	170	-3	0.461	170	0.418	202	32
承　德	0.514	174	0.458	177	3	0.458	177	0.454	151	-26
淮　南	0.514	175	0.463	165	-10	0.463	165	0.433	181	16
梅　州	0.513	176	0.465	164	-12	0.465	164	0.463	139	-25
呼伦贝尔	0.512	177	0.459	175	-2	0.459	175	0.435	176	1
齐齐哈尔	0.511	178	0.455	186	8	0.455	186	0.428	193	7
安　庆	0.511	179	0.478	146	-33	0.478	146	0.461	142	-4
朔　州	0.510	180	0.457	180	0	0.457	180	0.419	200	20
南　平	0.510	181	0.452	191	10	0.452	191	0.442	167	-24
衡　水	0.509	182	0.466	163	-19	0.466	163	0.431	188	25
自　贡	0.509	183	0.463	166	-17	0.463	166	0.442	166	0
赣　州	0.508	184	0.454	189	5	0.454	189	0.428	192	3
七台河	0.508	185	0.442	203	18	0.442	203	0.411	214	11
娄　底	0.506	186	0.451	193	7	0.451	193	0.432	185	-8
嘉峪关	0.506	187	0.441	204	17	0.441	204	0.435	177	-27
遵　义	0.505	188	0.457	181	-7	0.457	181	0.432	183	2
榆　林	0.505	189	0.430	214	25	0.430	214	0.408	218	4
四　平	0.504	190	0.449	195	5	0.449	195	0.442	165	-30
焦　作	0.504	191	0.452	190	-1	0.452	190	0.444	163	-27
开　封	0.503	192	0.458	179	-13	0.458	179	0.439	171	-8
潮　州	0.503	193	0.449	196	3	0.449	196	0.443	164	-32

续表

城市	2010年综合竞争力指数	2010年排名	2009年综合竞争力指数	2009年排名	排名变化	2009年综合竞争力指数	2009年排名	2009年综合竞争力（完善前）指数	2009年（完善前）排名	排名变化
驻马店	0.502	194	0.459	173	-21	0.459	173	0.433	178	5
汕尾	0.501	195	0.444	200	5	0.444	200	0.436	175	-25
通辽	0.501	196	0.415	233	37	0.415	233	0.396	227	-6
张家口	0.500	197	0.437	211	14	0.437	211	0.431	187	-24
牡丹江	0.500	198	0.426	222	24	0.426	222	0.417	206	-16
鹰潭	0.500	199	0.427	218	19	0.427	218	0.404	221	3
滁州	0.500	200	0.447	197	-3	0.447	197	0.426	194	-3
曲靖	0.499	201	0.462	168	-33	0.462	168	0.431	186	18
张家界	0.498	202	0.454	187	-15	0.454	187	0.433	179	-8
荆门	0.498	203	0.440	207	4	0.440	207	0.423	198	-9
铁岭	0.498	204	0.450	194	-10	0.450	194	0.438	173	-21
佳木斯	0.494	205	0.456	184	-21	0.456	184	0.417	207	23
益阳	0.491	206	0.446	198	-8	0.446	198	0.404	222	24
庆阳	0.489	207	0.413	237	30	0.413	237	0.408	215	-22
钦州	0.487	208	0.456	183	-25	0.456	183	0.397	225	42
菏泽	0.486	209	0.437	210	1	0.437	210	0.418	203	-7
朝阳	0.485	210	0.423	224	14	0.423	224	0.414	212	-12
临汾	0.485	211	0.454	188	-23	0.454	188	0.429	189	1
荆州	0.484	212	0.426	221	9	0.426	221	0.415	210	-11
池州	0.484	213	0.414	235	22	0.414	235	0.383	241	6
宁德	0.484	214	0.429	216	2	0.429	216	0.392	231	15
信阳	0.482	215	0.440	206	-9	0.440	206	0.408	216	10
周口	0.481	216	0.443	202	-14	0.443	202	0.417	208	6
永州	0.480	217	0.428	217	0	0.428	217	0.393	230	13
六盘水	0.477	218	0.437	208	-10	0.437	208	0.425	196	-12
资阳	0.476	219	0.411	239	20	0.411	239	0.389	233	-6
石嘴山	0.476	220	0.427	219	-1	0.427	219	0.419	201	-18
阳泉	0.475	221	0.419	227	6	0.419	227	0.399	224	-3
孝感	0.474	222	0.406	246	24	0.406	246	0.365	254	8
阜新	0.473	223	0.433	213	-10	0.433	213	0.421	199	-14
怀化	0.473	224	0.444	201	-23	0.444	201	0.416	209	8
黄冈	0.473	225	0.418	230	5	0.418	230	0.383	242	12
内江	0.472	226	0.416	231	5	0.416	231	0.388	237	6
白城	0.471	227	0.419	226	-1	0.419	226	0.385	240	14
晋中	0.469	228	0.433	212	-16	0.433	212	0.408	217	5

续表

城　市	2010年综合竞争力指数	2010年排名	2009年综合竞争力指数	2009年排名	排名变化	2009年综合竞争力指数	2009年排名	2009年综合竞争力（完善前）指数	2009年（完善前）排名	排名变化
上　饶	0.469	229	0.429	215	-14	0.429	215	0.396	226	11
乌兰察布	0.468	230	0.423	223	-7	0.423	223	0.366	253	30
三门峡	0.465	231	0.414	236	5	0.414	236	0.408	219	-17
云　浮	0.462	232	0.420	225	-7	0.420	225	0.415	211	-14
邵　阳	0.462	233	0.426	220	-13	0.426	220	0.406	220	0
随　州	0.461	234	0.391	257	23	0.391	257	0.350	266	9
咸　宁	0.461	235	0.415	234	-1	0.415	234	0.386	238	4
巢　湖	0.460	236	0.418	229	-7	0.418	229	0.388	236	7
宣　城	0.458	237	0.415	232	-5	0.415	232	0.375	246	14
白　山	0.458	238	0.396	253	15	0.396	253	0.371	250	-3
南　充	0.458	239	0.412	238	-1	0.412	238	0.386	239	1
巴彦淖尔	0.456	240	0.411	240	0	0.411	240	0.394	228	-12
贵　港	0.455	241	0.418	228	-13	0.418	228	0.379	244	16
鹤　岗	0.453	242	0.407	245	3	0.407	245	0.391	232	-13
铜　川	0.452	243	0.370	270	27	0.370	270	0.356	260	-10
广　安	0.450	244	0.401	251	7	0.401	251	0.363	256	5
商　丘	0.447	245	0.408	244	-1	0.408	244	0.370	251	7
眉　山	0.446	246	0.387	260	14	0.387	260	0.353	263	3
来　宾	0.446	247	0.382	263	16	0.382	263	0.348	268	5
酒　泉	0.446	248	0.388	259	11	0.388	259	0.355	261	2
丽　江	0.446	249	0.409	243	-6	0.409	243	0.388	234	-9
宿　州	0.445	250	0.401	250	0	0.401	250	0.346	269	19
达　州	0.445	251	0.385	261	10	0.385	261	0.354	262	1
吉　安	0.443	252	0.402	249	-3	0.402	249	0.374	247	-2
渭　南	0.443	253	0.368	271	18	0.368	271	0.325	282	11
抚　州	0.443	254	0.395	254	0	0.395	254	0.363	255	1
亳　州	0.443	255	0.403	247	-8	0.403	247	0.358	258	11
大　同	0.442	256	0.480	143	-113	0.480	143	0.464	138	-5
鸡　西	0.439	257	0.409	242	-15	0.409	242	0.400	223	-19
双鸭山	0.439	258	0.401	252	-6	0.401	252	0.373	248	-4
汉　中	0.437	259	0.402	248	-11	0.402	248	0.394	229	-19
阜　阳	0.437	260	0.409	241	-19	0.409	241	0.371	249	8
遂　宁	0.434	261	0.377	264	3	0.377	264	0.356	259	-5
吕　梁	0.433	262	0.437	209	-53	0.437	209	0.432	184	-25
黑　河	0.424	263	0.367	272	9	0.367	272	0.358	257	-15

续表

城市	2010年综合竞争力指数	2010年排名	2009年综合竞争力指数	2009年排名	排名变化	2009年综合竞争力指数	2009年排名	2009年综合竞争力(完善前)指数	2009年(完善前)排名	排名变化
崇左	0.420	264	0.392	256	-8	0.392	256	0.381	243	-13
百色	0.416	265	0.390	258	-7	0.390	258	0.388	235	-23
雅安	0.416	266	0.374	267	1	0.374	267	0.327	281	14
普洱	0.415	267	0.383	262	-5	0.383	262	0.377	245	-17
天水	0.413	268	0.377	266	-2	0.377	266	0.349	267	1
安康	0.413	269	0.354	280	11	0.354	280	0.302	286	6
保山	0.412	270	0.373	268	-2	0.373	268	0.353	264	-4
广元	0.412	271	0.358	277	6	0.358	277	0.330	279	2
中卫	0.411	272	0.367	273	1	0.367	273	0.352	265	-8
宜春	0.407	273	0.377	265	-8	0.377	265	0.332	277	12
贺州	0.406	274	0.354	281	7	0.354	281	0.337	274	-7
金昌	0.405	275	0.393	255	-20	0.393	255	0.370	252	-3
昭通	0.398	276	0.360	276	0	0.360	276	0.340	271	-5
六安	0.396	277	0.367	274	-3	0.367	274	0.331	278	4
巴中	0.395	278	0.332	286	8	0.332	286	0.277	289	3
河池	0.390	279	0.357	278	-1	0.357	278	0.339	272	-6
运城	0.388	280	0.354	279	-1	0.354	279	0.310	284	5
吴忠	0.384	281	0.318	288	7	0.318	288	0.301	287	-1
商洛	0.368	282	0.294	291	9	0.294	291	0.265	290	-1
武威	0.367	283	0.362	275	-8	0.362	275	0.327	280	5
伊春	0.367	284	0.353	282	-2	0.353	282	0.345	270	-12
白银	0.366	285	0.349	283	-2	0.349	283	0.333	276	-7
平凉	0.357	286	0.340	284	-2	0.340	284	0.333	275	-9
忻州	0.356	287	0.319	287	0	0.319	287	0.291	288	1
张掖	0.353	288	0.336	285	-3	0.336	285	0.325	283	-2
临沧	0.340	289	0.313	289	0	0.313	289	0.304	285	-4
固原	0.326	290	0.302	290	0	0.302	290	0.246	291	1
安顺	0.324	291	0.372	269	-22	0.372	269	0.337	273	4
陇南	0.293	292	0.252	292	0	0.252	292	0.233	292	0
绥化	0.262	293	0.192	294	1	0.192	294	0.213	293	-1
定西	0.243	294	0.225	293	-1	0.225	293	0.207	294	1

注：根据最新的研究成果，对原指标体系完善和修正。2009年综合竞争力（完善前）指数和2009年（完善前）排名指的是2010年《中国城市竞争力报告 No.8》已公布的2009年综合竞争力指数和2009年综合竞争力排名。

B.2
第二章
中国城市竞争力2010年度述评
——城市：让世界倾斜而平坦

2010年，全球经济步入复苏的通道，中国经济更是高速发展。受国内外多种因素的影响，在整体竞争力快速提升的同时，中国城市内部的竞争力格局也发生了重要的变化，呈现了新的特点。基于2009年及以前的数据分析，本次报告将从国家、区域、省区和重点城市等不同层面，对中国城市竞争力的表现和构成等方面进行比较和分析，并就涉及城市竞争力的一些关键的理论与政策问题进行讨论。同时，报告有关区域和省域城市竞争力的比较数据，为相关省区和具体城市分析自身竞争力，制定提升竞争力的战略提供了启示和参考。

第一部分　中国城市化进程：特征与挑战

一　金融危机加快了中国的城市化进程

城市化是人类发展和进步的动力和标志。工业化进而城市化所引致的人口和产业的聚集，不仅对经济，而且对全球社会、文化、政治和人类的生活产生深远影响。21世纪前期，中国处在城市化的加速期，城市化是中国经济社会持续发展的主要动力，长期来看，中国要真正实现转型和升级、走向崛起和强盛，最根本的是要实现城市化。城市化是中国城市竞争力研究的最大背景。

随着中国城市化进入发展中期，中国城市化的加速度具有放慢的迹象。但2008年的全球金融危机使中国经济处于十分危险的境地，而城市化成为中国经济化险为夷的有力武器。从2008年到2010年，党中央国务院采取长短结合的一揽子应对全球金融危机的政策和措施，不仅保证了经济的快速发展，而且促进了

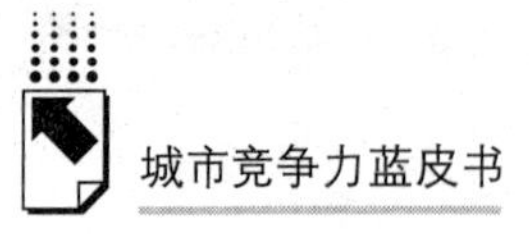

城市化的加速推进。

（1）全国城市化率不断提高，城市聚集程度进一步提升。2009 年，全国城镇人口达 62186 万人，比上年增加 1519 万人，城镇人口占全国人口的比重为 46.6%，比上年提高 0.91 个百分点。2009 年末，地级及以上城市市辖区总人口为 38149.3 万人，比上年增加 530 万人，增长 1.4%，高于全国平均 5.05‰的人口自然增长速度，占全国人口的比重为 28.6%。地级及以上城市市辖区行政区域土地面积 62.8 万平方千米，增长 0.3%；其中，建成区面积 30137.9 平方千米，增长 2.5%；平均人口密度为 607.44 人/平方千米，比上年增加 6.84 人/平方千米。

（2）城市化增长非均衡发展，东部城市人口增长最快。2009 年末，东部地区地级及以上城市市辖区总人口 15828.7 万人，比上年增加 330.3 万人，增长 2.1%，所占地级及以上城市辖区总人口的比重为 41.5%；中部地区为 8509.5 万人，比上年增加 44.8 万人，增长 0.5%，所占比重为 22.3%；西部地区为 9710.1 万人，比上年增加 108.1 万人，增长 1.1%，所占比重为 25.5%；东北地区为 4101 万人，比上年增加 46.7 万人，增长 1.2%，所占比重为 10.7%。尽管金融危机使东部地区的经济增长相对放慢，但是城市化速度却不断加快。

（3）人口梯度转移特征明显，大城市增加明显。截至 2009 年底，中国内地共有 654 个城市，其中地级及以上城市 287 个。从地级及以上城市中市辖区年末总人口来看，400 万以上人口的城市有 14 个，比上年增加 1 个，占 4.9%；200 万～400 万人口的城市有 28 个，与上年持平，占 9.8%；100 万～200 万人口的城市有 82 个，比上年增加 1 个，占 28.6%；50 万～100 万人口的城市有 110 个，与上年持平，占 38.3%；50 万以上人口的城市有 53 个，比上年减少 2 个，占 18.5%。中国人口流动不断加剧，除农村人口向城市转移外，由于资源要素集聚程度不同和公共服务非均等化的影响，人口从小城镇向中等城市转移，中等城市向大城市转移的由小到大式的梯度转移特征明显。

（4）空间集聚不断加速，城市群继续引领区域发展。“十一五”期间大量的城市群发展规划被提升到国家战略层次，“京津冀都市圈”、“长三角都市圈”区域规划正在重新制定，城市群发展不断升级，一些新兴的城市群（带）不断涌现，如呼包银城市群、海西城市群、北部湾城市群等正在形成。

（5）城市化发展模式不断转变，低碳与绿色从理论走向实践。低碳与绿色成为中国城市发展的热点，并逐渐从理论走向城市发展实践。中国很多城市陆续

发布了低碳城市发展意见和目标任务，如天津中新生态城、深圳光明新区、河北唐山曹妃甸新城、江苏苏州工业园区等。

二　中国部分城市已患上了“城市病”

研究发现：在城市化加速推进的同时，由于中国的基础设施和公共服务难以跟上城市化发展的步伐，加上缺乏科学、合理和前瞻性的人口及产业的空间活动的规划和政策引导，造就了一个更加陡峭而平坦的空间关系，中国城市化面临着越来越严峻的挑战，中国一些城市已经患上比较严重的“城市病”。“城市病”是指人口过度向大城市集中而引起的一系列社会问题。本文将城市病在中国所表现出的特征归纳为：交通拥堵、环境污染、贫困失业、住房紧张、健康危害、城市灾害、安全弱化等。中国不同规模城市尤其是大城市，在这些方面都有程度不同的表现。

（1）交通拥堵：交通拥堵是指城市交通难以满足市民日常生活需要。主要表现在：城市交通设施缺乏，交通拥堵严重，城市居民日常交通耗时过长，城市居民对交通状况评价较低。总体而言，城市规模越大，人均道路面积越小，公共汽车拥有量相对较高。中国社会科学院城市与竞争力研究中心对中国城市幸福感指数的全国性调查发现：全国 35 个大中型城市居民对本城市交通状况表示“非常满意”、“满意”的比例分别为 18.6%、8.7%，满意率合计仅为 27.3%。

（2）环境污染：环境污染主要体现为城市水资源等自然资源的过度消耗，绿地资源等优质环境资源供给不足，更表现为城市居民对城市卫生环境总体评价偏低。①中心城市、特大城市已对水资源自然循环带来极大压力：2009 年，中心城市、特大城市每平方千米供水量分别达到 16 万吨、8.8 万吨，对水资源的自然循环带来极大压力。②人均绿地资源不足：人均绿地面积在 20 平方米以下的城市达 86 个，占全部 286 个样本城市的近 1/3。③城市居民对环境卫生满意度评价低：中国社会科学院城市与竞争力研究中心对中国城市幸福感指数的全国性调查发现，全国 35 个大中城市居民对本城市卫生环境评价满意率仅为 38.9%。

（3）贫困失业：贫困失业是指城市经济发展收益无法为所有城市居民分享，部分居民被迫处于贫困或失业状态。在中国，贫民窟现象虽然没有巴西、印度等国家严重，但也常以生活配套设施水平较低的城中村、棚户区等形式存在。据民政部门统计，我国处于城市最低生活保障线以下的人口是 2334 万。而有学者认为，城市贫困人口约为6000万，占城市总人口的10%。中国城市失业问题在经济持续快速发展时期相对并不严重。但在国际金融危机期间，受全球需求放缓影响，中国城市经济规模增长放缓，导致大量人口失业。中国社会科学院2009年《社会蓝皮书》的调查显示：2008年，中国城镇的经济活动人口失业率大概是9.4%。如果以此推算，中国失业率甚至超过了直接遭受金融危机冲击的美国（失业率7%）。2010年期间，中国35个大中城市居民对所在城市就业状况的满意率仅为31.3%。①

（4）住房紧张：住房问题是当前中国城市最受关注的议题，是中国城市病的主要构成之一。住房紧张总体表现为两个方面：一是人均住房面积不足。总体而言，人均住房面积随着中国住房供应量的上升，呈现平稳上升趋势，但离满足居民住房需求还有较大不足，特别是中心城市的这一问题表现严峻。二是住房支付能力偏弱。《中国住房发展报告（2010~2011）》测算了1999年至2010年上半年中国35个大中城市住房支付能力指数，发现2010年上半年中国住房支付能力很弱的城市达到13个。②

（5）健康危害：在很长的一段历史时期内，单个城市人口规模一般控制在100万以内（除极个别城市以外），其重要限制因素正在于瘟疫等重大传染病的严重威胁。随着现代社会的发展，医疗卫生水平的进步为城市人口规模扩张创造了条件，1000万人口以上规模的城市不断形成。但城市人口高密集分布依然对城市防疫工作提出重大挑战，加大了流行传染病传播的控制难度。在2003年非典型性肺炎（SARS）大规模流行期间，中国四大直辖市确诊病例占中国内地确诊病例的47.5%；在2009年甲型H1N1流感暴发期间，中国四大直辖市确诊病例占中国内地确诊病例的37.4%。而中国四大直辖市总人口仅占中国内地总人口的5%左右。2010年对全国35个大中城市居民的问卷调查显示：城市居民对当地医疗卫生状况表示非常满意或满意的分别为11.6%、21.8%，满意率仅为33.4%。③

（6）城市灾害：城市灾害的一个重要表现是城市火灾事故频发，且造成严

---

① 资料来源：中国社会科学院城市与竞争力研究中心2010年度中国城市幸福感指数专项调查。

② 倪鹏飞：《中国住房发展报告（2010~2011）》，社会科学文献出版社，2010，第147~148页。

③ 资料来源：中国社会科学院城市与竞争力研究中心2010年度中国城市幸福感指数专项调查。

重后果。城市建筑在防火方面存在两大先天劣势：一是建筑密度大，火灾事故容易蔓延，不利于人员疏散；二是建筑高度高，不利于消防救援。2010年，中国城市发生多起严重火灾事故，如上海教师公寓火灾造成53人死亡，70人受伤；北京清华大学清华学堂火灾损毁了全国重点文物保护建筑；吉林商业大厦火灾使19人死亡、24人受伤；等等。

（7）安全弱化：安全弱化是指违法乱纪行为给城市居民社会安全感所带来的负面影响。2009年期间，中心城市万人刑事案件立案数量高达74.4件/万人，特大城市为26.4件/万人，中小城市为27.9件/万人。刑事犯罪行为会对城市居民社会安全感产生重大负面影响，导致其社会安全感弱化，幸福感下降。对全国35个大中城市的调查也发现：城市居民对社会治安的满意率约为47.7%，基本满意的占33.8%，相对其他几项指标这个满意度还比较高，但仍有18.6%的不满意率（包括不满意、很不满意）。

三　中国城市化健康推进的政策建议

推进中国城市化健康发展，关键的一点是针对性预防和治理城市病，为所有城市居民创造一种可以幸福工作、生活于其中的氛围。一些城市已经作出了十分积极的尝试，如重庆提出建设“五个重庆”、广州提出“五个更加”等，根据城市病的产生机制可知：治理城市病总体上需要从以下两个基本方向入手。

第一个方向是人口和产业空间分布均衡化调整，建构一个适度倾斜而平坦的城市中国。人口在城市内部、城市之间、城乡之间分布不均，部分区域人口密度过高超出其生态系统与社会系统的最大承载能力，但更多区域的人口密度仍位于生态系统与社会系统最大承载能力范围内。人口空间分布均衡化调整的目的是推动人口从高密度区域向低密度区域迁移，以满足生态系统与社会系统的承载能力限制。对单个城市而言，可行的思路是通过培育城市副中心、改进城市郊区生活条件及交通可达性实现城市人口多中心布局，或将部分城市人口向郊区转移布局。而超越单个城市，将视角拓展至区域层面，比较有利的尝试是：围绕一个或多个中心城市，培育一批富有活力的中小城市，形成集群式发展的城市群；或沿国家经济主干线（一般为国家交通主干线）促进沿线城市联动发展形成城市带。

第二个方向是提高城市配套建设与管理服务水平。生态系统与社会系统的最大承载能力不是恒定不变的，而是与生态资源的利用效率、社会管理的水平呈正相关。因此，提高配套设施建设与管理服务水平等同于在资源约束条件不变的条件下扩大人口承载能力，缓解城市病。2010 年上海世博会主题为“城市，让生活更美好”，探索创造可以为市民实现美好生活的未来“和谐城市”是贯穿上海世博会的核心理念。为此，上海世博会特设“城市最佳实践区”。这些全球城市最佳实践案例为提高城市配套设施建设与管理服务水平，解决城市病提供了极为有益的启示与借鉴。对中国城市而言，可考虑从以下方面入手：①创新完善交通体系，提高通勤效率。②提高生态资源利用效率，增进生态资源供给与循环。③提高就业吸引能力，拉动居民收入增长。④加大商品住房供给能力，提高公共住房保障水平。⑤提高卫生医疗体系质量，扩大医疗保障覆盖。⑥增进灾害防范意识，提高灾害应急处置能力。⑦完善社会安全网络建设，增强居民社会安全感。

第二部分　中国城市竞争力指数：格局与变化

城市综合竞争力是一个综合概念，指的是一个城市多快好省地创造财富的能力。它的高低及其变动，反映城市在经济规模、经济增长率、综合生产率、产业层次、收入水平、发展成本、幸福感等方面的相对状况及其变化。2009～2010 年，在中国经济一枝独秀的背景下，中国城市发展可谓群芳争艳。中国城市竞争力的特点是：整体快速提升、差距不断缩小。

一　现状与格局：六大区域分享前十，江苏省“一枝独秀”

由表 2－1 可以清楚地看到：六地区分享前十。2010 年排名前 10 名城市依次是：香港、上海、北京、深圳、台北、广州、天津、大连、长沙、杭州。其中，前 10 名的分布情况为：珠三角 3 个，环渤海 2 个，长三角 2 个，东北 1 个，湖南 1 个，台湾 1 个。从整体上看，珠三角、环渤海以及长三角区域的城市的综合竞争力相当靠前，实力强劲。前 50 名城市的分布情况是：江苏 7 席，广东 6 席，台湾、山东各 5 席，浙江、内蒙古各 3 席，辽宁、黑龙江、福建各 2 席，湖南、湖北、安徽、四川、河南、河北、吉林、陕西、广西各 1 席。从整体上看，江苏城市表现异常抢眼，广东城市一如既往的稳健，台湾、山东城市的优势犹在，中西部各省份的城市综合竞争力相对偏低。

表 2－1　2010 年排名前 10 位城市综合竞争力指数

城　市	综合竞争力指数	排名	城　市	综合竞争力指数	排名
香　港	1.000	1	广　州	0.843	6
上　海	0.892	2	天　津	0.803	7
北　京	0.881	3	大　连	0.794	8
深　圳	0.859	4	长　沙	0.783	9
台　北	0.858	5	杭　州	0.781	10

数据来源：城市与竞争力指数数据库。

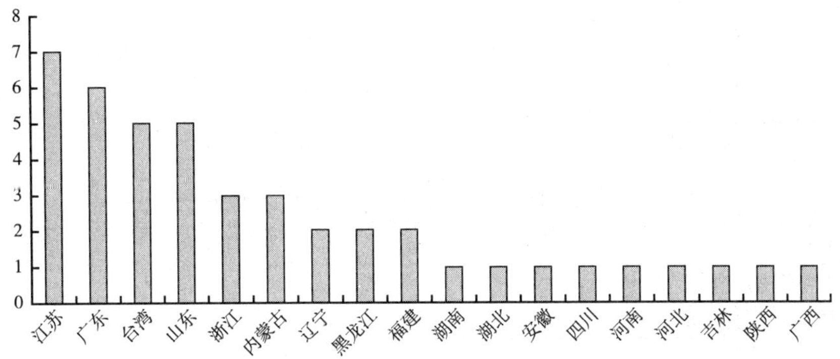

图 2－1　2010 年各省区城市排名前 50 名的个数

数据来源：城市与竞争力指数数据库。

二　主要变化：长沙成为最耀眼的明星城市，中西部追赶东南部的步伐加快

与 2009 年相比，由表 2－2 可得知：前 10 名城市格局发生了变化，长沙、杭州跻身前 10 位。香港尽管依然领先，但其他 9 个城市向其更加靠近了，差距在逐步缩小。长沙是一大亮点，进步巨大，从 2009 年的 17 名一跃成为第 9 名，直逼大连。深圳、天津、大连、杭州也有进步，首先，它们的综合竞争力指数进一步提升；其次，排名分别上升了 1 位、1 位、2 位、1 位。

与 2009 年比较，表 2－3 反映出排名前 50 城市的区域分布发生了变化。东北、西南区域的数量都有所增加，而东南区域有所减少，表明虽然东南区域依旧领先，但是其他区域加快了追赶的步伐，竞争格局继续向好。

表 2-2 近两年排名前 10 位城市的综合竞争力指数及其变化

城市	2010 年指数及排名		城市	2009 年指数及排名	
	指数	排名		指数	排名
香港	1.000	1	香港	1.000	1
上海	0.892	2	上海	0.822	2
北京	0.881	3	北京	0.817	3
深圳	0.859	4	台北	0.816	4
台北	0.858	5	深圳	0.797	5
广州	0.843	6	广州	0.766	6
天津	0.803	7	高雄	0.751	7
大连	0.794	8	天津	0.715	8
长沙	0.783	9	青岛	0.715	9
杭州	0.781	10	大连	0.713	10

数据来源：城市与竞争力指数数据库。

表 2-3 前 50 名城市近两年区域分布情况

区域	东南	环渤海	东北	中部	西南	西北
2010 年排名前 50 城市个数	26	8	5	4	3	4
2009 年排名前 50 城市个数	27	8	4	5	2	4

数据来源：城市与竞争力指数数据库。

表 2-4 四个直辖市近两年的竞争力指数及其排名变动

城市	2010 年指数及排名		2009 年指数及排名		排名变化
	指数	排名	指数	排名	
香港	1.000	1	1.000	1	0
上海	0.892	2	0.822	2	0
北京	0.881	3	0.817	3	0
台北	0.858	5	0.816	4	-1
天津	0.803	7	0.715	8	1
重庆	0.698	37	0.610	44	7

数据来源：城市与竞争力指数数据库。

三 重点比较：内地城市快速赶超港台，地倾东南局面正在改变

比较香港、上海、北京、天津、重庆、台北等重要城市发现：2010 年与

2009 年相比，上海、北京、天津、重庆等内地城市竞争力指数大幅攀升，拉近与香港的差距。重庆、天津竞争力排名提升，重庆进步比较大，排名上升了 7 位；台北竞争力排名有所下降。内地四大直辖市比较：上海的竞争力独占鳌头，但是北京在奋力追赶，它们之间的差距在缩小；天津虽然与上海、北京的差距还比较明显，但是它也明显加快了赶超步伐。

2010 年，综合竞争力排名前 50 的区域分布情况分别是：东南区域 26 个、环渤海区域 8 个、东北区域 5 个、中部区域 4 个、西南区域 3 个、西北区域 4 个，各个区域城市所占比例分别为：52%、16%、10%、8%、6%、8%。2008 年国际金融危机对我国城市竞争力影响很大，虽然 2009 年东南区域城市竞争力有所下降，但是通过采取措施积极应对，2010 年东南区域城市的竞争力显著上升，占据压倒性优势，前 50 强中独占 26 席，所占比例达到 52%。环渤海区域竞争力也有所提升，在城市差异缩小后，成为我国经济的又一亮点。相对于东南、环渤海区域而言，东北、中部、西南、西北区域的城市的竞争力还相对偏低，亟待提升。

表 2－5　2010 年前 50 位城市的区域分布情况

单位：个，%

区　　域	东南	环渤海	东北	中部	西南	西北
排名前 50 城市个数	26	8	5	4	3	4
比　　例	52	16	10	8	6	8

数据来源：城市与竞争力指数数据库。

四　问题与讨论：不同层面间城市竞争激烈，全国城市竞争力整体提升

综观 2010 年，中国城市间的竞争的总体状况可用“异常激烈”来形容。可从以下几个层面来分析：前 10 名城市间竞争激烈，主要体现在彼此间综合竞争力指数均值相比 2009 年都有所提升，但是互相逼近。尤其是长沙的进步有目共睹，大步跨入 10 强之列。长沙利用国家建设“长株潭”城市群“两型”社会的历史契机，大力发展服务业和高新技术产业，利用有限的时间使自身的综合竞争力提升显著，它是全国唯一一个增长较快的特大城市，相信随着“长株潭”城市群、“两型”社会建设的进一步推进，长沙的竞争力会

进一步提高；四个直辖市之间的竞争也特别激烈，主要体现在综合竞争力指数均值相比2009年都略有提高，上海与北京的排名虽然依旧没有改变，但是它们的综合竞争力差距在缩小，北京在紧逼上海。与此同时，天津、重庆的排名都有上升，其中重庆上升幅度比较明显，四者之间形成一种“上海继续发展—北京紧逼上海—天津追赶北京—重庆加快追逐天津”的发展格局。六大区域间的竞争也一直存在，东北区域的竞争力有所提升，排名前50的城市个数由4个上升到5个，西南区域城市的竞争力也稍有提升，排名前50的城市个数增加到3个，相对缩小了同其他区域的差距。

纵观294个城市，综合竞争力指数变化率为10.9%（见表2-6），标准差为负值，说明中国城市的整体综合竞争力在提升。

表2-6　综合竞争力指数整体状况及其变化率

变　量	样本数	平均值	标准差	最小值	最大值	极差
2010年指数	294	0.551	0.116	0	1.00	1.00
2009年指数	294	0.497	0.125	0	1.00	1.00
指数变化率(%)	—	10.9	-7.2	—	—	—

数据来源：城市与竞争力指数数据库。

第三部分　中国城市竞争力的短期总体表现：希望与隐忧

城市竞争力具体表现在经济规模、速度、效率、产业层次、发展成本、收入水平和幸福程度上。2009年的数据反映了中国城市在这些方面取得了可喜的成就，但也存在着一些隐忧。

一　经济规模：总体上升，差距扩大

金融危机对我国城市经济造成了不同程度的消极影响，随着城市经济发展方式转变、产业结构优化和转移，在全球化、市场化、经济服务化、城市化、工业化和信息化进程中，由于要素禀赋的差异性和基础设施的完善程度不同，必然使得城市的经济规模格局（社会固定资产投资、社会消费品销售总额、进口与出口总额）发生更为深刻的变化。

（一）现状与格局：总体水平上升，差距有所拉大

从经济规模上看，全国 294 个城市均值由 2009 年的 0.133 上升为 2010 年的 0.145，指数加总由 39.034 升为 42.756，总体经济规模水平上升，但离散程度稍有增加。在 GDP 总量上，上海首次超过香港居全国之首；重庆市经济发展速度明显加快，由 2009 年的第 11 位跃升至 2010 年的第 7 位。从经济规模绝对量上来看，位于前 3 位的上海、香港和北京的地区生产总值均已突破 1.1 万亿元，而排名第 10 位的杭州 GDP 也已突破 4000 亿元；前 10 位城市 GDP 加总同比增长 6.1%，是后 20 位城市 GDP 加总之和的 70.6 倍。

表 2－7　294 个城市 2009 年、2010 年经济规模指数

名　　称	均值	标准差	最大值	最小值	总值
2009 年经济规模指数	0.133	0.137	1.000	0.000	39.034
2010 年经济规模指数	0.145	0.149	1.000	0.000	42.756

数据来源：城市与竞争力指数数据库。

表 2－8　2009 年、2010 年城市经济规模竞争力 10 强排名

2009 年	城市	香港	上海	北京	深圳	广州	天津	台北	佛山	杭州	东莞
	指数	1.000	0.907	0.786	0.679	0.667	0.585	0.541	0.496	0.461	0.455
2010 年	城市	上海	香港	北京	广州	深圳	天津	重庆	佛山	台北	杭州
	指数	1.000	0.979	0.893	0.741	0.731	0.674	0.554	0.550	0.540	0.502

数据来源：城市与竞争力指数数据库。

（二）区域比较：中部竞争不强，西部增速明显

从城市区域分布上来看，除香港、台北外，前 20 位城市中，东部城市占据了 15 个席位，而中部地区仅有 1 位，西部为 2 位；在前 50 位城市中（不包括香港、台湾地区），中、西部地区城市共有 17 个，东部城市为 28 个；从后 20 位城市分布格局来看，东部地区仅占 3 个，而中部和西部分别为 4 个和 13 个。2010 年中西部城市崛起的速度较快，经济发展程度获得了进一步的提高，经济实力得以明显增强。同时，同一区域内不同省份在经济发展程度上呈现不一致性，西部城市经济规模增幅较大的省份为重庆、内蒙古、青海、贵州；较慢的为新疆和广西；在中部地区，江西省与湖南省的城市经济规模增幅较大，河南省与河北省表现欠佳；东北地区，吉林省与黑龙江省的城市表现较好，辽宁省城市表现较差；从沿

海地区来看，长三角城市整体依然保持快速的发展势头，但浙江省内城市整体表现不理想，落后于区域内的上海和江苏；环渤海地区北京、天津优势积极凸显，经济发展潜力仍然很大；珠三角地区城市总体表现落后于环渤海与长三角地区。

（三）问题与讨论：区域间与区域内差距大

从现有情况来看，我国城市间的地区生产总值呈现极大的“非均衡”性，从区域内的发展情况来看，各个区域内城市间呈现发展的“两极分化”倾向，比如广东省最发达城市经济总量是最落后城市经济总量的110.7倍。同时，从GDP增幅水平上来看，珠三角地区和浙江地区经济发展呈现缓慢发展的态势，这在很大程度上与其经济产业外向型结构特点有关，金融危机对我国外向型经济造成了重创，加之产业的结构优化调整还尚待时日，因此，出口导向型城市经济呈现缓慢调整的发展趋势。

二　经济增长：恢复性增长十分明显

（一）现状与格局：东北、西北增速保持领先，地区增长差距仍明显

综合增长指数排名前十的城市，东北地区有6个，西北地区2个，东南地区1个，西南地区1个。2009年，我国294个城市GDP平均增速为12.7%，高于全国8.7%的GDP增长水平，超过全国平均增长水平的城市数量达到了259个，占全部城市的88%。

表2－9　综合增长指数前10位城市排名

城　市	省　份	2010年综合增长竞争力指数	2010年综合增长指数排名	2009年综合增长竞争力指数排名
鄂尔多斯	内蒙古	1.000	1	1
铁　岭	辽　宁	1.000	2	1
白　山	吉　林	0.998	3	8
辽　源	吉　林	0.998	4	4
营　口	辽　宁	0.996	5	6
包　头	内蒙古	0.985	6	9
防城港	广　西	0.983	7	16
朝　阳	辽　宁	0.981	8	13
白　城	吉　林	0.972	9	25
清　远	广　东	0.970	10	7

数据来源：城市与竞争力指数数据库。

（二）变化趋势：恢复性增长显现，吉林、广东势头强劲

受全球金融危机影响，整体经济增速明显放缓。2010年我国城市整体呈现出恢复性增长，体现在综合增长指数平均值较2009年有所提高。值得关注的是，2010年综合增长指数的标准差较2009年有所下降，表明我国城市间增速差异正在缩小，各地经济增长速度趋同性增强。2010年，吉林、辽宁、内蒙古等省区城市综合增长水平靠前，其中鄂尔多斯、铁岭延续迅猛增长的势头，吉林的白城市、四平市、吉林市首次入围前15名，尤其是吉林市由74名提升至15名。广东地区的东莞、珠海、茂名、中山、江门五个城市升幅显著，表明全球金融危机对我国经济增长的负面影响正逐步得到消化，以外向型经济为主的东部沿海城市开始恢复快速增长。

表2－10　中国城市综合增长指数整体情况

变　量	年份	样本数	平均值	标准差	最小值	最大值	极差
综合增长指数	2010	294	0.746	0.138	0	1	1
	2009	294	0.717	0.144	0	1	1

数据来源：城市与竞争力指数数据库。

（三）区域比较：东北、西北、西南等地经济增长较快，东南地区增速相对乏力

东北、西北、西南等地以传统行业为主，受全球金融危机影响相对有限，保持了较高的经济增长速度，如东北34个城市2010年平均增长率达15.75%，高于全国平均水平，其中有16个城市进入全国增速前50名。东南地区受全球金融危机影响较大，55个城市平均增速仅为11.74%，远低于全国平均水平，且该地区近一半城市经济增长率排在200名后。

表2－11　2010年我国城市经济增长率分布区域比较（除港、澳、台）

单位：个，%

区　域	1～50名	51～100名	101～150名	151～200名	201～286名	城市总数	增长率平均值
东　北	16	4	2	5	7	34	15.75
环渤海	5	3	5	6	11	30	12.75
西　北	11	10	4	4	10	39	14.2
中　部	6	12	20	17	26	81	12.02
西　南	9	14	10	8	6	47	14.03
东　南	3	8	9	9	26	55	11.74
全　国	50	51	50	49	86	286	13.12

数据来源：城市与竞争力指数数据库。

（四）希望与问题：经济增速差距渐减小，资源城市增长需放缓

整体而言，城市间经济增长速度的差距在明显缩小。最快城市与最慢城市增速差距，由2005年的106.72%，减少到2009年的36%。同时，处于经济增速平均值以上的城市数量，由2005年的110个增加到2009年的146个。地区间经济增速出现的收敛趋势，表明各城市间经济更趋向于稳步协调发展。然而，部分传统资源型城市总体表现出增长过快、难以长期持续的趋势，亟待对经济增长模式进行调整。因此，加快经济发展方式转变，实现城市由资源密集型的粗放发展模式向以技术、资金密集型为主的集约发展模式转变，已成为资源型城市未来改革发展中亟待解决的问题。

表2－12　国内286个城市增长率分析

单位：%，个

年份	增长率最小值	增长率最大值	增长率平均值	平均值以上的城市数量
2005	1.3	108.02	14.96	110
2006	2.6	37.08	14.59	132
2007	6.3	46.45	15.68	130
2008	3.3	35.00	13.45	129
2009	-4.4	31.60	13.12	146

数据来源：城市与竞争力指数数据库。

三　经济效率：内地城市经济聚集程度有待提升

经济效率是指城市的产出效率，是反映城市竞争力的重要指标，很大程度上衡量了城市发展的快慢。反映城市经济效率最重要的指标就是地均GDP衡量的地均产出和人均GDP衡量的人均产出。总体上看，中国城市经济效率在全国经济缓慢升温的背景下稳步提高。

（一）现状与格局：港澳台城市名列前茅，地均GDP集聚程度较高

2010年经济效率指数最高的10座城市为：台北、香港、台中、高雄、新竹、澳门、东营、东莞、佛山和基隆。其中港澳台地区城市有7个，东南地区城市2个（均来自广东），环渤海地区1个。中国城市整体现状如表2－13所示，

中国城市平均经济效率指数为0.281，行政区地均GDP为7602.27元/平方千米，人均GDP为40998.9元。表2－14反映了地均GDP与人均GDP在全国城市的集聚程度，可以发现地均GDP的集聚程度远远大于人均GDP。

表2－13　中国城市经济效率整体现状

变　量	单位	样本数	平均值	标准差	最小值	最大值	极差
经济效率指数	—	294	0.281	0.159	1.000	0.000	1.000
地均GDP	元/平方千米	294	7602.27	19507.08	27.29	171202.00	171175.18
人均GDP	元	294	40998.90	29933.90	5796.00	204104.00	198307.74

数据来源：城市与竞争力指数数据库。

表2－14　地均GDP与人均GDP集聚程度

单位：%

指　标	10个最大城市占全国城市比例	最大城市占全国城市比例	全国城市均值占最大城市比例
地均GDP	43.20	7.66	4.44
人均GDP	13.08	1.69	20.09

数据来源：城市与竞争力指数数据库。

（二）变化趋势：均值普遍上升，极差有所减小

观察近两年中国城市经济效率各指标变化趋势，发现经济效率指数、人均GDP和地均GDP均值都有不同幅度的上升，而且人均GDP和地均GDP的极差和标准差也在缩小。这说明中国城市经济效率普遍有所提升，同时大城市与中小城市间的差距正在缩小，这与近一年来中国城市特别是广大中小城市对经济转型、科学发展的重视密不可分。

表2－15　经济效率各指标变化率

单位：%

指标变化率	平均值	标准差	最小值	最大值	极差
经济效率指数变化率	21.07	—	—	—	—
地均GDP变化率	2.62	－7.44	15.74	－9.56	－9.57
人均GDP变化率	6.48	－6.47	16.83	－18.80	－19.84

数据来源：城市与竞争力指数数据库。

（三）区域比较：港澳台、内地差距明显，东南、环渤海表现出色

从经济效率各指标均值来看，港澳台地区各项指标均远远优于内地，其中地均 GDP 一项差距最大。地均 GDP 排名前五的城市台北、澳门、高雄、香港和台中全部来自港澳台地区，港澳台地区地均 GDP 相当于内地表现最好的环渤海地区的 13.29 倍，与内地地区地均 GDP 均值相比更是高出了 21.16 倍。在中国内地六大区域中，东南地区和环渤海地区继续领跑内地，东北地区经济效率的各个指标也处于全国中上游。

表 2-16　各个区域经济效率各指标状况

区　域	经济效率指数	地均 GDP（万元）	人均 GDP（元）
西　南	0.20	3427.95	25845.02
中　部	0.24	4899.76	32030.76
西　北	0.22	2030.65	36005.98
东　北	0.26	3821.66	40146.12
东　南	0.35	7187.51	48362.41
环渤海	0.35	8043.86	51671.41
港澳台	0.82	106919.24	147053.39
内　地	0.27	4824.17	38032.33

数据来源：城市与竞争力指数数据库。

（四）重点城市比较：高级别城市表现更好，四大直辖市整体领先

表 2-17 所示为经济效率各个级别平均经济效率和几个重点城市的比较。可以发现：在内地城市中，35 个大中城市均值要好于全国和内地均值，副省级城市要好于 35 个大中城市，行政级别最高的四个直辖市均值最高。另外上海、北京、天津的人均 GDP，重庆的地均 GDP 均为全国领先，副省级城市深圳的人均 GDP 和地均 GDP 均表现很好。而地级市无锡人均 GDP 和地均 GDP 均超过北京和天津，人均 GDP 也优于重庆。

（五）优势与问题：经济效率提升迅速，地均产出有待加强

总体而言，内地城市在经济效率上都有很大的提升，尤其是沿海开放城市和副省级城市等资源、行政优势城市。另外，中国城市间经济效率差距已经有所减小，中小城市经济效率追赶速度较快。不过与港澳台地区相比，内地城市仍有劣

势，尤其是地均GDP一项落后较多。内地城市应注重地均产出，提高城市建成区利用效率，加快经济转型，坚持科学发展，为中国城市经济效率的腾飞奠定基础。

表2－17 经济效率重点城市比较

城市或区域	经济效率指数	地均GDP(万元)	人均GDP(元)
全国城市	0.281	7602.27	40998.89
内地城市	0.266	4824.17	38032.33
35个大中城市	0.406	13857.51	57341.09
副省级城市	0.450	13275.03	67087.42
4个直辖市	0.495	29318.08	62856.94
台　北	1.000	171202.47	178462.38
香　港	0.966	129435.47	204104.30
北　京	0.460	9823.58	71244.94
上　海	0.606	28857.04	80319.44
天　津	0.464	9501.62	67423.47
重　庆	0.449	69090.09	32439.89
深　圳	0.609	41171.27	92022.46
无　锡	0.545	16886.08	81701.94

数据来源：城市与竞争力指数数据库。

四　产业层次：城市总体实力增强，不平衡态势在缩小

城市产业层次竞争力是城市经济竞争力的重要结构表现，它主要是指产业体系和产业环节的技术含量和知识水平。通常用人均第三产业增加值与第三产业增加值占GDP的比重等指标来衡量。

2010年，我们经历了美国金融危机后的经济恢复发展、汶川大地震后的灾后重建……我国以这些事件为契机，加快了发展方式转变、促进产业结构调整的步伐，引领产业结构的不断优化升级。总体上看，我国的产业层次竞争力有了明显提升。

（一）现状与格局：北京、香港优势明显，城市总体发展不平衡

产业层次竞争力最强的10个城市是：北京、香港、上海、台北、基隆、深圳、高雄、新竹、台中、台南。其中，台湾地区6个，珠三角地区2个，环渤海、长三角地区各1个。产业层次四个变量的极差很大，表明我国城市产业层次发展不平衡。

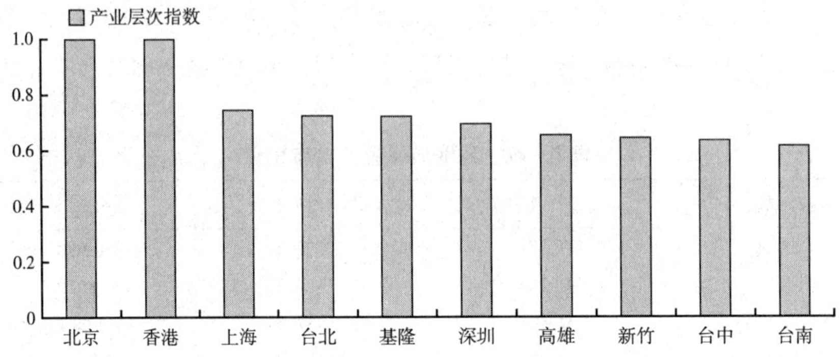

图 2－2　产业层次竞争力排名前 10 的城市

数据来源：城市与竞争力指数数据库

表 2－18　中国城市产业层次的整体现状

变　量	单位	样本数	平均值	标准差	最小值	最大值	极差
产业层次指数	—	294	0. 348	0. 116	1. 000	0. 000	1. 000
人均三产增加值	元／人	294	18259. 72	18881. 55	842. 48	180730. 00	179887. 52
人均三项产值*	元／人	294	3468. 51	3938. 33	26. 97	35534. 50	35507. 53
R&D 投入	万元	294	161113	480099	96	6200983	6200887

* 人均三项产值指人均的科学、信息和金融产值。
数据来源：城市与竞争力指数数据库。

（二）结构与变化：竞争力整体提升，平衡发展展现头角

近两年中国城市产业层次各指标均值都有不同幅度的上升，并且人均第三产增加值和人均第三的极差和标准差也在缩小。表明中国城市产业层次整体提升，城市间的产业层次正在向逐步趋于平衡发展方向迈进。这也许与近一年来我国对加快发展方式转变，促进产业结构调整的战略是息息相关的。

表 2－19　产业层次各指标变化率

指　标	平均值变化率	标准差变化率	最小值变化率	最大值变化率	极差变化率
产业层次指数	0. 555	－0. 029	—	—	—
人均三产增加值	0. 103	－0. 058	－0. 578	3. 021	－0. 152
人均三项产值	0. 165	－0. 081	0. 164	－0. 994	－0. 210

数据来源：城市与竞争力指数数据库。

（三）区域比较：全国总体发展提升，东南区域实力强劲

第三产业发达程度是衡量一个城市产业层次竞争力的一个极其重要的因素，2010年全国第三产业增加值占GDP的比重为42.9%，方差为0.119，而2009年这两个指标分别为41.8%和0.123，相互比较发现：第三产业总体发展提升。同时，区域比较发现：东南区域第三产业优势显著。

（四）重点城市比较：天津、重庆需努力，区域发展总体欠均衡

整体比较：四直辖市的产业层次指数、第三产业增加值占GDP的比例都高于全国平均水平；四直辖市单独比较：北京、上海的优势明显，天津、重庆需努力，尤其是重庆。

东南、环渤海区域城市的产业层次指标值都高于全国平均水平，而东北、中部、西南、西北区域城市低于全国平均水平，这说明六大区域的产业层次发展还欠均衡，东南、环渤海占优，其他几个区域有待提升。

表2－20　产业层次重点城市及区域比较

城市或区域		产业层次指数	第三产业增加值占GDP的比例
四直辖市	北　京	1	0.759
	上　海	0.735	0.596
	天　津	0.498	0.453
	重　庆	0.392	0.471
六大区域	东　南	0.431	0.468
	环渤海	0.385	0.435
	东　北	0.324	0.402
	中　部	0.330	0.426
	西　南	0.299	0.399
	西　北	0.336	0.414
全　国		0.352	0.429

数据来源：城市与竞争力指数数据库。

（五）优势与问题：产业结构优化，提升速度偏低

由于金融危机等的影响，国家采取了一系列促进产业发展升级的措施，总体上，产业结构得到优化；但是，产业层次竞争力提升速度还相对偏低，发展不均衡的态势还需克服。

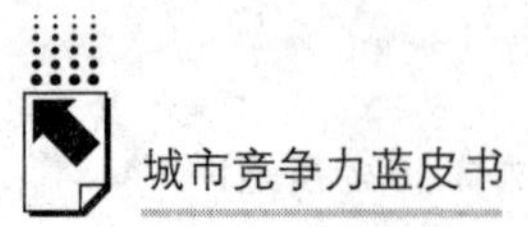

五　发展成本：沿海加工业城市发展成本竞争力下降

落实科学发展观、实现经济转型，建设低投入、高产出，低消耗、少排放，能循环、可持续的国民经济体系和资源节约型、环境友好型社会，是我国国民经济与社会发展中长期规划的一项战略任务。各级政府都把“节能减排”作为建设“绿色 GDP”的重要内容高度重视。2010 年是实现“十一五”节能减排目标任务和总体要求最后一年，2011 年是“十二五”开局之年，如何实现节能与发展，给城市带来挑战。

城市发展成本主要包括经济成本、行政管理成本、社会成本、资源环境成本。考虑到城市的集约型、可持续发展，为城市发展成本竞争力提供导向作用，强调城市创造价值时所节约的能源量以及环境保护，体现城市在发展过程中环境资源成本节约的程度。本报告采用了工业固体废物综合利用率、工业废水排放达标率、单位用电产生 GDP（元/千瓦时）、产生单位 SO_2 生产的 GDP、单位 SO_2 面积（平方千米/吨）等指标衡量城市发展成本竞争力（以上指标均做处理，为逆向指标，指数越高越好）。

（一）现状格局：大中城市平分秋色，工业城市需求突破

从综合指数来看，2010 年 294 个城市平均值（0.505）较上年上升 0.009，标准差减少 0.006，所有城市指数之和增加了 2.47。从竞争力排名来看，2010 年中国 294 个城市发展成本竞争力前 20 强（见图 2－3）中，中等城市占据一半，大城市优势不明显。排在最后三位的是山西的阳泉和甘肃的金昌、白银。排名前

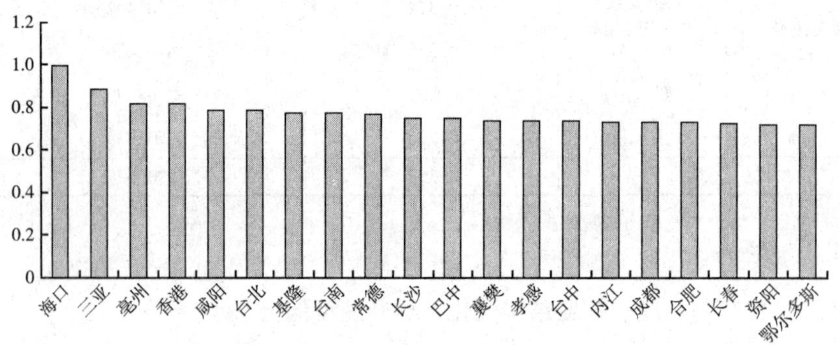

图 2－3　2010 年中国城市发展成本竞争力指数前 20 强

数据来源：城市与竞争力指数数据库。

20 位的城市中大部分是南部城市，区位优势明显。白银市作为一个以有色金属业为主导的城市，在节能方面还需加快努力。

表 2－21　294 个城市 2009 年、2010 年发展成本指数

指　　数	均值	标准差	最大值	最小值	总值
2009 年发展成本指数	0.496	0.156	0.997	0.041	145.950
2010 年发展成本指数	0.505	0.150	0.999	0.016	148.420

数据来源：城市与竞争力指数数据库。

（二）结构变化：海南独占鳌头前两名，台湾增势显著添两员

海口市位居中国城市发展成本竞争力第 1 名，三亚市由 2009 年的第 3 名跃居 2010 年第 2 名。咸阳由第 6 位升到第 5 位，而且是前 10 强中唯一的北方城市。长沙保持竞争优势，位于第 10 位，是前 10 名中唯一的省会城市。台湾的台北、台南本次进入前 10 强，分列第 6、8 位，基隆较 2009 年上升 3 位，位居第 7 位。排名中位城市中，哈尔滨由 2009 年的 147 位，降至 2010 年的 162 位，而杭州由 154 位升至 115 位。贵阳加大节能减排力度，由 266 位升至 251 位。

表 2－22　2009 年、2010 年城市成本竞争力前 10 强排名

年份	项目	1	2	3	4	5	6	7	8	9	10
2009 年	城市	海口	亳州	三亚	香港	成都	咸阳	随州	常德	长春	基隆
	指数	0.997	0.857	0.842	0.829	0.819	0.807	0.777	0.748	0.738	0.737
2010 年	城市	海口	三亚	亳州	香港	咸阳	台北	基隆	台南	常德	长沙
	指数	0.999	0.887	0.820	0.818	0.791	0.787	0.778	0.778	0.772	0.753

数据来源：城市与竞争力指数数据库。

（三）重点比较：直辖市排名居中，省会竞争不佳

四个直辖市上海、天津、北京、重庆，综合排名分别位列第 55、68、101、163。前 50 强中 34 个省会级城市，在综合指标中占据了 12 个名额；在单位 SO_2 生产的 GDP 单项指标中占据 21 个席位；而在单位 SO_2 面积单项指标中，仅海口、台北、北京、哈尔滨 4 市占据 4 个份额。说明在省会级城市中，GDP 的生产占有优势，而在综合排名中表现一般，但是在单位 SO_2 排放这些展现空气质量和宜居环境卫生的指标上，竞争力较弱，海南和台湾占据前 6 席，香港、深圳、北京、广州紧随其后，显示了临海优势和经济的高相关性。

（四）改善与不足：整体指数上升，沿海局部下降

2010 年城市指标最高为 0.999，比 2009 年相应的 0.997 要高，平均值增加，城市总体差距有所减小。2010 年发展指标在 0.7 以上的占 24 位，2009 年为 20 位。排名相同的城市中 2010 年有 184 个城市比 2009 年指数高，占全部城市的 94%。城市发展成本竞争力总体水平有所加强，然而在金融危机环境下，沿海加工业城市广州、台州、泉州、温州分别由 2009 年的第 33、80、81、126 位降至 2010 年的第 34、99、90、134 位。总体来看，旅游、第三产业发达的城市以及经济发展总量不高的城市，成本竞争力相对要高，而经济总量较大的上海、北京、深圳（60 位）等排名并不靠前，与各个城市发展的阶段不无关系。但是引进环保技术、节约能源、保护环境是城市不变的选择。一些城市需要调整战略加快经济结构调整和升级、实现跨越式发展。

六　收入水平：东西差异仍旧十分显著

收入水平反映城市居民的收入能力，是影响一个城市市场容量的重要指标。我国的发展规划一直都非常重视提高人民的生活水平，突出表现在提高居民的收入水平上。随着我国居民之间收入差距的扩大，产生很多社会矛盾，更加要求政府大力提高居民的收入水平，保障人民的生活水平稳步提高。因此，本报告中主要使用人均地方财政一般预算内收入和城镇居民人均可支配收入来作为重要衡量指标。

（一）现状格局：整体收入不断上升，两岸三地差距明显

从总体来看，我国城市的收入水平在不断上升。人均地方财政收入前 10 位的城市为：香港、澳门、上海、台北、克拉玛依、北京、基隆、高雄、鄂尔多斯和大连。这 10 个城市的人均财政收入均突破 10000 元。而在均值以上的城市数量达到 105 个城市，占所选城市样本的 35.7%。

城镇居民人均可支配收入前 10 名的城市为：香港、台北、新竹、高雄、基隆、台南、台中、东莞、深圳和上海。其中绝大部分为港澳台地区城市，内地仅有 3 个城市进入。这说明内地城市在城市居民收入水平上还有较大差距。在所选样本中有 289 个城市城镇居民人均可支配收入超过万元，超过均值的有 76 个城市，占所选样本的 25.8%。

表 2－23 中国城市收入水平整体现状

指 标	单位	样本数	最大值	最小值	均值	标准差
收入水平指数	—	294	1	0	0. 160	0. 105
人均地方财政一般预算内收入	万元	294	39834. 36	155. 202	3221. 828	3753. 05
城镇居民人均可支配收入	元	294	141271	9442	17271	10625

数据来源：城市与竞争力指数数据库。

（二）结构比例：两头小，中间大，中低收入占主体

我国城市的收入水平结构呈现出“两头小，中间大，中低收入占主体”的总体特征。首先，就人均地方财政收入而言，高于 5000 元的城市有 35 个，3000～5000 元之间的有 74 个，1000～3000 元之间有 118 个，低于 1000 元的有 59 个，分别占全部城市的 12. 24%、25. 87%、41. 25%、20. 63%。其次，城镇就居民人均可支配收入而言，高于 20000 元的城市有 39 个，在 16000～20000 元之间的有 54 个，12000～16000 元之间的有 170 个，低于 12000 元的有 23 个，分别占全部城市的 13. 63%、18. 88%、59. 44%、8. 04%。

（三）重点比较：阶梯分布特征明显，重点城市差距依旧

从区域分布来看，中国城市收入水平最高的是港澳台地区，内地城市收入水平最高的为东南沿海地区（0. 236），但其仍远远低于港澳台地区的水平。而人均地方财政收入和城镇居民可支配收入也同样表现出这一规律。从城市来看，国内三大城市的两项指标均高于国内其他城市，但是与香港相比，依旧存在不小的差距。而同样为直辖市的重庆，无论是人均地方财政收入还是城镇居民人均可支配收入都低于沿海地区。说明我国城市间收入水平的差距相对较大（见表 2－24）。

（四）问题讨论：人均地方财政收入与人均可支配收入相关性大

总体来看，人均地方财政收入和居民人均可支配收入呈正相关关系，2010 年两者的相关系数为 0. 684。一般情况下，财政收入水平较高的城市，其居民收入水平也相对较高。但也有一些城市存在较大反差：例如新疆克拉玛依的人均地方财政收入水平很高，名列全国第二，仅次于上海，但居民人均收入水平却较低，排在第 120 位。与克拉玛依类似，山西省的晋城、河北省的沧州、辽宁省的鞍山等城市主要是资源型、工矿型城市，我国以流转税为主体的税制结构导致这些城市具有较高的税负水平。另外，也有一部分城市的居民人均收入水平较高但

表 2-24 中国城市收入水平区域及重点城市对比

区 域	收入水平	人均地方财政收入	城镇居民人均可支配收入
中 部	0.131	2423.29	14506.26
西 南	0.105	1552.97	14505.28
西 北	0.114	2167.40	14424.39
台 湾	0.499	9640.71	62038.00
环渤海	0.193	4028.74	17460.90
东 北	0.140	2852.84	14174.12
东 南	0.236	5573.84	22465.30
香 港	1.000	39834.36	141271.40
澳 门	0.592	34887.67	28061.67
上 海	0.408	13589.51	28838.00
北 京	0.378	11946.75	26795.00
深 圳	0.365	9883.159	29244.00
重 庆	0.141	1815.018	17191.00

数据来源：城市与竞争力指数数据库。

财政收入水平偏低，例如浙江省湖州的人均可支配收入名列全国第 22 位，但其人均财政收入水平仅排在第 119 位。与此类似浙江省的台州、广东省的东莞、福建省的泉州等，这些城市大部分是民营经济发达的沿海城市，这一现象与它们实行“藏富于民”的政策有很大关系。

七 幸福感指数：中国城镇居民总体比较幸福

“幸福”是中央和地方政府报告和“十二五”规划中出镜率较高的词汇，全国层面“十二五”规划中明确提出建立综合发展评价体系，2011 年的两会更是将“幸福论”推向高潮，认为这是“以人为本”、“全面协调”、“科学发展”、“和谐社会”等观念的再次融合和表达。我们用调查数据来描述中国城市居民的幸福状态。我们对幸福感的调查问题为：假如幸福感最高分为 100 分，您认为可给您 2010 年的幸福感打多少分？依次类推其他年份，得到中国 294 个城市在 2001 年、2005 年、2009 年和 2010 年四年的幸福状况数据。

（一）现状格局：总体感觉良好，城市差距较小

2010 年幸福感打分前十名的城市分别是：石家庄市、临沂市、扬州市、承德市、滨州市、莱芜市、鹤壁市、包头市、北京市、新竹市。这其中环渤海区域

占了6个，东南、中部、西北和台湾区域各占1个。前十的分布状况反映了环渤海地区在“幸福感”指标上的崛起。本年份的幸福感打分均值为76.06，最高分为89.36，最低分则为66.57。最高分是最低分的1.34倍，整体标准差为3.49。其中超过80分的城市个数为37个，75分以上的城市有176个，而70分以上的达到282个。

（二）变化趋势：幸福感均值上升，离散程度减小

四个年份所调查城市的幸福感打分的均值分别为69.40、70.52、73.55和76.06，我国城市居民整体上处在比较幸福的状态。四个年份的变化趋势呈现持续上升特征，而幸福感打分标准差指标表明离散程度不断减小（从2001年的5.00降到了2010年的3.49），这说明各城市居民的幸福状态呈现收敛趋势。最大值和最小值的比例也在逐渐缩小，从2001年最高分是最低分的1.84倍逐年下降到2010年的1.34倍。

均值在80分以上的城市个数在2001年只有1个（承德市），随后的几个年份逐步增加，分别为4个、10个和2010年的37个。高于75分的城市个数从2001年和2005年的37个、38个，大幅增加到2009年的98个和2010年的176个。至于70分以上的城市个数，在2001年就已达到140个，2010年则已经翻了一番，到了282个。

表2－25　中国城市幸福感描述性统计

年份	样本数	均值	标准差	最小值	最大值	最大/最小
2001	294	69.40	5.00	45.50	83.66	1.84
2005	294	70.52	4.19	52.90	81.70	1.54
2009	294	73.55	3.52	58.40	83.58	1.43
2010	294	76.06	3.49	66.57	89.36	1.34

数据来源：城市与竞争力指数数据库。

（三）区域比较：内地城市环渤海最佳

按照2010年各区域的得分均值进行排列，我们发现台湾6个城市的打分均值超过了80，且较为平均，离散程度不大，显然是所有区域中表现最好的。环渤海区域表现不错，人们的幸福感打分均值为79.48，与内地其他区域相比有明显的优势。同时，该区域最大值也是所有城市的最大值，最小值也是除台湾地区

外的第二高分值，只是相比台湾的平均化，该区域的30个样本城市离散程度稍大。除此之外，其他区域的均值相差不是很大。其中，西北地区均值最低，为74.23，39个样本的离散程度也较高。东北区域虽然只有34个样本城市，但离散程度却是所有区域中最大的，而样本量最大的中部区域却有着较低的离散程度。

表2-26　所属区域与幸福感打分

区　域	样本数	均值	标准差	最小值	最大值
台　湾	6	80.42	1.84	77.24	82.90
环渤海	30	79.48	3.37	74.54	89.36
东　南	57	76.77	3.14	70.65	84.42
中　部	81	75.87	2.77	69.67	83.14
东　北	34	75.61	3.75	66.82	82.57
西　南	47	74.64	3.00	68.05	80.70
西　北	39	74.23	3.42	66.57	83.00

数据来源：城市与竞争力指数数据库。

（四）重点比较：发达不等于幸福

四个直辖市中，北京在四个年份的排名分别为第7、4、2、9位，最好成绩产生在2009年；天津市在2001年尚排在35位，后面几年却徘徊在76位左右；上海的排名始终在大幅退步，2001年为20名，2005年为49名，而到了2009年和2010年，其位置滑落到第138和第205；重庆的排名一直不高，四个年度分别是第162、122、116、135位。四个直辖市中，北京表现最好，且较稳定，天津居中，重庆一直落后，而上海的分值则与其发达程度不相符合，且四个年份的退步现象严重。

香港这个后工业化阶段的特大型城市的表现与上海类似，其2001年和2005年分别排在第23、19位，到2009年就下降到了第198位，在2010年为第271位。台北四个年份的排名为第9、6、21和33位，基本也呈现下降趋势，深圳市与香港的特征基本相同，四个年份的排名不断下降，分别是第42、50、133和243位。

（五）研究发现：中国城镇居民总体比较幸福

各年的幸福感均值显示，我国城市居民总体上比较幸福，但一些发达城市的幸福感程度并不符合其发达程度，如香港、上海、台北等。这说明我国城市也开始呈现发达程度与幸福感的背离现象。在相关的起到解释性作用的调查问题上，

我们发现，平均意义上讲，家庭和睦和人际关系等解释性指标得分较高，而社会医疗保健条件、社会道德风气、经济收入状况、交通状况等得分较低，这一定意义上说明人们对自身的微观行为的氛围较为满意，而对该由政府提供的公共性的服务则相对不够认同。

八　相关性分析：多项指标表现相关，居民幸福与“钱”无关

中国城市竞争力指标体系中包含多个显示性指标，研究显示性指标之间的关系，对挖掘城市竞争力各指标间深层联系具有重要意义，所以有必要对显示性指标之间的相关性进行分析。

（一）现状格局：多项指标正向相关，经济指标关系密切

表2-27所示为2010年中国城市竞争力报告一级指标相关性分析。分析采用了SPSS二元相关分析。观察发现，综合增长与多数指标呈弱负向相关，而经济规模、经济效率、产业层次和收入水平四者之间关系密切，发展成本与多项指标呈弱正向相关，其中与经济规模相关度最高，而居民幸福感与大多数经济类指标相关性较弱。七项指标中总相关性最高的三个指标为收入水平、经济效率和经济规模，这说明收入水平、经济效率和经济规模对城市发展影响较大，对城市竞争力的提升具有更重要作用。

表2-27　中国城市竞争力报告显示性指标相关性分析

指　　标	综合增长	经济规模	经济效率	发展成本	产业层次	收入水平	幸福感	总相关性
综合增长	1.000	-0.152	-0.335	-0.109	-0.401	-0.402	-0.094	-0.493
经济规模	-0.152	1.000	0.719	0.311	0.700	0.697	0.147	3.422
经济效率	-0.335	0.719	1.000	0.241	0.657	0.886	0.256	3.424
发展成本	-0.109	0.311	0.241	1.000	0.234	0.271	0.143	2.091
产业层次	-0.401	0.700	0.657	0.234	1.000	0.753	0.185	3.128
收入水平	-0.402	0.697	0.886	0.271	0.753	1.000	0.243	3.448
幸 福 感	-0.094	0.147	0.256	0.143	0.185	0.243	1.000	1.880

数据来源：城市与竞争力指数数据库。

（二）单个指标相关性分析：过分增长并非理智，居民幸福与“钱”无关

综合增长指数衡量了城市价值扩展的速度和潜力，与城市未来的发展水平息息相关。经过相关性分析发现，城市综合增长指数与多项指标呈负相关，其中城

市的经济效率指数、产业层次指数和收入水平指数负相关很高。造成这种情况的原因，一方面是经济效率、产业层次和收入水平较低的城市起点较低，增速相对明显；但另一方面更重要的是，片面追求增长速度会使城市过分追求倚重高增长行业，造成城市产业失衡，最终给城市产业层次、经济效率和居民收入等带来不利影响。目前中国部分城市违背了科学发展原则，单纯看重城市经济增长速度，忽略了城市的产业层次和发展成本等其他因素，最终导致城市产业结构单一、资源环境被过度利用，严重危害城市的健康发展，这是值得我们注意的。

发展成本指数度量了城市在发展过程中对资源、环境等成本的节约程度，是判定城市是否坚持科学发展的重要因素。经过相关性分析发现目前中国发展成本与多数指标有较低的正向相关，这说明城市对发展成本的重视仍然不够，未能注重低成本、高产出的科学发展。在经济指标中与发展成本相关性最高的为经济规模，这一方面说明部分经济规模较大的城市已经注意到了发展成本问题，开始注重调整经济结构，坚持科学发展；另一方面说明较低的发展成本有利于扩大城市规模，提升城市竞争力。

幸福感是城市居民的幸福程度，城市发展的出发点和落脚点一定是城市居民的幸福。经过相关性分析发现，居民幸福感与经济指标相关性普遍较低，只有经济规模和收入水平与居民幸福感稍有相关。这说明尽管收入水平和经济规模会影响居民的物质、文化生活，对居民幸福感有一定贡献，但城市居民幸福与否并不完全取决于当地经济情况。

（三）问题讨论：坚持科学发展，关注居民幸福

经过对构成中国城市竞争力的七项指标进行分析发现，中国部分城市存在过分追求经济增长，未能重视发展成本的问题。“十二五”规划中明确指出，中国城市需要加快经济转型，坚持科学发展。对中国城市而言，如何实现在经济增长的同时，降低发展成本、坚持科学发展，是值得重视的问题。另外，城市发展的根本目的在于提升居民幸福感，使居民生活幸福、安居乐业是城市发展的出发点和落脚点，而目前中国城市普遍存在经济发展与居民幸福脱节甚至倒挂的情况。如何把城市经济的快速发展转化为居民幸福感的提升是中国城市急需解决的难题。

所以，中国城市要在未来几年实现科学发展，必须注意在发展的同时合理控制增长，降低发展成本，并在追求经济发展的同时关注居民幸福，让城市居民切实享受到城市发展成果。

第四部分　中国城市的长期动力：变化与加强

一　人力资本竞争力：城市发展的不竭动力

城市竞争力的构成分为硬件与软件，具体又包括十二个分项。它们的强弱决定城市可持续竞争力的大小。

2010 年 5 月中共中央、国务院召开全国人才工作会议。胡锦涛强调切实做好人才工作，加快建设人才强国，是推动经济社会又好又快发展，确立我国人才竞争比较优势、增强国家核心竞争力的战略选择。7 月，中央再次召开全国教育工作会议，动员全党全社会全面实施《国家中长期教育改革和发展规划纲要（2010—2020 年）》（以下简称《规划纲要》），坚持优先发展教育，推动教育事业科学发展，建设人力资源强国，为全面建设小康社会、加快推进社会主义现代化提供更有力的人才保证和人力资源支撑。2011 年 2 月中共中央政治局就优先发展教育、建设人力资源强国问题进行第二十六次集体学习。

城市人力资本对城市竞争力提升作用显著，对实施人才强市战略意义重大。人力资本理论强调人力资源的资本性，认为人力资源有投资和收益性，具有再生和创造价值。衡量一个城市人力资本竞争力，人才数量是规模经济基础，质量是效率竞争力保障，资源配置反映资源的利用效率、管理水平和所处发展阶段，人力资本教育则展现了可持续性和再生创造性。

（一）现状与格局：人才需求不旺，质量发展为重

1. 总况：总体竞争尚未及格，社会需求亟待加强

从均值上看，城市人力资本需求指数均值最低（0.273），显示当前人才需求并不旺盛，表现为大学生就业难，薪资水平较低，而人力资本配置率上，各个城市指数平均值较高（0.855）。人力资本教育在标准差项最大（0.170），均值不高，最小值 0.125 在最小值中为最小，说明城市间教育差距比较明显，一些城市发展潜力较大。人力资本质量标准差最小（0.085），集中在均值 0.492 附近，平均水平尚不及格，整体水平需要提升。人力资本数量分布上，城市间分布非常不均（标准差为 0.151），为竞争提供了充足的空间。

表 2-28　中国 56 个重点城市人力资本情况

指　标	人力资本竞争力指数	人力资本数量指数	人力资本质量指数	人力资本配置指数	人力资本需求指数	人力资本教育指数
均　值	0.547	0.448	0.492	0.855	0.273	0.404
最大值	1.000	1.000	1.000	1.000	1.000	1.000
最小值	0.316	0.292	0.343	0.460	0.159	0.125
标准差	0.134	0.151	0.085	0.092	0.122	0.170

数据来源：城市与竞争力指数数据库。

2. 香港：内地城市的标杆，规划纲要的范例

香港在人力资本综合竞争力及质量、需求和教育竞争力指标上都占据第 1 位。在发展阶段上，香港已经走过数量发展阶段，目前更注重质量提升。《规划纲要》指出，2020 年前高等教育规模扩展已不是重点，将进入发展理念战略性转变和全方位注重教育质量的新阶段，基础教育也是如此，香港目前的发展与规划纲要所提倡理念不谋而合。

3. 变化：数量发展展现潜力，质量呈现现实能力

人力资本数量竞争力前 10 强中，重庆、深圳、宁波三市虽然综合竞争力排名为第 11、9、14，但其数量竞争力位列第 3、4、7，说明这三市对人力资本竞争力较为重视，处于发展的上升阶段，发展潜力较大。在城市质量竞争力中，东莞紧随香港、北京、上海之后位列第 4，显示东莞人力资本在技术、质量上的现实竞争实力。

表 2-29　56 个重点城市人力资本综合、分项竞争力前 10 强

排名	人力资本综合竞争力		数量指标	质量指标	配置指标	需求指标	教育指标
	城市	指数					
1	香港	1.000	上海	香港	杭州	香港	香港
2	上海	0.953	北京	北京	南通	澳门	上海
3	北京	0.887	重庆	上海	厦门	北京	北京
4	广州	0.759	深圳	东莞	苏州	东莞	广州
5	天津	0.701	天津	深圳	武汉	广州	武汉
6	武汉	0.694	广州	常州	青岛	绍兴	厦门
7	杭州	0.669	宁波	宁波	天津	上海	天津
8	南京	0.656	南京	中山	无锡	苏州	杭州
9	深圳	0.650	杭州	南京	北京	无锡	合肥
10	厦门	0.636	成都	无锡	珠海	宁波	郑州

数据来源：城市与竞争力指数数据库。

（二）问题与讨论：资源配置显矛盾，人才教育需加强

1. 资源配置矛盾突出，需求激发发展动力

人力需求竞争力前 10 名城市中，长三角占据半壁江山，对人才需求较为旺盛。人力资本配置竞争力前 10 名中，只有北京和无锡在质量竞争力中位于前 10 中，而其他 8 城市在质量竞争力 20 ~ 30 名中占了 6 席，高效率配置率与高质量的人力资本大多不位于同一个城市，且与人力资本数量、质量、教育竞争力表现出很大的不一致性，一定程度上说明了大学生就业难和“用工荒”的矛盾缘由，没有人尽其才。

2. 育一流人才，创世界城市

人力资本教育竞争力前四位香港、上海、北京、广州和综合竞争力前四位完全一致，说明教育和人力资本竞争力的相关性，较其他几个分项要高。虽然香港在各项指标上都有良好的表现，但是在人力资本配置（21 位）、人力资本数量（32 位）上不具优势，需再接再厉，在管理、配置效率上向国际顶尖城市看齐，培育大师级人才。

（三）结论与对策：抓住机遇推改革，筑巢引凤促发展

随着工资标准的提高，中国城市中低级人力资本的成本优势逐渐丧失，产业升级是很多沿海发达城市的必然选择，大量低廉大学生已为低价高科技成本竞争力做了准备。同时产业转移为中西部城市提供了机遇，努力发展经济，增加人才的需求量是当务之急。各个城市应牢固树立人才观念，找准定位，切勿贪多贪高，要注重质量，提高人才配置效率，不断变革管理创新制度，筑巢引凤，增强城市人力资本竞争能力。

二　金融资本竞争力：在完善体系中发展

2010 年，我国城市金融发展面临复杂的内外部环境。国际经济尚未企稳，忧于流动性泛滥，各国经济刺激政策力度可能收缩，全球金融市场宽幅震荡不可避免。国内货币政策的灵活性不断增强，抑制信贷过快增长、热钱过快流入、房价过快上涨，稳定通胀预期成为主基调，银根紧缩下的中小企业资金链面临较大压力；城市金融体系不断完善，直接融资快速增长，政府金融控制力不断增强；地方政府融资平台大规模“吸金”导致地方政府风险累积，大规模清理规范强势推进。反映城市金融资本竞争力主要体现在资本的数量、质量和资本控制力、

获得便利性上。

（一）现状与格局：竞争力不明显，具备后发优势

与纽约、伦敦、东京等传统国际金融中心相比，我国各城市尚不具备资本竞争力上的明显优势。但在金融危机后，老牌金融中心已经受到来自许多新兴市场的挑战，特别是诸如增长、信心等代表新定位、新变革的指标逐步引入金融中心的评价体系，不少新兴市场的金融中心表现出强劲发展势头。如表 2－30 所示，处于各指标第 1 名城市的指数设定为 1，各城市在资本数量指数、金融控制力指数上的差异较大，表明我国资本在城市间的分布极不均衡，且各地对资本的吸引、控制能力差距明显。资本质量指数、资本获得的便利性指数各地差异较小，表明我国资本在城市间差异性尚不显著，融资渠道各地较为趋同。

表 2－30　中国城市资本竞争力综合、分项水平

类　别	资本竞争力指数	资本数量指数	资本质量指数	金融控制力指数	资本获得便利性指数
平均值	0.489	0.275	0.850	0.497	0.829
中位数	0.468	0.227	0.859	0.461	0.840
标准差	0.118	0.152	0.070	0.154	0.085
最小值	0.360	0.030	0.600	0.270	0.520
最大值	1.000	1.000	1.000	1.000	1.000

数据来源：城市与竞争力指数数据库。

从各区域资本竞争力状况来看，环渤海地区在资本竞争力方面具有整体优势，西南地区在金融控制力方面具有一定优势。就各指标而言，香港的资本竞争力处于 56 个城市的首位，内地上海、北京紧随其后。在资本竞争力前 10 名的城市中，除苏州外，其他均为副省级以上城市，除成都外，其他均集中于东部地区。资本数量排名中，长三角地区的苏州、嘉兴、绍兴、宁波、南通进入前 10，该地区民营经济发达，民间资本规模较大。资本质量排名中，东部、中部、西部均有城市入围前 10 名，而倒数十名甚至包括北京等资本竞争力排名前列的城市。金融控制力排名前列的基本是副省级以上城市，包头作为地级市中的第 1 名，仅排在 19 位。资本获得便利性上，香港首屈一指，前 10 名城市全部集中在东部发达地区。

（二）优势与不足：资金充裕凸现崛起，融资体系期待完善

我国城市金融资本竞争力的优势体现在三个方面。一是我国城市资金比较充

裕，融资渠道相对灵活。2010年，全年人民币贷款增加7.95万亿元，超出全国新增贷款7.5万亿元目标值的6%；全年新增上市公司347家，利用资本市场融资9337亿元。二是各地纷纷组建起地方国有金融控股集团，增强金融控制力。三是国内各金融中心在“后金融危机时代”进一步崛起。根据伦敦金融城2010年3月发布的全球金融中心指数（GFCI）排名，在全球75个金融中心中，我国内地有深圳、上海和北京三个城市上榜且均进入前15位。其中，深圳位居全球第9位，领先于上海（第11位）和北京（第15位）成为我国内地城市中排名最为靠前的金融中心。

然而繁荣深处有隐忧。一方面，与城市发展相适应的金融体系有待完善。部分城市过于依赖银行体系间接融资，利用资本市场的直接融资尚不发达，导致在货币政策趋于紧缩后，当地中小企业融资出现了一定程度的困难。另一方面，经济增速加快使得支撑城市建设的资金日趋匮乏，造成了以地方政府投融资平台为载体的信贷投放迅猛增长，由此加剧了地方政府的债务负担，放大了地方财政风险，对金融体系稳定运行造成了巨大压力，清理整顿已在推进。

（三）趋势与对策：筹资困难可能出现，改革创新抓住机遇

未来一段时间内，随着我国货币政策从反危机状态向常态水平逐步回归，在防通胀、稳物价成为宏观调控首要任务的背景下，信贷紧缩将使各地中小企业融资的压力倍增。而随着各地融资平台的逐步清理和规范，加之土地财政的逐步退出，地方政府以何种形式筹集当地基础建设所需资金，已成为发展地方经济必须直面的问题。为进一步增强我国各城市金融资本竞争力，地方政府应解放思想，加大改革创新的力度。

首先，应转变观念，由金融“管理”向金融“服务”转变；其次，应加快推进金融市场体系、产品机制创新。此外，应瞄准世界级金融中心，加强金融中心建设。金融危机重创了欧美老牌国际金融中心，加剧了金融中心之间的竞争，也为国内各城市金融中心建设带来了机遇。一方面，应积极完善金融法律信息环境，着力发展金融中介服务机构，加大金融人才培养力度，为金融发展奠定扎实基础。另一方面，抓住资本市场大发展和金融产业大调整的机会，大力集聚各类金融机构，提升金融业聚集的能级和层次。

三　科学技术竞争力：区域发展相对不平衡

2010 年是国内、国际科技创新取得硕果累累的一年。国内："天河一号"摘取全球超级计算机桂冠；探月卫星"嫦娥二号"成功发射；沪杭高铁刷新世界纪录，创造了 486.1 千米/小时的"高铁奇迹"……缔造了我国一个又一个科技"神话"。国际：大型强子对撞机成功对撞；苹果开启平板电脑时代；Verizon 开始部署 4G 网络；等等。这些科技突破在推动各自竞争力的同时，也推动了世界科技整体向前迈进。城市科技竞争力（即城市科学技术竞争力，下同）表现在科技实力、科技创新能力和转化能力方面。

（一）现状与格局：北京优势明显，发展环境优化

2010 年排前 10 名的城市依次是：北京、上海、深圳、天津、苏州、杭州、南京、新竹、西安、无锡。其中，北京遥遥领先，投入量高达 6200983 万元。排前 3 名城市之间的投入量差距还比较大，上海、深圳应该以北京为标杆奋力追赶。我国的 56 个重点城市的科技竞争力水平在某种程度上就代表了我国城市科技竞争力的最高水平。除一些东部特大城市科技竞争力一如既往的强劲外，可喜的是一些中小城市、中西部城市的科技竞争力发展潜力巨大，进步明显。例如：绍兴、潍坊的科技实力排前 10 名，武汉、成都的科技转化能力排前 10 名。

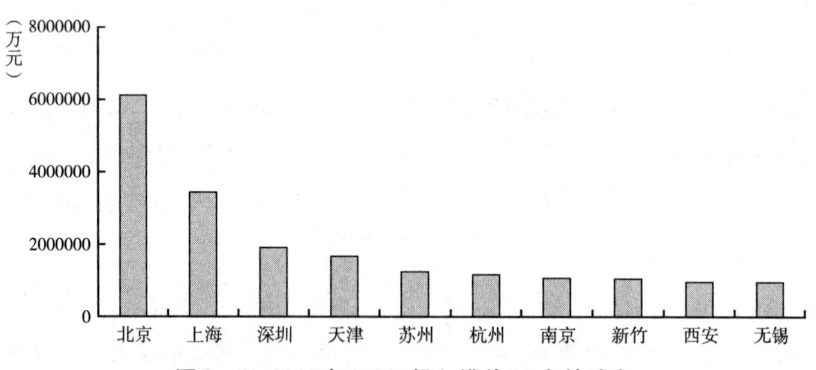

图 2-4　2010 年 R&D 投入排前 10 名的城市

数据来源：城市与竞争力指数数据库。

同时，近几年，地方政府加强了对科技的资金投入和政策扶持，促进了科研人才的不断引进与培养，从而为我国城市不断提升自己的科技竞争力提供了良好的资金环境、政策环境和智力环境，城市科技发展的环境得到优化。

（二）问题与讨论：城市间投入分化严重，区域发展相对失衡

科技投入最高的为6200983万元，科技投入最低的为96万元，极差为6200887万元，反映出城市间的科技投入分化很严重，发展不均衡。同时，当前我国城市整体科技转化能力还偏低。

表2－31反映出：东南区域城市的科技竞争力最强，所占比例超过46%，而东北、西北、西南区域城市的科技竞争力还很低，与东南差距显著，六大区域发展相对失衡现状凸显。

表2－31　56个重点城市科技竞争力区域分布

区域	东南	环渤海	东北	中部	西南	西北
个数	26	10	4	7	6	3

数据来源：《城市与竞争力指数数据库》。

（三）结论与对策建议

从我国城市的科技竞争力现状来看，一方面，城市科技投入分化严重，区域科技发展失衡，但是随着时间的推移，我国城市的科技创新会有大的飞跃，因为高端技术、自主创新和技术转化会需要相当长时期，具有滞后效应；另一方面，中小城市、中西部城市发展潜力巨大，后发优势明显。

科技竞争力偏低的城市，要重视加大科技的投入。国家要重视对西南、西北、东北等城市竞争力落后区域的资金支持和政策倾斜，优化其资金、政策环境。同时，要建立一套吸引、培养科研人才的长效机制。

四　经济结构竞争力：在变革中快速前行

产业梯度转移加速。2010年8月国务院发布《关于中西部地区承接产业转移的指导意见》，为中国产业梯度转移指明方向。东部沿海地区服务经济快速发展：2009年12月国务院发布《推进海南国际旅游岛建设发展若干意见》，上海市“两个中心”建设在2010年全面提速。

国际金融危机应对政策逐步退出。为应对国际金融危机，我国启动多项反危机政策，部分政策在2010年陆续退出。汽车下乡政策从2009年3月起实施，2010年12月底结束。中国人民银行从2008年9月开始四次下调基准利率，一年期贷款利率累计下调1.89个百分点；2010年与2011年上半年，分四次上调基准利率，一年期贷款基准利率累计上调1个百分点。

（一）现状与格局：产业升级要求迫切，产业集群成为重要载体

2010年，中国经济结构向产业空间均衡分布、产业能级提升的有利方向发展。从全国来看，东部地区向中西部地区进行产业梯度转移明显加速，部分产业受国际金融危机影响而中断或放缓的产业升级步伐开始回归正常轨道。从城市层面来看，这一趋势也得到体现。

东部城市外向型经济全面复苏，中西部城市承接产业转移步伐加大。中国外向型经济全面复苏，中国城市结构竞争力前10强依然集中在东部沿海地区（表2－33)。中国经济重新进入快速增长阶段，东部城市劳动力、土地等生产要素成本也进入快速上升阶段，从而推动东部城市加大向中西部城市产业转移步伐。以重庆市、成都市、武汉市、长沙市、合肥市等为代表的中西部重点城市成为承接产业转移的核心载体，富士康、仁宝、惠普等大型跨国企业成为推动本轮产业转移的关键主体。

表2－32　中国城市结构竞争力整体水平

类　别	均值	标准差	最小值	最大值
结构竞争力指数	0.733	0.099	0.529	1
产业结构高级化程度指数	0.556	0.088	0.409	1
经济结构转化速度指数	0.662	0.116	0.249	1
经济体系健全度指数	0.774	0.062	0.658	1
经济体系灵活适应性指数	0.770	0.090	0.608	1
产业聚集程度指数	0.700	0.161	0.328	1

数据来源：城市与竞争力指数数据库。

中西部地区城市产业能级快速提升，东部沿海城市服务经济发展迅猛。呼和浩特、南昌、石家庄、福州、郑州、西安等中西部重点城市因大量产业转移项目的进入，工业快速发展，进入2010年中国城市产业结构高级化程度指数前十强（见表2－33)。上海市建设金融与航运“两个中心”规划，海南国际旅游岛规划等先后获得国务院批准进入实施阶段，成为带动东部沿海城市服务经济进入新一轮高速发展阶段的重大政策利好。

表2-33　中国城市结构竞争力及其分项指数前十强

排名	结构竞争力	产业结构高级化程度指数	经济结构转化速度指数	经济体系健全度指数	经济体系灵活适应性指数	产业聚集程度指数
1	香　港	香　港	香　港	澳　门	苏　州	杭　州
2	苏　州	北　京	苏　州	厦　门	泉　州	深　圳
3	杭　州	澳　门	泉　州	香　港	绍　兴	上　海
4	深　圳	呼和浩特	徐　州	苏　州	厦　门	台　州
5	上　海	南　昌	南　昌	杭　州	青　岛	香　港
6	绍　兴	石家庄	扬　州	烟　台	南　通	广　州
7	福　州	福　州	嘉　兴	成　都	威　海	绍　兴
8	广　州	郑　州	厦　门	无　锡	香　港	南　京
9	台　州	西　安	福　州	中　山	无　锡	苏　州
10	扬　州	上　海	温　州	武　汉	扬　州	佛　山

数据来源：城市与竞争力指数数据库。

产业集群成为中国城市经济发展，产业升级的载体与目标：产业集群有较高的正向经济外部性，也是中国城市实现经济规模扩张，推动产业升级的载体与目标。苏州市电子信息产业集群依然在全国甚至全球范围内保持强大竞争优势。

（二）问题与讨论：结构性问题依然严重，全球竞争中位势偏低

经济发展高度依赖出口与投资两大引擎，消费对经济发展贡献偏低，同一区域内不同城市之间产业同构，重复建设现象严重，典型如多个城市将新能源产业列为重点主导产业，但大多停留在非核心零部件生产环节，导致太阳能、风电等新能源产业的部分设备生产已经出现产能过剩。东中西地区产业分布不均衡，但中西部的部分城市（如芜湖、重庆、武汉等）产业发展速度已经赶上甚至超越东部沿海大多数城市。在全球产业体系中地位较低，中国城市产业发展仍主要依赖于劳动力、自然资源等初级生产要素，在国际竞争中处于弱势地位。

（三）结论与对策：夯实基础，助推产业发展；内外共建，提升全球竞争地位

建议中国城市经济发展应长期坚持以下方向：完善社会保障体系建设，提高居民收入水平，逐步增加内需消费对经济增长的贡献；通过国家层面或省级层面的产业发展规划，进一步将东部产业向中西部地区转移；鼓励各城市依照自身禀赋优势，发展特色产业集群，打造区域产业品牌；支持本土企业加强自主创新与品牌建设，鼓励跨国企业在中国城市设立研发中心或地区总部，努力提升中国城市在全球产业体系中地位。

五 基础设施竞争力：整体增强，区域失衡

城市基础设施是以物质形态为特征的城市基础结构系统，市内外基础设施、社会基础设施、技术性基础设施构成了城市基础设施的主体。为应对2008年全球金融危机，我国紧急投入4万亿元用于一大批基础设施建设为经济复苏提供强劲动力。奥运会、世博会、亚运会的成功举办，为我国城市建设带来了重大历史性的发展机遇，一批批重大工程建设的启动，促进了市政基础设施配套建设的更加完善。整体上看，我国城市基础设施竞争力提升明显。

（一）现状与格局：上海荣膺榜首，东南优势明显

基础设施竞争力排名前十的城市依次为：上海、广州、北京、香港、天津、深圳、中山、青岛、佛山和郑州。珠三角5个，环渤海3个，长三角、河南各1个。上海领先，珠三角整体实力超群。

基础设施竞争力区域排名依次为：东南、环渤海、西北、中部、东北、西南。东南区域独占鳌头，中西部发展还相对滞后。现阶段我国各区域基础设施综合实力相差悬殊的局面，也许与以下几个因素有关：我国长期实行的优先发展东部地区的政策；中西部大部分城市的基础设施建设投入低于其实际需要的水平；中西部地区的经济状况相对较差，地方财政也无力投入太多的资金用于城市基础设施建设。

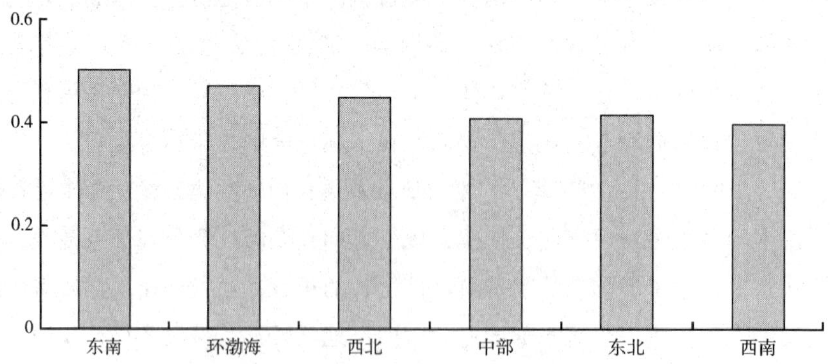

图2-5 基础设施竞争力指数区域排名

数据来源：城市与竞争力指数数据库。

（二）问题与讨论：规划建设滞后，投资渠道狭窄

城市基础设施规划建设相对滞后。目前，中国存在着严重的“重建设，轻规划”现象，在城市功能分区和定位方面缺乏统筹安排和控制；城市基础设施建设投资渠道狭窄。我国以政府为主控制投资活动全过程的计划型投融资体制尚未发生根本性的转变。国内基础设施项目大多数由国有企业垄断经营，地方保护的现象仍旧存在，效率低下，抑制了民间和境外投资者的投资热情，影响了市场对资源的有效配置。

（三）结论与对策：扬长避短，再创佳绩

我国基础设施竞争力总体提升，但还存在规划建设滞后、发展失衡等问题。

破解难题应做到以下几点：第一，发挥各级政府在基础设施建设中的先导和主导作用。各级政府必须发挥先导和主导作用，改善后发地区的投资环境，制定有利于后发地区基础设施建设的财政政策。第二，做好城市基础设施建设规划。城市基础设施建设与城市发展要保证均衡协调，包括基础设施与城市规模、功能和空间的均衡，与城市发展阶段和城市外部环境的均衡。第三，建立多元化投融资渠道。实行投融资制度创新，开拓资本市场融资渠道，大力引导私人投资。第四，放松基础设施产业的市场进入与价格管制，引入适度的市场竞争，提高基础设施的运营效率和经营效益。第五，要加强宏观调控，完善相关法律法规，力求建立一个公开、公正的市场环境。

六　生态环境竞争力：特大城市整体有待提升

哥本哈根世界气候大会闭幕之后，为了突击完成节能减排目标，很多城市采取限制企业正常生产特别是居民生活用电、强制性停止火电机组发电等错误做法，引起了社会的广泛关注，一场关于“低碳城市化”的讨论正在悄然展开。2010年7月，紫金矿业污染事件、中石油大连海域污染事件、吉林松花江水污染事件先后发生，水资源公共危机凸现。2011年3月以来，由日本核危机引发的城市食品安全问题、核辐射环境问题仍在持续，国民的环保意识正在逐步提高。

（一）现状与格局：海滨城市固有优势显现，特大城市整体亟待提升

根据我们的年度数据分析结果，可以对中国城市环境竞争力的现状与格局作出如下基本判断。

第一，排名前 10 的城市依次是：香港、杭州、厦门、苏州、威海、珠海、深圳、扬州、绍兴、烟台。而国家级中心城市北京、天津、上海、广州、重庆均未进前 10，这在一定程度上验证了著名的环境库兹涅茨曲线（EKC）假设①。根据对不同国家或地区横截面数据进行回归分析，结果显示空气和水污染在人均收入达到 5000 ~ 8000 美元之前随收入增加而递增，超过此水平后污染水平开始回落，环境质量逐步好转。这一现象在经验上也得到印证：1940 年美国洛杉矶的光化学事件、伦敦 1952 年的烟雾事件、比利时 1930 年的马斯河谷事件等都集中发生在这一峰值时期。因此，对于这些超负荷的特大城市，应该提早做好城市病的预防工作。

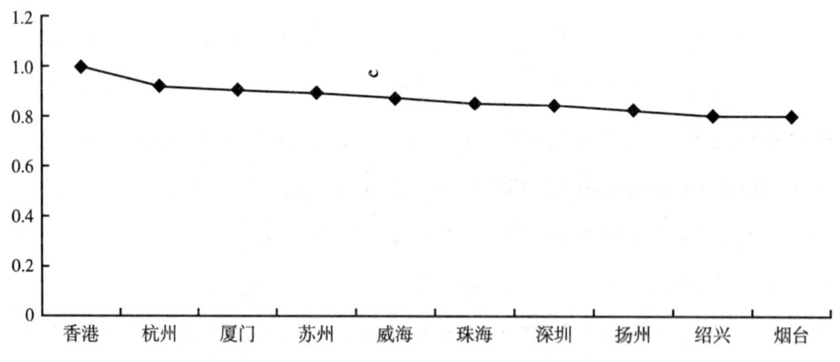

图 2 -6　中国城市环境竞争力前十强

数据来源：城市与竞争力指数数据库。

第二，城市规模的大小和行政级别的高低②对城市环境竞争力几乎无影响。根据 56 个城市的检验结果显示，“城市环境质量指数”、“城市环境舒适度指数”、“城市自然环境优美度指数”、“城市人工环境优美度指数”显著性检验的概率 p 值分别为 0. 025、0. 768、0. 117、0. 159，均大于 0. 05，接受零假设，可以认为三大类城市之间四个分项竞争力指标无明显差异，城市规模的大小和行政级别的高低对城市环境竞争力的影响不大。

---

① Grossman 和 Krueger 用计量经济学方法，以 42 个发达国家的面板数据进行实证，揭示出随着城市经济水平的提高，城市生态环境质量呈现倒 U 形的演变规律。

② 我们将 56 个城市分为三类：第一类为特别行政区和直辖市，第二类为副省级城市，第三类为其他城市，然后针对这三类城市进行方差分析。

表2-34 主体间效应的检验

源	因变量	III型平方和	均方	F	Sig.
校正模型	城市环境质量指数(a)	0.027	0.014	3.941	0.025
	城市环境舒适度指数(b)	0.013	0.007	0.265	0.768
	城市自然环境优美度指数(c)	0.063	0.032	2.235	0.117
	城市人工环境优美度指数(d)	0.058	0.029	1.903	0.159

(a) R Squared = .129 (Adjusted R Squared = .097); (b) R Squared = .010 (Adjusted R Squared = -.027); (c) R Squared = .078 (Adjusted R Squared = .043); (d) R Squared = .067 (Adjusted R Squared = .032).

数据来源：城市与竞争力指数数据库。

第三，从城市环境竞争力及各分项指标十强的地域分布来看，多为海滨城市和沿海城市。相对于内陆城市而言，这些城市在资源环境承载力方面具有得天独厚的优势。综合考虑现有开发密度和发展潜力，这些城市应该根据自身的主体功能定位调整完善区域政策和绩效评价，规范空间开发秩序，形成合理的空间开发结构。此外，城市环境竞争力的“马太效应”亦应该引起有关部门的足够重视，在56个城市的观测样本中，我们发现，“城市自然环境优美度指数”与“城市人工环境优美度指数”两项指标呈中度正线性相关，相关系数为0.452，这表明我国自然环境优越的城市，人工环境建设也相对较好，这种状况的长期发展可能会加剧我国城市环境竞争力的非均衡性。

（二）结论与对策：立足本国国情，转变发展模式

19世纪末期，英国学者霍华德首次在其著述《明日：一条通往真正改革的和平道路》[①] 中提出用理性的规划方法协调城市化与城市生态环境之间的发展，由此揭开了世界性的城市和生态环境问题研究的序幕。时至今日，我们仍面临着与霍华德时代相同的问题，客观而言，我们目前遇到的问题比当时更为严重。因为中国的城市化，不是小规模的城市化，而是大国大规模的城市化，如果不具备前瞻性思维，不采取合适的发展模式，那么我们遇到的生态环境问题将十分严重。

正如2010年上海世界博览会的主题所言，“城市，让生活更美好”。城市作为人类生活的重要载体，只有从“生产至上”转变为“以人为本”，才能从根本

① Ebenezer Howard, *Tomorrow: A Peaceful Path to Real Reform*, Swan Sonnenschein, 1898。1902年改名为《明日的田园城市》(*Garden Cities of Tomorrow*) 并沿用至今。

上转变发展模式，从源头上控制环境污染和生态破坏；城市只有承担起自己的责任，积极参与生态环境治理，才能使生活在其中的人们有更优质的生活，才能使城市本身有更和谐的面貌，也才能够将地球家园的美好和文明传承给子孙后代。同时，城市拥有相对固定的地域和人口，支配一定的公共资源，有能力也有义务成为全球环境治理中的一个重要组成部分。

七　综合区位竞争力：倾斜与平坦进一步加强

城市群是我国工业化、城市化的重要载体。“以大城市为依托，以中小城市为重点，逐步形成辐射作用大的城市群”的战略也被正式提上议程。长三角、珠三角地区已经初步形成功能完善的城市群。中原城市群、长株潭城市群等新兴城市群正在加速形成。当前，中国正在加快高速铁路建设。虽然高铁利弊俱在，但整体上看，高铁是未来最为集约和环保的出行方式，它使中国城市之间的联系日益紧密，为内陆城市，尤其是中部城市提供了广阔的发展空间。

（一）现状与格局：中国经济重心向东移动，中心城市发展锦上添花

总体来说，随着中国现代化水平的日益提高，国际经济中心正在向中国移动。北京、上海、广州国际赛会的成功举办进一步提高了这三个城市的国际地位。报告分析的294个城市整体区位条件都在改善，而中心城市的区位优势进一步强化。综合区位竞争力前5名是北京、上海、香港、广州、重庆五个中心城市。由表2－35分析得出：综合区位竞争力最大值为1.000，最小值为0.474，方差达到0.013，表明这56个城市综合区位整体差距缩小，尤其是东北地区城市综合区位竞争力进步明显，振兴东北老工业基地战略成效显著；平均值为0.629，凸显了这些城市在中国城市中的整体领先地位。

表2－35　56个重点城市综合区位竞争力整体水平

指　　标	最大值	最小值	方差	平均值
综合区位竞争力	1.000	0.474	0.013	0.629
自然区位便利度指数	1.000	0.526	0.012	0.699
经济区位优势指数	1.000	0.157	0.033	0.346
资源优势度指数	1.000	0.181	0.032	0.513
政治文化区位优势指数	1.000	0.300	0.032	0.493

数据来源：城市与竞争力指数数据库。

从分项来看，自然区位便利度与交通条件密切相关，沿海城市优势较大，上海、香港、天津并列第 1 名。经济区位优势总体情况是“南强北弱”，前 10 名除北京、大连外，均为南方城市。内陆城市在资源优势度方面优势明显，实现资源环境可持续发展是未来经济发展的重点。在我国的政治体制下，首都、省会等各级权力中心城市在资源配置方面会得到优先供给，政治文化区位优势较大。

（二）问题与讨论：公共服务均等化待完善，部分城市资源瓶颈凸显

在全国范围内公共服务的非均等化配给，拉大了城市间综合区位的差距，中西部地区中小城市与沿海地区中心城市的差距还非常大。一些城市虽然发展已较为完善，但资源的相对匮乏、资源优势度指数低，降低了居民生活质量，从而降低了城市竞争力。例如北京、天津、太原等北方城市在报告重点分析的 56 个城市中资源优势度指数排名还相对偏低。

（三）结论与对策：城市群发展缩小区域差，主体功能区战略需落实

目前沿海地区和中心城市依然保持较大的综合区位优势，但未来随着各地发展水平的不断提高，尤其是交通运输的跨越式发展和公共服务均等化水平的提高，全国城市区位差距缩小。发展城市群是引导人口产业集聚，协同基础设施布局，促进要素合理流动，进而缩小区位差距的重要手段。未来区域发展的重点是落实主体功能区战略，逐步形成高效、协调、可持续的国土空间开发格局，促进区域协调发展和整体区位竞争力的提高。

八　商业文化竞争力：差距缩小，表现良好

当前，我国城市在现代化、国际化进程中取得了重大的阶段性成效。首都北京“世界城市”建设进入征程；上海世博会的“城市，让生活更美好”获得全球赞誉；羊城广州“激情盛会，和谐亚洲”更是蜚声海内外。从中可以看出，我国中心城市的国际化之路在不断完善的基础设施的基础上，已经注重在“软件”要素上不断提升和营销自我，强调协作精神、市场意识、平等兼容的商业文化理念。

中心城市在展现魅力的同时，我国的城市在发展进程中也出现了一些与商业文化发展初衷相违背的现象，如商业文化旅游资源的“名人故里”之争，企业之间的恶性竞争、产品质量问题频发，公民社会责任意识的淡薄……这些负面效

应开始困扰城市的和谐发展进程。商业文化竞争力主要包括价值取向、创业精神、创新氛围交往操守。

（一）现状与格局：整体表现良好，差距越来越小

随着城市化进程的推进和社会主义市场经济体制的日趋完善，商业活动在城市经济社会生活中发挥着愈发重要的联动作用，同时对城市综合竞争力的提升所发挥的核心动力作用业已明显。表 2－36 揭示出：当前我国整体城市商业文化竞争力表现较好，城市间的差异呈现缩小的趋势。

表 2－36　中国 56 个城市的商业文化竞争力表现情况

指标名称	均值	标准差	最大值	最小值
商业文化竞争力	0.871	0.065	1.000	0.716

数据来源：城市与竞争力指数数据库。

通过对全国 56 个主要城市的商业文化竞争力进行实证比较可以看出，不同城市其商业文化的竞争力表现悬殊。从表 2－37 中可以看出：中山、宁波、深圳等长三角、珠三角城市的商业文化竞争力较强，处于全国排名的前列，同时这些地区城市的分项指标也较高，这与长三角、珠三角城市商业文化气息较浓，并在对外开放过程中，逐步形成了兼容并蓄、开放多元的区域性特色商业文化有着极大的正向关联性。长三角、珠三角地区在市场化进程中很注重在交往操守上的诚信意识、法治规范和合作共赢的理念，因此商业活动进一步繁荣；积极主张求新意识，坚持标新立异、开放宽容的创新氛围，积极推动创新产业发展。营商环境的优化、人力资本的充裕、创业意识的活跃加快了城市现代化进程，大幅提升了城市商业文化的竞争力。

表 2－37　2010 年中国 56 个城市商业文化竞争力及各指标排名情况（部分）

城　市	商业文化竞争力	价值取向	创业精神	创新氛围	交往操守
中　山	1	21	5	1	1
宁　波	2	2	1	5	10
深　圳	6	1	6	2	2
杭　州	7	4	12	8	11
常　州	10	34	13	14	9

数据来源：城市与竞争力指数数据库。

（二）问题和讨论：商业文化子指标表现变化不一

如前所述，商业文化的子指标在城市间的表现并不一致，通过对全国56个大中城市进行居民问卷调查，结果显示各个城市的分项指标表现出明显的差异性，例如：居民消费倾向呈现地域的差异性，沿海城市整体表现较好，中西部相对偏低；在赚钱欲望上深圳、广州、宁波、东莞表现最强；中西部城市郑州、重庆在辛劳精神上表现较好，分别处于第1位、第3位，宁波处于第2位；在冒险意识上，香港、温州和宁波处于前3位，中部城市整体需努力。

（三）结论与对策：推陈出新，培育文化

总体上看，当前我国大中城市商业文化竞争力整体表现较好，市场化进程取得了显著成效。但同时可以看出，城市间由于商业文化各个分项指标的差异性致使竞争力呈现差异性。

城市化是经济社会发展的必然趋势，城市微观主体的多元化以及不断开放的日新月异的经济环境会进一步要求城市文化多元兼容。因此，大幅度提升商业文化水平，培养居民积极的商业意识仍是诸多城市的关键所在；在城市化的背景下，积极构建涵盖现代中国特色与世界先进城市文化因素的兼容多元、开放宽容、平等法制、互利共赢的复合型商业文化既是提升城市竞争力的关键所在，也是实现我国城市现代化进程的必然要求。

九　经济制度竞争力：市场体系逐步完善

近年来，中国城市制度在住房、土地、户籍、知识产权等多个领域进行创新，取得了一系列成果。2010年，国务院和国土资源部、住房和城乡建设部等国家部委发起一轮以平稳城市房价，提高住房保障为目标的住房制度改革，以求稳定房价，增强住房保障。与此同时，中国户籍制度发生重大突破。成都宣布率先实行打破城乡二元分割的户籍制度改革试验，而深圳、重庆、昆明等城市也先后放宽户籍门槛，中国城市户籍制度改革浪潮不断。

（一）现状与格局：制度体系市场化加速，东部沿海整体角逐激励

通过表2－38可以发现，中国城市在市场制度、产权制度、政府审批制度和法律制度上取得了不小的成果，尤其是市场发育程度取得了长足进步，标志着中国市场化制度体系已经基本建立。

表 2－38　中国城市制度竞争力整体水平指数

名　　称	均值	标准差	最大值	最小值
制度竞争力	0.718	0.129	1.000	0.499
产权保护制度	0.783	0.104	1.000	0.565
个体经济决策自由度	0.492	0.175	1.000	0.229
市场发育程度	0.898	0.052	1.000	0.652
政府审批与管制	0.780	0.094	1.000	0.605
法制健全程度	0.728	0.083	1.000	0.584

数据来源：城市与竞争力指数数据库。

中国各地区制度竞争力状况如表 2－39 所示。其中，东南和环渤海城市在产权保护和政府审批与管制上拥有较大优势，东北地区紧随其后，这与沿海地区激烈的城市间竞争迫使城市政府做出许多努力密不可分。

表 2－39　中国城市制度竞争力区域水平指数

名　　称	港澳台	东南	环渤海	东北	西北	西南	中部
制度竞争力	0.855	0.787	0.724	0.647	0.583	0.609	0.607
产权保护制度	0.919	0.848	0.796	0.700	0.705	0.638	0.674
个体经济决策自由度	0.607	0.565	0.500	0.433	0.334	0.392	0.364
市场发育程度	0.977	0.897	0.873	0.885	0.891	0.918	0.913
政府审批与管制	0.860	0.844	0.776	0.712	0.670	0.678	0.691
法制健全程度	0.915	0.743	0.729	0.661	0.660	0.686	0.724

数据来源：城市与竞争力指数数据库。

（二）问题与讨论：正视不足，发挥优势

为全面了解中国城市制度的优势与不足，我们就市场制度、产权制度、企业规范制度、个体经济自由度、法律制度、社会保障制度和行政制度等领域对中国 56 个大中城市进行了调查，调查结果如表 2－40 所示。

调查结果显示，中国城市在个体经济自由度和市场制度上具有优势，在社会保障制度、产权制度和法律制度领域的表现也得到认可；不过，在政府行政管理和企业行为规范上，中国城市表现欠佳。企业行为规范制度中，生产安全事故、假冒伪劣、商业欺诈和环境污染评分很低，可见中国城市企业规范制度有待加强。

表 2-40　制度领域调查得分*

单位：分

制度领域	个体经济自由度	市场制度	社会保障制度	产权制度	法律制度	行政管理制度	企业行为规范
港澳台	61.58	62.75	68.00	60.00	69.63	55.70	35.25
东南	59.22	58.90	59.83	56.20	55.75	45.05	43.59
中部	58.33	59.50	64.29	55.25	56.54	47.50	46.92
环渤海	58.29	58.29	54.61	54.64	53.75	46.26	43.21
西南	61.17	59.44	54.56	56.38	51.19	42.90	42.00
西北	53.83	55.19	55.94	55.13	55.25	44.75	41.50
东北	56.79	50.81	51.88	54.63	48.56	39.40	37.69
全国平均	54.41	59.67	50.26	42.18	58.63	51.96	48.73

*满分为 100 分。
数据来源：城市与竞争力指数数据库。

另外，在中国不同地区，中国城市制度也表现出不同的优势与不足。在港澳台和东南地区，市场和个体经济、产权、法律等领域优势明显；中部地区企业规范和社会保障制度明显优于其他地区，不过与东南地区相比，市场和个体经济有待加强。而西南地区拥有较好的市场和个体经济制度，不过在法律、行政管理和企业行为规范上仍有不足。

（三）结论与对策：完善制度，引领未来

总体而言，中国城市制度是逐步向前发展的。近些年来，中国城市在住房制度、户籍制度、社会保障制度、法律制度、行政管理制度和产权制度等多个领域取得了很大的进步。但是中国城市要在未来激烈的国际竞争中占据先机，必须在市场、行政、法制、产权和社会保障等各个领域不断进行制度创新，增强城市制度竞争力，完善城市发展的制度引擎。

十　政府管理竞争力：政府执行力整体较强

中国的城市管理具有鲜明的政府主导特色，政府管理的手段与方式深刻地影响着城市发展的进程。政府依托其对资源的巨大整合能力来强力推进城市的快速扩张，同时也因自身在城市执法、城市管理、城市规划与政府服务等方面的缺陷，导致城市竞争力的提升受到了阻滞。从全国城市政府管理竞争力来看，沿海地区城市的政府管理竞争力要大于其他地区。但随着服务型政府建设的推进，中

西部地区政府改革的力度也会逐步加大，政府管理竞争力提升明显，但与东部地区的差距仍然呈扩大态势。

在“十二五”规划纲要中，社会管理创新单列成章，体现了改善目前城市政府管理重视经济职能而忽略社会服务能力提升的不良导向。关于政府改革的话题是近几年较热门的话题，推进政府更多地从经济领域退出，变主体功能为监督、引导功能的呼吁也一直较多。提高政府的社会管理能力，以社会管理模式和手段的不断创新使政府的规划能力、社会凝聚能力、执法能力、服务能力和创新能力得到全面的提高。

（一）现状与格局：沿海城市优势依旧，创新、执法能力有待提升

从政府管理竞争力的整体水平看，表现一般，城市之间管理竞争力的差异总体较小，但竞争力首末两位的城市差异较大。与此同时，政府管理竞争力的各分项竞争力表现差异明显：政府的规划能力、执法能力和服务能力普遍较高；政府财政能力表现一般，有 43 个城市的政府执法能力指数位于 0.5 ~0.7 之间；政府推销能力和创新能力普遍水平不高且城市间差异较大（见表 2 -41）。

表 2 -41　中国城市政府管理竞争力及分项竞争力水平指数

名　　称	均值	标准差	最大值	最小值
政府管理竞争力	0.546	0.095	1.000	0.415
政府规划能力	0.712	0.113	1.000	0.416
政府推销能力	0.112	0.156	1.000	0.005
政府社会凝聚力	0.681	0.090	1.000	0.510
政府财政能力	0.621	0.146	1.000	0.286
政府执法能力	0.728	0.094	1.000	0.465
政府服务能力	0.791	0.106	1.000	0.595
政府创新能力	0.653	0.117	1.000	0.431

数据来源：城市与竞争力指数数据库。

沿海地区因其经济、社会的开放性，政府管理创新开始早且意愿强，所形成的政府管理竞争力的优势仍然明显高于内陆地区（见表 2 -42）。港澳台地区的各项竞争力均高于其他地区。就整体看来，政府规划能力在各个区域水平普遍较高，而财政能力和推销能力则整体偏低。

表2－42　中国城市政府管理竞争力区域水平指数

指　标	港澳台	东南	环渤海	东北	西北	西南	中部
政府管理竞争力	0.896	0.560	0.524	0.479	0.457	0.512	0.520
政府规划能力	0.839	0.747	0.701	0.611	0.533	0.657	0.692
政府推销能力	0.622	0.102	0.103	0.091	0.089	0.071	0.087
政府社会凝聚力	0.870	0.690	0.682	0.649	0.599	0.680	0.663
政府财政能力	0.939	0.493	0.425	0.427	0.457	0.484	0.437
政府执法能力	0.788	0.634	0.619	0.544	0.537	0.607	0.618
政府服务能力	0.999	0.817	0.799	0.723	0.670	0.740	0.766
政府创新能力	0.917	0.683	0.611	0.540	0.497	0.599	0.643

数据来源：城市与竞争力指数数据库。

（二）优势与条件：政府执行能力较强，经理制管理效率导向明显

从政府管理能力的各项指数看，目前政府管理的能力相对有所改善。中国是一个有着深厚集权传统的国家，政府在政治、经济、社会等方面的制度变迁中具有不可替代的重要作用。这一点在城市方面具有类似表现，政府总体的执行能力较强，具有明显的经理制管理体制特点。集权传统的存在强化了执行能力的改善，而经理制管理体制则强化了政府流程的有效监管和效率提升，这是城市政府管理竞争力所应形成的优势条件。

（三）不足与问题：管理制度刚性不足，政府职能导向偏颇

城市政府为了有效推进城市管理，从依法执法的角度加大了管理制度的设立。但是管理制度应用的刚性体现不足，制度总体比较粗放、不够精细，对制度本身的严格遵守和及时完善工作开展得不够深入。与此同时，政府职能对于经济职能的看重以及考核机制的单一化，使得政府管理呈现经济职能太强和社会职能较弱的畸形结构。城市经济的快速发展与政府的社会管理改善迟缓并存的现状，不利于广大城乡居民分享城市发展的成果。

（四）结论与对策：坚持服务型政府流程优化，推进刚性制度和柔性管理融合

服务型政府改革是政府管理改革的必然取向。要按照政府流程优化、再造的思维，促使政府实现官僚式政府到服务型政府的变革。一方面，通过企业化政府的思维方式，对政府职能中可以分离的且主体经济参与性较强的职能予以改造，通过业务发包、职能分离或社会购买等多种形式实现优化；另一方面，强化政府的经济的引导作用和社会管理的参与功能，把制度的完善和严格的遵守作为政府

管理的前提，同时通过管理手段的多样化、柔性化提升政府的服务意识和服务能力，从而实现政府引导经济发展和切实改善民生的真正管理意图。

十一　企业管理竞争力：民营企业潜力巨大

在经济全球化的背景下，2007 年美国的次级债务危机在短短一年期间迅速升级演变为席卷全球的金融危机，大洋彼岸的中国企业同样接受“经济寒冬”的洗礼。从宏观上看，中国经济增长速度由 2007 年的 11.9% 回落到 2008 年的 10%，并在 2009 年下降至 9.5%；从微观上看，自 2008 年下半年以来，中国企业出口增速明显放慢，订单减少，大批裁员，众多中小企业陷入停产、半停产状态。总结与反思中国企业管理的现状问题，寻求应对发展的方法成为后金融危机时代摆在中国企业面前一个重要课题。决定企业管理竞争力的主要有：管理应用水平、管理技术经验、激励和约束绩效、产品质量和服务、企业管理经济效益。

（一）现状与格局：杭州独占鳌头，区域发展不均

2010 年中国城市企业管理竞争力排前 10 名的城市为：杭州、香港、澳门、厦门、苏州、青岛、中山、上海、威海、佛山。总体看来，沿海发达城市依然在企业管理水平上成为绝对的领军者。

从表 2－43 可以看出：港澳台区域的企业管理竞争力水平遥遥领先，西南、西北区域相对偏低。中国企业尤其是中小制造企业，以粗放型生产经营为主，“世界工厂”的全球价值链地位决定了长期以来“重生产、轻管理”思想的存在。在 2010 年中国城市（企业管理）竞争力排名中，出口贸易繁荣的珠三角地区城市却普遍排名靠后，与其经济发展水平形成反差。表明企业还没有将先进的技术与有效的管理相结合。

表 2－43　中国城市（企业管理）竞争力区域水平指数

名　　称	港澳台	东南	环渤海	东北	西北	西南	中部
企业管理竞争力	0.988	0.845	0.822	0.764	0.727	0.757	0.814

数据来源：城市与竞争力指数数据库。

（二）问题与不足：民营企业需大力支持，企业管理力度要加强

总体看来，一些商业尤其是民营企业发展相对落后的城市的企业管理竞争力

还有待提升；从分项分析来看，产品和服务质量分项的得分普遍不高，这其中不乏一些特大城市。2010年的丰田召回事件给世界的制造业企业敲响警钟，中国的企业同样不能在高速发展中放松基础管理，不能以降低产品质量为代价去获取企业的利润空间，企业的扩张速度一定要与自身的管理水平相匹配。

（三）结论与对策：企业管理水平提升，重视激励制度设计

“十二五”规划中，加快经济结构调整、转变经济发展方式，成为中国经济落实科学发展观的重要目标。企业作为市场经济的主体，推进企业转型升级，是企业适应经济发展方式转变及市场需求变化、产业结构调整的迫切需要。而企业的转型升级，很大程度上取决于企业管理水平的提升。

大力发展民营企业。民营企业是市场中的活跃主体，它的快速发展可以提高我国企业的整体效率，形成一种良性互动的竞争局面。它们之间相互交流与借鉴，会在潜移默化中提升企业的管理竞争力。以人为本，加强管理力度。知识管理逐渐成为企业管理的核心，企业间的竞争越来越集中在知识学习能力、知识创新能力、知识资产保护能力等方面的竞争。而人是生产力中最具有决定性的力量，是知识的创造者、运用者和传播者。发展知识经济，建设知识型企业，必须以各种方式对人进行激励，充分调动人的积极性和创造性。同时，建立一套激励机制，重视对管理力度的加强。

十二　对外开放竞争力：内外开放需协调

2010年，中国有效应对国际金融危机冲击，率先走上经济复苏之路；中国参与二十国集团匹兹堡峰会，推动了世界银行和国际货币基金组织体系改革。随着国家实力的增长，中国城市发展也取得了瞩目的成就，以成都、北京和上海等为首开始提出建设“世界城市”的目标；上海成功举办精彩缤纷的世博会；广州也成功地举办了亚运会……国家经济实力与政治地位不断提高的同时，也标志着中国城市的对外开放度不断提升。

（一）现状与格局：沿海城市开放度高，内陆城市有待提升

在56个重点城市中，对外开放竞争力前10名的城市为：香港、东莞、深圳、上海、苏州、广州、北京、澳门、珠海、青岛。基本为东部沿海城市，而内陆城市大多集中在中下游位置。

从总体格局来看，随着中国国家实力的增强，中国城市的对外开放能力也在

不断增强。从对外开放竞争力总体水平来看，中国城市的对外开放整体水平依旧相对较弱，均值仅为0.48；而各分项指标基本表现相对较好，经济区域化程度、人文国际化指数和社会交流指数的均值都在0.5以上，只有经济国际化程度表现较差，说明中国城市的国际化程度较弱，这也是中国城市积极推进国际化发展，建设“世界城市”的出发点和目的。但是中国城市间对外开放存在较大的差距；经济区域化程度、人文国际化指数和社会交流指数所表现出的城市间差距也相对较大，仅有经济区域化程度表现较好，说明中国城市区域一体化发展较快，区域间城市经济联系比较密切。

从综合和分项分析来看，中国改革开放前30年，国内发展属于首位，因此，对外开放水平虽然相比过去有了较大的提升，但是与世界发达地区相比仍具有较大的差距。这点也明显地表现在国内区域间的发展水平差异上。综合各项指标来看，港澳台地区的对外开放水平，是国内最高的。而在内地的城市中，东南地区的对外开放水平则是最高的，东南地区也是中国内地经济最发达的地区，这说明经济的发展水平与对外开放程度是紧密相关的。港澳台地区和东南地区都位于中国沿海地区，经济发展较早，发展水平也相对较高，对外开放水平也就较高。但是其他地区的对外开放水平则相对较差，尤其是西北地区和中部地区，这些地区的经济发展水平也相对较低。

表2－44　中国城市对外开放竞争力区域水平

指　　标	港澳台	东北	东南	环渤海	西北	西南	中部
开放竞争力	1.000	0.404	0.563	0.452	0.329	0.360	0.358
经济国际化程度	1.000	0.171	0.340	0.217	0.084	0.084	0.106
经济区域化程度	0.861	0.722	0.782	0.741	0.693	0.750	0.741
人文国际化指数	0.770	0.527	0.669	0.579	0.492	0.536	0.507
社会交流指数	0.894	0.639	0.723	0.665	0.547	0.647	0.612

数据来源：城市与竞争力指数数据库。

（二）问题与不足：内外开放不协调，区域开放不均衡

沿海城市较高的对外开放程度，离不开30余年的改革开放战略。深圳、东莞等沿海城市积极发展外贸，拓展外部市场；香港、上海、北京则大力引进外资和技术，打造总部经济和区域金融、文化中心，使自身走上了对外开放的发展道

路。此外，一些城市以开放包容的姿态来积极学习、借鉴其他先进城市的成功经验，充分发挥“后发优势”。尽管中国城市发展较快，但在大规模的城镇化中仍出现了不少问题。有些城市内外开放度差距明显过大，如北京经济国际化程度排名第 10 位，但区域化程度却在第 51 位，并没有较好地实现区域的经济外溢作用，对周边地区的拉动效果不明显。另外，城市竞赛中，难免会形成千城一面的同质化竞争和城市之间地方保护、阻碍生产要素和产品自由流动的恶性竞争。

（三）结论与对策：立足本地区位，形成规模城市群

未来的先进城市，必定有开放多元、立足本地、服务全球、与世界有较强联系等特质。因此，大都市圈或城市带是中国城市未来发展的一个趋势。通过空间、功能上的分工协作，中心城市可以快速发展，形成规模经济和集聚效应，再带动周边卫星城市协同发展。同时，也要注意中国城市对外开放度两极分化较严重的问题，沿海与内陆城市的开放程度不平衡。要提升中国城市的对外开放度，首先要夯实经济基础，在国际化方面不仅要引进国外技术、资本，也要鼓励自己的企业、品牌走出去，加速与国际双向接轨；其次，要立足本地区位，与周边城市实现功能分工、协同发展。

第五部分　主题报告

一　城市：让世界“倾斜而平坦”

城市化是 21 世纪世界最重要的事件之一，在全球化、信息化、市场化、低碳化的背景下，世界城市化不仅自身面临着新的机遇与挑战，而且对全球的格局和形态正产生深刻影响。从城市视角观察纷繁的世界发现：城市让世界倾斜而平坦。

世界的“倾斜而平坦”就是指：全球不同城市和区域之间区位优势非均等，但联系和要素流动便利、快捷、高效和廉价。由于世界是平坦的，全世界的城市处于相同的机会，都可以自由和方便地利用全球的资源；由于世界是倾斜的，全球的资源都会流向区位较好的城市；而又因为世界是平坦的，就更加方便了全球资源的自由流动，加速了资源流向区位较好城市的速度，促进了进一步的倾斜。

世界是“倾斜而平坦”的，这不仅仅是全球化对世界造成的影响，同时也是城市化对世界产生的影响。

从理论上分析，全球空间均衡状态下，世界将是适度的倾斜而平坦的，这是世界的理想状态。现实中，由于国家的壁垒没有完全撤除，国家往往是真正一体的单元，而不少国家和区域（包括中国）呈现出过度倾斜的问题。过度倾斜的平坦导致城乡差距和区域差距扩大，更进一步引发大城市病，导致农村及大都市边缘城镇的停滞和衰落。

资源要素快速便捷地向少数区域流动和聚集，导致世界过度“倾斜而平坦”，原因可能有多种，其中，制度缺陷和政策扭曲十分关键。在中国，虽然已经结束了对发达区域政策优惠的历史，开始重启对落后地区重视的序幕。但是，城市和区域政策取向依然存在和正在加剧倾斜的倾向。行政级别高的城市、大城市、城市群的中心区的产业基础、基础设施和公共服务越来越好于农村、中小城市和边缘城镇，导致人口向行政级别高、大都市群的中心区过量转移，目前北京、上海等城市都已接近城市可承受规模的极限。最近几年，国内已经经过有关部门批准的一系列区域和城市群发展规划，存在两个问题：一是过于重视中心城市，而忽视了区域内部边缘城市；过于重视城市群发展，而忽视了非城市群的发展。二是虽然制定规划时也同样重视了不同区位城市，但是在具体的执行过程中，由于政策的偏离，其实际效果依旧是有利于区域中心城市和该区域的发展。

一个适度倾斜的世界，将促进城乡共赢。为追求这一目标，中国应走集中聚集的城市化道路，在规模经济许可的范围内，走出一条成规模、有重点的聚集，构建适度倾斜的倾斜而平坦的中国。为此，国家应调整城市和区域发展战略与政策思路：一方面，要借助市场之手推动聚集发展；另一方面，政策要从扶持先进城市区域，转变到重点援助相对落后的农村和区域。

城市让世界倾斜而平坦，反过来，倾斜与平坦的世界又影响着城市的发展。

二　中国城市在全球的地位：整体快速提升

在全球区域格局重组的背景下，中国城市竞争力整体迅速提升，似乎使严重倾斜而平坦的世界变得稍微水平一些。与世界城市相比较：中国城市在区位、制度、对外开放、企业等方面具有优势。然而我国城市在技术创新、环境质量、产业层次等方面做得还不够理想，亟待提升与完善。基于全球视野的中国城市优势、劣势、机遇和挑战分析，为应对全球城市竞争，提升中国城市的整体国际竞

争力，中国应制定系统的全球城市竞争力战略。具体来讲，要在以下几个方面加以改进：坚定地推进城市化发展、实行大都市发展战略、转变经济结构方式，提升产业竞争力、科技竞争力。

三　中国城市联系度：显现中国与世界的陡峭的平坦

目前，中国城市已经积极地参与到了全球化的浪潮之中，中国城市的联系度在全球范围内已经取得了巨大的进步。我国顶尖城市（如香港、上海、北京）发展迅速，其对外联系度已达到世界一流水平，在世界城市网络中地位日益突出，甚至也发挥了一定经济、文化中心等功能。但是，中国城市无论是从整体上，还是在顶级城市方面，与世界都还有不小的差距。中国城市对外联系度发展不平衡，顶尖城市对外联系水平迅速提高，并不断向更高层级发展，但更多城市的联系度较低，其在世界范围内的联系度等级总体较低。可以通过以下几个方面来提升我国城市的联系度水平：充分利用区位优势，继续推进产业结构调整；提升城市联系度的效率；不断推进都市群发展。

四　运输成本与城市收益：基于城市群的研究

交通运输成本事实上是决定世界平坦状态的关键。当前在中国城市的要素成本、土地成本不断上升的现实背景下，以规模经济为目标的城市群建设正在成为我国城市获得未来城市竞争力的有效路径。而对于单一城市，城市群的作用并不总是有益的，当城市内部基础设施条件跟不上时，城市群将抽取城市资源，从而妨碍城市经济发展。而要避免这种负面效应，可以从以下几个方面努力：把握基础设施建设的节奏，对外和内部基础设施建设要协同发展；有效利用过境贸易，推进物流产业发展；充分利用不同产业运输特征不同，发展差别产业，形成比较优势。

五　长江经济带空间经济联系与结构形态分析

城市群与城市带的产生和发展是世界倾斜的具体表现。本文从空间经济联系、空间结构形态和产业结构形态三个维度对长江经济带区域合作进行了分析。该区城市人均GDP的Moran's I指数达到0.622，存在显著的正空间自相关关系。欧氏距离分析结果显示，邻近城市之间空间结构形态的相似性以及上中下游城市之间的差异性在长江经济带内部同时存在。长江经济带内部产业结构的高度趋同使要素投入结构与产出结构扭曲，延缓了区域产业结构升级步伐，加剧了各省区间本已存在的产业结构趋同程度。根据本文的分析判断，长江战略的构想应该在现有的流域管理机构——长江水利委员会基础上，建立一个综合机构；建设高效便利的大城市群、城市带和物流体系；加快空间信息平台建设，彰显区域产业特色，形成差异化合作格局。

六　中国城市产业升级与全球价值链分工

全球产业空间布局与动态变化决定城市的倾斜程度与变化。从现实情况看，水平发展不容乐观。对中国城市而言，全球价值链分工具有明显的双面效应，即经济增长效应与结构封锁效应。前者助推经济规模增长，后者阻碍获取全球价值链的高附加值。本文基于企业层面建构微观经济模型，推导证明了经济增长与结构封锁效应的理论存在性及其关键特征；而通过中观、宏观计量检验则证实了经济增长与结构封锁效应的现实存在性。建议仍游离于全球价值链分工体系之外的中国城市应积极嵌入全球价值链分工以分享经济增长效应红利；而即将面临或已经遭遇来自发达国家或地区结构封锁的中国城市应加强自主创新与品牌建设，拓展国际化市场营销与服务能力，探索开发大规模定制化柔性生产模式，增加对全球价值链研发高端的掌控力，提高生产制造环节附加值，以突破结构封锁效应抢占全球价值链高端。

七　中国城市资本的空间分布：基于上市公司的实证检验

资本流动将进一步加剧世界的倾斜。我国城市资本空间分布极不均衡，资本空间分布亦呈现“由东至西逐步递减”的格局。上市公司主要集中在以环渤海、长三角、珠三角等三大经济圈辐射和带动的经济发达地区。城市资本仍集中于传统产业，但已出现向新兴产业聚集趋势。行政手段对城市资本空间分布格局的形成具有重要影响。资本的空间配置机制仍需进一步完善。故建议：完善资本市场地区结构，增加中西部地区上市公司比重，实现东中西协调发展。打破地方保护主义，提升资本区域间流动效率。加快资本市场改革发展，提升资本市场价值发现功能。加快发展新兴产业，优化城市资本质量和结构。

八　中国历史文化名城与城市商业文化

文化差异反映出世界的崎岖和不平，但是全球化正在使城市文化发生改变。文化也许是全球城市区域重组最深层的力量。实证和相关研究愈发显示出历史文化名城竞争力总体不强，商业文化相对较弱的现象。而商业文化是城市竞争力的重要动力源泉，可以积极引导商业健康发展，推动城市经济繁荣，赋予城市价值内涵，提升城市整体形象品位，促使商业文化产业化、城市服务业发展，还可完善城市商业规划，拓展城市经济空间，便利居民生产生活，提高城市人居环境质量。历史文化名城欲摆脱整体竞争力较弱的窘况，彻底解除商业文化不强的伤痛，就必须大力发展商业文化，推动商业文化在城市经济社会发展进程所发挥的正向积极的关键导向作用。提升商业文化，重视商业文化品位是增强城市商业竞争力、促进城市形象品位升级的战略选择，也是实现城市综合竞争力的关键所在。

第二部分
理论研究与发现

Part Ⅱ Framework of Research

𝔹.3
第三章
城市竞争力的理论框架

一　概念与理论

（一）城市竞争力及其决定机制

"天下熙熙皆为利来，天下攘攘皆为利往"，利益问题始终是人类社会的最普遍存在、最备受关注的问题，获取利益即价值收益常常是行为主体追求的目标、竞争的焦点和行为的动力，也是经济学研究的基本问题。价值收益的大小还是行为主体、行为绩效和行为能力的外在表现，具有普遍性存在又极端重要的价值收益是行为主体之间藉以进行多方面的比较的普遍基础和共同尺度。城市是一个相对独立的行为主体，城市常常为利益谋求发展，为效益参与竞争。城市竞争力是城市在竞争和发展过程中与其他城市相比较，利用自身内外

环境和主体素质所形成的外部经济优势以及内部组织效率，吸引、控制、转化资源和占领、控制市场，更多、更高效、更快地创造价值，获取利润，为其居民提供福利的能力。

1. 单一城市的竞争力决定循环机制

价值收益即利润和效用最大化追求是经济社会活动形成分工和聚集的内在驱动力。技术进步和农业剩余产生，导致以非农业产业和非农业人口集聚的城市形成，一个城市是一个相对独立的经济社会系统。像国家一样，城市也由家庭、企业、政府和对外部门组成，家庭供给资源与生产要素，需求产品和服务；企业购买生产要素，生产私人产品与提供私人服务；政府提供公共产品和服务，同时向家庭和企业收取税收；对外部门通过市场实现城市内外产品与服务的交换。

城市经济这个循环过程实质上包括三个互相联系的环节。投入：城市要素与环境；过程：生产与服务活动（所有企业的生产和服务活动集合在一起，构成城市特定的产业体系）；产出：产品与服务的价值创造。城市企业在政府、家庭与对外部门的支持下，利用城市的要素与环境条件，从事价值创造即生产和服务活动，创造城市价值即为政府、家庭以及对外部门提供满意的产品和服务，然后再利用家庭、政府和对外部门为其提供的要素与环境，从事价值创造活动，如此循环。

在这个循环中，企业无疑是价值的创造者，但是企业创造价值的活动（包括生产产品和提供服务的内容、规模、质量和成本）受到城市家庭所拥有的资源、要素和消费状况的影响，受到公共部门所提供的公共产品、公共服务及其税费状况的影响，同时还受到资源、要素和市场的便利程度和成本的影响。一个城市特定的主体素质、区位环境、资源禀赋、生产要素、消费水平、基础设施与公共服务的状况，决定这个城市从事某些具有比较优势的创造价值活动，从而决定城市特定的产业体系状况（规模、结构、层次和变化）和城市功能状况。由于不同的价值创造活动所创造的价值不同，因而城市特定产业体系决定创造价值的特定状况（规模、速度和效率）。

一般而言，拥有高品质及创新环境的城市，其创新和高端产业活动有比较优势，产业体系中的高端服务业、高科技制造业，产业环节中的研发设计和品牌营销环节得以发展。相反，仅拥有低品质要素及营商环境的城市，劳动密集型产业

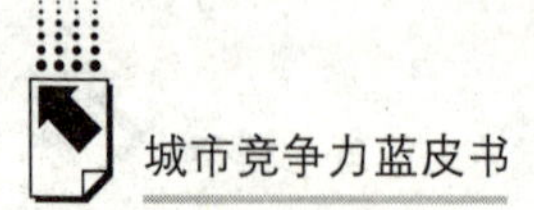

具有比较优势，产业体系中的低技术产业，产业环节中的组装加工环节得以发展。在缺乏基本生产要素和营商环境十分恶劣的城市，最基本的产业也难以发展。

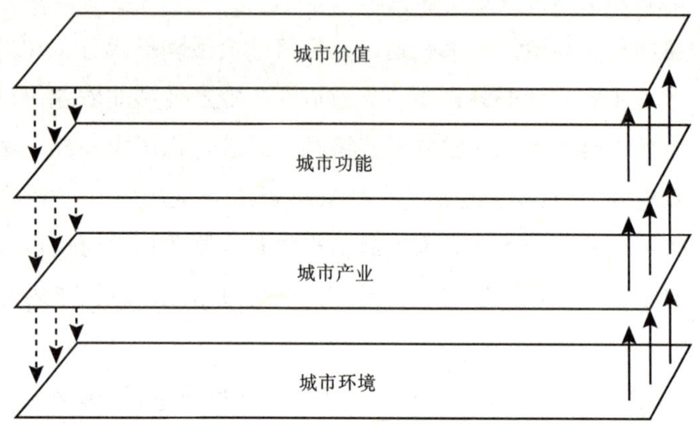

图3－1　城市价值决定循环机制

2. 城市体系中的各城市的竞争力差异

历史上，最初的城市规模很小，周围被农业包围，通过区域内的交换，农村和城市居民实现对农产品和非农产品及服务的消费，区域是一个封闭的体系（Johann Heinrich von Thünen，1928）。随着产业的发展和人口的增加，非农经济活动始终聚集在区域的一个城市里变得不经济。一些家庭和企业，在进行成本和收益的权衡后，开始选择在原城市以外的区位居住和生产，更多的新城市出现了，并形成了城市的体系。伴随着交通和通信技术的发展、产业的发展和人口的增加，不同区域的城市体系连接起来，形成更大的体系。当产品、服务、生产要素的贸易超出国界时，全球城市体系开始形成、扩展并继续演化。

基于自然与历史原因，不同城市在主体素质和资源环境方面禀赋不同、成本有异，接近和利用城市外部的要素环境距离和成本也是不同的。因此，以城市区域为单元，全球的经济活动的主体及要素环境的类型、数量与质量呈现差异化与层次性分布的，一些城市仅仅拥有低品质的要素环境，而另一些城市不仅拥有高品质的要素环境，也拥有低品质的要素。

全球城市间要素环境的差异最终导致全球城市间比较优势的差异，从而导致

产业体系的差异（Eil F. Heckscher，1919；Beltil G. Ohlin，1930）。如果以城市和区域为单元考察全球产业，则每一个城市和区域的产业首先可分为服务当地的当地化产业和服务外地的输出产业。而输出产业又可以按照其输出和贸易的范围分为区域内的产业、国内产业和全球产业，当地化产业在城市和区域内部交换，输出产业在区域内、国家或全球范围内进行交易。一般而言，全球每个城市都拥有一些基本相同的当地化产业（Local Industries），同时拥有不同的输出产业。更高层级的城市除了拥有服务周边低层级城市的产业，还拥有与周边相同层级和更高层级贸易的产业，最高层级的城市同时拥有服务当地、周边、国内和全球市场的不同产业（Masahisa Fujita，Paul Krugman，Anthony J. Venables，1999）。但有些城市和区域虽然在总体产业上仅仅服务于当地或较小范围的周边城市，但它可以在某些产业或产业环节上服务于更大的区域甚至全球。

如图 3－2 显示，A、B、C、D、E 五个城市构成的全球产业体系。A 城市聚集最高端的服务业和制造业企业，并且，A 城市区域内产业也有层次分布，A 城市与外部城市产业体系分工相连；B 城市是次高端服务业和制造企业聚集区；C 城市聚集着中端服务业和制造企业；D 城市聚集着中端服务业和制造企业，E 城市主要聚集服务当地的低端制造和服务业，B、C、D、E 和 A 一样，城市区域内产业也有层次分布，城市与城市外部产业体系分工相连。

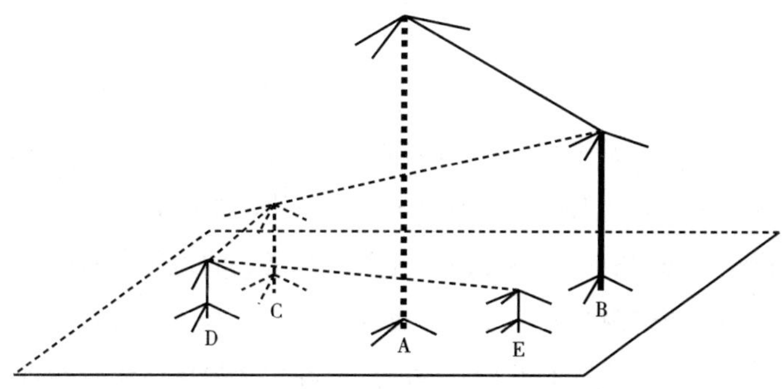

图 3－2　全球产业的城市空间分布

全球以城市和区域为基本单元的层级分明、专业分工、相互交易的全球生产网络，决定全球城市层级和价值体系。同时拥有高低端产业的城市，属于高层级城市，只拥有低端产业的城市属于低层级城市，高层级的城市不仅城市规模大，而且辐射范围广，功能级别高。在全球城市层级体系中，不同城市创造的价值收益和提供的福利效用大多不同。如图 3－3 所示，不同城市的空间价值像高低和大小不同的山峰。即使一个城市内的不同区位空间价值也不相同，山峰反映了城市内部中心区的空间价值的大小，而山脚则反映着城市边缘的空间价值。世界银行基于美国和日本 2005 年各地区国内生产总值的估测值绘制的经济密度地图十分形象地显示出高低和大小不同的山峰特点（World Bank，2009）。

要素环境的全球空间差异是整个体系的基础，它决定产业的全球空间分布差异，进而决定全球价值链体系的空间分布和全球城市功能层级。而全球价值体系又反过来影响产业体系，进而影响要素环境体系。

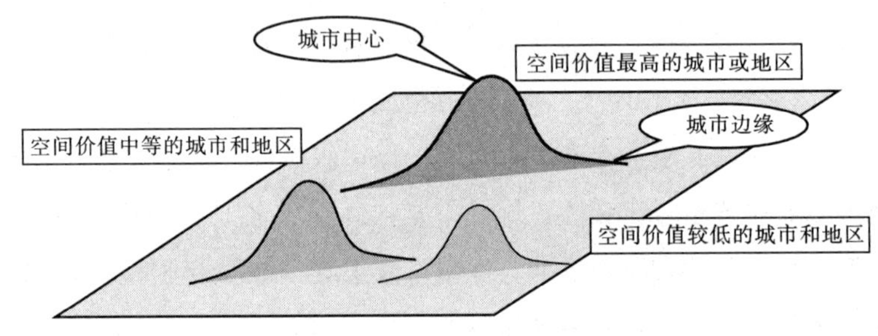

图 3－3　全球城市价值的空间分布图

3. 城市竞争与竞争力的决定及动态演化

在区域一体化和经济全球化的背景下，相关城市之间不仅进行着分工、合作与贸易，也进行着复杂多样的竞争。因为人口、企业和一些重要的生产要素是流动的，企业追求利润的最大化，而人口是追求效用的最大化，又由于城市之间在创造价值、获取利润和福利效用方面存在现实和潜在的差异，所以，城市间不仅在吸引人口、企业与资源要素存在激烈竞争，而且在提高自身素质、改善要素环境、降低生产成本、追求技术革新、提高生产和服务效率方面存在竞争；同时还在占领与控制商品服务市场、创造城市收益、分配贸易比较利益等环节上存在激烈竞争。

一个城市的环境、产业、功能、价值与全球其他相关城市的环境、产业、功能、价值的既相互竞争又相互合作，每个城市竞争力就是在这样的竞争与合作中共同决定的。图 3－4 简化地显示：A 城市通过吸引 B、C 城市的要素、产业甚至

盘点年度资讯 预测时代前程

社会科学文献出版社

2011年版皮书

权威·前沿·原创

社会科学文献出版社
SOCIAL SCIENCES ACADEMIC PRESS (CHINA)

法律声明

1. 经济蓝皮书

2011年中国经济形势分析与预测

陈佳贵　李　扬 / 主编　　2010年12月出版　　49.00元（估）

◆　本书为“总理基金项目”，由中国社会科学院学部主席团代主席、经济学部主任陈佳贵及中国社会科学院副院长李扬担任主编，中国社会科学院经济学部副主任刘树成、数量经济与技术经济研究所所长汪同三任副主编，联合了国内权威机构的专家学者共同编写，本书聚焦2010年中国经济发展中的热点和难点，并对2011年中国经济的发展及走向作出科学的预测。

2. 社会蓝皮书

2011年中国社会形势分析与预测

汝　信　陆学艺　李培林 / 主编　　2010年12月出版　　49.00元（估）

◆　本书为中国社会科学院核心学术品牌之一。本书从社会学的视角来分析2010年中国社会发展的热点和难点问题，对未来可能出现的社会热点和发展趋势作出科学的预测，并提供相应的对策建议，其前瞻性的观点代表着中国社会发展的风向标，是关注中国社会问题的各阶层人士必看的年度报告。

3. 文化蓝皮书

2011年中国文化产业发展报告

张晓明　胡惠林　章建刚 / 主编　　2011年4月出版　　59.00元（估）

◆　本书是由中国社会科学院文化研究中心和文化部、上海交通大学国家文化产业创新与发展研究基地合作共同编写的第9本中国文化产业年度报告。内容涵盖了我国文化产业分析及政策分析，对2010年文化产业发展形势的评估，及对2011年发展趋势的预测。

4. 经济信息绿皮书

2011年中国与世界经济发展报告

王长胜 / 主编　　2010年12月出版　　65.00元(估)

◆　本书由国家信息中心主编，从宏观角度及全球经济一体化的背景剖析2010年我国经济发展的定位、战略目标、战略重点、战略对策等深层次问题，并对2011年国内外经济发展环境、宏观调控政策的取向、宏观经济发展趋势、产业经济和区域经济热点进行系统分析和预测。

5. 世界经济黄皮书

2011年世界经济形势分析与预测

王洛林　张宇燕 / 主编　　2010年12月出版　　49.00元(估)

◆　本书是由中国社会科学院世界经济与政治研究所精心打造的有关世界经济的年度报告，对2010年的世界经济形势进行回顾与总结，并对2011年世界经济的发展态势作出预测。其延续了历年世界经济黄皮书的风格，是关注国际经济形势的各阶层人士必备的案头书。

6. 国际形势黄皮书

2011年全球政治与安全报告

李慎明　张宇燕 / 主编　　2010年12月出版　　49.00元(估)

◆　本书是由中国社会科学院世界经济与政治研究所主编的有关全球政治与安全的年度报告。其着眼于国际关系发展的全局，点评2010年令人印象深刻的国际关系发展中的热点事件，剖析其全局性的后果和长期影响，关注时下国际关系发展动向里隐藏的中长期趋势，预测并展望全球政治与安全格局下的国际形势最新动向及对中国发展的影响。

7. 欧洲蓝皮书

2011年欧洲发展报告

周弘 / 主编　　2011年3月出版　　49.00元(估)

◆　本书由研究欧洲问题的权威机构中国社会科学院欧洲研究所及中国欧洲学会联合编写，从政治、经济、法治进程、社会文化和国际关系等角度，深度剖析2010年欧洲各国的政治经济发展现状，并对2011年欧洲的经济社会发展趋势进行预测与展望。

8. 亚太蓝皮书

2011年亚太地区发展报告

李向阳 / 主编　　2011年1月出版　　69.00元(估)

◆　本书由中国社会科学院亚洲太平洋研究所的专家学者编写，从政治、经济、社会、国际关系等角度系统论述2010年亚太地区各国的政治经济发展情况，探讨国际经济新形势下亚太经济政治新格局与我国的对策，并对2011年亚太各国政治经济发展趋势进行预测与展望。

9. 农村经济绿皮书

2010～2011中国农村经济形势分析与预测

中国社会科学院农村发展研究所、国家统计局农村社会经济调查司 / 著

2011年4月出版　　49.00元(估)

◆　本书依托于研究中国农村和农村经济问题的两大权威机构，剖析金融危机背景下，2010年中国农业农村经济发展的特点及粮食总产量、城乡居民收入差等一系列主要指标的变化，对2011年中国农业农村经济形势作出展望和预测。

10. 人口与劳动绿皮书

中国人口与劳动问题报告No.12

蔡　昉 / 主编　　2011年7月出版　　49.00元(估)

◆　本书由中国社会科学院人口与劳动经济研究所联合国家统计局、农业部农村经济研究中心、人力资源和社会保障部等权威研究机构的专家学者共同编写，关注中国当前人口的总量与增量情况，在人口学预测的基础上，研究我国就业和劳动力市场形势，力图反映更加广泛的研究成果和不同观点。

11. 环境绿皮书

2011年中国环境发展报告

杨东平 / 主编　　2011年3月出版　　59.00元(估)

◆　本书由民间环境保护组织“自然之友”组织编写，汇集了学者、记者、环保人士等众多视角，考察中国的年度环境发展态势，附加经典环境案例分析，用深刻的思考、科学的数据、鲜活的语言分析2010年的环境热点事件，展望2011年中国环境与发展领域的全局态势，为中国走向可持续发展的历史性转型留下真实写照和民间记录。

12. 旅游绿皮书

2011年中国旅游发展分析与预测

张广瑞　刘德谦　宋　瑞 / 主编　　2011年4月出版　　59.00元(估)

◆　本书由中国社会科学院旅游研究中心组织编写，从2010年国内外发展环境入手，深度剖析2010年我国旅游业的跌宕起伏以及背后错综复杂的影响因素，聚焦旅游相关行业的运行特征以及相关政策实施，对旅游发展的热点问题，给出颇具见地的分析，并提出促进我国旅游业发展的对策建议。

13. 教育蓝皮书

2011年中国教育发展报告

杨东平 / 主编　　2011年3月出版　　55.00元(估)

◆　本书由著名教育学家杨东平担任主编，大胆直面当前教育改革中出现的应试教育、“择校热”等社会热点问题以及高校招生腐败、学术腐败、学术失范与学风不正等难点问题，通过对国内多个城市的调查，反映中国教育发展中的改革亮点和难点，并提出有价值的对策和建议。

14. 法治蓝皮书

2011年中国法治发展报告

李　林 / 主编　　2011年4月出版　　65.00元(估)

◆　本书由中国社会科学院法学研究所组织编写，对中国年度法治现状和法治进程进行深度分析、评价和预测，回顾总结 2010 年我国法治发展所取得的一系列进步和成就，并展望 2011 年我国的法治发展走向，是对中国年度法治现状和法治进程的客观记述、评价和预测。

15. 就业蓝皮书

2011年中国大学生就业报告

麦可思研究院 / 编著　王伯庆 / 主审　　2011年6月出版　　98.00元(估)

◆　本书是在麦可思人力资源信息管理咨询公司“中国2010届大学毕业生求职与工作能力调查”的基础上，由麦可思公司与西南财经大学共同完成的大学生就业暨重点产业人才分析报告。从就业水平、薪资、工作能力、求职等各个方面，分析大学生就业状况，并提出相应的政策建议。

16. 区域蓝皮书

2010～2011中国区域经济发展报告

戚本超　景体华 / 主编　　2011年3月出版　　69.00元(估)

◆　本书由北京、上海、广东、河北等省、市社会科学院的专家学者联合编写，从国家经济战略甚至世界经济发展的宏观视角，分别在理论和操作层面对 2010 年长三角、珠三角和京津冀地区三大经济圈经济、社会发展的分工协作、产业结构、空间分布、劳动力布局等方面，进行分析和比较研究，并对 2011 年区域经济发展走势作出分析判断。

17. 长三角蓝皮书

2011年科学发展长三角

宋林飞 / 主编　　2011年8月出版　　59.00元(估)

◆　本书由上海、江苏、浙江三地社会科学院专家学者共同发布，每年确定不同的主题，对 2011 年长三角地区的经济、社会发展进行全面解读与预测，探讨长三角地区在促进经济社会协调发展、促进产业结构优化升级以及统筹城乡协调发展、加快区域一体化进程等方面的成就和经验。

18. 东北蓝皮书

2011年中国东北地区发展报告

鲍振东　曹晓峰 / 主编　　2011年8月出版　　69.00元(估)

◆　本书由吉林、辽宁、黑龙江、内蒙古四省社会科学院强强联手，汇集东北地区社会科学界的研究成果。每年根据东北地区发展的热点问题确定不同主题，回顾和总结 2010 年东北地区在经济、政治、文化、社会等方面所取得的成就，聚焦发展中存在的困难和问题，对 2011 年东北地区面临的机遇和挑战、经济社会形势发展趋势进行分析和预测，并提出颇具价值的政策建议。

19. 中部蓝皮书

2011年中国中部地区发展报告

汪玉奇 / 主编　　2010年10月出版　　69.00元

◆　本书由中部地区六省（山西、安徽、江西、河南、湖北、湖南）二市（武汉、郑州）社会科学院的专家学者共同研究完成。他们的报告客观、中立，既有民间学者所无法涉及的领域，也有更为客观、翔实的数据。

20. 西部蓝皮书

2011年中国西部地区发展报告

姚慧琴　任宗哲 / 主编　　2011年7月出版　　79.00元(估)

◆　本书的编撰单位西北大学中国西部经济发展研究中心，是研究西部经济的权威机构。本书汇集了源自西部本土以及国内研究西部问题的权威专家的第一手资料，对国家实施西部大开发战略进行年度动态跟踪，并对 2011 年西部经济发展进行预测和展望。

21. 城市竞争力蓝皮书

中国城市竞争力报告No.9

倪鹏飞 / 主编　2011年4月出版　65.00元(估)

◆ 本书由中国社会科学院城市与竞争力研究中心主任倪鹏飞博士主持编写，汇集了侯庆虎、江明清、刘彦平等众多专家关于城市竞争力研究的最新成果。本报告构建了一套科学的城市竞争力评价指标体系，采用第一手数据材料，对国内重点城市年度竞争力格局变化进行客观分析和综合比较、排名，对研究城市经济及城市竞争力极具参考价值。

22. 中国省域竞争力蓝皮书

2010～2011中国省域经济综合竞争力发展报告

李建平 / 主编　2011年3月出版　258.00元(估)

◆ 本书对 2010 ～ 2011 年中国 31 个省级区域和香港、澳门、台湾 3 个地区的经济综合竞争力，进行全面深入、科学的比较分析和评价，深刻揭示不同类型和发展水平的省域经济综合竞争力的特点及其相对差异性，明确各自内部的竞争优势和薄弱环节，追踪研究省域经济综合竞争力的演化轨迹和提升路径。

23. 金融蓝皮书

2011年中国金融发展报告

李　扬　王国刚 / 主编　2011年4月出版　79.00元(估)

◆ 本书由中国社会科学院副院长李扬担任主编，对过去一年中国金融业总体发展状况进行回顾和分析，聚焦国际及国内金融形势的新变化，对一些主要金融事件进行研讨和评论，解析中国金融政策及银行业、保险业和证券期货业等的发展状况，预测中国金融发展中的最新动态，包括投资基金、保险业发展、住宅金融和金融监管等。

24. 房地产蓝皮书

中国房地产发展报告No.8

潘家华　李景国 / 主编　2011年5月出版　55.00元(估)

◆ 本书由中国社会科学院城市发展与环境研究中心主编，深度解析2010年中国房地产发展的形势和存在的主要矛盾，并预测2011年中国商品房价格走势及房地产市场的发展大势。

宏观经济类

经济蓝皮书
2011年中国经济形势分析与预测
著(编)者：陈佳贵 李 扬 2010年12月出版 / 估价：49.00元

经济蓝皮书春季号
中国经济前景分析 —— 2011年春季报告
著(编)者：陈佳贵 李 扬 2011年5月出版 / 估价：49.00元

宏观经济蓝皮书
国家经济报告（2011）
著(编)者：李 扬 2011年3月出版 / 估价：69.00元

经济信息绿皮书
2011年中国与世界经济发展报告
著(编)者：王长胜 2010年12月出版 / 估价：65.00元

宏观经济蓝皮书
中国经济增长报告(2011)
著(编)者：张平 刘霞辉 2011年12月出版 / 估价：69.00元

农村经济绿皮书
2010～2011中国农村经济形势分析与预测
著(编)者：中国社会科学院农村发展研究所
国家统计局农村社会经济调查司
2011年4月出版 / 估价：49.00元

人口与劳动绿皮书
中国人口与劳动问题报告No.12
著(编)者：蔡 昉 2011年7月出版 / 估价：49.00元

国家竞争力蓝皮书
中国国家竞争力报告No.2
著(编)者：倪鹏飞 2011年10月出版 / 估价：98.00元

省域竞争力蓝皮书
2010～2011中国省域经济综合竞争力发展报告
著(编)者：李建平 李闽榕 2011年3月出版 / 估价：258.00元

城市竞争力蓝皮书
中国城市竞争力报告No.9
著(编)者：倪鹏飞 2011年4月出版 / 估价：65.00元

产业蓝皮书
2011年中国产业竞争力报告
著(编)者：张其仔 2011年8月出版 / 估价：69.00元

环境竞争力绿皮书
中国环境竞争力发展报告(2005～2009)
著(编)者：李建平 2011年9月出版 / 估价：59.00元

企业蓝皮书
中国企业竞争力报告(2011)
著(编)者：金 碚 2011年12月出版 / 估价：69.00元

民营经济蓝皮书
中国民营经济发展报告(2010～2011)
著(编)者：黄孟复
2011年9月出版 / 估价：69.00元

发展和改革蓝皮书
中国经济发展和体制改革报告No.4
著(编)者：邹东涛 2011年11月出版 / 估价：98.00元

金融蓝皮书
2011年中国金融发展报告
著(编)者：李 扬 王国刚 2011年4月出版 / 估价：79.00元

低碳经济绿皮书
中国低碳经济发展报告(2011)
著(编)者：薛进军 2011年11月出版 / 估价：49.00元

社会政法类

社会蓝皮书
2011年中国社会形势分析与预测
著(编)者：汝 信 陆学艺 李培林 2010年12月出版 / 估价：49.00元

人权蓝皮书
中国人权发展报告(2011)
著(编)者：罗豪才 2011年3月出版 / 估价：59.00元

法治蓝皮书
2011年中国法治发展报告
著(编)者：李 林 2011年4月出版 / 估价：65.00元

金融蓝皮书
中国金融法治报告(2011)
著(编)者：胡 滨 2011年4月出版 / 估价：59.00元

气候变化绿皮书
应对气候变化报告(2011)
著(编)者：王伟光 郑国光 2011年11月出版 / 估价：68.00元

环境绿皮书
2011年中国环境发展报告
著(编)者：杨东平 2011年3月出版 / 估价：59.00元

生态文明绿皮书
中国省域生态文明建设评价报告(2011)
著(编)者：严 耕 2011年6月出版 / 估价：69.00元

生态城市绿皮书
中国城市生态文明建设评价报告(2011)
著(编)者：李景源 2011年10月出版 / 估价：59.00元

教育蓝皮书
2011年中国教育发展报告
著(编)者：杨东平 2011年3月出版 / 估价：55.00元

医疗卫生绿皮书
中国医疗卫生发展报告（2011）
著(编)者：杜乐勋 张文鸣 2011年12月出版 / 估价：68.00元

就业蓝皮书
2011年中国大学生就业报告
著(编)者：麦可思研究院 2011年6月出版 / 估价：98.00元

人才蓝皮书
中国人才发展报告(2011)
著(编)者：潘晨光 2011年5月出版 / 估价：79.00元

青少年蓝皮书
中国未成年人互联网运用报告（2010～2011）
著(编)者：李文革 沈 杰 2011年6月出版 / 估价：59.00元

妇女绿皮书
中国性别平等与妇女发展报告(2010～2011)
著(编)者：谭 琳 2011年12月出版 / 估价：79.00元

妇女发展蓝皮书
中国妇女发展报告 No.4(2011)
著(编)者：王金玲 2011年8月出版 / 估价：59.00元

女性生活蓝皮书
2010～2011年：中国女性生活状况报告
著(编)者：韩湘景 2011年7月出版 / 估价：49.00元

女性教育蓝皮书
中国妇女教育发展报告(2010～2011)
著(编)者：莫文秀 2011年10月出版 / 估价：68.00元

老年蓝皮书
中国老年问题研究报告（2011）
著(编)者：田雪原 2011年10月出版 / 估价：49.00元

科普蓝皮书
中国科普基础设施发展报告(2011)
著(编)者：任福君 2011年4月出版 / 估价：69.00元

科学传播蓝皮书
中国科学传播报告(2011)
著(编)者：詹正茂 靳 一 2011年9月出版 / 估价：69.00元

民族蓝皮书
中国民族区域自治发展报告(2011)
著(编)者：郝时远 2011年8月出版 / 估价：59.00元

华侨华人蓝皮书
华侨华人发展报告(2011)
著(编)者：丘 进 2011年2月出版 / 估价：59.00元

宗教蓝皮书
中国宗教报告(2011)
著(编)者：金 泽 邱永辉 2011年6月出版 / 估价：59.00元

社会工作蓝皮书
中国社会工作发展报告(2010～2011)
著(编)者：蒋昆生 戚学森 2011年7月出版 / 估价：59.00元

社会建设蓝皮书
2011年北京社会建设分析报告
著(编)者：陆学艺 张 荆 唐 军 2011年7月出版 / 估价：59.00元

中国养老金蓝皮书
中国养老金发展报告(2011)
著(编)者：郑秉文 2011年3月出版 / 估价：59.00元

殡葬绿皮书
中国殡葬事业发展报告(2011)
著(编)者：朱 勇 2011年3月出版 / 估价：59.00元

中国政府创新蓝皮书
(待定)
著(编)者：俞可平 2011年11月出版 / 估价：78.00元

危机管理蓝皮书
(待定)
著(编)者：文学国 2011年5月出版 / 估价：59.00元

慈善蓝皮书
中国慈善发展报告(2011)
著(编)者：杨 团 2011年9月出版 / 估价：59.00元

民间组织蓝皮书
中国民间组织报告(2010～2011)
著(编)者：黄晓勇 2011年12月出版 / 估价：59.00元

企业公民蓝皮书
中国企业公民报告(2011)
著(编)者：邹东涛 2011年4月出版 / 估价：58.00元

企业社会责任蓝皮书
中国企业社会责任研究报告(2011)
著(编)者：陈佳贵 黄群慧 等 2011年10月出版 / 估价：55.00元

北京蓝皮书
北京社会发展报告(2010～2011)
著(编)者：戴建中 2011年9月出版 / 估价：49.00元

北京蓝皮书
中国社区发展报告(2010～2011)
著(编)者：刘牧雨 2011年4月出版 / 估价：59.00元

北京蓝皮书
北京公共服务发展报告(2010～2011)
著(编)者：张 耘 2011年1月出版 / 估价：58.00元

北京人才发展蓝皮书
北京人才发展报告(2011)
著(编)者：吕锡文 张志伟 2011年3月出版 / 估价：59.00元

北京律师蓝皮书
北京律师发展报告(2011)
著(编)者：王 隽 2011年2月出版 / 估价：59.00元

上海蓝皮书
上海社会发展报告(2011)
著(编)者：卢汉龙 2011年1月出版 / 估价：69.00元

上海蓝皮书
上海资源环境发展报告(2011)
著(编)者：周冯琦 2011年1月出版 / 估价：69.00元

上海社会保障绿皮书
上海社会保障改革与发展报告(2010～2011)
著(编)者：汪 泓 2011年7月出版 / 估价：65.00元

河南蓝皮书
2011年河南社会形势分析与预测
著(编)者：林宪斋 赵保佑 2011年1月出版 / 估价：59.00元

陕西蓝皮书
陕西社会发展报告(2011)
著(编)者：杨尚勤 石 英 江 波 2011年4月出版 / 估价：65.00元

陕西蓝皮书
陕西人力资源和社会保障发展报告(2011)
著(编)者：杨尚勤 鬲向前 2011年7月出版 / 估价：49.00元

贵州蓝皮书
贵州社会发展报告(2011)
著（编）者：王兴骥　2011年9月出版 / 估价：49.00元

广州蓝皮书
中国广州社会发展报告(2011)
著(编)者：汤应武　李江涛　2011年9月出版 / 估价：49.00元

广州蓝皮书
中国广州城市建设发展报告(2011)
著(编)者：李江涛　简文豪　2011年12月出版 / 估价：49.00元

深圳蓝皮书
深圳社会发展报告(2011)
著(编)者：乐正　祖玉琴　2011年5月出版 / 估价：69.00元

深圳蓝皮书
深圳劳动关系发展报告(2011)
著(编)者：汤庭芬　2011年5月出版 / 估价：69.00元

文化传媒类

文化蓝皮书
2011年中国文化产业发展报告
著(编)者：张晓明　胡惠林　章建刚　2011年4月出版 / 估价：59.00元

文化蓝皮书
中国文化消费需求景气评价报告(2011)
著(编)者：王亚南　2011年6月出版 / 估价：59.00元

文化蓝皮书
中国公共文化服务发展报告(2011)
著(编)者：李景源　2011年9月出版 / 估价：59.00元

文化遗产蓝皮书
中国文化遗产事业发展报告(2011)
著(编)者：刘世锦　2011年12月出版 / 估价：79.00元

文化软实力蓝皮书
中国文化软实力研究报告(2011)
著(编)者：张国祚　2011年4月出版 / 估价：59.00元

传媒蓝皮书
2011年：中国传媒产业发展报告
著(编)者：崔保国　2011年4月出版 / 估价：79.00元

全球传媒蓝皮书
全球传媒产业发展报告(2011)
著(编)者：胡正荣　2011年2月出版 / 估价：59.00元

新媒体蓝皮书
中国新媒体发展报告(2011)
著(编)者：尹韵公　2011年7月出版 / 估价：69.00元

动漫蓝皮书
中国动漫发展报告(2011)
著(编)者：卢　斌　2011年4月出版 / 估价：59.00元

广告主蓝皮书
中国广告主营销推广趋势报告No.4
著(编)者：黄升民　2011年9月出版 / 估价：68.00元

北京蓝皮书
北京文化发展报告(2010～2011)
著(编)者：张　泉　2011年4月出版 / 估价：49.00元

上海蓝皮书
上海文化发展报告(2011)
著(编)者：叶　辛　蒯大申　2011年1月出版 / 估价：49.00元

河南蓝皮书
河南文化发展报告(2011)
著(编)者：张　锐　2011年1月出版 / 估价：49.00元

陕西蓝皮书
陕西文化发展报告(2011)
著(编)者：杨尚勤　石　英　王长寿　2011年4月出版 / 估价：55.00元

广州蓝皮书
中国广州文化发展报告(2011)
著(编)者：王晓玲　2011年10月出版 / 估价：59.00元

郑州蓝皮书
2011年郑州文化发展报告
著(编)者：丁世显　2011年11月出版 / 估价：49.00元

区域发展类

区域蓝皮书
2010～2011中国区域经济发展报告
著(编)者：戚本超　景体华　2011年3月出版 / 估价：69.00元

城乡统筹蓝皮书
中国城乡统筹发展报告(2011)
著(编)者：潘晨光　2011年3月出版 / 估价：59.00元

城乡创新发展蓝皮书
中国城乡一体化发展报告（2011）
著（编）者：傅崇兰　2011年12月出版/估价：59.00元

城市蓝皮书
中国城市发展报告No.4
著(编)者：潘家华　魏后凯　2011年7月出版 / 估价：78.00元

中小城市绿皮书
中国中小城市发展报告(2011)
著(编)者：中国城市经济学会中小城市经济发展委员会
《中国中小城市发展报告》编纂委员会
2011年11月出版 / 估价：59.00元

金融蓝皮书
中国金融生态发展报告(2011)
著(编)者：刘煜辉 2011年11月出版 / 估价：49.00元

边疆发展蓝皮书
当代中国边疆社会经济发展与边疆研究前沿报告(2011)
著(编)者：厉 声 2011年5月出版 / 估价：59.00元

长三角蓝皮书
2011年科学发展长三角
著(编)者：宋林飞 2011年8月出版 / 估价：59.00元

西部蓝皮书
2011年中国西部经济发展报告
著(编)者：姚慧琴 任宗哲 2011年7月出版 / 估价：79.00元

中部蓝皮书
中国中部地区发展报告(2012)
著(编)者：张 锐 林宪斋 2012年1月出版 / 估价：59.00元

东北蓝皮书
2011年中国东北地区发展报告
著(编)者：鲍振东 曹晓峰 2011年8月出版 / 估价：69.00元

港澳珠三角蓝皮书
粤港澳区域合作与发展报告(2010～2011)
著(编)者：梁庆寅 陈广汉 2011年3月出版 / 估价：59.00元

环渤海蓝皮书
环渤海区域经济发展报告(2011)
著(编)者：周立群 2011年4月出版 / 估价：59.00元

中国省会经济圈蓝皮书
合肥经济圈发展报告No.3(2010～2011)
著(编)者：董昭礼 盛志刚 王开玉 2011年4月出版 / 估价：59.00元

长株潭城市群蓝皮书
长株潭城市群发展报告(2011)
著(编)者：张 萍 2011年8月出版 / 估价：69.00元

海峡西岸蓝皮书
海峡西岸经济区发展报告(2011)
著(编)者：叶飞文 2011年5月出版 / 估价：49.00元

中原蓝皮书
中原经济区发展报告(2011)
著(编)者：欧继中 2011年6月出版 / 估价：59.00元

武汉城市圈蓝皮书
武汉城市圈经济社会发展报告(2010～2011)
著(编)者：肖安民 2011年6月出版 / 估价：69.00元

武汉城市圈蓝皮书
武汉城市圈房地产发展报告(2010～2011)
著(编)者：王 涛 2011年6月出版 / 估价：69.00元

北部湾蓝皮书
泛北部湾合作发展报告(2011)
著(编)者：古小松 2011年5月出版 / 估价：65.00元

广西北部湾经济区蓝皮书
广西北部湾经济区开放开发报告(2011)
著(编)者：北部湾(广西)经济区规划建设管理委员会办公室
广西社会科学院、广西北部湾发展研究院
2011年5月出版 / 估价：89.00元

大湄公河次区域蓝皮书
大湄公河次区域合作与发展研究报告(2011)
著(编)者：刘 稚 2011年10月出版 / 估价：59.00元

澳门蓝皮书
澳门经济社会发展报告(2011)
著(编)者：郝雨凡 吴志良 2011年3月出版 / 估价：59.00元

北京蓝皮书
北京经济发展报告(2010～2011)
著(编)者：梅 松 2011年3月出版 / 估价：49.00元

北京蓝皮书
北京城乡发展报告(2010～2011)
著(编)者：黄 序 2011年4月出版 / 估价：49.00元

上海蓝皮书
上海经济发展报告(2011)
著(编)者：屠启宇 沈开艳 2011年1月出版 / 估价：59.00元

河南经济蓝皮书
2011年河南经济形势分析与预测
著(编)者：刘永奇 2011年3月出版 / 估价：49.00元

河南蓝皮书
河南经济发展报告(2011)
著(编)者：张 锐 2011年12月出版 / 估价：49.00元

河南蓝皮书
河南城市发展报告(2011)
著(编)者：林宪斋 喻新安 王建国 2011年1月出版 / 估价：49.00元

山西蓝皮书
山西资源型经济转型发展报告(2011)
著(编)者：李志强 2011年4月出版 / 估价：49.00元

陕西蓝皮书
陕西经济发展报告(2011)
著(编)者：杨尚勤 石 英 裴成荣 2011年4月出版 / 估价：49.00元

陕西蓝皮书
榆林经济社会发展报告(2011)
著(编)者：胡志强 杨尚勤 石 英 2011年8月出版 / 估价：69.00元

辽宁蓝皮书
2011年辽宁经济社会形势分析与预测
著(编)者：曹晓峰 张 晶 张卓民 2011年1月出版 / 估价：69.00元

广州蓝皮书
中国广州经济发展报告(2011)
著(编)者：李江涛 刘江华 2011年9月出版 / 估价：59.00元

广州蓝皮书
中国广州农村发展报告(2011)
著(编)者：李江涛 汤锦华 2011年7月出版 / 估价：49.00元

经济特区蓝皮书
中国经济特区发展报告(2011)
著(编)者：钟 坚 2011年4月出版 / 估价：85.00元

深圳蓝皮书
深圳经济发展报告(2011)
著(编)者：乐 正 2011年3月出版 / 估价：59.00元

武汉蓝皮书
武汉经济社会发展报告(2011)
著(编)者：刘志辉 2011年4月出版 / 估价：49.00元

温州蓝皮书
2011年温州经济社会形势分析与预测
著(编)者：金 浩 王春光 2011年3月出版 / 估价：69.00元

扬州蓝皮书
扬州经济社会发展报告(2011)
著(编)者：董 雷 2011年3月出版 / 估价：59.00元

行业报告类

服务业蓝皮书
中国服务业发展报告No.9
著(编)者：荆林波 2011年12月出版 / 估价：59.00元

住房绿皮书
中国住房发展报告(2010～2011)
著(编)者：倪鹏飞 2011年11月出版 / 估价：69.00元

房地产蓝皮书
中国房地产发展报告No.8
著(编)者：潘家华 李景国 2011年5月出版 / 估价：55.00元

汽车蓝皮书
中国汽车产业发展报告(2011)
著(编)者：国务院发展研究中心产业经济研究部
中国汽车工程学会 大众汽车集团(中国)
2011年7月出版 / 估价：59.00元

商业蓝皮书
中国商业发展报告(2010～2011)
著(编)者：荆林波 2011年4月出版 / 估价：85.00元

会展经济蓝皮书
中国会展经济发展报告(2011)
著(编)者：王方华 过聚荣 2011年7月出版 / 估价：55.00元

旅游绿皮书
2011年中国旅游发展分析与预测
著(编)者：张广瑞 刘德谦 宋 瑞 2011年4月出版 / 估价：59.00元

中国旅游安全蓝皮书
(待定)
著(编)者：郑向敏 2011年7月出版 / 估价：59.00元

休闲绿皮书
2011年中国休闲发展报告
著(编)者：刘德谦 高舜礼 宋瑞 2011年5月出版 / 估价：69.00元

信息化蓝皮书
中国信息化形势分析与预测(2011)
著(编)者：周宏仁 2011年8月出版 / 估价：98.00元

电子政务蓝皮书
中国电子政务发展报告(2011)
著(编)者：王长胜 许晓平 2011年6月出版 / 估价：59.00元

电子商务服务业蓝皮书
中国电子商务服务业发展报告(2011)
著(编)者：荆林波 2011年3月出版 / 估价：49.00元

中国总部经济蓝皮书
中国总部经济发展报告(2010～2011)
著(编)者：赵 弘 2011年10月出版 / 估价：55.00元

金融蓝皮书
中国银行业风险管理报告(2011)
著(编)者：王 力 2011年4月出版 / 估价：59.00元

金融蓝皮书
中国商业银行竞争力报告(2011)
著(编)者：王松奇 2011年11月出版 / 估价：49.00元

金融蓝皮书
中国金融服务外包发展报告(2011)
著(编)者：王 力 2011年11月出版 / 估价：59.00元

金融中心蓝皮书
中国金融中心发展报告(2011)
著(编)者：王 力 2011年4月出版 / 估价：49.00元

商会蓝皮书
中国商会发展报告NO.3
著(编)者：黄孟复 2011年4月出版 / 估价：98.00元

中国商品市场蓝皮书
中国商品市场竞争力报告(2011)
著(编)者：商品市场竞争力报告课题组
2011年3月出版 / 估价：59.00元

资本市场蓝皮书
中国场外交易市场发展报告(2011)
著(编)者：高 峦 2011年12月出版 / 估价：69.00元

产权市场蓝皮书
中国产权市场发展报告(2010～2011)
著(编)者：曹和平 2011年10月出版 / 估价：59.00元

私募市场蓝皮书
中国私募股权市场发展报告(2011)
著(编)者：曹和平 2011年10月出版 / 估价：59.00元

中国农业竞争力蓝皮书
中国农业竞争力发展报告(2010～2011)
著(编)者：郑传芳 2011年8月出版 / 估价：89.00元

中国林业竞争力蓝皮书
中国省域林业竞争力发展报告(2010～2011)
著(编)者：郑传芳 2011年9月出版 / 估价：89.00元

珠三角流通业蓝皮书
珠三角流通业发展报告(2010～2011)
著(编)者：王先庆 2011年6月出版 / 估价：59.00元

食品药品蓝皮书
食品药品安全与监管政策研究报告(2011)
著(编)者：唐民皓 2011年5月出版 / 估价：69.00元

餐饮产业蓝皮书
中国餐饮产业发展报告(2011)
著(编)者：杨 柳 2011年5月出版 / 估价：59.00元

交通运输蓝皮书
中国交通运输业发展报告(2011)
著(编)者：民生银行交通金融事业部课题组
2011年5月出版 / 估价：59.00元

体育蓝皮书
中国体育产业发展报告(2011)
著(编)者：江和平 张海潮 2011年12月出版 / 估价：69.00元

茶叶产业蓝皮书
中国茶叶产业研究报告(2011)
著(编)者：荆林波 2011年3月出版 / 估价：59.00元

茶业蓝皮书
中国茶产业研究报告(2011)
著(编)者：杨江帆 2011年11月出版 / 估价：49.00元

能源蓝皮书
中国能源发展报告(2011)
著（编）者：崔民选 2011年3月出版 / 估价：80.00元

煤炭蓝皮书
中国煤炭工业发展报告(2011)
著（编）者：岳福斌 2011年11月出版 / 估价：50.00元

测绘蓝皮书
中国测绘发展研究报告(2011)
著(编)者：徐德明 2011年12月出版 / 估价：58.00元

产业安全蓝皮书
中国产业安全报告(2011)
著(编)者：张国祚 2011年4月出版 / 估价：59.00元

广州蓝皮书
中国广州创意产业发展报告(2011)
著(编)者：卢一先 范 旭 等 2011年9月出版 / 估价：49.00元

广州蓝皮书
中国广州科技发展报告(2011)
著(编)者：李江涛 谢学宁 2011年12月出版 / 估价：49.00元

广州蓝皮书
中国广州汽车产业发展报告(2011)
著(编)者：李江涛 朱名宏 2011年9月出版 / 估价：49.00元

深圳蓝皮书
深圳与香港文化创意产业发展报告(2011)
著(编)者：乐 正 2011年5月出版 / 估价：55.00元

国际问题类

世界经济黄皮书
2011年世界经济形势分析与预测
著(编)者：王洛林 张宇燕 2010年12月出版 / 估价：49.00元

国际形势黄皮书
2011年全球政治与安全报告
著(编)者：李慎明 张宇燕 2010年12月出版 / 估价：49.00元

世界社会主义黄皮书
世界社会主义跟踪研究报告(2010～2011)
著(编)者：李慎明 2011年3月出版 / 估价：49.00元

拉美黄皮书
拉丁美洲和加勒比发展报告(2010～2011))
著(编)者：苏振兴 2011年3月出版 / 估价：69.00元

中东非洲黄皮书
中东非洲发展报告NO.13(2010～2011)
著(编)者：杨 光 2011年3月出版 / 估价：49.00元

俄罗斯东欧中亚黄皮书
俄罗斯东欧中亚国家发展报告(2011)
著(编)者：吴恩远 2011年3月出版 / 估价：59.00元

上海合作组织黄皮书
上海合作组织发展报告(2011)
著(编)者：吴恩远 2011年6月出版 / 估价：49.00元

欧洲蓝皮书
2011年欧洲发展报告
著(编)者：周 弘 2011年3月出版 / 估价：49.00元

亚太蓝皮书
2011年亚太地区发展报告
著(编)者：李向阳 2011年1月出版 / 估价：69.00元

新兴经济体蓝皮书
金砖四国经济社会发展报告（2011）
著（编）者：林跃勤 2011年4月出版 / 估价：49.00元

美国蓝皮书
美国发展报告(2011)
著(编)者：黄 平 2011年3月出版 / 估价：79.00元

德国蓝皮书
德国发展报告(2011)
著(编)者：李乐曾 2011年3月出版 / 估价：49.00元

日本蓝皮书
日本发展报告(2011)
著(编)者：李 薇 2011年3月出版 / 估价：69.00元

日本经济蓝皮书
日本经济与中日经贸关系发展报告(2011)
著(编)者：王洛林 2011年3月出版 / 估价：69.00元

韩国蓝皮书
韩国发展报告(2011)
著(编)者：牛林杰 2011年3月出版 / 估价：59.00元

越南蓝皮书
越南国情报告(2011)
著(编)者：古小松 2011年5月出版 / 估价：49.00元

注：2010年起，每册皮书将附赠100元的皮书数据库阅读卡。

财富，通过利用B、C城市的要素环境及其与B、C城市的产业合作，形成A城市开放的要素环境体系，培育开放的产业体系，创造A城市的价值体系，形成A城市的城市竞争力；A城市的价值体系、产业体系也是在全球竞争中，反过来影响自身的要素系统。B、C城市亦如此。事实上，在全球化背景下，每一个城市都是在与全球其他城市进行要素环境和产业的竞争和合作中，要素环境系统、产业体系、价值体系三者相互作用，形成城市竞争力。

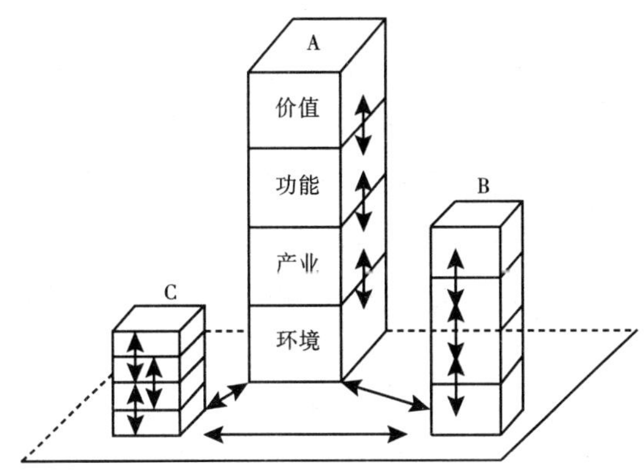

图3－4　城市竞争力决定机制

城市竞争导致资源、要素在城市间遵循主体利益最大化的原则而流动和配置，经济体系趋向包括城市空间均衡在内的一般均衡态势。但是，由于城市之间的要素与环境以及主体素质的不断变化，导致资源、要素与产业在空间上不断的重新配置，原有一般均衡的进程常常被打断，进而趋向新的均衡。全球城市的竞争力就在这种此消彼长的变化格局中不断地变化和演化着。

（二）城市竞争力产出与测度指标

一个城市，不管它的要素环境如何，不管它的产业特征如何，也不管城市经济主体从事什么样的活动，最终都是在利用要素环境生产产品和提供服务，为城市创造价值收益。城市的收益可以从不同角度得以反映，从宏观综合的角度看，城市收益构成是指城市货币收益（表现为资金、商品和劳务等）和非货币收益（城市声誉、地位、形象、城市自然环境质量等）构成。城市GDP反映城市可用货币表现的收益状况，它是城市收益最重要的表现，也是城市非货币化收益的基础和重要来源，对城市的绩效具有决定性的作用。没有充分的 GDP 增长，城市充分就业、教育、健康、娱乐甚至城市形象、居民人权都不可能得到相应的改善。城市的许多非货币表现的收益往往是 GDP 即货币收益的转化形式。当然，在考虑 GDP 及其增长对收益状况带来改善时，还必须考虑成本的投入。当增长带来的拥挤、污染、存货增加，甚至造成福利损失大于收益，单纯 GDP 增长反而导致净收益的下降，此时，GDP 及其增长对城市收益贡献为负，GDP 及其增长带来的收益减去 GDP 及其增长带来的损失等于 GDP 及其增长率带来的净损失。

从微观上看，城市收益是城市各种行为主体收益的集合。首先，城市是人口的聚集。城市收益状况可以主要通过城镇居民的收益状况反映出来。微观经济学有个基本假定，经济人追求最大化效用即收益的最大化。收益来源可以是市场上的商品、劳务等货币表现的因素，也可以是声望收益（尊严）、闲暇、新鲜空气、清洁的环境等其他一些非货币表现的因素。经济人收益是由这些货币和非货币因素组合而成的。虽然从理论上说，城市收益状况是城市居民收益状况的集合是完美的，但在现实中没有唯一的解，当然，无论如何居民收益状况构成城市收益的微观基础。其次，城市也是产业的聚集，城市所有企业即产业发展和竞争的收益集合应该构成城市经济收益的主要部分。但是，产业收益没有完全包含城市的天然收益；而当产业呈非优化的成长时，城市天然固有和再生成收益可能遭致损失；产业收益也未能包括某些非货币化的收益。

城市经济收益是个看似简单、实难准确把握的问题。城市收益状况是个多维综合概念，包括城市的收益构成、收益规模、收益效率、收益增长率和增长可持续性。

根据城市竞争力的定义可知，城市竞争力（UC）是城市更多、更快、更好、更省、可持续地创造财富的能力，从产出的角度测度竞争力，有如下框架：

$$UC = F(ES, EG, EE, IP, DC, LI, GNH)$$

经济规模（ES）是竞争力的重要表现，经济规模主要是通过单位产品成本降低来提高市场竞争力。在现有的统计制度下，城市价值的 GDP 是比较好的一个表达，因为它反映的是最终产品的增加值。GDP 规模是以货币计算的城市的产品和服务的增加值的总和，但是没有反映非货币的价值。

经济增长（EG）是一个城市可持续竞争力的重要表现。GDP 增长率反映城市规模的增长，一定程度上反映城市发展的动态变化和未来趋势。但短期增长易受偶然因素影响，波动较大。世界经济论坛（1999）将人均 GDP 长期的增长率作为衡量竞争力的国家的关键指标。本报告使用五年的平均增长率。需要指出的是，由于受到资源、要素和环境的约束，经济增长需要保持在一个合理的水平上，单纯城市经济增长加快，不一定带来竞争力同比快速提升。

经济效率（EE）是城市竞争和发展的基础。由于劳动生产率是一个容易歪曲的概念，当经济衰退、失业增加时，生产率往往是上升的，考虑就业规模和劳动效率，人均 GDP 是生产率较好的指标。人均 GDP 是一个城市或区域发展水平的重要表现指标，也是城市生产效率的关键指标；经济竞争力的动态变化，很大程度上来自于聚集所导致的外部经济和累积因果，GDP 的增长较多反映过去的变化，而将 GDP 增长和由于聚集而导致经济密度结合起来，可以较好地反映城市未来的动态趋势。另外，经济密度也是一个重要的效率指标，反映单位土地面积上所创造和聚集的财富数量。世界银行（2009）在讨论城市与区域的经济绩效时，使用了地均 GDP 指标。

产业层次（IP）是城市经济竞争力的结构表现，主要是指产业体系和产业环节的技术含量和知识水平。主要表现为高端制造业和高端服务业的比重，是城市竞争力的重要表现指标。

发展成本（DC）是城市竞争力的逆向表现，如果经济发展以牺牲更多的环境为代价，这种发展的绩效就会打折扣，在考虑 GDP 及其增长速度对收益状况带来的改善时，还必须考虑成本。

收入水平（LI）是城市竞争力的结果表现。收益产出最终有多少最终转化为居民的物质福利。人均可支配收入表现了居民的私人收入；人均财政收入可以在一定程度上反映居民的公共福利收入，收入水平可以部分反映城市居民的生活水平状况。

幸福感指数（GNH）是非货币表现的综合的价值收益，反映出居民对生活与工作、家庭与社会、当前与未来等诸多方面的快乐和满意程度。

就业水平是城市经济的重要宏观经济绩效指标，不仅反映资源充分利用程度，而且反映居民收益和福利状况。

根据以上产出分析，我们设计了一套城市竞争力的产出指标体系（见附录）。

3. 城市竞争力投入与指标

根据城市竞争力决定机制的分析，从投入的角度，可以将影响城市竞争力的要素与环境，分成软件和硬件两个方面，而软件和硬件方面又分别由若干方面构成。城市竞争力的投入框架：

$$UC = F(S,H) = F(HC,FC,ST,CL,ES,I,EE,BC,ES,GM,BM,OW)$$

城市竞争力（UC）的复杂子系统可以概括成两类，即硬件竞争力（H）和软件竞争力（S），而其中硬件竞争力和软件竞争力又由一些具体的分力构成。当然，这些分力又是兼容和交叉的。其中，硬件竞争力包括：人力资本竞争力（HC）、金融资本竞争力（FC）、科学技术竞争力（ST）、综合区位竞争力（CL）、经济结构竞争力（ES）、基础设施竞争力（I）、生态环境竞争力（EE）；软件竞争力包括：商业文化竞争力（BC）、经济制度竞争力（ES）、政府管理竞争力（GM）、企业管理竞争力（BM）、对外开放竞争力（OW）。

这些硬件竞争力、软件竞争力的性质特点不同，作用方式不同。所处的位置不同，用力的方位不同，对城市竞争力的贡献也不同。因而，城市竞争力非线性的系统各要素之间，系统要素与整个系统之间不仅相互作用而且存在正向反馈的倍增效应，或负向反馈的饱和效应。硬要素可比作弓，软要素可比作弦，城市产业比作箭，它们相互作用，形成城市竞争力。这些分力虽然作用不等，但都不可缺少，它们数量、质量状况及组合直接城市竞争力状况，影响城市企业价值收益的形成。任何一个要素分力出现问题，形成薄弱环节，都可能影响综合竞争能力的形成。

1. 人力资本竞争力

人力资本是指考虑了标准工作时间和工作态度的城市劳动力（包括管理经营者）的数量、质量、潜力、可得性和成本。人力资本依据掌握技术的程度可分为非熟练劳动力、熟练劳动力、高级技术和管理人员、科研人员等。

城市人力资本的规模及变动影响城市企业财富创造。城市的人口、从业人员为城市企业财富创造提供了生产和消费基础。一个城市，人力资本投入越大，在其他条件充分的情况下，城市产业规模就越大，产业综合规模变动快，城市价值体大且扩大快。

高质量的人力资源及投入可以使城市产业获得资源和产品的竞争优势。一方

面，通过非价格竞争，城市企业可占领更多的市场；另一方面，高质量的劳动力资源投入为产业技术创新提供了可能。一旦技术发明和技术创新得以产业化，形成新产品，城市产业将可以通过垄断产品的价格获得产业革新资金。但高级的人力资本优势也是变化的。

人力资本需求包括消费需求和投资需求。不同城市的居民需求欲望、需求结构及变动是不同的，它影响和牵引着城市资源的配置流动，从而影响着城市产业的发展。

人力资源的配置影响城市价值的创造。城市就业人口过多，特别是低技术劳动力过剩，不仅不能促进城市的发展，而且会加大城市发展的成本。同样，人力资源的短缺，特别是熟练工人、高级人才的短缺，将限制高附加值产业的扩张和产业结构的不断提升。

城市人力资源的潜力包括城市劳动力将来的数量和素质，决定城市价值体系的变动，影响城市价值体系的未来状况，因而是城市竞争潜力的重要构成部分。而城市人力资源的潜力决定于教育，教育的规模、质量、教育体系的健全性决定城市的人才潜力。

2. 金融资本竞争力

资本竞争力表现为城市拥有、控制或可利用的金融资本的数量、便利性、成本以及城市金融产业发展状况等。资本作为直接生产要素参与价值创造，资本竞争力与城市企业价值收益呈指数增长变化。

金融资本及利用的规模决定城市产业规模，资本及其所具有的对其他生产要素的替代性也决定了如果城市的资本规模大，则相应的城市产业规模大。在资本富集的城市，资本密集型产业具有比较优势，发展资本密集型产业，形成资本比较优势，使其城市产品成本低廉，市场占有率扩大，有利于该城市价值体的扩大。

资本活力或金融资本的流动性决定资本的使用效率。如果城市资本增长快、流动性强，则一方面可以增加城市资金的供给规模，另一方面可以降低资本的使用成本。

资本是基本的生产要素，其成本极大地影响城市的生产成本。资本获得便利性决定城市产业规模扩张的限度，决定潜在的生产要素组合起来变成现实的生产力状况。

3. 科学技术竞争力

科技竞争力包括科技实力、科技创新能力、科技转化能力等方面。城市科技实力集中体现在科研院所的科研设备、科研人员的质量和数量，同时还决定于城市的科技投入量。科学技术和知识资源通过两种方式参与生产过程，第一，通过附着和渗透到劳动力和生产设施、基础设施和生活环境中参与生产过程；第二，通过直接的知识信息投入参与生产过程，最终生产出知识产品和非知识产品。科学技术知识具有生产要素特性。知识的生产具有边际递增效应，这就决定具有知识优势的城市具有技术创新优势。

科技创新力对城市企业价值收益有决定性影响。科技开发、创新和科技在城市生产中的广泛应用，一方面使生产要素的使用得以改善，使企业生产技术、工艺水平得以提高，从而使劳动生产率得以提高，产品成本得以节约；另一方面，科技应用可以使城市企业获得具有垄断优势的资源和产品，从而使城市获得更多的工业租金，同时也扩大了城市产业产品的市场占有率。科技应用还可以通过产品质量的改善来扩大市场占有率。由以上分析可知，科技创新对城市价值体系的规模、构成和变动具有全面而重要的影响。

科技成果转化直接对城市企业价值收益作贡献。科技力对城市企业创富的作用主要表现在科研产品的应用，科研实力不等于科技产品，科技产品也不等于直接的商品，只有实现产业化，科研实力才能对城市价值体系产生实际影响。

4. 经济结构竞争力

城市结构是指城市的各要素的构成比例、组合方式。城市结构包括许多内容，城市经济结构、结构转换、经济体系的灵活性、经济体系的健全性、产业集群等。

城市产业结构决定城市价值体系的状况。城市产业的技术构成是指城市各产业的技术含量和城市产业构成中技术密集型产业所占的比例。一般情况下，产业的技术、资金含量高，则城市产品的附加值高，城市产业技术、资金构成与城市产业价值体系正相关。所以，产业的城市整体技术水平，城市技术密集型、资金密集型产业的比例，决定城市产业的价值体系状况。

经济结构转化速度影响竞争力的提升速度。高级产业结构比低级产业结构能创造更高的附加值。非农业产值占 GDP 比重增长率、服务业产值占 GDP 比重增长率提升加快，反映城市工业化和服务化水平提升加快。城市将因此创造更多的

社会财富。城市消费结构高级化将加快牵引城市产业高级化。城市化增长将使城市社会经济结构发生质的飞跃。

城市经济体系的灵活适应能力影响城市的竞争力。当社会经济发展到一定水平之后，人们的需求结构会随之发生显著的变化，并且需求变化的方向是由需求弹性小、附加值小的产业向需求弹性大、高附加值的产业转移，城市的产业结构与市场需求结构保持一致，将使城市产业的总体附加值不断提高。同样，城市与企业之间、企业与政府之间保持灵活与相互适应的关系，有利于企业适应市场的变化，保持其生机和活力，促进城市产业的发展。

经济体系是个有机体，是内部诸要素彼此相连、相互依存、健全的经济体系，尤其是服务体系的健全是城市产业健康发展、创造社会财富的基本条件。因此，经济体系的健全程度是城市竞争力的重要影响因素。

城市产业聚集从多方面影响城市产业的生产和交易成本，进而影响城市的价值收益状况。聚集不仅可以节省企业的运输成本和库存成本，企业还能享受供应商提供的辅助服务。城市内企业地理邻近，容易建立信誉机制和相互信任关系，因而可以大大减少机会主义行为。在一个环境快速变化的动态竞争环境里，城市内企业之间保持一种充满活力的、灵活的非正式关系，比远距离企业联盟安排将更加具有效率。

5. 基础设施竞争力

城市基础设施是以物质形态为特征的城市基础结构系统，市内外基本基础设施、社会基础设施、技术性基础设施是构成城市基础设施的主体。

城市基础设施的容量大小决定该城市的产业规模。良好的城市基础设施，构成完整的生产服务体系，将为城市产业提供充足适宜的载体和良好的环境。有利于产业的良好增长和市民福利的提升。

高级、先进、创新性的基本基础设施，立体化的运输系统，一体化的先进的通信网络，全球高密度的信息传输系统，不仅可以生产、运输、节约交易费用和降低城市产品的相对单位成本，而且可以为城市高技术产业、知识产业（如全球金融管理中心、信息、计算机等产业）成长创造条件。

城市社会性基础设施状况影响城市居民的生活水平和福利所得。完善的特别是先进的技术性基础设施，能为整个城市居民提供企业以外的超额的直接货币和非货币的收益价值，同时也吸引了该城市域外的居民，特别是高质量人力资源向城市聚集，从而为产业规模的扩大和城市产业的高附加值转化创造了条件。

6. 综合区位竞争力

城市综合区位主要包括自然区位、自然资源、经济、政治、科技区位等，这些方面对城市价值体形成的作用状况不同。

作为城市非流动性要素，自然资源相对丰裕度影响产品成本的高低。如果城市拥有或接近的某些资源比较丰富，其资源价格就会比较低，生产要大量使用这种资源的产品成本就会比较低。但是，某一城市拥有或接近某些丰富的自然资源，并不等于该城市的价值收益状况就好，城市自然资源禀赋与城市竞争力的关系是复杂和非线性的。

城市自然区位是指城市是处于内陆，还是沿海、傍山、临河；是地处平原，还是山地；是交通中心，还是边缘地区。如果一个城市拥有和其他城市相比较更具优势、更便利和更通达的区位，那么这个城市的企业可以降低交易、生产要素运输、产品运输、信息的获得等费用。

城市经济区位的一个重要方面是城市的市场条件。城市处于较大的市场规模之内，大的需求要大的供给与之相适应，从而有利于该城市企业扩大生产规模，也有利于该城市更多新企业的产生。由于有了就近的基本市场，生产者不仅可以节省运输费用，而且可及时了解市场需求信息，调节生产供给，及时实现产品的价值。城市市场挑剔程度的提高将促进产品质量的提高、产品竞争力的提高、产品市场占有率的扩大和城市价值体的扩大。

城市的行政区位对城市价值体的作用在于：不同行政级别的城市控制、配置资源的能力不同，因而对城市产业的增长和产业价值的贡献不同。高级行政级别的城市将有更多的行政人口和更大、更好的基础设施。

7. 生态环境竞争力

城市环境是城市区域内与居民生产、生活密切相关的一些外界因素，分为自然环境和社会人工环境。环境力是城市竞争力的重要构成力量。

城市的自然环境状况主要包括城市气候条件、空气、水源、森林、花草状况，江河湖海、山脉及自然景观状况。自然环境作为固有的资源，一方面可以直接为城市居民所享用，构成城市收益的一项重要内容；另一方面为城市的旅游、高科技特殊产业创造了稀缺的环境和条件，旅游、高科技产业的高附加值快速增长，将使城市产业价值体系快速扩张。优美的自然环境是城市竞争力量的重要

源泉。

社会人工环境是指经过人工改造的自然环境，包括名胜古迹、公园风景区、绿地等。和自然环境一样，社会人工环境一方面可以直接为城市居民所享用，构成城市收益的一项重要内容，另一方面将对城市产业发展和产业价值体系状况有重要的积极影响。

城市环境质量对城市产业价值体系的状况也将产生直接的影响。城市环境质量差，污染严重，将对城市企业的生产要素资源造成侵损或破坏，导致企业直接的价值损失，影响企业价值创造活动的进行，也影响产品的质量，从而将削弱城市产品的竞争力，降低产品的产销量。

城市环境舒适度影响人力资本特别是高质量人力资本的聚集，进而对高新技术产业聚集具有重要作用。而城市自然灾害发生频繁程度直接影响城市的发展成本。

8. 商业文化竞争力

文化是一种非正式的制度，城市的特有精神文化作为一种无形的、内在的要素资源，是城市竞争力的重要来源，它对城市价值体系的状况及其变化有着重要影响。

价值取向影响城市的资源配置。城市商业气氛浓郁，社会看重商人在商业上取得的成功，将使居民更倾向于把从商发展实业作为自己的职业选择，从而把自己的聪明才智及人力资本配置到发展商业上面去，其个人人力资本积累也趋向于专门化的技术。资源向实际产业的倾斜，将使得城市创造价值的产业规模增大。一个城市在价值观念中赚钱意识浓、追求发财的风俗浓，能对居民形成强烈的创业激励，能使居民产生强大的创业动力。相反，“官本位”、“轻商”的风气，抑制了资源向实际产业部门的流动，不利于产业的发展和产业价值的创造。

创业动力是竞争力中的最根本力量，创业动力对价值创造的最直接影响是它极大地提高了劳动者的劳动积极性，从而提高了劳动的生产效率。城市积极的价值取向影响劳动者的创业冲动，因而也影响城市产业规模、生产规模和企业创新、劳动效率、生产成本、工业租金，从而影响城市总价值体系的状况。

城市居民道德操守良好，能对居民行为产生有效的自我约束和自我激励。这种无成本的约束和激励，一方面，会激发居民的工作热情，坚定其实现行动目标的决心，使其努力创业，建立更多更高附加值的企业，生产数量更多、质量更好的产品；另一方面，自我约束能减少居民在生产和交易中的偷懒、机会主义（坑蒙拐骗、制假售假、欺行霸市等行为）和搭便车行为，从而大大降低生产和交易费用。

标新立异、开放宽容、无拘无束、充分交流的创新氛围，有助于创新思想的形成，有利于创新产业的发展。而创业者敢于冒风险、勇于进取、不怕困难、百折不挠，将有利于新企业、特别是高新技术企业和产业的创立和发展，有利于城市创造更高的产业价值。硅谷成功的关键因素就在于其特殊的社会意识和精神文化。

9. 经济制度竞争力

正式的制度是由法律、法规、政策等确定的规范人们行为的规则，是人们可以进行选择和改变的内生变量。

产权保护和微观经济主体的自由性制度影响居民的创业行为。有效的制度设计，通过保证劳动与所得对称，通过有力保障居民的人身和财产安全，激励和约束经济行为主体的创业行为，刺激居民的投资冲动，激励居民的工作热情，克服偷懒，减少机会主义行为，提高劳动者的劳动效率，降低生产成本，从而促进城市产业的扩张。

市场制度影响城市生产要素的配置和流动。充分灵活的企业制度，高度自由的市场制度，积极适宜的政府调控制度，能保证资源根据利润的驱使，充分自由地流动，合理高效地配置。这不仅使生产交易费用大大降低，更有助于创新思想转化成创新产品，有利于创新产业的形成和传统产业向高附加值产业的转移和调整，从而有利于城市价值体的扩大和持续增长。

政府管制制度影响经济运行的绩效。政府最简练透明的审批、最适当的价格管制和行业准入制度，有效的生产、交易、运输等秩序的监管制度，最快捷的服务制度，不仅能降低企业的创业成本，促进竞争，提高效率，还能净化经济环境，保持经济运行的有序性。

法制健全和制度创新影响城市价值体系的变动。地方法规条例的健全和连续，是经济健康和平稳运行的前提，它同时影响城市对域外生产要素和产业的吸引。完善的制度创新是制度对城市发展和竞争的一种适应性反应，是指为促进城市竞争和发展而对制度进行创造发明、推陈出新。因此，制度创新一般能维持或

扩张城市的价值体系。

10. 政府管理竞争力

政府管理是指城市对其社会、经济和市政活动进行规划、协调、监控和服务的行为。

城市战略的规划和实施影响城市潜在优势的实现和新优势的形成。一个城市如果制定并实施利用现有优势和创造新优势相结合的战略，即一方面发展现阶段具有比较优势的产业，另一方面注意和不断积累资金、开发技术和变革制度，生成新的技术、制度资源和资金优势。城市持续同类型投资的产业发展战略，将导致产业规模和产业技术水平的持续提高，带来产业的创新，城市价值体系有可能得以持续扩大。

政府的财政能力是城市政府进行城市管理的资金基础。它决定政府公共物品和服务供给的规模和质量，充裕的财力可使政府为城市提供一系列大规模高质量的基础设施、科技教育等公共产品，不仅使企业获得良好的发展条件和环境，而且可以大大降低企业的生产和交易费用，提升企业的竞争力，进而提升城市的竞争力，因此，财政能力是政府管理竞争力的基本内容。

政府执法和服务水平影响企业价值创造。政府办事高效、廉洁自律、公正执法，城市社会生活和企业生产顺利进行有助于企业降低交易成本。政府对整个城市的宏观事务组织得力，协调有效，则有利于本市企业提高外部收益，降低外部成本，提高其产业竞争力。

政府营销能力对城市竞争力的提升具有重要影响。政府决定城市对生产要素的吸引力，影响城市产业的聚集。城市和市长的知名度及魅力，政府管理人员的实际管理水平，政府信誉和廉洁程度，将影响对域外企业和商旅人员的吸引力。

市民对政府满意度、市民的社会保障、城市的安全和稳定性，将决定城市政府的社会凝聚力大小，进而影响城市竞争力的提升。

政府执行政策的灵活性，政府对外交往、学习的频繁程度，政府开拓创新的能力，影响城市商业环境的改善，影响企业经营成本的节约，也影响企业对创富机会的把握，因而影响城市的价值创造。

11. 企业管理竞争力

企业管理是企业对其生产经营活动进行的规划、组织、协调、监督、控制行为。现代经济的高度专业化分工，有效的管理是要素最优化配置和最优化利用的

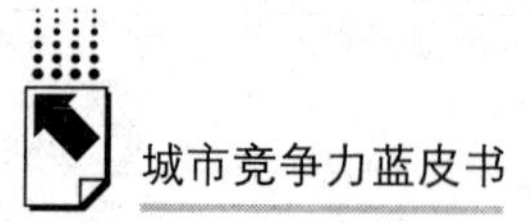

重要保证。企业管理的竞争力状况决定着企业最优目标的实现，决定着企业价值的创造。

企业管理制度的应用水平影响城市企业的整体运行效率。过程管理在城市企业中的应用，意味着城市企业实施有效管理的深度和广度。城市企业管理的标准化和规范化程度，决定着城市企业管理质量的高低。

企业管理手段、技术和经验影响其管理效果。信息化、电子化的管理手段，不仅可以大大节约管理成本，而且可以大大提高管理的有效性。企业管理的核心是人，企业管理者的素质，管理人员的国际经验和称职水平，影响企业生产、经营、决策、激励和监督的方方面面。

企业的激励约束的有效性即：公司决策执行有效性、公司雇员的积极性、雇主和雇员目标一致性，它们是企业管理的中间环节，是企业管理制度和技术作用的结果，又对企业的经济绩效产生进一步的影响。企业产品和服务质量是企业生产和营销管理的结果或表现，同时也对企业的经济绩效产生影响。而企业经济效益是企业综合管理的最终结果和管理绩效的客观体现。

12. 对外开放竞争力

开放是城市系统的基本特征，具有制度的属性。城市开放体现在多方面，包括经济、社会、文化的开放，包括对国内、国际以及本市的开放。

经济国际化和区域一体化程度决定生产要素合理流动和合理配置的程度。城市开放程度高，生产要素、产品的流动性高，城市企业能根据利润最大化原则广泛有效引进、利用和输出，并迅速合理配置生产要素。有效地降低生产成本和交易成本，提高产品竞争力。开放商品市场，可使城市居民获得价廉物美的消费品，提高其福利水平。

城市处于开放之中，城市经济主体面临着来自域外竞争的巨大压力，迫使城市内经济主体扩大产业投入，努力工作，积极创新。

通过城市与其域外的交流和合作，城市经济行为主体可通过外溢效应有效地了解、引进、吸收城外的知识、技术、技能、制度、文化、战略管理，并实现人力资本积累方式、知识、技术管理和制度创新与观念的转变。创造新资源，培养新优势，不仅可扩大原有产业规模，提高其产业层次，而且可发展高技术和高附加值创新产业。

不同地域文化和思想的碰撞，有利于创新和创新文化氛围的形成。经济主体

的接近及交流，使他们相互间的影响（包括竞争和合作）加强，创业的积极性将得到相互激励，一个人、一个企业的创业或创新行动，将引致一群人或一群企业的模仿和超越，进而激励引致更大规模的创新和超越。

本报告根据上述城市竞争力的投入框架设计了城市竞争力的投入指标体系（见附录）。理论上，城市竞争力投入框架和产出框架计算得出的结果应该相同，但是由于统计数据等方面的原因，现实中两者不完全吻合相等。

二　数据与研究方法

（一）城市样本

1. 城市综合竞争力样本

城市综合竞争力即城市竞争力产出测度，样本城市包括中国 34 个省、直辖市、自治区和特别行政区的 294 个城市，具体为内地 286 个地级（除拉萨外）以上城市和香港、澳门、台北、高雄、基隆、新竹、台中、台南。

2. 城市分项竞争力样本

城市分项竞争力即城市竞争力投入测度，样本城市总共 51 个城市，包括香港、深圳、上海、北京、广州、青岛、天津、苏州、杭州、澳门、大连、无锡、佛山、厦门、沈阳、东莞、长沙、南京、武汉、成都、济南、合肥、中山、珠海、常州、烟台、福州、南昌、郑州、南通、长春、呼和浩特、温州、威海、西安、重庆、石家庄、绍兴、扬州、昆明、泉州、徐州、太原、惠州、台州、南宁、嘉兴、唐山、柳州、潍坊、海口。

（二）数据来源

1. 城市综合竞争力样本数据

产出指标体系的指标除幸福感外，全部为客观指标，数据均来自国家统计局和港澳台地区的统计部门，2010 年度排名主要应用 2009 年的数据，同时部分指标涉及 2004 ~ 2009 年数据。居民幸福感来自 2010 年的问卷调查数据，调查样本和方法见第 4 章有关内容。

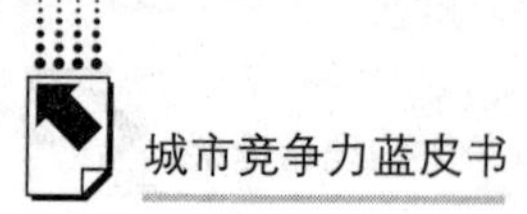

2. 城市综合竞争力样本数据

投入指标体系的指标有三类，分别为：客观指标，问卷指标和专家打分指标，其数据分别来自国家相关统计部门，样本城市的问卷结果和城市竞争力课题组专家的打分结果。

根据本报告所采用弓弦箭模型框架及在此基础上形成的城市竞争力指标体系，分别对不能直接获取的数据或指标设计问卷，本次问卷每套两份，共 107 个问题。按其主要特征分解为涉及构成城市竞争力的十二大领域。每个问题按其实现的程度、水平或受调查者的满意度，分解为 4～5 个档次供调查对象选择。为此，报告也不断借鉴国际上成熟的经验，坚持遵循规范的问卷调查规则，改进利用科学的数学方法，通过计算机编程对问卷结果数据信息反复进行量化、变换、抽分和提炼，去伪存真，变无序为有序。

专家打分指标数量有限，主要方法是，根据指标相关的资料所反映的情况，进行对比后，然后以满分为 10 分的办法，进行简单的量化打分。

（三）测度方法

1. 标准化方法

由于城市竞争力各项指标数据的量纲不同，因此，要对这些指标进行综合集成，所有指标数据都必须进行无量纲化处理。客观指标分为单一客观指标和综合客观指标。对于单一性客观指标原始数据无量纲化处理，本文主要采取标准化、指数化和阀值法三个方法。

标准化计算公式为：$X_i = \frac{(x_i - \bar{x})}{Q^2}$，$x_i$ 为原始数据，$\bar{x}$ 为平均值，Q^2 为方差，X_i 为标准化后数据。

指数法的计算公式为：$X_i = \frac{x_i}{x_{oi}}$，x_i 为原始值，x_{oi}为最大值，X_i 为指数。

阀值法的计算公式为：$X_i = \frac{(x_i - x_{\mathrm{Min}})}{(x_{\mathrm{Max}} - x_{\mathrm{Min}})}$，$X_i$ 为转换后的值，x_{Max}为最大样本值，x_{Min}为最小样本值，x_i 为原始值。

综合客观指标原始数据的无量纲化处理是：先对构成中的各单个指标进行量化处理，然后再用等权法加权求得综合的指标值。

2. 城市竞争力产出指数：综合竞争力的计算方法

2002～2005年产出竞争力各项指标综合成综合竞争力的方法也不相同，非线性加权综合法。所谓非线性加权综合法（或“乘法”合成法）是指应用非线性模型 $g=\prod x_j^{w_j}$ 来进行综合评价的。w_i 式中为权重系数，$x_i\geqslant 1$。对于非线性模型来说，在计算城市综合竞争力的6项产出指标中，只要有一个指标值非常小，那么综合竞争力值将迅速接近于零。换言之，这种评价模型对取值较小的指标反应灵敏，对取值较大的指标反应迟钝。运用非线性加权综合法进行城市竞争力计量，能够更全面、科学的反映综合指标值。

3. 城市竞争力的投入指数：分项竞争力的计算方法

尽管报告设计的投入城市竞争力的指标为三级指标，实际上包括原始指标在内，投入城市竞争力的指标为四级，而在四级指标合成三级指标时，一般采用先标准化再等权相加的办法，标准化方法如前所述。而三级指标合成二级指标，二级指标合成一级指标，一级指标最后合成城市综合竞争力主要采用了方差加权法。其公式为：

$$Z_{i.l}=\sum_{i.l}k_{i.l.j}z_{i.l.j}$$

其中，$Z_{i.l}$表示各二级指标，$k_{i.l.j}$表示各三级指标方差，$z_{i.l.j}$表示各三级指标。

$$Z_i=\sum_i b_{i.l}z_{i.l}$$

其中，Z_i 表示各一级指标，$b_{i.l}$表示各二级指标方差，$z_{i.l}$表示各二级指标。

$$Z=\sum a_i z_i$$

其中，Z 表示投入竞争力加总的城市竞争力，a_i 表示各一级指标方差，z_i 表示各一级指标。

4. 竞争力基尼系数计算方法

报告借鉴基尼系数的思想，设计出了竞争力基尼系数，以此来衡量城市各指标之间的竞争力差异程度。基尼系数最大为“1”，最小等于“0”，竞争力基尼系数越大则城市之间的差异越大。具体的计算公式为：

$$1-2/(n-1)\times \mathrm{sum}[\mathrm{v\_i}\times(\mathrm{r\_i}-1),\mathrm{i}=1,\cdots,n]/\mathrm{sum}(\mathrm{v\_i},\mathrm{i}=1,\cdots,n)$$

其中 n 为城市个数，v_i 为各城市指标值，而 r_i 为相应的排名。

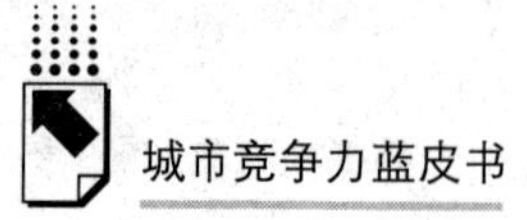

5. 城市分类竞争力指数

报告将城市分别按照区域、省份、城市规模和发展阶段进行了归类，各类别中某一类型的竞争指数是对该类别所有城市该项指标的竞争力指数求平均。比如区域分类中，东南地区的区域增长竞争力指数是对东南地区所有55个城市的增长竞争力指数求平均。

B.4

第四章

我们的城市幸福吗?

——中国城市居民幸福感调查

一 引言

"幸福"、"幸福感"、"幸福指数"等类似的关键词在当前成为热点，社会各界对此讨论热烈。很多地方在其政府报告和"十二五"规划中都提及了"幸福指数"，全国层面"十二五"规划中明确提出建立综合发展评价体系，刚刚结束的"两会"更是将"幸福论"推向高潮，认为这是"以人为本"、"全面协调"、"科学发展"、"和谐社会"等观念的再次融合和表达。这实际上是中国逐步由中低收入国家向中等收入国家过渡的必经阶段，是向社会和谐发展目标的进一步跨越。总体上，以"幸福"为中心的政治舆论导向已经形成，同时，不少人呼吁构建科学合理的"幸福指数"作为政绩考核内容。这就更进一步彰显了这一热点问题的实践意义——这是一个很可能很快进入下一步经济发展实践，甚至某些地区已经进入实践的问题。在一片"追求幸福"的呼声背景下，我们不禁要问，我们的城市居民幸福吗?

有关"幸福"的探寻是从古至今的。从个体上，人们将之作为生活的根本目标；从国家和地区层面，经济发展的最终目标也是为了达到"幸福"。从经济学的角度来看，幸福正是用人们的"效用"来衡量的，效用越大，幸福程度便越高。问题的关键在于效用函数中的变量。通常把财富或收入水平作为最重要的变量纳入效用函数，认为收入越高，效用便越大，人们就越幸福，这种倾向在经典的经济学研究中最为明显，以至于发展中国家常常把 GDP 这个衡量物质财富的指标当作目标去努力追求。然而，1974 年美国经济学家理查德·伊斯特林（R. Easterlin）研究发现，居民幸福水平并未随着经济的增长而不断提高，这被称为 Easterlin 悖论或幸福悖论。不丹王国国王吉格梅·辛格·旺楚克最早提出国民幸福指数（Gross National Happiness，GNH），他认为“政策应该关注幸福，并应以实现幸福为目标”，人生“基本的问题是如何在物质生活（包括科学技术的种种好处）和精神生活之间保持平衡”。国际上研究幸福问题的著名学者英格尔哈特（Inglehart）把生存和福祉（Survival and Well-being）与人均 GDP 的关系划分为两个阶段：经济收益阶段（Economic Gains）和生活方式多样化阶段（Life Style）。在前一阶段，福祉提高对经济增长比较敏感，福祉随着经济增长明显提高；而到了生活方式多样化阶段，经济增长对福祉提高的作用并不显著。总之，人们认识到，当收入达到一定水平之后，“主观幸福”和 GDP 的增长并不呈现显著的正相关关系。这似乎是一个常识性判断，但证据是很重要的，中国是否到了这个阶段呢？因此进行幸福感的调查和积累幸福感的数据是至关重要的。

国际上，“世界价值观调查”（World Values Survey，WVS）是世界银行资助的由美国密歇根大学执行的覆盖全球 100 多个国家和地区的世界性调查，其涉及生活满意度、主观幸福感等问题，已成为各国学者研究居民幸福感所公认的权威数据[①]。中国在关于“幸福指数”的相关研究中起步较晚，且多集中在教育学和心理学领域。近年来我们呼吁经济发展方式转变[②]，逐步朝着更为综合的发展目标前进的过程中，有关幸福感的相关调查也逐渐多了起来，如 2006 年 3 月，北京零点调查与指标数据网发布了部分城市和乡镇的女性幸福感的调查结果。此后，零点公司每年发布幸福指数调查数据。《瞭望东方周刊》2006 年开始一直持续至今的中国公民幸福感调查在社会上也影响较大。其他各种类型的嵌套在某些综合调查中作为组成部分的幸福感调查就更为普遍了。这些工作都彰显了人们对幸福的日益关注，对中国的幸福相关数据积累的重视。

对人们对所属城市的幸福认同感的考察在本质上一直是城市竞争力研究的重点之一。我们历年的城市竞争力报告中有关城市基础设施、基本服务、环境条件等各方面的指标实际上正是体现“幸福”这一宏观主题的重要组成部分。在此

① 我国在 1990 年加入此调查。

② 2006 年 4 月，国家主席胡锦涛在美国耶鲁大学的演讲中提到“关注人的生活质量、发展潜能和幸福指数”。这是我国国家领导人首次在公开演讲中提出“幸福指数”的概念。在实践层面，近年来，我国越来越多的地方政府也逐步开展了“幸福指数”的调查，正在考虑或已经将其作为政绩考核的指标。

次报告中，我们下大精力做了中国近300个地级城市居民的幸福感调查。我们作此大覆盖面、大样本量、多年份和更多指标的调查，意在探寻我国城市居民的幸福感程度，试图发现以中国城市为基本单元的一些幸福分布规律，为进一步提高城市幸福感、实现发展目标的转换提供启发式建议。

二　调查描述

为保障调查结果的客观性，真实反映城市居民的幸福感，本次城市居民幸福感调查采用大样本、多维度问卷调查的方式，并将调查的统计结果予以量化分析。同时这种调查方式，在后续的数据分析中，不仅可以给我们以更精确的发现，而且降低了由于调查对象对调查问题理解上的偏差带来判断差错的可能性。

（一）问卷的形成

调查问卷指标体系的主要设计思路是以幸福感作为核心，将其设定为显示性指标，幸福感采用打分的方法体现。而后将构成城市居民幸福感的各个方面，如经济收入，居住状况，医疗保健条件等设定为解释性指标，即运用解释性指标力图从构成城市居民幸福感的各方面作出解答。指标分类具体而言：

一类是显示性指标。使用历史回溯的方法，采用百分制评估城市居民的幸福感。由每个调查对象对自己2001年、2005年、2009年、2010年四个年度中的幸福感打分。

一类是解释性指标。从城市居民的经济收入、居住状况、医疗保健条件等日常生活的多个方面设计问题，每个问题根据居民对该方面的满意程度分为五个等级，即赋值1~5，表示就某个方面的满意程度依次由差到好，调查对象选择其中的某一等级。

调查问卷则根据解释性指标的数量的不同分为短卷和长卷，其中显示性指标与数量少的解释性指标组合成短卷；与数量多的解释性指标构成长卷。

（二）调查方法和实施情况

在调查准备阶段，所有参加调查的人员具有专业调查经验，并就本项调查工作接受过针对性的培训。正式调查开始前，做小范围试验性调查。

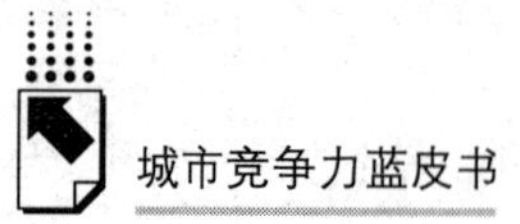

具体的调查实施阶段，在中国城市竞争力报告所选取的294个样本城市中，根据研究目标，区分33重点城市和261个一般城市。重点城市发放调查问卷中的长卷；一般城市使用调查问卷中的短卷。同时，重点城市和一般城市样本数量有所区别。

实际调查中，在样本城市随机抽取城市居民作为调查对象，采用电话调查的方式，由抽取到的居民回答问卷问题，调查员做记录。调查结束后，通过对调查问卷甄别，最终回收有效问卷17757份。继而对有效问卷总体采用调查常用统计方法，做初步数据处理，以便后续研究进行广泛和深入的数据挖掘。

三　结果分析

本部分我们将从各个维度对我们的调查所得结果进行描述和分析，主要侧重于整体状况、整体分布规律、变化趋势、幸福感在城市特征的分布规律、具体主要城市的特点等方面。

（一）整体幸福感：比较幸福、上升趋势和整体收敛

有关幸福感的调查问题为：假如幸福感最高分为100分，您认为可给您2010年的幸福感打多少分？依次类推其他年份，之后再将调查结果进行标准化处理后（幸福感指数的取值范围为0～1，取值越大表示越幸福，但标准化后的数值为相对值），得到中国294个城市在2001年、2005年、2009年和2010年四年的幸福感指数状况，幸福感打分和幸福感指数的基本统计情况如表4－1所示。

表4－1　中国城市幸福调查描述性统计

变　量	样本数	均值	标准差	最小值	最大值
2001幸福感打分	294	69.40	5.00	45.50	83.66
2001幸福感指数	294	0.83	0.06	0.54	1.00
2005幸福感打分	294	70.52	4.19	52.90	81.70
2005幸福感指数	294	0.86	0.05	0.65	1.00
2009幸福感打分	294	73.55	3.52	58.40	83.58
2009幸福感指数	294	0.88	0.04	0.70	1.00
2010幸福感打分	294	76.06	3.49	66.57	89.36
2010幸福感指数	294	0.85	0.04	0.75	1.00

数据来源：城市与竞争力指数数据库。

可以看出，从城市居民的幸福感打分状况看，我国城市居民整体上处在比较幸福的状态，幸福感程度较高，但并没有达到“优良”的程度。四个年份所调查城市的幸福感打分的均值分别为69.40、70.52、73.55和76.06，相对应的幸福感指数均值分别为0.83、0.86、0.88和0.85，这是一种中上水平，并没有达到“其乐融融”的幸福状态。四年来的变化趋势呈现持续上升特征，幸福感均值上升了约7分，虽然这并不算明显，但趋势的持续性让我们有理由相信，人们对幸福的认同在不断增加。同时，观察反映城市间离散程度的标准差指标可以发现，四个年份的离散程度不断减小，幸福感打分的标准差从2001年的5.00降到了2010年的3.49，标准化得到的幸福感指数则从2001年的0.06较大幅度地降至2010年的0.04，这说明各城市居民的幸福状态呈现收敛趋势。各年最小值的变化也在某种程度上反映出这种收敛性，2001年的幸福感打分最小值为45.50，幸福感指数最小值为0.54，说明存在对幸福程度认同较低的人群，而在2005年这两个数值分别上升为52.90和0.65，最近的2010年城市的幸福感打分和幸福感指数的最小值则继续升至66.57和0.75，此时的数值告诉我们，连幸福感最低的城市也属于比较幸福的状态了。

按照各城市居民对幸福感的打分均值，我们分为三等级来看，幸福感的上升趋势也是显然的。均值在80分以上的城市个数在2001年只有1个（承德市），随后的几个年份逐步增加，分别为2005年的4个、2009年的10个和2010年的37个。高于75分的城市个数分别从2001年和2005年的37个、38个，大幅增加到2009年的98个和2010年的176个。至于70分以上的城市个数，在2001年就已达到140个，2010年则已经翻了一番，到了282个。这些特征与前面总结的幸福感特征是一致的。

（二）城市特征的整体规律

我们以城市为分析单元，就需要考虑到城市的相关特征与人们的幸福感打分的关联性，以下从人均GDP、人均可支配收入、城市规模、所属区域、城市发展阶段等几个层面进行分析。幸福感数据采用的是最新的2010年打分值以反映现状①。

① 限于篇幅，此处不给出所有年份的城市特征与幸福感打分均值的结果，有需要者可向作者索取。

1. 发达程度："倒 U" 规律显现

此处采用人均 GDP 和城镇居民人均可支配收入代表发达程度，分别与幸福感均值作图，直观表示出他们的关系。

图 4－1 中，左边图形涵盖的是全部城市的人均 GDP 与幸福感均值的关系，可以明显看出"倒 U"形状。然而，散点图也显示出，人均 GDP 高于 100000 元的样本城市是较少的，因此，我们以该点截断进一步看人均 GDP 低于 100000 元的城市。由图 4－1 的右图可以发现，倒 U 形状仍然具备，但不够明显。这说明，整体上我国城市居民的幸福感程度随人均 GDP 的增加而上升，同时一少部分城市已经处于倒 U 形的拐点右方，使得幸福感程度与人均 GDP 关系不显著，甚至可能通过其他渠道产生了副作用。

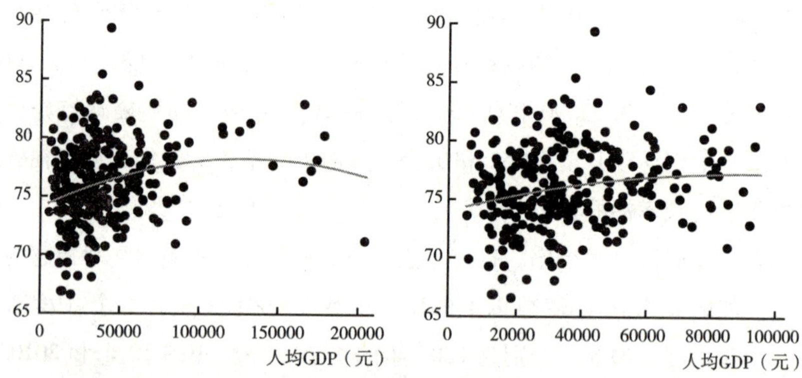

图 4－1　人均 GDP 与幸福感均值

数据来源：城市与竞争力指数数据库。

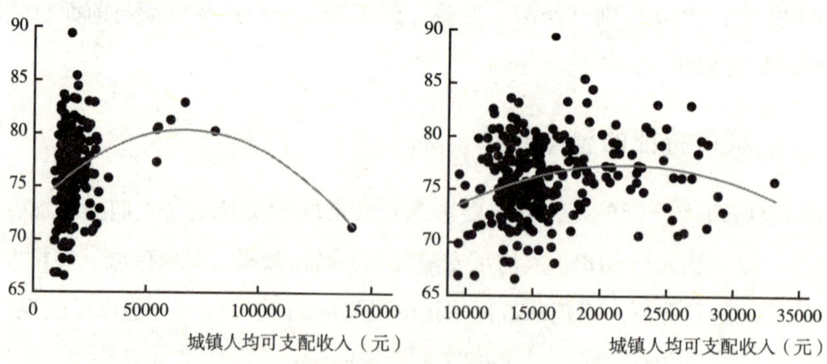

图 4－2　城镇人均可支配收入与幸福感均值

数据来源：城市与竞争力指数数据库。

图4－2表示的是城镇人均可支配收入与幸福感均值的关系。与图4－1类似，在图4－2的左图中我们发现，大多数城市集中在人均可支配收入较低的区间里，高于35000元的城市较少，这样得到的倒U形状并不具有太大说服力。右图为缩小范围后的图形，可以发现，倒U形状明显。中国城市居民的幸福感程度随着人均可支配收入的增加而上升，但二者并非直线关系，在一定阶段出现了下降或者不再敏感。

2. 城市规模：规模大的稍幸福

城市规模的四种类型的样本分布反映了中国现阶段的城市孕育状态。幸福感打分的均值从特大型城市到小城市依次递减，从77.26减至74.87。这一定程度上显示出城市规模与幸福感的正相关性，即城市规模大一点的居民的幸福感程度更高一些。从两个最值的表现也可以看出这一特征，特大型城市的最小值和最大值在四个规模类型中都以较大的优势领先。但必须明确的是，整体上，城市规模带来的幸福感打分均值的差异不是很大，一个较大规模类型比较小规模类型的均值通常只高1分。从标准差的结果看，相比于中等城市近两倍的样本数和大城市高出近一半的样本数来说，特大型城市的离散程度是较大的。

表4－2　城市规模与幸福感打分

城市规模	样本数	均值	标准差	最小值	最大值
特大型城市	59	77.26	3.44	70.92	89.36
大城市	81	76.21	3.41	66.82	84.42
中等城市	113	75.76	3.64	66.57	83.57
小城市	41	74.87	2.79	66.82	80.9

数据来源：城市与竞争力指数数据库。

3. 所属区域：发达区域城市间幸福感更趋同

我们将中国大陆城市划分为6个区域，加上台湾地区共7个区域，各区域的幸福感打分的统计特征描述在表4－3。按照幸福感打分的均值大小进行排列后，所属区域的得分显示出较多信息。台湾地区的6个城市的打分均值超过了80，且较为平均，离散程度不大①，显然是所有区域中表现最好的。环渤海区域表现

① 这当然与样本数量小有一定的关系，但仍旧反映出分化程度不是很厉害。

不错，人们的幸福感打分均值为79.48，与其他区域相比有明显的优势。同时，该区域最大值也是所有城市的最大值，最小值也是除台湾地区外的第二高分值，只是相比台湾的平均化，该区域的30个样本城市离散程度稍大。除此之外，其他区域的均值相差不是很大。其中，西北地区均值最低，为74.23，39个样本的离散程度也较高。东北区域虽然只有34个样本城市，但离散程度却是所有区域中最大的，而样本量最大的中部区域却有着较低的离散程度。值得注意的是，均值的顺次排列在直觉上与经济发展水平似有一定的关联。这些调查结果展现出的特征值得我们进一步的探讨思考。

表4-3　所属区域与幸福感打分

区　域	样本数	均值	标准差	最小值	最大值
台　湾	6	80.42	1.84	77.24	82.9
环渤海	30	79.48	3.37	74.54	89.36
东　南	57	76.77	3.14	70.65	84.42
中　部	81	75.87	2.77	69.67	83.14
东　北	34	75.61	3.75	66.82	82.57
西　南	47	74.64	3.00	68.05	80.7
西　北	39	74.23	3.42	66.57	83

数据来源：城市与竞争力指数数据库。

4. 发展阶段：幸福感是个阶段问题

除了工业化的发展阶段外，我们还单独将资源型城市划分出来，以便进行更加细致和有针对性的分析。

第一，我们发现，随着发展阶段的越来越成熟，幸福感打分也越来越高。这从截面上反映了我国工业化阶段与幸福感得分的正向关系。如果我们假设这种截面的状况在实际中代表了动态的发展次序，即，现在的前工业化阶段的城市最终类似地走向现在的后工业化阶段的城市状态，那就可以推出，我国城市居民的幸福感将随着越来越多的城市进入后工业化发展阶段而提升的。根据经济发展阶段论，这种假设在很大程度上是成立的。从这种意义上讲，幸福感的高低是个阶段问题。

第二，后工业化阶段的城市幸福感得分最高，但8个样本城市却产生了最大的离散程度，这不得不说，相比较工业化发展的相似路径，后工业化发展阶段的

差异化程度要更加明显，这就需要总结那些虽处在后工业化发展阶段幸福感却相对较低的城市的教训，吸取那些后工业化阶段高幸福感的经验，分析这种差异，提升幸福感。

第三，资源型城市的得分处于工业化初期和中期之间，在实际上代表了我国资源型城市的发展阶段。如何将其成功转型，创建更多的“幸福城市”是摆在很多因资源开发而功能单一、环境生态遭到破坏的资源型城市面前的重大课题。

表4－4　城市发展阶段与幸福感

城市发展阶段	样本数	均值	标准差	最小值	最大值
前工业化阶段	80	75.03	3.24	66.82	82.57
工业化初期	88	76.13	3.48	66.82	85.4
工业化中期	51	76.69	3.54	70.65	89.36
工业化后期	15	77.38	2.81	70.92	82.9
后工业化阶段	8	78.33	4.20	71.23	82.9
资源型城市	52	76.18	3.56	66.57	84.42

数据来源：城市与竞争力指数数据库。

（三）幸福感前十与城市特征

我们调查的四个年份，前10名变化较大，通过观察比较这些结果，我们发现，排名前十的城市有以下比较显著的特征：

（1）河北省始终独占鳌头。四个年份幸福感得分最高的城市都属于河北省。承德市在2001年和2005年连续两年的幸福感打分排名第1，石家庄则在2009年和2010年连续两年排名第1。

（2）台湾城市占半壁，环渤海地区渐称雄。在2001年、2005年、2009年的三个年份，前十名中台湾城市分别占了4、5、4个，而在最近的2010年情况发生了变化，前十中只剩下了一个台湾城市。相比之下，环渤海地区在前十中逐步占据主导地位，四个年份的数量分别为2、3、4和6个。这似乎侧面印证了“收入到了一定阶段，幸福感便不再与之有显著正向关系”的理论。

（3）发展阶段后浪推前浪。后工业化阶段的城市在初期占据主导，但逐步被其他阶段的城市赶上。后工业阶段城市的退化与台湾城市的退化是一致的，因为前十中的后工业化阶段城市全部为台湾城市。而更多的工业化中期、后期，甚至初期的城市进入前十，资源型城市在2010年的表现很好，占据3位。但前十中并未出现前工业化阶段的城市。

（4）规模在一定意义上很重要。前十名的城市规模都较大，且特大型城市和中等城市基本占满，大城市有时占一两个位置，而值得注意的就是，四个年份都没有出现小城市。所以，规模很重要，当然规模也许并不直接对幸福感产生影响，而是通过其他的渠道发挥作用。

表4－5　幸福感前十与城市特征：2001年

城市	省份	区　域	发展阶段	城市类型	2001年满意度	2001年幸福感指数	2001年排名
承德市	河北	环渤海	工业化初期	中等城市	83.66	1.000	1
新　竹	台湾	台　湾	后工业化阶段	中等城市	79.92	0.955	2
长沙市	湖南	中　部	工业化中期	特大型城市	79.78	0.954	3
台　中	台湾	台　湾	后工业化阶段	特大型城市	79.04	0.945	4
基　隆	台湾	台　湾	后工业化阶段	中等城市	79.04	0.945	5
沈阳市	辽宁	东　北	工业化中期	特大型城市	78.40	0.937	6
北京市	北京	环渤海	工业化后期	特大型城市	78.21	0.935	7
南宁市	广西	西　南	工业化初期	特大型城市	78.04	0.933	8
台　北	台湾	台　湾	后工业化阶段	特大型城市	77.63	0.928	9
云浮市	广东	东　南	资源型城市	中等城市	77.50	0.926	10

数据来源：城市与竞争力指数数据库。

表4－6　幸福感前十与城市特征：2005年

城市	省份	区域	发展阶段	城市类型	2005年满意度	2005年幸福感指数	2005年排名
承德市	河北	环渤海	工业化初期	中等城市	81.70	1.000	1
新　竹	台湾	台　湾	后工业化阶段	中等城市	81.40	0.996	2
石家庄市	河北	环渤海	工业化中期	特大型城市	80.58	0.986	3
北京市	北京	环渤海	工业化后期	特大型城市	80.09	0.980	4
长沙市	湖南	中　部	工业化中期	特大型城市	79.06	0.968	5
台　北	台湾	台　湾	后工业化阶段	特大型城市	78.57	0.962	6
台　南	台湾	台　湾	后工业化阶段	大城市	78.52	0.961	7
高　雄	台湾	台　湾	后工业化阶段	特大型城市	78.42	0.960	8
广州市	广东	东　南	工业化后期	特大型城市	78.29	0.958	9
基　隆	台湾	台　湾	后工业化阶段	中等城市	78.14	0.956	10

数据来源：城市与竞争力指数数据库。

表 4-7　幸福感前十与城市特征：2009 年

城市	省份	区域	发展阶段	城市类型	2009 年满意度	2009 年幸福感指数	2009 年排名
石家庄市	河北	环渤海	工业化中期	特大型城市	83.58	1.000	1
北京市	北京	环渤海	工业化后期	特大型城市	81.12	0.971	2
新　竹	台湾	台　湾	后工业化阶段	中等城市	81.02	0.969	3
扬州市	江苏	东　南	资源型城市	大城市	80.98	0.969	4
莱芜市	山东	环渤海	工业化中期	大城市	80.80	0.967	5
承德市	河北	环渤海	工业化初期	中等城市	80.75	0.966	6
台　南	台湾	台　湾	后工业化阶段	大城市	80.58	0.964	7
通化市	吉林	东　北	工业化初期	中等城市	80.51	0.963	8
高　雄	台湾	台　湾	后工业化阶段	特大型城市	80.28	0.961	9
基　隆	台湾	台　湾	后工业化阶段	中等城市	80.22	0.960	10

数据来源：城市与竞争力指数数据库。

表 4-8　幸福感前十与城市特征：2010 年

城市	省份	区域	发展阶段	城市类型	2010 年满意度	2010 年幸福感指数	2010 年排名
石家庄市	河北	环渤海	工业化中期	特大型城市	89.36	1.000	1
临沂市	山东	环渤海	工业化初期	特大型城市	85.40	0.956	2
扬州市	江苏	东　南	资源型城市	大城市	84.42	0.945	3
承德市	河北	环渤海	工业化初期	中等城市	83.57	0.935	4
滨州市	山东	环渤海	工业化中期	中等城市	83.26	0.932	5
莱芜市	山东	环渤海	工业化中期	大城市	83.20	0.931	6
鹤壁市	河南	中　部	资源型城市	中等城市	83.14	0.930	7
包头市	内蒙古	西　北	资源型城市	特大型城市	83.00	0.929	8
北京市	北京	环渤海	工业化后期	特大型城市	82.90	0.928	9
新　竹	台湾	台　湾	后工业化阶段	中等城市	82.90	0.928	10

数据来源：城市与竞争力指数数据库。

（四）重点城市

针对重点城市的状况，以下进行简略解析。四个直辖市的表现并不如人意。北京在四个年份的排名分别为第 7、4、2、9 位，最好成绩产生于 2009 年；天津市在 2001 年尚排在 35 位，后面几年却徘徊在 76 位左右；上海的排名始终在大幅退步，2001 年为第 20 名，2005 年为第 49 名，而到了 2009 年和 2010 年，其位置滑落到第 138 和第 205；重庆的排名一直不高，四个年度分别是第 162、122、116、135。四个直辖市中，北京表现最好，且较稳定，天津居中，重庆一直落后，而上海的分值则与其发达程度不相符合，且四个年份的退步现象严重。这与前面所述是一致的，我们值得深思，为什么经济发达到一定程度了，而人们对其幸福的认同感却退步了呢？

观察调查结果发现，几个较为发达的城市呈现出较为一致的特征。首先，香港这个后工业化阶段的特大型城市的表现与上海类似，其在最近的2010年得分为71.23，总的排名中为第271位。而2001年和2005年其分别排在第23、19位，到2009年就下降到了第198位。深圳市与香港的特征基本相同，四个年份的排名不断下降，分别是第42、50、133和243。广州市四个年份的排名分别为第11、9、31和48，台北的排名为第9、6、21和33，基本呈现下降趋势，我们预想，二者可能最终会朝着上海和香港的道路走去。这些发达城市所展现出的现状特征和可能的趋势再次验证了发达程度与幸福感的背离理论，这给我们以很大的提示：我们是沿着老路走下去，还是要创出一条新路？

其他主要城市的各年得分和在294个城市中的各年排名状况如表4－9所示，限于篇幅，不一一解析。

表4－9　35个大中城市幸福得分和排名

城　市	样本数	2001年均值	2001年排名	2005年均值	2005年排名	2009年均值	2009年排名	2010年均值	2010年排名
北京市	202	78.21	7	80.09	4	81.12	2	82.90	9
天津市	150	75.15	35	73.63	75	76.16	76	78.41	76
石家庄市	50	76.00	25	80.58	3	83.58	1	89.36	1
太原市	50	76.62	19	73.28	84	73.92	131	75.30	168
呼和浩特市	56	69.34	156	68.86	191	72.52	183	75.04	175
沈阳市	150	78.40	6	75.86	31	75.93	80	77.58	98
大连市	150	72.69	78	72.99	86	74.39	115	75.81	147
长春市	150	72.16	88	73.32	83	75.39	92	76.58	128
哈尔滨市	150	69.49	153	70.95	133	75.74	83	79.58	49
上海市	206	76.55	20	74.44	49	73.71	138	74.40	205
南京市	150	73.58	64	73.65	73	74.12	122	76.14	141
杭州市	151	74.05	56	73.96	63	74.58	108	76.08	142
宁波市	151	73.63	63	74.68	42	75.83	82	78.37	78
合肥市	50	77.08	14	72.26	98	74.00	128	76.54	129
福州市	68	69.34	157	71.59	111	73.63	142	75.66	154
南昌市	50	68.14	172	70.44	144	69.60	259	74.42	202
济南市	150	73.78	61	71.39	120	73.40	148	75.63	156
青岛市	150	75.65	28	74.07	59	75.65	85	78.34	79

续表

城　市	样本数	2001 年均值	2001 年排名	2005 年均值	2005 年排名	2009 年均值	2009 年排名	2010 年均值	2010 年排名
郑州市	50	76.00	25	76.60	20	78.10	26	78.58	70
武汉市	151	72.27	87	71.33	123	71.42	221	73.61	228
长沙市	51	79.78	3	79.06	5	77.31	40	77.10	115
广州市	151	77.35	11	78.29	9	77.78	31	79.60	48
深圳市	150	74.60	42	74.36	50	73.86	133	72.87	243
南宁市	51	78.04	8	76.47	23	71.65	214	75.35	166
海口市	59	76.66	18	76.51	22	72.88	167	73.53	230
重庆市	203	68.51	162	71.34	122	74.38	116	76.29	136
成都市	150	74.33	47	73.41	79	72.89	166	77.19	112
贵阳市	57	70.39	129	70.54	141	69.67	258	73.37	234
昆明市	51	74.86	39	75.29	37	76.92	56	78.86	64
西安市	154	71.86	96	71.45	116	72.27	195	73.82	218
兰州市	51	70.16	136	71.57	113	71.18	230	74.37	210
银川市	52	67.31	199	69.77	167	72.02	201	73.27	238
乌鲁木齐市	61	76.79	17	73.82	69	72.34	192	76.30	135
香　港	204	76.26	23	76.61	19	72.13	198	71.23	271
台　北	200	77.63	9	78.57	6	78.34	21	80.24	33

数据来源：城市与竞争力指数数据库。

（五）解释性指标

我们的调查也包括了一些与幸福相关的、可以起到解释性作用的问题，按照问题详细程度不同，针对不同的覆盖范围分别执行了短卷和长卷的调查。短卷调查里的问题结果描述性统计如表 4－10 所示。

表 4－10　解释性指标打分结果（短卷）

变　　量	样本数	均值	标准差	最小值	最大值
居住状况	294	3.336	0.306	2.550	4.240
社会医疗保健条件	294	3.052	0.324	2.320	4.540
就业状况	294	2.963	0.286	2.140	4.220
交通状况	294	3.179	0.364	2.070	4.140
环境卫生状况	294	3.324	0.318	2.600	4.420
未来生活和社会发展信心	294	3.969	0.215	3.340	4.680

注：各问题打分的分值范围为 1～5，1 为非常不满意，5 为非常满意。对未来生活和社会发展信心的分值范围也是 1～5，1 为非常没有信心，5 为非常有信心。

数据来源：城市与竞争力指数数据库。

分为六个方面的调查结果显示，总体上人们在这几个解释性指标上处于“居中”的状态，略高于中间分值3，偏向于“满意”的一端。将这些指标按照得分均值从大到小的排序，结果为未来生活和社会发展的信心、居住状况、环境卫生状况、交通状况、社会医疗保健条件、就业状况。其中，人们对未来生活和社会发展的信心是分值平均最高（3.969），同时离散程度也最小，最小值和最大值都是几个指标中表现最好的。对未来的良好期望对人们的幸福感程度的提升是一个“利好”的因素。均值上看，人们对就业状况打分是最低的，是唯一一个低于中间值3的指标，这反映了我国城市居民对就业状况的不满，一定程度上影响了人们的幸福感。

长卷调查涉及了更多的指标，主要针对35个大中城市展开，结果如下：

简单观察，将这些指标的得分大小按顺序排下来为：家庭和睦状况、人际关系状况、未来生活和社会发展信心、灾害防范状况、居住状况、社会治安状况、教育状况、环境卫生状况、当前的社会保障制度、就业状况、社会医疗保健条件、社会道德风气、经济收入状况、交通状况。排在前面的10个指标得分都在3以上，说明人们在这些层面上是相对偏向于“满意”的。后面4个解释性指标的得分小于3，人们倾向于“不满意”。其中，家庭和睦状况，人际关系状况等得分较高，在一定意义上说明人们对自身的微观行为的氛围较为满意，而社会医疗保健条件、社会道德风气、经济收入状况、交通状况等低分值一定程度上说明人们对该由政府提供的公共性的服务则相对不够认同。这些解释性指标的结果为我们下一步努力提升城市居民的幸福感提供了参考。

表4-11　解释性指标打分结果（长卷）

变　　量	样本数	均值	标准差	最小值	最大值
经济收入状况	35	2.851	0.313	2.450	3.810
家庭和睦状况	35	4.269	0.258	3.450	4.920
人际关系状况	35	3.959	0.218	3.520	4.700
居住状况	35	3.308	0.298	2.790	4.240
社会医疗保健条件	35	2.981	0.330	2.490	4.350
教育状况	35	3.160	0.265	2.800	4.160
就业状况	35	3.012	0.245	2.670	3.880
当前的社会保障制度	35	3.024	0.243	2.640	3.900
社会道德风气	35	2.963	0.229	2.580	3.750

续表

变　量	样本数	均值	标准差	最小值	最大值
社会治安状况	35	3. 307	0. 326	2. 610	3. 980
灾害防范状况	35	3. 309	0. 235	2. 800	3. 780
交通状况	35	2. 787	0. 368	2. 070	3. 810
环境卫生状况	35	3. 129	0. 318	2. 610	3. 980
未来生活和社会发展信心	35	3. 912	0. 249	3. 340	4. 680

注：各问题打分的分值范围为1～5，1为非常差，5为非常好。对未来生活和社会发展的信心的分值范围也是1～5，1为非常没有信心，5为非常有信心。

数据来源：城市与竞争力指数数据库。

四　结论和启示

正如在本报告开头的背景介绍一样，现今中国的发展阶段，把幸福感明确地作为发展目标是很多人孜孜以求的，在政治导向上也被认为是“以人为本”、“全面协调”、“科学发展”、“和谐社会”等观念的再次融合和表达。进行城市居民幸福调查，弄清幸福感状况，是将幸福感纳入到综合发展指标体系中的一项重要工作。

在我们此次进行的“中国城市居民幸福感调查”的调查结果中，主要发现：①我国城市居民整体上比较幸福，但并没有达到“优良”的程度。②四年来的幸福感均值呈现持续上升特征，表明人们对幸福的认同在不断增加。③四年的结果比较发现，各城市居民的幸福状态呈现逐渐收敛趋势。④“倒U”规律已经显现，已经存在一少部分城市进入了拐点的右方，此时，幸福感程度对经济发达程度不再敏感。⑤无论是整体均值还是前十名的分析都表明，规模大的城市居民的幸福感程度更高。⑥按区域划分，台湾和环渤海地区幸福程度高，其他区域差别不大，西北地区最差。⑦工业化阶段的特征表明，根本上幸福感程度高低是个阶段问题。⑧突出的城市有河北省的承德和石家庄，分别列在两个年份的幸福感第一名。⑨上海、香港、深圳、台北和广州等城市已经走到或正在走向“倒U”形的拐点右方，幸福感呈下降趋势。⑩家庭和睦和人际关系等解释性指标得分较高，而社会医疗保健条件、社会道德风气、经济收入状况、交通状况等得分较低，一定程度上反映了政府公共服务的不足。

这些调查发现对于全面认清我国城市居民的幸福感程度有重要的参考价值。我们认为要进一步改善城市居民的幸福感程度，需要注意下面几点。

（1）转换发展目标。此时的认识和舆论导向下，实现从 GDP 向“幸福”的目标转换并不是难事，这也正是中国逐步由中低收入国家向中等收入国家过渡的必经阶段，是向社会和谐发展目标的进一步跨越。然而，我们也该警惕和“唯 GDP”一样的“唯幸福”类的“指标”导向的发展模式。“指标”导向在一定程度上是有益于执行效率的，但对于多个指标导向的评价体系，“多任务委托代理”理论告诉我们，人们总是倾向于去完成那些具有清晰界定、较易做出评价的任务指标，而在另一些较难评价的“软任务”上花费心思不大。由此，即使我们制定的指标十分科学合理，依然难以避免多指标间的“异质性”问题。另外，也应防止在朝着既定目标的努力过程中容易出现的“不择手段”。

（2）避免“一刀切”的做法。我们认为幸福感在根本上是个阶段问题，从我们的调查结果来看，城市间的幸福感程度虽然呈现收敛趋势，但离散程度不小，不同城市的发展阶段相差还比较大，要避免用发达城市的发展模式来替代其他阶段的发展路径。所以，在目前的阶段，建立“幸福”相关的更综合的科学指标体系并以之为政绩评价体系并无不可，但更重要的是考虑“因时因地”的具体情况和评价体系的执行应用情况。

（3）改进和完善政府的基础公共服务。幸福的概念在根本上是主观的，但这背后的基础却是客观的。构成幸福的要件多种多样，提供一个健全的的政府公共服务体系正是人们获得幸福的客观基础，也是人们对政府的期望。这包括社会保障体系、医疗服务、基础设施建设等，用基础公共服务来降低现阶段较大收入差距带来的“不幸福感”。

（4）构建城市发展的深层激励体系。我们始终该思考的根本问题是，如何设置更高层级的激励制度来使得各地方去追求人们想达到的“发展”，如何将设定指标“内生化”，这样才跳出了“指标”的圈子，走向“代表最广大人民根本利益”的发展。

最后，我们期盼着中国的城市从各种硬指标转向各项软指标的竞赛，因为我们最在乎的是“如何让人们生活得舒心、安心、放心，对未来有信心”。

第三部分
区域报告

Part Ⅲ　Regional Report

𝔹.5
第五章
中国（东南地区）城市竞争力报告

一　中国城市竞争力（广东）报告

广东省地处我国大陆南部，北靠南岭，南临南海，与香港特别行政区、澳门特别行政区接壤，行政面积 18.15 万平方千米，占全国总面积的 1.89%。2010 年全省总人口 8777.18 万，占全国人口总数的 7.22%；地区生产总值 39482.56 亿元，占全国 GDP 的 11.60%。① 广东是我国现代工业和民族工业的发源地之一，也是我国最早实行改革开放的省份，外向型经济发展迅速。但国际金融危机的爆发使广东经济遭受巨大损失。近年来，为促进本省经济社会全面、协调、可持续发展，广东提出多项经济社会发展战略：为促进省内平衡发展，提出

① 根据中华人民共和国国家统计局《中国统计年鉴 2010》相关数据计算得出。

“双核两带、以海哺山、三圈推进、协调发展”的区域发展战略；利用靠近东盟及港澳的区位优势，积极推进“走进东盟”、“泛北部湾经济合作区”等合作项目，推动广东与东盟的经贸合作；为有效促进经济社会的共同发展，广东“十二五”规划提出产业现代化、自主创新、内外需并举、区域协调、绿色广东五大战略；为改善民生，构建和谐社会，又提出“幸福广东”的社会建设口号，加大民生工程建设。

1. 综合竞争力：总体水平国内较高，工业化层次省内不一

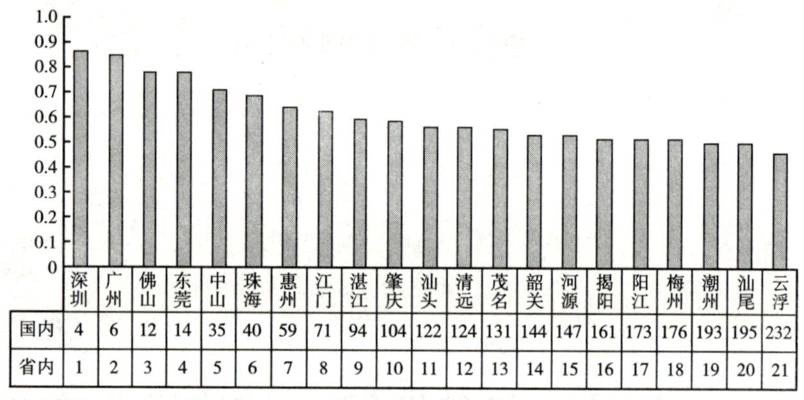

	深圳	广州	佛山	东莞	中山	珠海	惠州	江门	湛江	肇庆	汕头	清远	茂名	韶关	河源	揭阳	阳江	梅州	潮州	汕尾	云浮
国内	4	6	12	14	35	40	59	71	94	104	122	124	131	144	147	161	173	176	193	195	232
省内	1	2	3	4	5	6	7	8	9	10	11	12	13	14	15	16	17	18	19	20	21

图 5－1　广东城市综合竞争力指数排名

资料来源：城市与竞争力指数数据库。

2010 年，广东城市综合竞争力指数的排名依次是：深圳、广州、佛山、东莞、中山、珠海、惠州、江门、肇庆、汕头、清远、茂名、韶关、河源、揭阳、阳江、梅州、潮州、汕尾、云浮。广东省的平均综合竞争力指数为 0.611，排在全国第 5 位。从全国排名看，广东的城市中排在前 50 名的有 6 个，排名在 50～100 位的有 3 个，排名在 101～200 位的有 11 个，只有云浮一个城市排名位于 200 位以后，综合竞争力总体水平较高。从工业化水平上看，广东省各城市层次不一，粤北和粤西多数城市尚处在前工业化或工业化初期阶段，而珠江三角洲地区城市都处在工业化中后期，深圳则已进入后工业化阶段。

2010 年，广东省综合竞争力排名比较靠前的城市是深圳、广州、佛山、东莞。这些城市都是人口较多的特大型城市或大城市，位于社会经济发展水平较高的珠江三角洲地区，工业化发展程度都非常高。广州是广东省的行政中心，也是

全国重要的交通枢纽和国际交流中心；深圳是我国第一个经济特区，邻近香港。广州和香港都是著名的旅游城市，又是珠三角的综合性中心城市。佛山和东莞都是珠三角地区重要的工业城市。

2. 分项竞争力：综合增长竞争力整体较弱，各竞争力指数省内差异明显

表 5 – 1　广东城市分项竞争力指排名

城市	综合增长		经济规模		经济效率		发展成本		产业层次		收入水平		幸福感指数	
	省内排名	国内排名	省内排名	国内排名	省内排名	国内排名	省内排名	国内排名	省内排名	国内排名	省内排名	国内排名	省内排名	国内排名
潮州	21	275	19	254	17	162	19	206	4	50	16	175	2	23
东莞	8	170	4	13	1	8	11	131	3	48	4	26	18	149
佛山	3	30	3	8	2	9	6	82	9	89	5	38	7	56
广州	9	188	1	4	5	17	1	34	2	11	2	17	4	48
河源	6	71	17	237	13	129	12	142	8	78	14	167	15	123
惠州	5	58	8	53	9	93	14	175	12	126	7	54	6	55
江门	10	192	9	59	7	82	7	104	14	166	8	82	16	124
揭阳	4	33	16	196	14	152	17	196	15	168	18	203	9	76
茂名	16	246	11	100	11	108	10	130	17	184	17	183	20	220
梅州	12	204	20	257	19	178	15	181	11	106	10	105	5	52
清远	1	10	13	132	12	113	18	198	21	235	12	127	19	216
汕头	18	260	7	52	18	171	8	113	16	182	21	229	1	14
汕尾	2	28	18	248	15	153	9	116	19	204	20	222	12	109
韶关	20	270	14	144	20	185	21	228	10	96	11	109	14	122
深圳	11	193	2	5	4	13	2	60	1	6	1	11	21	243
阳江	13	209	15	182	16	160	3	72	20	219	19	206	17	147
云浮	15	228	21	275	21	209	16	192	18	202	15	174	10	94
湛江	17	250	10	74	8	87	5	80	13	142	13	155	3	27
肇庆	7	89	12	127	10	97	20	222	5	65	9	103	8	71
中山	14	215	5	35	3	12	13	146	7	75	6	40	13	113
珠海	19	262	6	51	6	41	4	76	6	70	3	25	11	105

资料来源：城市与竞争力指数数据库。

2010 年广东省城市分项竞争力情况概括如下。综合增长竞争力：总体发展速度较慢，珠三角地区较明显。珠三角中心城市的排名省内多居于中后水平，这与金融危机影响下出口受挫有关。经济规模竞争力：总体规模全国领先，省内尚

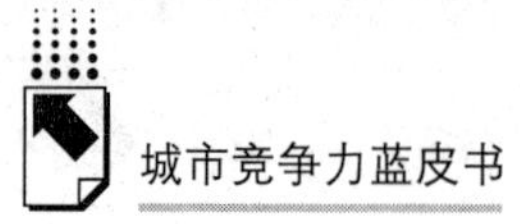

存在差距。珠三角各城市排名普遍居于全国前列，而粤西、粤北城市排名比较靠后，省内存在差距。经济效率竞争力：工业化程度与城市经济效率正相关，经济效率较高的城市多为沿海城市。发展成本竞争力：总体表现一般，广州排名第一。从排名分布上看，多数城市都在第 100 ~ 200 名，总体表现一般，而中心城市广州在全国的排名比较靠前。产业层次竞争力：地区差异明显，深圳结构较优。收入水平指数：总体水平较高，地区差距较大。深圳、广州、珠海、东莞、佛山等沿海城市位居前列。幸福感指数：总体指数较高，地区分布不均。在经济相对发达地区，幸福感指数排名或低于欠发达地区，社会建设与经济发展存在一定的不匹配现象。

总的来看，广东省的综合增长竞争力指数排名从全国来看普遍较低。调查的 21 个城市中，排名在全国前 100 名的仅有 7 个城市，多分布在粤北、粤西等经济发展水平较低的地区；而像广州、深圳、东莞、珠海等经济社会发展水平较高的城市都排在全国 170 名之后。其原因主要是国际金融危机对广东经济，尤其是对中小企业的冲击，使以加工出口为主的经济面临国际市场萎缩、生产成本上升、融资困难等严重问题。另外，广东产业梯度转移、产业结构调整、生产方式转变的一系列政策措施的效果尚未显现，也是导致广东综合增长竞争力指数整体较弱的一个原因。

3. 历史回溯：整体提高比较显著，省内城市差距明显

与 2009 年综合竞争力指数相比，2010 年各城市该指数都有所提高，平均由 2009 年的 0.551 提高到 2010 年的 0.611，提高比较显著。与 2009 年排名相比，广东省城市综合竞争力指数排名存在升降不一的特征：8 个城市呈现上升趋势，11 个城市呈现下降趋势，另有 2 个城市呈现稳定趋势。湛江的综合竞争力排名上升最大，从第 109 名上升到第 94 名，提升了 15 个名次；茂名下降最大，从第 116 名下降到第 131 名，下降了 15 个名次；作为珠三角中心城市的广州、东莞的综合竞争力排名则没有变化。

2010 年，广东省综合竞争力基尼系数为 0.107，名列全国第 17 位，位置比较靠后，较上年 0.110 的水平有稍许改善。说明该省城市间综合竞争能力存在较大差距，且这种差距的缩小速度不尽如人意。广东在区域协调发展方面需要作出更多的努力，这也是其“十二五”规划中所要解决的一个重要问题之一。

表 5－2　广东城市综合竞争力历史排名

城　市	2010 年综合竞争力指数	2010 年排名	2009 年综合竞争力指数	2009 年排名	排名变化
广　州	0. 843	6	0. 766	6	0
韶　关	0. 533	144	0. 483	138	－6
深　圳	0. 859	4	0. 797	5	1
珠　海	0. 682	40	0. 632	36	－4
汕　头	0. 560	122	0. 512	112	－10
佛　山	0. 778	12	0. 685	20	8
江　门	0. 617	71	0. 564	69	－2
湛　江	0. 594	94	0. 517	109	15
茂　名	0. 553	131	0. 507	116	－15
肇　庆	0. 582	104	0. 517	107	3
惠　州	0. 640	59	0. 573	63	4
梅　州	0. 513	176	0. 465	164	－12
汕　尾	0. 501	195	0. 444	200	5
河　源	0. 531	147	0. 478	145	－2
阳　江	0. 515	173	0. 461	170	－3
清　远	0. 558	124	0. 487	133	9
东　莞	0. 770	14	0. 703	14	0
中　山	0. 704	35	0. 634	34	－1
潮　州	0. 503	193	0. 449	196	3
揭　阳	0. 519	161	0. 475	149	－12
云　浮	0. 462	232	0. 420	225	－7

资料来源：城市与竞争力指数数据库。

4. 结论与政策建议

广东省平均综合增长竞争力指数是 0. 742，全国排名第 15 位；平均经济规模竞争力指数是 0. 222，全国排名第 3 位；平均经济效率竞争力指数是 0. 359，全国排名第 3 位；平均发展成本竞争力指数是 0. 222，全国排名第 10 位；平均产业层次竞争力指数是 0. 384，全国排名第 3 位；平均收入水平指数是 0. 184，全国排名第 6 位；平均幸福感指数是 0. 868，全国排名第 5 位。就综合竞争力而言，广东省表现较强，处于全国前列。从广东省分项竞争力指数看，经济规模竞争力、经济效率竞争力、产业层次竞争力、收入水平指数和幸福感指数五项分指标表现较为优异，发展成本竞争力和综合增长竞争力两项指标表现一般，处于中等水平。

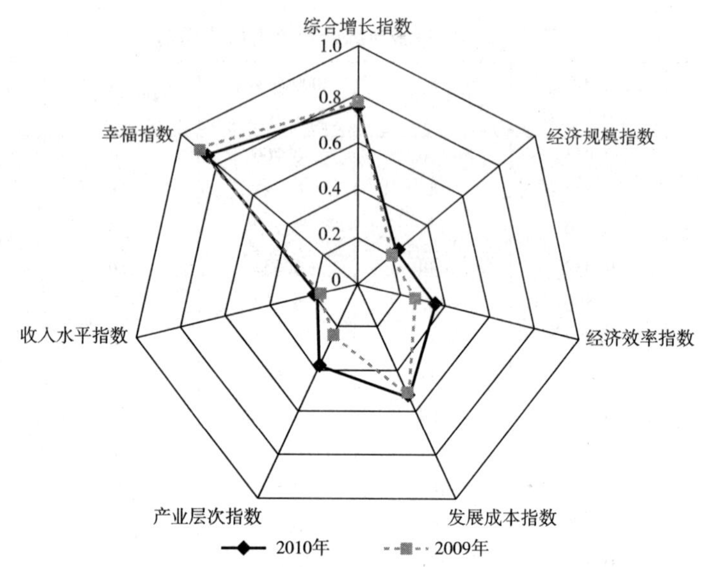

图 5－2　广东城市竞争力历史回溯

数据来源：城市与竞争力指数数据库。

广东省的城市发展差距较大，地区发展不平衡。位于珠三角地区为沿海城市的各项指标发展总体要优于粤北、粤西等经济欠发达城市。另外从数据可以看出，经济水平较低的城市在某些竞争力指标上要优于经济水平较高的城市，说明这些城市有较大的增长潜力可以挖掘。因此，必须按照统筹区域经济发展的原则，完善区域政策，调整经济布局，推动区域经济的协调发展。

另外，综合增长竞争力指数偏低将会制约该地区经济的可持续发展，必须引起高度重视。金融危机的影响使一向以出口加工工业为主要特色的广东省面临国际市场萎缩、出口下降、国际贸易摩擦加剧的情况。为此必须加快产业结构的优化升级和经济增长方式的转变。并且在经济发展的同时，注重收入水平和社会福利的提高，加快“幸福广东”建设，扩大内需，以内需拉动替代出口拉动，使经济增长的内生动力更加强劲。

二　中国城市竞争力（福建）报告

福建省地处我国大陆东南沿海，北接浙江，西靠武夷山，南邻广东，东隔台

湾海峡与台湾相望，行政区域面积 12.4 万平方千米，占全国面积的 1.3%。2010 年人口约 3627 万，占全国总人口的 2.7%；地区生产总值 12236.53 亿元，占全国 GDP 的 3.6%。① 福建地理位置优越，沿海有许多优良港湾，是我国著名的侨乡，也是中国最先实行改革开放的地区之一。近年来，为加快区域合作和促进经济发展，利用优越的区位优势和“海峡两岸经济合作框架协议”下优越的政策环境，福建积极推进“海峡西岸经济区”建设，构建分工有序、规模协调的以福州为核心的城市体系，扩大与台湾的经贸合作，加快与长三角和珠三角的对接。“海峡西岸经济区”建设成为福建“十二五”规划中的核心发展战略。

1. 综合竞争力：总体处于全国上游，工业化水平有待提高

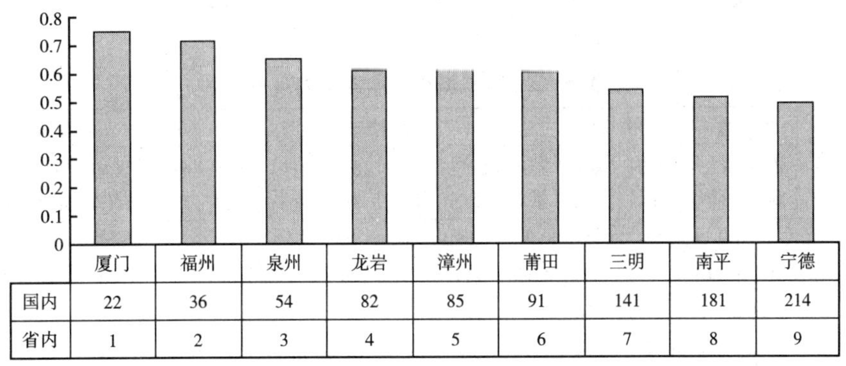

	厦门	福州	泉州	龙岩	漳州	莆田	三明	南平	宁德
国内	22	36	54	82	85	91	141	181	214
省内	1	2	3	4	5	6	7	8	9

图 5-3　福建城市综合竞争力指数排名

数据来源：城市与竞争力指数数据库。

2010 年，福建城市综合竞争力指数的排名依次是：厦门、福州、泉州、龙岩、漳州、莆田、三明、南平、宁德。福建省的平均综合竞争力指数为 0.601，排在全国第 6 位。福建的 9 个城市中，排在全国前 100 名的有 6 个，排名在第 101～200 位的有 2 个，只有宁德一个城市排名位于 200 位以后，总体水平较高。从工业化水平上看，福建省工业化水平有待提高。全省除厦门进入工业化后期、福州和泉州处于工业化中期、龙岩是资源型城市外，其他城市都处于工业化初期水平。

2010 年，福建省综合竞争力排名比较靠前的城市是福州、厦门。这些城市

---

① 根据中华人民共和国国家统计局《中国统计年鉴 2010》相关数据计算得出。

都是人口较多的特大型城市或大城市，位于社会经济比较发达的台湾海峡西岸地区，是东南沿海重要的海港和商贸中心，并且是支撑海西经济区发展的增长极。福州是福建的行政中心，近年来正在着力打造“海西经济区”强大的制造业基地，开展“平安福州”建设。厦门是我国五个经济特区之一，是著名的旅游城市，2011 年荣获全国宜居城市榜首，2010 年厦门提出未来发展的“四张王牌”：平衡岛内岛外发展、鲜明的“台”字号经济特区、市政府搬迁岛外、力争海西经济区中心城市。泉州是我国著名的侨乡，福建省三大中心城市之一，改革开放以来大力发展出口加工业，成为全国著名的“品牌之都”、“中国鞋都”等。

2. 分项竞争力指标：各项指标表现较好，厦门、福州表现突出

表 5-3 福建城市分项竞争力排名

城市	综合增长		经济规模		经济效率		发展成本		产业层次		收入水平		幸福感指数	
	省内排名	国内排名	省内排名	国内排名	省内排名	国内排名	省内排名	国内排名	省内排名	国内排名	省内排名	国内排名	省内排名	国内排名
福州	7	129	2	41	2	54	3	75	1	16	3	51	5	153
厦门	9	218	1	33	1	34	2	66	2	36	1	13	4	142
莆田	1	45	4	76	7	117	1	27	9	221	8	150	3	131
三明	6	126	7	194	6	98	9	256	6	140	6	80	8	248
泉州	3	82	3	65	3	57	4	90	4	122	2	46	7	237
漳州	5	107	6	142	5	72	6	144	3	91	5	69	1	90
南平	8	155	8	219	8	174	7	201	8	174	7	145	6	236
龙岩	2	53	5	120	4	64	8	210	7	141	4	53	2	118
宁德	4	88	9	253	9	191	5	114	5	133	9	242	9	250

数据来源：城市与竞争力指数数据库。

2010 年福建省城市分项竞争力情况概括如下。综合增长竞争力：总体居于全国中游，厦门较上年滞后。这与出口导向型经济在国际金融危机受到严重影响有关。经济规模竞争力：总体规模较为领先，厦门、福州表现最好。中心城市的规模经济效应表现比较明显。城市经济效率竞争力：大部分处于工业化初、中期，地区水平差异较大。工业化水平较低的城市多分布在非闽东南地区，较闽东南经济发达地区存在较大差距。发展成本竞争力：总体表现相对均衡，莆田、三明榜列首尾。产业层次竞争力：整体结构偏低，福州相对较优。收入水

平指数：整体水平较低，地区差距较大。幸福感指数：总体相对均衡，国内排名滞后。

总的来看，福建各城市的幸福感指数总体处于中等偏下水平，除漳州排名全国前 100 名以内之外，其他城市都在第 110 ~ 250 名。说明福建就全省而言，社会发展较经济发展滞后，需要加强改善民生方面的社会建设，提高人民群众的幸福感指数。从城市看，除了综合增长竞争力指数外，厦门和福州是各项竞争力指数排名中最高的两大城市，各项排名都超过省内其他城市，作为省内中心城市，区域的极化效应较为显著。

3. 历史回溯：总体排名上升，省内差异明显

表 5 －4　福建城市综合竞争力历史排名

城　市	2010 年综合竞争力指数	2010 年排名	2009 年综合竞争力指数	2009 年排名	排名变化
福　州	0. 703	36	0. 624	39	3
厦　门	0. 734	22	0. 677	23	1
莆　田	0. 595	91	0. 517	108	17
三　明	0. 535	141	0. 471	157	16
泉　州	0. 647	54	0. 585	59	5
漳　州	0. 599	85	0. 535	88	3
南　平	0. 510	181	0. 452	191	10
龙　岩	0. 601	82	0. 517	106	24
宁　德	0. 484	214	0. 429	216	2

数据来源：城市与竞争力指数数据库。

与 2009 年综合竞争力指数相比，2010 年各城市这一指数都有所提高，平均由 2009 年的 0. 534 提高到 2010 年的 0. 601。与 2009 年排名相比，福建 9 个城市在全国的综合竞争力排名中都有所上升。其中龙岩上升最大，从第 106 名上升到第 82 名，提升了 24 个名次，其次是莆田、三明，分别提升了 17 个、16 个名次。而中心城市福州、厦门的排名相对比较稳定。全省总体竞争力指数和全国名次的提高说明福建海西经济区的建设成效明显；而龙岩等城市综合竞争力提升速度明显加快则说明了福建对区域次中心城市的发展给予了有力的支持。

2010 年，福建省综合竞争力基尼系数为 0. 084，名列全国第 11 位，位置居中，较上年 0. 091 的水平有所下降。说明该省城市间综合竞争能力存在较大差距，但这种差距有缩小的趋势，海西经济区建设及一系列区域协调发展政策措施实施的效果有所显现。

4. 结论与政策建议

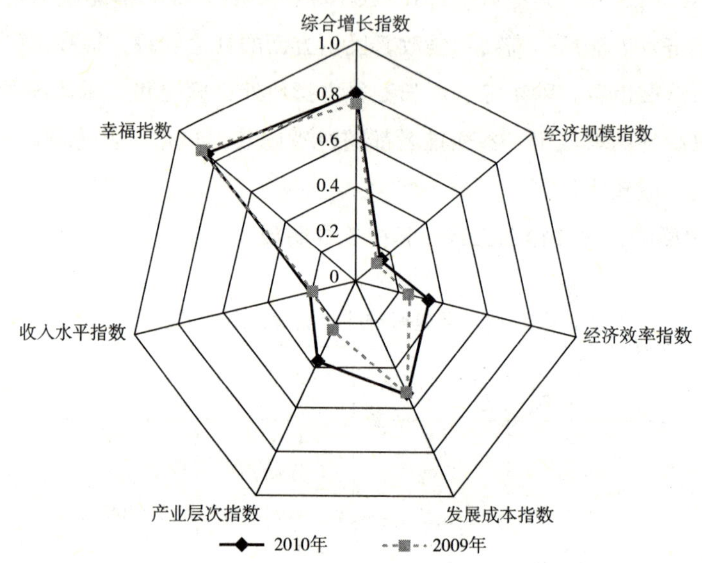

图 5－4 福建城市竞争力历史回溯

资料来源：城市与竞争力指数数据库。

福建的平均综合增长竞争力指数是0.788，全国排第8位；平均经济规模竞争力指数是0.147，全国排第7位；福建省的平均经济效率竞争力指数是0.334，全国排第7位；平均发展成本竞争力指数是0.531，全国排第8位；平均产业层次竞争力指数是0.370，全国排第7位；平均收入水平指数是0.200，全国排第4位；平均幸福感指数是0.839，全国排第15位。福建省除在收入水平指数方面具有一定优势外，其他各项指标都位居中等偏上水平。整体水平的欠优表明福建还有很大的发展空间，可以利用海西经济区的开发寻找新的经济增长点，探索新的发展道路。

虽然福建全省的平均收入水平指数较高，但从该指数的全国排名看，其城市的排名却是普遍下降的，与此密切相关的幸福感指数也普遍下降。这说明福建地区收入增长的相对速度和幸福增长速度低于经济的发展速度，和全国的平均水平存在一定差距。在今后的发展中，福建在经济发展中应更加关注民生问题，适当

地在国民收入分配中增加人民群众收入的比例，继续贯彻落实“平安福建”等一系列社会建设，促进经济社会的协调发展。

另外，地区发展的不平衡问题在福建省中同样有所体现。宁德、南平、三明等市各项指数普遍低于闽东南沿海地区。因而，必须在经济发展中按照统筹区域经济发展的原则推动区域经济的协调发展，借助海西经济区的开发建设，加大对核心边缘城市的投资力度。如宁德要借助“环三都澳区域发展规划”建设全国主体功能区的政策优势，加强基础设施和一批重点项目的建设；南平市要借助丰富的旅游资源优势，打造大武夷山旅游经济体系，加快旅游服务业配套设施建设；三明市也要全力打造全国绿色生态旅游名城，海峡西岸内陆经济带区域性中心城市和新兴的交通枢纽中心城市，使之成为“连接沿海、辐射内陆、联动周边经济协作区”的重要区域中心城市。

三　中国城市竞争力（江苏）报告

江苏位于我国东部沿海地区，东濒黄海，东南与浙江和上海毗邻，行政区域面积 10.2879 万平方千米，占全国国土面积的 1.07%。2010 年全省人口 7725 万，占全国总人口的 5.79%；地区生产总值 22990.35 亿元，约占全国 GDP 的 10.12%。[①] 江苏是我国古代吴越文化的发源地，旅游资源丰富，市场化程度高，是重要的商品粮棉基地，世称“鱼米之乡”。改革开放以来，江苏抓住机遇，勇于开拓，逐步形成了全方位、多层次、宽领域的对外开放格局。国际金融危机使江苏以中小企业为主的外向型经济遭受重大损失，为有效克服经济危机对全省经济的影响，江苏采取了一系列经济调整政策。2009 年，继 20 世纪 90 年代“海上苏东”战略规划，为有效适应长三角一体化发展的需要，江苏沿海地区发展战略又上升为国家战略，开始加大对沿海“经济低洼区”的发展力度。为扶持苏北地区的发展，实施“区域共同发展战略”，加快苏北社会经济发展内生增长机制的形成。江苏“十二五”规划中，将原来经济社会发展的五大战略升华为六大战略，强调未来发展要坚持科教与人才强省、创新驱动、城乡发展一体化、区域协调发展、经济国际化和可持续发展。

① 根据中华人民共和国国家统计局《中国统计年鉴 2010》相关数据计算得出。

1. 综合竞争力：整体全国领先，11 城市进百强

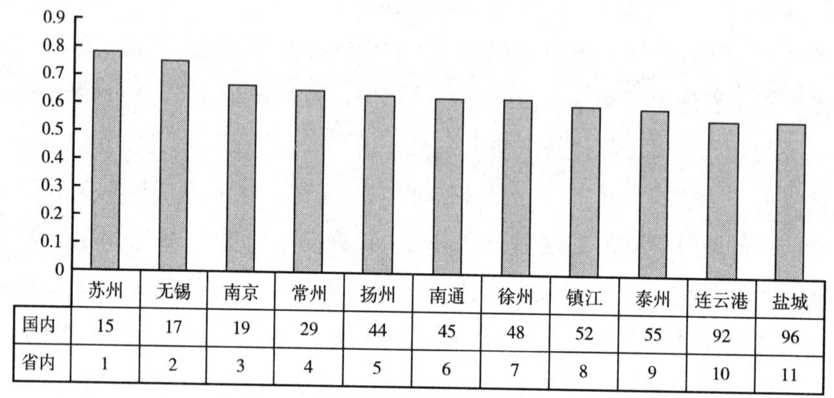

	苏州	无锡	南京	常州	扬州	南通	徐州	镇江	泰州	连云港	盐城
国内	15	17	19	29	44	45	48	52	55	92	96
省内	1	2	3	4	5	6	7	8	9	10	11

图 5－5　江苏城市综合竞争力指数排名

资料来源：城市与竞争力指数数据库。

2010 年，江苏城市综合竞争力指数的排名依次是：苏州、无锡、南京、常州、扬州、南通、徐州、镇江、泰州、连云港、盐城、淮安、宿迁。江苏省的平均综合竞争力指数为 0. 662，排全国第 2 位。江苏 13 个城市中，排在全国前 100 名的有 11 个，排名在第 101～200 位的有 2 个，总体水平处于全国领先的水平。从工业化水平来看，苏南地区普遍处于工业化中后期，发展水平较高；苏北地区工业化水平明显偏低，多处于工业化初期水平，而宿迁更是处于前工业化阶段，发展明显滞后。

2010 年，江苏省综合竞争力排名比较靠前的城市是苏州、无锡、南京和常州。这 4 个城市都是人口众多的特大型城市，位于社会经济发展水平较高的长江三角洲地区。这里土地平坦、交通便利、工商业发达、金融等服务行业发达，是我国经济水平最发达的地区之一。面对长江三角洲经济一体化的趋势，各市纷纷作出“接轨上海，实现共赢”的举措，如苏州“近水楼台、四沿布局”，无锡“融入一体化，谋求新发展”，南京“呼应上海，辐射周边”，常州“‘前店后坊’，推进一体化”。

2. 分项竞争力指标：综合增长指数有待提高，其他分项指标表现较优

2010 年江苏省城市分项竞争力情况概括如下。综合增长竞争力：总体居于中游水平，苏南城市有所下滑。这主要是由于出口加工业的发展受到了国际金融

表 5－5　江苏城市分项竞争力排名

城　市	综合增长		经济规模		经济效率		发展成本		产业层次		收入水平		幸福感指数	
	省内排名	国内排名	省内排名	国内排名	省内排名	国内排名	省内排名	国内排名	省内排名	国内排名	省内排名	国内排名	省内排名	国内排名
南　京	13	189	1	12	8	59	10	84	1	24	3	24	12	140
无　锡	11	178	3	19	1	18	5	63	3	47	2	18	10	87
徐　州	3	91	6	45	9	60	8	67	9	125	9	63	9	85
常　州	10	164	4	28	3	28	12	93	4	81	5	33	4	29
苏　州	8	159	2	17	2	22	4	57	2	33	1	15	13	276
南　通	5	106	5	44	5	43	11	86	8	107	8	49	8	73
连云港	12	181	12	113	10	145	7	65	6	98	10	65	5	42
淮　安	6	114	9	67	12	190	9	71	11	208	12	129	11	119
盐　城	9	163	10	80	11	156	1	24	12	222	11	98	2	14
扬　州	4	105	7	56	4	39	3	56	5	93	6	41	1	3
镇　江	7	137	8	60	6	47	13	119	7	104	7	44	6	51
泰　州	2	86	11	98	7	53	6	64	10	144	4	30	3	16
宿　迁	1	42	13	137	13	203	2	47	13	263	13	205	7	62

资料来源：城市与竞争力指数数据库。

危机的影响。经济规模竞争力：总体规模较为领先，南京、苏州发展最强。规模经济效应比较显著。城市经济效率竞争力：多半处于工业化中后期，地区水平差异较大。工业化总体水平呈苏南、苏中、苏北递减的形势。发展成本竞争力：总体表现比较均衡，苏南成本有所升高。产业层次竞争力：整体水平较强，苏南地区最好。收入水平指数：收入整体有所提高，苏南较苏北占优。幸福感指数：多数城市排名靠前，扬州幸福感指数最高。

总体而言，江苏城市综合增长竞争力排名处于全国中等水平，绝大部分集中在第 100～200 名，综合增长竞争力有待提高。分城市看，苏北地区的城市综合增长竞争力大体要好于苏中南地区，苏北地区城市的综合增长竞争力全国排名呈上升趋势，其中淮安的增长幅度最大，提高了 31 个名次；而苏南地区城市其排名处于下降趋势，苏南中心城市苏州、南京、无锡、常州名次分别下降了 49 个、42 个、35 个、31 个。对苏南而言，一方面，国际金融危机对苏南地区出口导向型经济带来巨大冲击，国际市场萎缩，出口下降，苏南大批中小企业倒闭，“苏南模式”面临极大挑战；另一方面，以中心城市为主的苏南发达地区经济增长方式转型和产业转移升级尚处在调整阶段，一系列促增长、拉内需的政策措施效果尚未显现，所以其综合增长竞争力短期内处于低迷阶段。对苏北而言，其城市的外贸依存度较低，受国际金融危机的影响较小；另外，近些年苏北接受苏南地区的产业转移，江苏省实施区域协调发展战略加大对苏北地区的投资倾斜力度，以及地方一系列重大经济建设项目的实施，给苏北地区的城市发展带来强大动力。

3. 历史回溯：苏北提升效果显著，南北差距仍然较大

表 5－6　江苏城市综合竞争力历史排名

城　市	2010 年综合竞争力指数	2010 年排名	2009 年综合竞争力指数	2009 年排名	排名变化
南　京	0.749	19	0.686	19	0
无　锡	0.762	17	0.692	16	－1
徐　州	0.663	48	0.596	50	2
常　州	0.715	29	0.636	33	4
苏　州	0.768	15	0.706	12	－3
南　通	0.676	45	0.610	43	－2
连云港	0.594	92	0.531	92	0
淮　安	0.577	109	0.504	119	10
盐　城	0.591	96	0.525	98	2
扬　州	0.678	44	0.603	48	4
镇　江	0.651	52	0.581	61	9
泰　州	0.647	55	0.567	67	12
宿　迁	0.526	151	0.458	176	25

资料来源：城市与竞争力指数数据库。

与 2009 年综合竞争力指数相比，2010 年各城市这一指数都有明显提高，平均由 2009 年的 0.592 提高到 2010 年的 0.662，提高比较显著。与 2009 年排名相比，江苏省有 8 个城市在全国的综合竞争力排名上有所上升，3 个城市排名有所下降，2 个城市排名没变。其中宿迁上升最大，从第 176 名上升到第 151 名，提升了 25 个名次；其次是淮安、泰州，分别提升了 10 个、12 个名次；苏州、南通、无锡的排名有所下降，但幅度不大，分别下降了 3 个、2 个、1 个名次；南京和连云港排名没有变化。

2010年，江苏省综合竞争力基尼系数为0.067，列全国第5位，较上年提高了0.009，名次也提升了7个。说明该省城市间综合竞争能力的差距正在逐渐缩小，对苏北地区经济开发的效果初步显现。但需要指出的是，苏北地区的发展仍明显滞后于苏中苏南地区，省内综合竞争力排名后四位的城市都在苏北。

4. 结论与政策建议

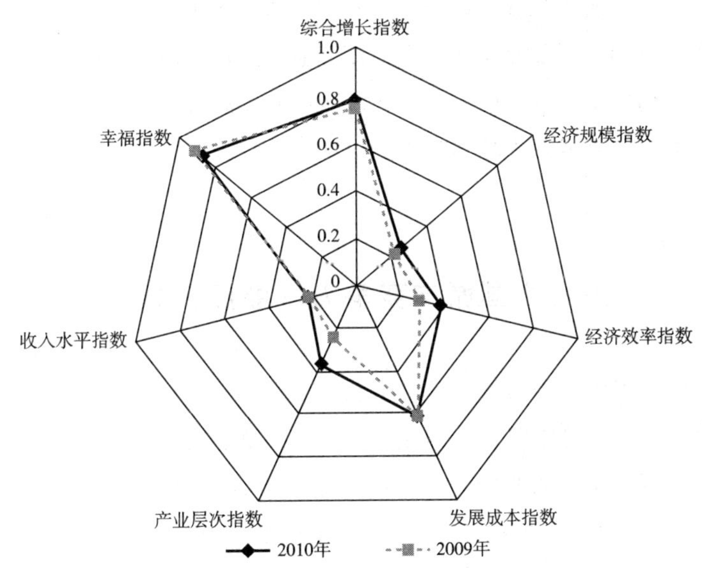

图5－6　江苏城市竞争力历史回溯

资料来源：城市与竞争力指数数据库。

江苏的平均综合增长竞争力指数是0.773，全国排第10位；平均经济规模竞争力指数是0.248，全国排第2位；平均经济效率竞争力指数是0.375，全国排第2位；平均发展成本竞争力指数是0.609，全国排第2位；平均产业层次竞争力指数是0.369，全国排第8位；平均收入水平指数是0.233，全国排第3位；平均幸福感指数是0.882，全国排第4位。江苏省在经济规模竞争力、经济效率竞争力、发展成本竞争力和收入水平指标和幸福感指数五项分指标中均表现优异，而综合增长竞争力和产业层次竞争力中表现一般。

综合增长竞争力和产业层次竞争力的偏低恰恰说明江苏省经济增长方式和产业结构升级对未来经济社会协调发展的重要性。江苏省应该抓住金融危机后国际国内新形势下的机遇，加快落实科教与人才强省、创新驱动战略，经济发展动力由劳动密集向知识密集转变、增长模式由粗放型向集约型转变、工作重心由扩大规模向提高竞争力转变，促进经济增长方式的转变。逐渐对高耗能、高污染、低产出的产业进行淘汰或技术改造，大力发展技术、知识密集型的高新产业和现代服务业，提高特色产业基地建设水平，抓住长三角一体化和江苏沿海开发战略的实施，加快某些产业由苏南向苏北梯度转移，促进全省产业结构优化升级。

地区发展不平衡也是江苏经济社会发展的另一个重要问题。总体而言，苏南城市的竞争力普遍高于苏北城市。今后江苏应当加快苏南、苏中与苏北的区域一体化进程，贯彻落实城乡发展一体化、区域协调发展战略，紧紧抓住长三角一体化和江苏沿海地区开发两大战略带来的机遇，增强南北间的经济联动，促进区域经济社会的协调发展。

四　中国城市竞争力（浙江）报告

浙江省位于我国东部沿海，地处长江三角洲南侧，与上海、江苏等省市接壤，水陆交通便利，是中国著名的旅游胜地。该省行政区域面积 10.412 万平方千米，占全国国土面积的 1.08%。2010 年全省人口约 5180 万，占全国总人口的 3.88%；地区生产总值 22990.35 亿元，占全国 GDP 的 6.75%。[①] 历史上，浙江经济较为发达，丝绸、制瓷、造纸、印刷和造船业等均居当时中国领先地位。2008 年的国际金融危机使浙江经济蒙受较大损失，面对新的国际国内形势，浙江“十二五”规划对省内经济作出新的调整：逐渐调整出口导向型的经济发展战略，对经济发展方式进行转型，加快产业转移和升级；关注海洋经济，提出“浙江海洋经济发展示范区”战略，并上升为国家战略，促进浙江经济社会的全面、协调可持续发展；面对资源相对短缺和成本逐渐增加的情况，提出发展绿色经济，开展建设领域节能减排战略规划。

1. 综合竞争力：总体水平较高，中心城市突出

2010 年，浙江城市综合竞争力指数的排名依次是：杭州、宁波、温州、舟山、绍兴、台州、嘉兴、湖州、金华、衢州、丽水。浙江省的平均综合竞争力指数为 0.637，排在全国第 3 位。浙江的 11 个城市中，排在全国前 100 名的有 9

① 根据中华人民共和国国家统计局《中国统计年鉴 2010》相关数据计算得出。

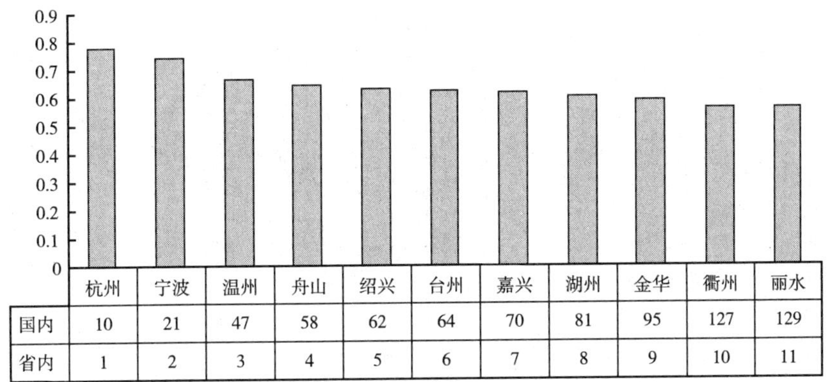

	杭州	宁波	温州	舟山	绍兴	台州	嘉兴	湖州	金华	衢州	丽水
国内	10	21	47	58	62	64	70	81	95	127	129
省内	1	2	3	4	5	6	7	8	9	10	11

图 5-7　浙江城市综合竞争力指数排名

数据来源：城市与竞争力指数数据库。

个，排名在第 101～150 位的有 2 个，总体水平较高。从工业化水平来看，区域性中心城市工业化程度较高，基本都处于工业化中期水平，全省中心城市杭州更是进入工业化后期阶段。

2010 年，浙江省综合竞争力排名比较靠前的城市是杭州、宁波、温州。杭州和宁波是人口众多的特大型城市，位于长江三角洲的沪宁杭经济圈。杭州是我国著名的旅游城市，又是浙江省的政治、经济、文化中心和东南地区的交通枢纽。宁波是浙江的三大经济中心之一，同时也是我国货物吞吐量第一大港口，集装箱吞吐量为全国第四大港口。温州是我国 14 个沿海开放城市之一、海峡西岸经济区五大中心城市之一，以及浙江的三大经济中心之一，经济条件优越。

2. 分项竞争力指标：综合增长指数偏低，其他分项指标较优

浙江省城市分项竞争力情况概括如下。综合增长竞争力：总体水平不佳，相对比较均衡。这与东南沿海其他省份一样，主要是由金融危机导致的出口下降造成的。经济规模竞争力：总体差异显著，杭州独占鳌头。杭州、宁波、温州位居前三，中心城市的规模经济效应明显。城市经济效率竞争力：大部分处于工业化中期，宁波、杭州位居前二。发展成本竞争力：总体表现比较均衡，中心城市成本上升明显。从排名上看，杭州、温州、宁波排名居于中、后位置。产业层次竞争力：整体结构较好，中心城市突出。杭州、绍兴、宁波、温州位居全省前列。收入水平指数：收入整体全国占优，沿海城市总体高于内陆城市。幸福感指数：总体比较均衡，内部差异显著。

表 5－7　浙江城市分项竞争力排名

城市	综合增长		经济规模		经济效率		发展成本		产业层次		收入水平		幸福感指数	
	省内排名	国内排名	省内排名	国内排名	省内排名	国内排名	省内排名	国内排名	省内排名	国内排名	省内排名	国内排名	省内排名	国内排名
杭　州	4	223	1	10	2	26	6	115	1	12	2	16	5	141
湖　州	6	239	5	86	8	104	4	95	10	111	9	64	7	188
嘉　兴	5	237	6	91	6	96	7	126	8	60	6	42	3	126
金　华	7	240	9	122	9	149	2	69	5	51	8	57	11	281
丽　水	3	184	11	224	11	164	3	91	6	52	10	73	4	137
宁　波	8	258	2	20	1	25	10	160	3	34	1	12	2	77
衢　州	2	121	10	155	10	163	9	148	11	136	11	102	6	158
绍　兴	9	271	7	105	3	70	11	180	2	25	3	27	8	258
台　州	11	276	4	61	7	99	5	99	7	54	7	47	10	280
温　州	10	273	3	50	4	71	8	134	4	35	4	31	9	268
舟　山	1	101	8	111	5	79	1	45	9	62	5	34	1	22

资料来源：城市与竞争力指数数据库。

总的来看，浙江省城市综合增长竞争力排名普遍处于全国低等水平，绝大部分集中在第 220 名之后，综合增长竞争力亟待提高。分城市看，经济社会发展水平较高的城市，其综合增长竞争力排名都严重偏低。其原因同东部沿海其他省份相同，主要是国际金融危机。危机的爆发和深层次发展，使以出口导向型为主的浙江企业面临国际市场需求减弱、业务订单减少、生产成本增加、经济效益下滑、企业倒闭、工人失业、私人投资信心减弱的情况。以劳动密集型出口加工、“两高一低”的粗放式增长工业为主的产业结构和增长方式亟待调整。

3. 历史回溯：整体排名呈下降趋势，省内地区差距较小

与 2009 年综合竞争力指数相比，2010 年各城市这一指数都有所提高，平均由 2009 年的 0. 589 提高到 2010 年的 0. 637。但与 2009 年排名相比，除了杭州在国内综合竞争力排名略有上升外，其他 10 个城市的排名均呈下降趋势。其中丽水下降最大，下降了 27 个名次；金华其次，下降了 15 个名次。说明区域性中心城市在抵御外部风险、保持综合竞争力上具有很强的优势，而区域边缘城市在抵御外部风险、保持综合竞争力上存在不足。

2010 年浙江省综合竞争力基尼系数为 0. 0626，名列全国第 4 位，位居前列，较上年 0. 0633 的水平稍有改进。说明该省城市间综合竞争能力差距较小，且这种差距的缩小趋势不是非常显著。

表 5－8　浙江城市综合竞争力历史排名

城　市	2010 年综合竞争力指数	2010 年排名	2009 年综合竞争力指数	2009 年排名	排名变化
杭　州	0.781	10	0.711	11	1
宁　波	0.745	21	0.689	18	－3
温　州	0.663	47	0.624	40	－7
嘉　兴	0.619	70	0.567	65	－5
湖　州	0.603	81	0.555	75	－6
绍　兴	0.630	62	0.587	55	－7
金　华	0.591	95	0.545	80	－15
衢　州	0.556	127	0.499	123	－4
舟　山	0.643	58	0.591	53	－5
台　州	0.627	64	0.585	58	－6
丽　水	0.555	129	0.523	102	－27

数据来源：城市与竞争力指数数据库。

4. 结论与政策建议

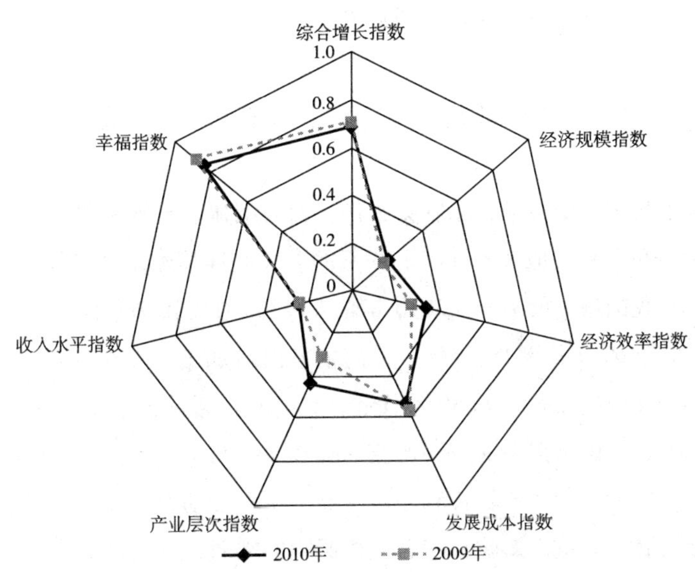

图 5－8　浙江城市竞争力历史回溯

资料来源：城市与竞争力指数数据库。

浙江的平均综合增长竞争力指数是0.677，全国排第20位；平均经济规模竞争力指数是0.193，全国排第5位；平均经济效率竞争力指数是0.338，全国排第5位；平均发展成本竞争力指数是0.556，全国排第7位；平均产业层次竞争力指数是0.437，全国排第2位；平均收入水平指数是0.251，全国排第2位；平均幸福感指数是0.882，全国排第4位。浙江省在产业层次竞争力、收入水平指数这两项指标中的表现突出，在经济规模竞争力、经济效率竞争力、发展成本竞争力和幸福感指数四项分指标中的表现却较好，在综合增长竞争力中表现最差。

通过观察各项分指标，可以看出浙江省，尤其是杭州、宁波、温州三个区域中心城市综合增长竞争力指数全国排名中处于后列，而其他几项指数均排在前列。可以看出其经济发展受到了一定程度的制约，并在经济运行上仍然没有摆脱传统“高能耗、高排放”的发展模式。因此在寻找新的经济增长点的同时，应因地制宜地调整产业结构，探索减轻能源环境压力的循环经济之路；逐渐调整出口导向型的经济发展模式，促进经济的内生增长；加快区域经济合作与规划，积极落实“浙江海洋经济发展示范区”战略，并积极参与长三角一体化和海西经济区的城市合作，促进省内区域的协调发展。

五　中国城市竞争力（台湾地区）报告

台湾位于我国东南海域，东临太平洋，西与福建隔台湾海峡相望，是西太平洋航道的中心和太平洋地区各国海上联系的重要交通枢纽。全岛总面积35879.3平方千米，是我国最大的岛屿。2010年总人口约2311.98万，GDP为3789.69亿美元。[①] 20世纪60年代到80年代，台湾依靠出口加工工业带动经济迅速发展，成为“亚洲四小龙”之一。从80年代起，台湾经济进入转型期，由劳动密集型产业转向资本、知识密集型的新兴产业。随着海峡两岸经贸合作的加深，大量台资进入大陆，成为台湾产业转移和经济发展的主要带动力量。国际金融危机对台湾经济社会发展造成重大影响，随着危机影响的减弱，台湾日益加强与大陆的经济社会联系。

---

① 台湾“行政院”统计局：《台湾统计年鉴2010》，2011。

1. 综合竞争力：整体实力居前，岛内发展均衡

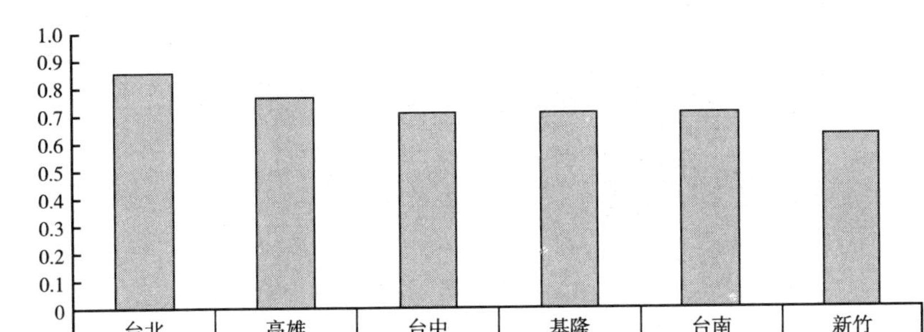

	台北	高雄	台中	基隆	台南	新竹
国内	5	18	30	31	33	63
地区	1	2	3	4	5	6

图 5－9　台湾城市综合竞争力指数排名

资料来源：城市与竞争力指数数据库。

2010 年，中国城市竞争力（台湾地区）报告 6 个城市，其综合竞争力指数的排名依次是：台北、高雄、台中、基隆、台南、新竹。台湾的平均综合竞争力指数为 0.731，排在全国第 1 位。台湾的 6 个城市都排在全国前 100 名中，其中台北排在前 10 名。从工业化水平来看，台湾 6 个城市都已进入后工业化阶段，发展比较均衡。

台湾地区地理位置优越，气候优美，是一个著名的旅游胜地。依靠东亚地区海上航线的必经之路，大力发展出口导向型产业。依靠资金和技术优势以及大陆的宽松政策，广泛到大陆投资建厂。台湾有完善的产业结构，第三产业非常发达，并且在经济发展政策上较好地结合了台湾的实际情况，有效地利用了 20 世纪 60 年代以来国际国内环境变化的契机。这一切使台湾地区的城市发展极具竞争力优势。

2. 分项竞争力指标：总体优势非常突出，综合增长面临瓶颈

2010 年台湾地区城市分项竞争力情况概括如下。综合增长竞争力：增长面临困难，国内排名低迷。主要是国际金融危机对其外向型经济造成的巨大影响所致。经济规模竞争力：总体规模领先，台北位居第 1。城市经济效率竞争力：所有城市皆是后工业化时期，四个城市位居国内前五名。发展成本竞争力：总体居于领先地位，中心城市表现优异。台北、高雄、新竹位居台湾地区前三名。产业

表 5-9　台湾城市分项竞争力排名

城　市	综合增长		经济规模		经济效率		发展成本		产业层次		收入水平		幸福感指数	
	地区排名	国内排名	地区排名	国内排名	地区排名	国内排名	地区排名	国内排名	地区排名	国内排名	地区排名	国内排名	地区排名	国内排名
台　北	2	290	1	9	1	1	1	6	1	4	1	2	5	33
高　雄	1	289	6	89	3	4	2	7	3	7	4	6	3	28
台　中	6	294	5	68	2	3	6	218	5	9	2	4	1	10
台　南	5	293	3	31	6	11	4	14	6	10	6	8	6	105
基　隆	4	292	2	26	5	10	5	32	2	5	3	5	2	18
新　竹	3	291	4	54	4	5	3	8	4	8	5	7	4	31

资料来源：城市与竞争力指数数据库。

层次竞争力：整体结构优化，区域内水平相对均衡。收入水平指数：总体表现突出，地区差距较小。这与其经济社会发展水平比较相应。幸福感指数：总体水平较高，台南有待提高。

总的来看，除综合增长竞争力指数外，其他各项指数的全国排名都非常靠前，绝大多数在全国前 50 名之内，优势比较突出。但综合增长竞争力指数全国排名非常落后，为全国选取的 294 个城市中的最后六名。根本原因是台湾经济已经进入后工业化阶段，经济规模基数较大，很难再出现高的增长速度。直接原因是国际金融危机对主要依靠国际市场的台湾来说冲击很大，这也是东南沿海地区各省份普遍遇到的问题。台湾地区立法机构甚至通过“振兴经济消费券发放特别条例”发放消费券，来刺激消费、拉动经济增长。

3. 历史回溯：整体下降明显，总体水平领先

表 5-10　台湾城市综合竞争力历史排名

城　市	2010 年综合竞争力指数	2010 年排名	2009 年综合竞争力指数	2009 年排名	排名变化
台　北	0.858	5	0.816	4	-1
基　隆	0.712	31	0.658	28	-3
新　竹	0.629	63	0.605	47	-16
台　中	0.713	30	0.680	22	-8
高　雄	0.760	18	0.751	7	-11
台　南	0.711	33	0.676	24	-9

资料来源：城市与竞争力指数数据库。

与2009年综合竞争力指数相比，2010年各城市这一指数都有所提高，平均由2009年的0.697提高到2010年的0.731，总体水平占优。与2009年排名相比，台湾6个城市的排名都呈下降趋势，其中新竹、高雄下降幅度最大，达到了两位数之多。这说明台湾地区的城市发展已经成熟，综合竞争力水平处于相对停滞时期，大陆某些城市的城市化速度加快使自身的综合竞争力逐渐赶超台湾地区的城市。

2010年，台湾综合竞争力基尼系数为0.059，名列全国第3位，位居前列，较上年0.064的水平有所下降，说明台湾地区城市间综合竞争能力差距减小，并且呈现更加均衡的发展态势，区域发展比较协调。

4. 结论与政策建议

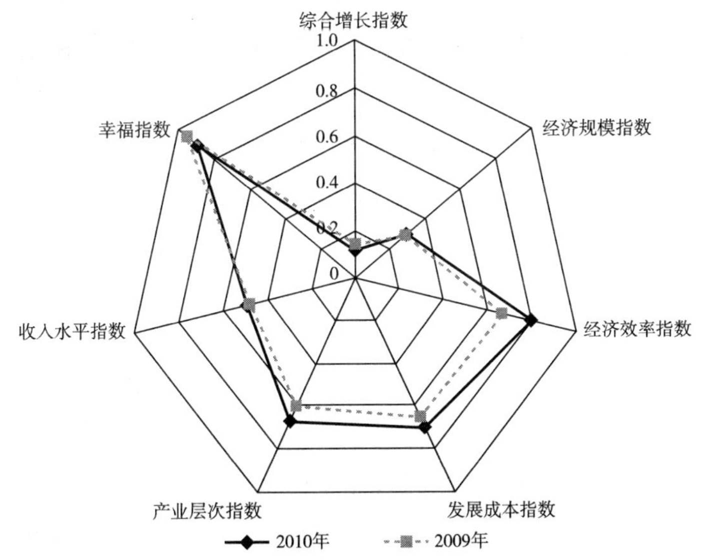

图5－10　台湾城市竞争力历史回溯

资料来源：城市与竞争力指数数据库。

台湾地区的平均综合增长竞争力指数是0.124，排第22位；平均经济规模竞争力指数是0.289，排第1位；平均经济效率竞争力指数是0.803，排第1位；平均发展成本竞争力指数是0.697，排第1位；平均产业层次竞争力指数是0.664，排第1位；收入水平指数是0.449，排第1位；平均幸福感指数是0.900，排第1位。台湾地区在经济规模竞争力、经济效率竞争力、发展成本竞争力、产业层次竞争力、收入水平指数和幸福感指数这6项分指标中处于绝对领先地位，居于首位；而综合增长竞争力相对于大陆城市处于劣势，仅居第22位。

台湾的6个城市之所以在综合增长竞争力指标中排名靠后，主要是因为台湾经济已经进入后工业化阶段，很难再出现高的增长速度。另外，随着岛内外经济环境的相对变化，台企经营压力增大，迫使传统产业，甚至某些高科技产业大量外移，生产基地移至大陆或其他地区；台湾制造业的海外生产比例超过40%，尤其是在IT产业，2005年岛内生产的比重不到7%，致使台湾的竞争力下降。因而，台湾应继续加快台湾服务业的发展，提升服务业水平，以弥补第二产业竞争力外移造成的综合增长竞争力衰退的现象。

要继续加强两岸经济社会等各方面的联系。事实证明，台湾的发展离不开大陆，大陆是台湾经济贸易和对外投资的主要场所。尤其是金融危机之后，大陆成为世界经济新增长中心，促进了亚太乃至全球产业链分工重组，客观上对台湾的经济转型带来机遇。今后，台湾与大陆之间应加强关键性生产要素的流动性，在人才、技术等方面展开广泛的交流与合作，实现两岸经济一体化，从而有效整合两岸资源优势，增强台湾城市的综合竞争力。

B.6

第六章 中国（环渤海地区）城市竞争力报告

一　中国城市竞争力（河北）报告

河北省位于环渤海地区的中心地带，是唯一环抱两座直辖市的省份。面积18.77万平方公里，人口0.70亿，2010年GDP产值17235.48亿元，分别占到全国总量的1.96%、5.77%和5.06%。河北省拥有丰富的资源禀赋，是我国主要的能源供应基地，具有吸引资金和承接产业转移的良好区位条件、资源环境和产业基础。面对环京津都市圈和环渤海地区的加速崛起，以及全球产业结构调整和国内“南资北移”，河北省根据自身情况采取了战略东移和建设沿海经济隆起带，加快建设环首都经济圈和发展冀中南经济区，更好地促进河北发展的战略规划。

1. 综合竞争力：整体实力中游偏上，城市差距较小

河北省城市综合竞争力平均指数是0.577，排名第8，位于全国中上游位置。河北省竞争力基尼系数是0.0587，全国排名第2。从综合竞争力指标看，该省没有特别靠前的城市，但也没有特别靠后的城市（见图6-1），核心城市的优势并

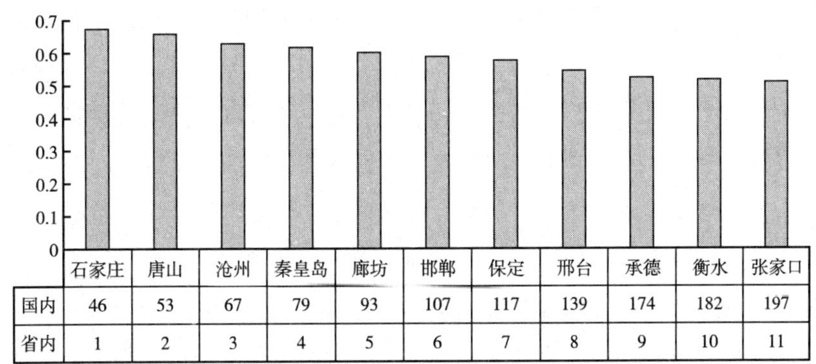

	石家庄	唐山	沧州	秦皇岛	廊坊	邯郸	保定	邢台	承德	衡水	张家口
国内	46	53	67	79	93	107	117	139	174	182	197
省内	1	2	3	4	5	6	7	8	9	10	11

图6-1　河北城市综合竞争力指数排名

数据来源：城市与竞争力指数数据库。

不明显。较为靠前的石家庄和唐山都是人口众多的特大型城市，石家庄处于工业化中期，而唐山则是中国北方重要的资源型城市，也是历史悠久的沿海重工业城市。张家口、衡水和承德都是处在工业化初期的发展阶段，因此综合竞争力较弱。

2. 分项竞争力：中心城市突出，指标分化明显

表 6-1　河北城市分项竞争力排名

城　市	综合增长		经济规模		经济效率		发展成本		产业层次		收入水平		幸福感指数	
	省内排名	国内排名	省内排名	国内排名	省内排名	国内排名	省内排名	国内排名	省内排名	国内排名	省内排名	国内排名	省内排名	国内排名
石家庄	10	268	2	47	3	55	3	125	1	17	6	106	1	1
唐　山	4	190	1	29	2	36	8	233	9	160	3	78	7	66
秦皇岛	9	248	5	96	4	66	6	208	2	53	2	71	8	130
邯　郸	6	222	3	90	6	103	4	128	10	167	7	110	10	183
邢　台	8	241	9	176	8	114	7	217	8	119	8	118	9	162
保　定	5	220	4	92	5	78	9	241	6	108	11	143	4	46
张家口	7	230	7	136	10	132	11	288	7	116	10	134	3	24
承　德	1	143	10	189	11	182	10	274	5	92	5	94	2	4
沧　州	3	174	6	125	1	33	2	106	4	66	1	67	11	191
廊　坊	2	157	8	147	7	111	1	102	3	55	4	81	6	57
衡　水	11	282	11	226	9	123	5	185	11	191	9	126	5	52

数据来源：城市与竞争力指数数据库。

从城市来看，石家庄和沧州两个城市的大部分分项指标在国内的排名都表现不错。石家庄除了综合增长指标在全国的排名比较靠后外，其他指标的排名都处于中上游位置，尤其是幸福感指数指标，在国内名列第 1，产业层次竞争力指标的排名也比较领先，在国内排第 17 名。石家庄作为河北省的省会，具有政治、经济、人才、信息等诸多优势，随着经济全球化和区域经济一体化继续发展以及我国工业化、城市化进程加快，京津冀都市圈也加速崛起，促进了石家庄产业体系和基础设施不断完善，经济结构调整转型加快，交通枢纽的地位进一步加强，利用外部优势资源和生产要素的能力增强，经济总量快速增加，为石家庄加快发展开辟了新的空间。沧州除了综合增长竞争力和幸福感指数竞争力的排名靠后外，其他排名都表现不错，其中经济效率在全国排第 33 名，在省内处于第 1。

沧州是工业化初期的中等城市，着重于抓好渤海新区、中心城市经济和县域经济“三大板块”的调整优化，打造沿海经济隆起带，形成对全市经济的持续拉动力，带动了全市经济的整体提升。

从指标来看，全省城市的幸福感指数和经济效率指标表现相对良好，在幸福感指数指标排名中，石家庄、承德等 4 个城市都处于全国前 50 名，石家庄位于全国第 1，处于工业化初期的中等城市承德位于全国第 4 名。河北省提出的建设“绿色河北”，旨在打造“天蓝、地绿、水清”宜居城市。经济效率指标的排名中，整体表现一般。

3. 历史回溯：产业优势不足，沧州潜力初显

表 6－2　河北城市综合竞争力历史排名

城　市	2010 年综合竞争力指数	2010 年排名	2009 年综合竞争力指数	2009 年排名	排名变化
石家庄	0.665	46	0.618	41	－5
唐　山	0.648	53	0.586	57	4
秦皇岛	0.605	79	0.562	71	－8
邯　郸	0.580	107	0.524	100	－7
邢　台	0.538	139	0.483	137	－2
保　定	0.569	117	0.511	114	－3
张家口	0.500	197	0.437	211	14
承　德	0.514	174	0.458	177	3
沧　州	0.621	67	0.544	82	15
廊　坊	0.594	93	0.541	85	－8
衡　水	0.509	182	0.466	163	－19

数据来源：城市与竞争力指数数据库。

2010 年河北省综合竞争力指数是 0.577，全国排名第 8，较 2009 年排名没有发生变化。2010 年竞争力基尼系数是 0.0587，全国排名第 2，比 2009 年上升两位。城市综合竞争力排名中，沧州和张家口排名有明显提升，排名比 2009 年分别上升了 15 位和 14 位。沧州是工业化初期的中等城市，地处环渤海中心地带，是河北省确定的“两环”（环京津、环渤海）开放一线地区，也是京津通往东部沿海地区的交通要冲，在沿海区域设立有渤海新区。张家口是工业化初期的大城市，地处京、津、冀、蒙四省市区交界处，是北京的北大门，属于环京津地区产业带。沧州和张家口都具有很大的发展潜力。衡水的排名下降幅度较大，衡水是工业化初期的中等城市，没有特色明显、优势突出的产业，综合竞争力较弱。

与2009年相比，排名上升的城市有：沧州、张家口、唐山、承德。排名下降的城市有：衡水、秦皇岛、廊坊、邯郸、石家庄、保定、邢台。

4. 结论和政策建议：调整产业布局，坚持统筹协调

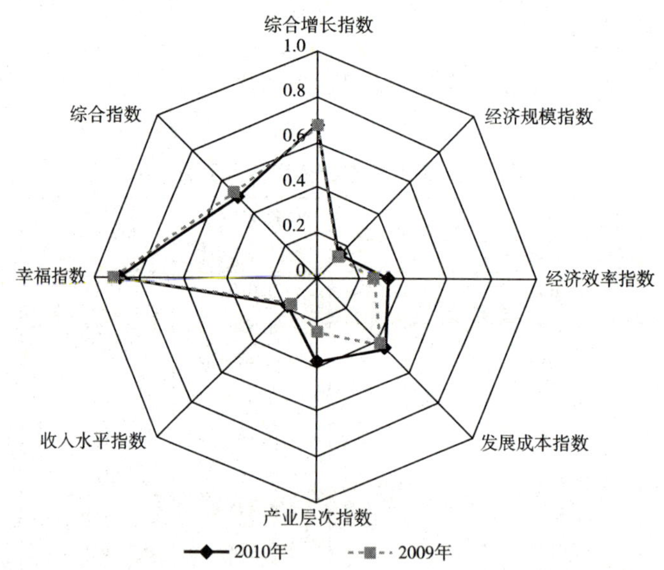

图6－2　河北城市竞争力历史回溯

数据来源：城市与竞争力指数数据库。

河北的综合增长竞争力（0.680，第19名）、经济规模竞争力（0.138，第8名）都低于全国平均水平（0.746，0.145），且其排名较去年都有所下降。综合竞争力（0.577，第8名）、经济效率竞争力（0.334，第6名）和发展成本竞争力（0.431，第18名）较去年排名没有变化，发展成本竞争力指数0.431还低于全国平均水平0.505。幸福感指数竞争力（0.887，第3名）在全国的排名上升。综合增长竞争力、发展成本竞争力等仍处在比较落后的位置。

河北省应发展壮大战略支撑产业，加强主导产业的优势的同时培育后续支撑产业，加快建设以循环经济、化工示范基地为龙头的化工产业，培育龙头企业和

产业园区，成为拉动经济增长的新生力量，以提高综合增长竞争力。推动产业循环式组合和产业聚集，加强矿产资源集中统一管理，促进经营方式向规模化、集约化发展。加大对沧州、廊坊、承德和张家口等环京津地区的支持力度，充分发挥各城市的区域优势，积极融入京津冀都市圈，培育特色经济，形成优势互补的主导产业格局。坚持统筹协调和可持续发展，加快产业布局的战略性调整，形成资源优势得以充分发挥、生态环境和谐、科技含量高、集聚效应好的产业支撑体系，加快提升河北的综合竞争力。

二　中国城市竞争力（山东）报告

山东位于中国东部沿海，是全国重要的能源基地之一，胜利油田是中国第二大石油生产基地，中原油田的重要开采区也在山东，山东原油产量占全国1/3。山东省陆地总面积 15.71 万平方千米，人口 0.94 亿，2010 年地区总产值 33896.7 亿元，占全国的比重分别是 7.1%，1.6%，10.0%。省会济南和港口城市青岛是人口最为密集的两个城市。金融危机虽然对山东的经济造成了一定的冲击，但在一定程度上促进了山东产业结构的优化升级。该省着眼于在“转调”中培植经济发展新优势，大力发展东部沿海城市，建设黄河三角洲经济示范区，突出青岛龙头带动作用，实施东部突破烟台、中部突破济南、西部突破菏泽、促强扶弱带中间，加快县域经济发展，带动全省结构优化和整体素质的提高。

1. 综合竞争力：整体实力领先，城市发展均衡

山东省城市综合竞争力平均指数是 0.624，全国排名第 4，竞争力基尼系数是 0.069，全国排名第 6 名，整体处于上游水平，该区域发展相对均衡。其基本特点是由东向西呈梯次分布。东部地区比较发达，西部相对滞后，而中部在东部和西部之间起着过渡作用。青岛作为中国重要的经济中心城市、港口城市和外贸口岸，其综合竞争力遥遥领先。济南是是环渤海经济区和京沪经济发展轴上的重要交汇点，是全国重要的交通枢纽和物流中心，位于环渤海经济圈，是黄河三角洲的中心城市，区位优势明显。东营是资源型大城市，是黄河三角洲的中心城市。菏泽、聊城是属于工业化初期的内陆城市。

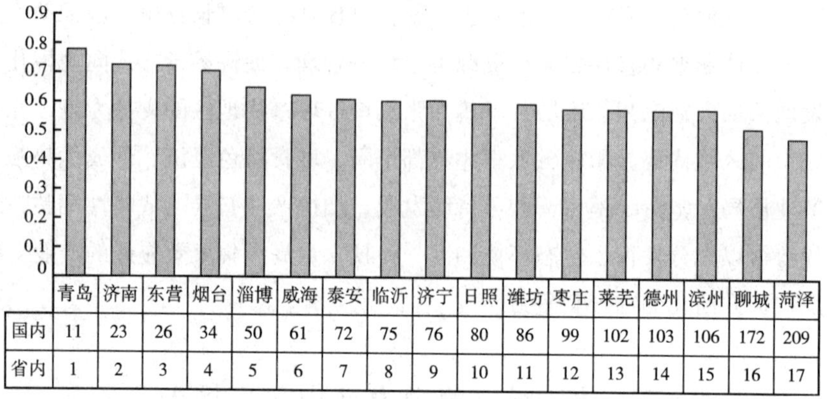

图 6-3　山东城市综合竞争力指数排名

数据来源：城市与竞争力指数数据库。

2. 分项指标：经济规模突显，区域优势明显

表 6-3　山东城市分项竞争力排名

城　市	综合增长		经济规模		经济效率		发展成本		产业层次		收入水平		幸福感指数	
	省内排名	国内排名	省内排名	国内排名	省内排名	国内排名	省内排名	国内排名	省内排名	国内排名	省内排名	国内排名	省内排名	国内排名
济　南	16	173	2	21	5	48	4	38	1	20	4	43	16	155
青　岛	7	60	1	18	2	21	2	28	2	31	1	21	13	78
淄　博	12	132	3	30	4	44	15	155	9	170	9	93	15	138
枣　庄	15	148	9	71	11	115	6	51	17	266	13	133	9	39
东　营	8	69	5	39	1	7	5	39	8	152	2	29	14	132
烟　台	2	31	4	36	3	40	3	29	4	95	5	48	4	20
潍　坊	17	180	7	66	15	141	10	123	7	118	11	112	6	35
济　宁	6	57	11	79	9	90	14	151	13	193	6	60	10	50
泰　安	9	70	10	75	14	138	1	25	3	84	12	121	12	69
威　海	11	120	12	87	6	49	12	135	11	180	3	35	5	34
日　照	1	29	8	69	8	83	8	117	14	209	14	137	8	39
莱　芜	14	138	13	94	10	110	16	157	16	213	10	101	3	6
临　沂	4	43	6	58	12	119	17	179	12	183	8	90	1	2
德　州	5	55	14	138	7	67	9	120	5	97	16	171	11	58
聊　城	13	133	16	174	16	228	7	110	10	178	15	151	17	200
滨　州	10	115	15	146	13	127	13	145	6	115	7	76	2	5
菏　泽	3	34	17	180	17	255	11	127	15	211	17	232	7	37

数据来源：城市与竞争力指数数据库。

从城市来看，济南、青岛和烟台的各项指标都表现不错。济南除综合增长竞争力和幸福感指数竞争力指标比较靠后外，其他指标均在全国100名以内。青岛和烟台的所有指标均在全国100名以内，处于全国比较领先的水平。济南作为山东的省会，是我国环渤海地区南翼和黄河中下游地区的中心城市，是环渤海经济区和京沪经济发展轴上的重要交汇点，是全国重要的交通枢纽和物流中心，有很大的区域协作的潜在优势。青岛和烟台都是处于工业化中期的特大型城市。青岛在2010年全面落实中央一系列宏观调控政策，积极推进经济发展方式转变，经济保持了平稳较快发展。烟台市是我国首批沿海开放城市之一，是环渤海经济圈内以及东亚地区国际性港城、商城、旅游城，具有较明显的资源和区位优势。

从指标来看，各城市的经济规模竞争力和幸福感指数竞争力排名都比较靠前。济南、青岛等13个城市的经济规模竞争力排名都在全国前100名之列。幸福感指数竞争力指标中，有10个城市的排名都在全国前50名，其中临沂、滨州和莱芜的排名分别为第2、第5和第6。山东大力发展黄河三角洲地区和胶东半岛产业聚集区经济，形成了很好的规模经济。在发展经济的同时坚持绿色发展，转变经济发展方式，营造美好家园。

3. 历史回溯：城市发展缓慢，青岛优势突出

2010年山东的综合竞争力指数是0.624，全国排名第4，排名较2009年没有发生变化。2010年竞争力基尼系数是0.069，全国排名第6，较去年下降1位。山东城市综合竞争力排名中，只有济南、枣庄、日照和菏泽的排名较去年有所上升，其中枣庄上升幅度最大，上升了19位。枣庄地理位置优越，交通便利，是京沪两大城市的节点城市，又是东部沿海和西部内陆腹地的过渡带，是一个因煤而建、因煤而兴的资源型大城市，枣庄作为被国务院批准为东部地区唯一的转型试点城市，枣庄的转型工作得到了国家的认可和政策资金支持。德州和聊城排名下降的幅度较大，分别下降了20位和14位。德州和聊城属于工业化初期的城市，经济发展力度不够，应提高技术水平和调整产业结构，发挥其资源优势。

与2009年相比，排名上升的城市有济南、枣庄、日照和菏泽。排名下降的有德州、聊城、潍坊、泰安、威海、淄博、莱芜、烟台、济宁、滨州、青岛、临沂和东营。

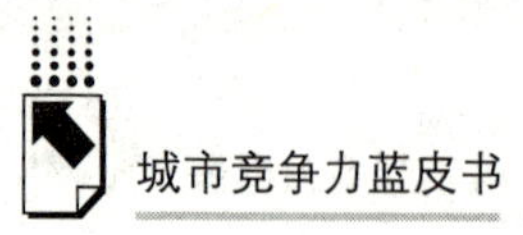

表 6－4　山东城市综合竞争力历史排名

城　市	2010 年综合竞争力指数	2010 年排名	2009 年综合竞争力指数	2009 年排名	排名变化
济　南	0.732	23	0.669	26	3
青　岛	0.781	11	0.715	9	－2
淄　博	0.654	50	0.606	46	－4
枣　庄	0.586	99	0.505	118	19
东　营	0.728	26	0.672	25	－1
烟　台	0.710	34	0.651	30	－4
潍　坊	0.598	86	0.545	79	－7
济　宁	0.609	76	0.558	73	－3
泰　安	0.614	72	0.568	64	－8
威　海	0.631	61	0.587	54	－7
日　照	0.604	80	0.541	86	6
莱　芜	0.583	102	0.526	96	－6
临　沂	0.609	75	0.556	74	－1
德　州	0.582	103	0.544	83	－20
聊　城	0.515	172	0.469	158	－14
滨　州	0.581	106	0.520	103	－3
菏　泽	0.486	209	0.437	210	1

数据来源：城市和竞争力数据库。

4. 结论和政策建议：发挥明显优势，挖掘沿海潜力

山东的综合增长竞争力（0.809，第5名）和经济效率竞争力（0.345，第4名）的指标排名较上年都下降1位，但都高于其全国平均水平。发展成本竞争力（0.576，第3名）和产业层次竞争力（0.343，第11名）的指标排名较上年都上升1位，但产业层次竞争力的指标指数仍然低于其全国平均水平0.352。综合竞争力（0.624，第4名）、经济规模竞争力（0.199，第4名）、收入水平竞争力（0.189，第5名）和幸福感指数竞争力（0.890，第2名）的排名与去年相比都没有变化。

山东的幸福感指数竞争力、发展成本竞争力、经济效率竞争力等指标在全国都处于领先位置，只有产业层次竞争力相对处于比较落后的位置。

提升产业层次竞争力是山东的当务之急。山东应坚持结构调整，加快转变经济发展方式。加快发展山东半岛蓝色经济区和建设黄河三角洲地区生态经济示范

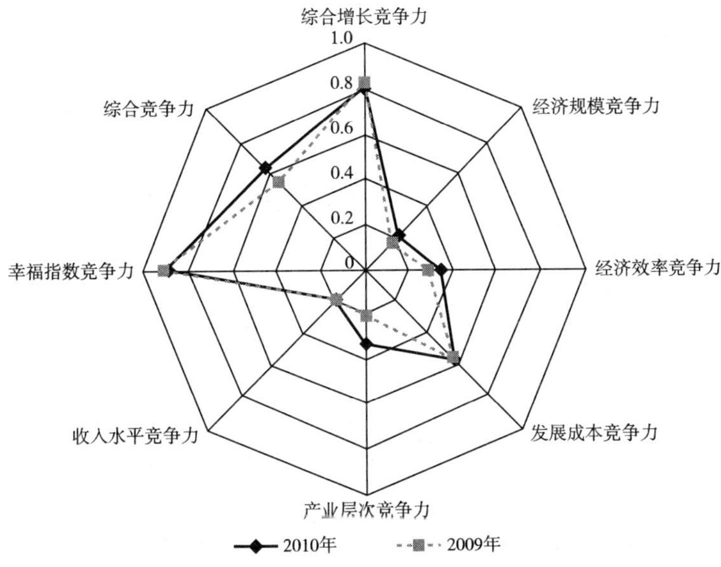

图 6－4　山东城市竞争力历史回溯

数据来源：城市与竞争力指数数据库。

区，以胶东半岛高端产业聚集区作为主体力量，充分发挥全省优质资源富集地带的优势。在济南、青岛等工业发达城市，实现周边地区一体化，构建合理的产业布局。对于枣庄和东营等资源型城市，依据资源环境承载能力和发展潜力，调整优化结构，提高资源的利用率。充分挖掘沿海城市的潜力，构建结构优化、技术先进的现代产业体系。

B.7
第七章 中国（东北地区）城市竞争力报告

一 中国城市竞争力（辽宁）报告

辽宁位于中国东北地区的南部，全省土地面积为14.73万平方千米，占全国总面积的1.53%，拥有4315万人口，占全国总人口的3.21%，是中国东北经济区和环渤海经济区的重要结合部。自振兴东北老工业区战略提出以来，辽宁省逐步推出“沿海经济带开发开放”、“沈阳经济区建设”和“突破辽西北”三大战略，构筑起辽宁区域经济发展的新格局，其中《辽宁沿海经济带发展规划》已于2009年8月由国务院正式批复，沈阳经济区也于2010年4月获国务院批准为国家新型工业化综合配套改革试验区，标志着这两个战略上升为国家战略。辽宁省2010年《政府工作报告》提出，“十二五”时期，要调整工业内部结构，大力发展战略性新兴产业、改造提升战略性传统产业、坚决淘汰落后产能。辽宁省在全国的比较优势进一步凸显，其后发优势和蕴藏的无限商机对国内外投资者的吸引力越来越大。

1. 综合竞争力指数：雄踞东北榜首，发展健康有序

全国的平均综合竞争力指数为0.550，辽宁省的这一指标为0.578，排在全国第7位；全国的平均综合竞争力基尼系数为0.116，辽宁省这一指标为0.087，排在全国第13位。从城市来看，既有发展成熟的特大型工业化中后期城市大连、沈阳；也有特大型资源型城市鞍山、抚顺；还有一批处于工业化初、中期的城市构成的全省持续发展的中间地带，如营口、锦州、本溪等大城市；此外，朝阳、铁岭等尚处于前工业化阶段和工业化初期的中等城市排名暂时落后，但发展迅猛，未来几年的排名值得关注。整体上看，沿海城市的发展相对要好于内陆城市，资源型城市要好于非资源型城市。位列前三的大连、沈阳、鞍山各具不同的竞争优势：大连是东北之窗，是重要的旅游城市和港口城市，近几年的进出口总

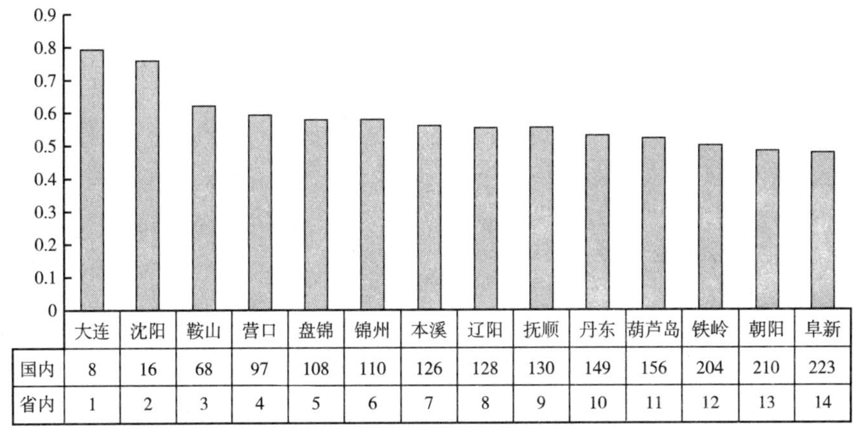

	大连	沈阳	鞍山	营口	盘锦	锦州	本溪	辽阳	抚顺	丹东	葫芦岛	铁岭	朝阳	阜新
国内	8	16	68	97	108	110	126	128	130	149	156	204	210	223
省内	1	2	3	4	5	6	7	8	9	10	11	12	13	14

图 7－1　辽宁城市综合竞争力指数排名

数据来源：城市与竞争力指数数据库。

额和游客人数都有较大幅度的增长，工业化程度高，已处于工业化后期阶段；沈阳是辽宁的省会，东北地区最大的城市，也是东北地区的政治、经济、商业、军事中心，有资源和人才优势，工业化程度较高，已处于工业化中期阶段；鞍山则地处辽东半岛中部，是我国最大的钢铁之都，作为老钢铁基地，拥有规模优势，是重要的资源型城市。

2. 分项竞争力指数：大连沈阳比翼齐飞，综合增长势头强劲

从指标来看，辽宁省的综合增长竞争力指数延续了振兴东北以来的强劲发展势头。有 3 个城市排在全国前 10 位，分别是铁岭（1）、营口（5）和朝阳（8），另外，有 5 个城市排在 20～50 名之间。综合增长竞争力从强到弱依次是：铁岭、营口、朝阳、本溪、鞍山、沈阳、丹东、大连、锦州、葫芦岛、辽阳、抚顺、阜新、盘锦。这里面一批前工业化城市（朝阳）、工业化初期城市（铁岭、丹东等）和工业化中期城市（营口、本溪等）充分发挥了人力资源丰富的优势，以中心城市资本增长、流动和产业集群效应为契机，通过良好的基础设施建设和便利的交通运输条件，提升综合区位竞争力，从而推动了整体的快速发展。随着区域经济一体化水平的提高，铁岭、朝阳、锦州等成为辽西北地区的重要增长极，使得“突破辽西北”战略稳步推进。除此之外，在经济规模竞争力指数、经济效率竞争力指数、产业层次竞争力指数、收入水平竞争力指数方面，辽宁省也都表现不俗。

表7-1 辽宁城市分项竞争力排名

城市	综合增长		经济规模		经济效率		发展成本		产业层次		收入水平		幸福感指数	
	省内排名	国内排名	省内排名	国内排名	省内排名	国内排名	省内排名	国内排名	省内排名	国内排名	省内排名	国内排名	省内排名	国内排名
鞍山	5	25	3	49	2	29	14	280	4	100	2	50	12	242
本溪	4	22	5	84	6	95	13	277	8	159	6	85	13	267
朝阳	3	8	13	232	14	226	12	265	3	83	13	184	3	42
大连	8	48	2	16	1	19	2	31	1	18	1	19	7	146
丹东	7	38	11	158	10	148	9	238	5	150	12	148	14	286
抚顺	12	119	4	83	9	122	11	245	11	192	10	136	10	213
阜新	13	154	12	209	13	224	7	234	9	173	14	225	4	87
葫芦岛	10	104	10	150	11	195	6	232	12	197	8	128	8	154
锦州	9	68	8	115	7	102	4	205	6	151	7	113	2	41
辽阳	11	118	9	123	8	109	5	227	7	158	9	131	6	105
盘锦	14	285	7	102	4	46	3	94	13	230	4	68	11	241
沈阳	6	27	1	14	3	38	1	21	2	39	3	55	5	97
铁岭	1	1	14	241	12	198	10	239	14	233	11	141	1	12
营口	2	5	6	99	5	88	8	235	10	176	5	72	9	202

数据来源：城市与竞争力指数数据库。

从城市来看，各项指标表现抢眼的城市为大连和沈阳，绝大部分指标都排进前50位，在全国范围内也属于领先水平。大连目前人均GDP已超过1万美元，是东北亚重要的国际航运中心、国际物流中心、区域性金融中心，中国最大的出口船舶基地、著名的避暑胜地和旅游热点城市。沈阳作为中国七大区域中心城市之一，民航、铁路、公路、地铁和城际铁路四通八达；身处沈阳都市圈核心，地处东北亚经济圈和环渤海经济圈中心，区位优势明显；同时作为中国目前十大国家综合配套改革试验区之一，对周边乃至全国都具有较强的吸纳力、辐射力和带动力，有利于高质量人力资源的聚集，从而为产业规模的扩大和城市产业的高附加值转化创造了极其有利的条件。除这两个明星城市外，鞍山和铁岭的发展模式也值得探讨。鞍山是资源型城市，有“共和国钢都”的美誉，其综合增长、经济效率、经济规模和收入水平都排在全国前50名以内。铁岭的综合增长竞争力指数排名全国第1，为了创造更为便利的发展环境，铁岭市委、市政府搬迁到凡河新城，城市重心整整向南迁移了16千米，与沈阳经济区实现无缝对接；其水

电资源充足、矿藏储量丰富、交通运输条件便利，周围的大中城市均以重化工业为主，唯有铁岭在区域分工上以农业、畜牧业为主，这为发展农业产业化及开发高附加值的农副产品提供了巨大的市场，目前处于工业化初期，其幸福感竞争力指数排名也相当靠前；在人力资本、科学技术、综合区位、基础设施等硬件竞争力方面还有很大提升空间。

3. 历史回溯：整体竞争力略有下降，软件竞争力尚待提高

表 7-2 辽宁城市综合竞争力历史排名

城 市	2010 年综合竞争力指数	2010 年排名	2009 年综合竞争力指数	2009 年排名	排名变化
鞍 山	0.621	68	0.561	72	4
本 溪	0.556	126	0.493	127	1
朝 阳	0.485	210	0.423	224	14
大 连	0.794	8	0.713	10	2
丹 东	0.529	149	0.481	142	-7
抚 顺	0.554	130	0.507	115	-15
阜 新	0.473	223	0.433	213	-10
葫芦岛	0.521	156	0.479	144	-12
锦 州	0.575	110	0.518	105	-5
辽 阳	0.555	128	0.511	113	-15
盘 锦	0.579	108	0.524	101	-7
沈 阳	0.762	16	0.699	15	-1
铁 岭	0.498	204	0.450	194	-10
营 口	0.590	97	0.535	89	-8

数据来源：城市与竞争力指数数据库。

2010 年辽宁省综合竞争力指数排在前两位的大连和沈阳相对于 2009 年分别上升了 2 位和下降了 1 位；排名上升了 14 位的朝阳是个中等城市，目前处于前工业化阶段，上升空间大，在政策等因素激励下，排名上升最快。

除朝阳、鞍山、大连和本溪外，其他 10 个城市 2010 年国内排名相对于 2009 年都有不同程度的下降。其中辽阳和抚顺下降最多，抚顺为资源型特大城市，辽阳为工业化中期大城市。可见当前辽宁省各城市发展到一定程度，发展成本和产业层次逐渐开始制约发展，应当尽快促进资源型城市的产业转型，寻找替代产业；对于工业化中后期城市来说，从商业文化竞争力（BC）、经济制度竞争力

(ES)、政府管理竞争力(GM)、企业管理竞争力(BM)、对外开放竞争力(OW)等软件竞争力层面来进行结构和制度改革，要比单纯靠国家政策促进发展更加科学有效。因此，辽宁省2010年《政府工作报告》提出，“十二五”时期，要调整工业内部结构，大力发展战略性新兴产业、改造提升战略性传统产业、坚决淘汰落后产能。发展新兴产业，已成为辽宁调整产业结构、转变发展方式的重要载体和重大战略选择。应尽快解决其发展过程中存在的问题，促其在更高水平上更迅速、更健康地发展。

4. 结论与政策建议：把握战略机遇，实现产业升级

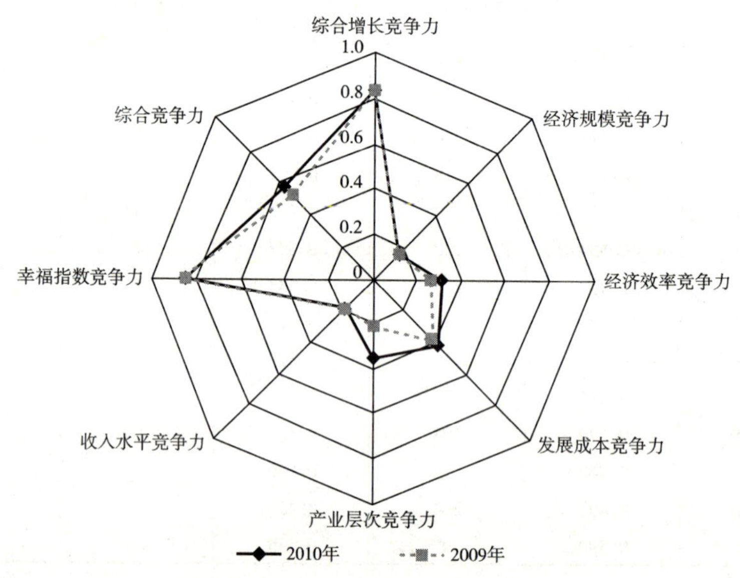

图7-2 辽宁城市竞争力历史回溯

数据来源：城市和竞争力数据库。

首先，辽宁省的整体实力在东北三省中处于领先地位，其所有指标都高于东北地区平均水平。2010年综合竞争力指数为0.578，高于2009年的0.523，表明在三大区域发展战略的辐射、带动和融合下，辽宁省沿海与腹地形成了良性互动、协调发展、全方位对外开放的新格局，实现了资源优势互补、整合产出了“1+1>2”的效益。

其次，经济效率竞争力指数和产业层次竞争力指数相比2009年都有很大提升，表明辽宁省在新兴产业集聚区建设方面有很大的进展，要继续以先进装备制

造业、新能源产业及高技术服务业等九大产业为新兴产业发展的重点方向，实施工业五项工程（企业提升工程、产业集群工程、项目工程、并购工程、节能降耗与淘汰落后产能工程）作为发展战略性新兴产业的重要载体和工业全面振兴的战略之举，力求实现新的突破。

二　中国城市竞争力（吉林）报告

吉林省位于中国东北地区中部，其土地面积为14.64万平方千米，占全国的1.53%，拥有人口0.25亿，占全国总人口的2.04%。生态环境优越，自然资源丰富，是全国重要的粮食生产基地和林业基地。2009年8月，国务院批复《中国图们江区域合作开发规划纲要——以长吉图为开发开放先导区》，以长春、吉林和延边州（简称长吉图）为核心地区，同时辐射其他参与图们江区域国际合作的辽宁省、黑龙江省和内蒙古自治区等地区，并涉及我国与周边国家合作的相关内容，以加快提升我国东北地区沿边开放的水平和质量。同时在转变经济发展方式过程中，吉林实施了“三动”战略：投资拉动、项目带动、创新驱动。通过投资注入发展动能，通过项目集聚发展要素，通过创新转化和释放各类要素活力。

1. 综合竞争力指数：整体实力居中，城市差距不大

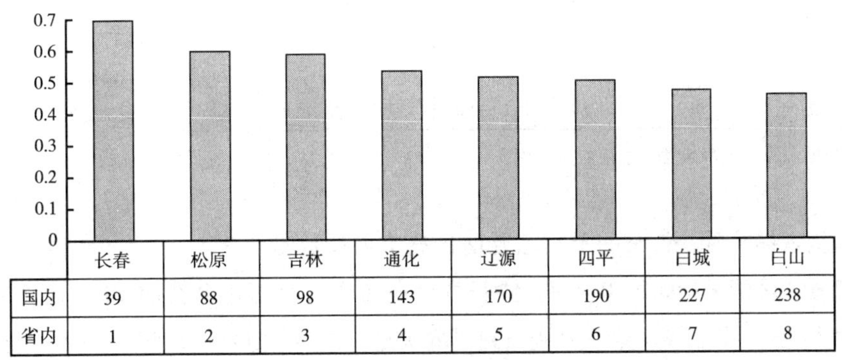

	长春	松原	吉林	通化	辽源	四平	白城	白山
国内	39	88	98	143	170	190	227	238
省内	1	2	3	4	5	6	7	8

图7-3　吉林城市综合竞争力指数排名

数据来源：城市与竞争力指数数据库。

全国的平均综合竞争力指数为0.550，吉林省的这一指标为0.546，在全国排第11位。吉林省综合竞争力的基尼系数为0.084，全国排第10位。城市之间

差距较小，发展较为均衡。省会城市要强于其他城市，长春排在了全国第 39 位，松原、吉林、通化、辽源、四平等都处于中间水平。综合竞争力指数排在前三名的城市是长春、松原、吉林。这三个城市各具竞争优势：长春市作为吉林省的省会城市，是全国重要的汽车工业、农产品加工业基地和科教文贸城市，科技优势显著；松原市则拥有丰富的石油等矿产资源；吉林市则拥有良好的自然环境和旅游资源，化学工业也较为发达。三个城市中，吉林和长春都是特大型城市，工业化程度较高，处于工业化中期，在长吉图国家战略中成为产业竞争能力明显增强的率先发展地带，形成带动吉林和东北地区振兴的重要引擎；而松原则为中等城市，资源型相关产业所占比重仍然较大，为资源型城市。

2. 分项竞争力指数：长春实力一枝独秀，松原吉林各有千秋

表 7－3　吉林城市分项竞争力排名

城　市	综合增长		经济规模		经济效率		发展成本		产业层次		收入水平		幸福感指数	
	省内排名	国内排名	省内排名	国内排名	省内排名	国内排名	省内排名	国内排名	省内排名	国内排名	省内排名	国内排名	省内排名	国内排名
长　春	8	35	1	25	2	74	1	18	1	72	1	97	4	127
吉　林	5	15	2	55	4	112	5	246	2	90	2	153	7	247
四　平	4	11	7	201	6	180	6	254	3	117	7	193	5	183
辽　源	2	4	4	184	3	106	7	275	5	189	4	157	6	191
通　化	6	16	5	187	5	125	4	207	6	217	5	166	1	44
白　山	1	3	6	191	7	233	8	285	8	243	6	179	8	274
松　原	7	19	3	118	1	50	2	30	7	225	3	154	3	83
白　城	3	9	8	264	8	258	3	78	4	157	8	233	2	59

数据来源：城市与竞争力指数数据库。

从指标来看，吉林的平均综合增长竞争力指数是 0.953，排名全国第 1，远远超过了全国平均水平 0.737，除长春外所有城市全部排名在前 20 位，长春排在第 35 位，综合增长竞争力从强到弱依次是：白山、辽源、白城、四平、吉林、通化、松原、长春。从这一指标上的独占鳌头与其他指标的中下水平比较中可以发现，吉林省的综合增长很大程度上得益于国家的振兴战略，即强有力的政府管理竞争力（GM），接下来要做的就是如何在当前政策条件下，高效整合现有资源，形成可持续发展的城市竞争力子系统，包括科学技术竞争力（ST）、经济结构竞争力（ES）、生态环境竞争力（EE）、商业文化竞争力（BC）、经济制度竞

争力（ES）、企业管理竞争力（BM）和对外开放竞争力（OW）等。

从城市来看，长春在各项指标中排名比较靠前，整体实力较强。作为吉林省省会和中国区域性中心城市之一，有着天然的地理优势，它是东北亚十字经济走廊核心，在长吉图发展战略中，位于哈尔滨—长春—大连纵向综合交通通道；是中国最大的汽车工业城市；被评为国家卫生、园林城市，国家绿化、环保模范城市；农业高度发达，是中国重要的商品粮基地之一，通过农产品深加工带动农牧业发展；目前已形成以交通运输设备制造业为主体的工业体系，步入工业化中期。松原地处松嫩平原南端的哈尔滨、长春、大庆三角地带，地理位置极其优越，围绕石油化工、农畜产品深加工两大主导产业，积极发展生化制药、建筑材料、商贸旅游三个新兴产业，形成了比较健全的经济体系和产业集群，逐步增大技术密集型、资金密集型产业的比例，有效提高了城市产业的价值体系，使其在经济效率竞争力指数、发展成本竞争力指数和幸福感竞争力指数方面具备比较强的实力，但产业结构调整还需加大力度。吉林市资源丰富，人口众多，有丰富的旅游资源——吉林雾凇，人均可支配收入处于吉林省的上等水平，化学工业较为发达，工业化程度较高，处于工业化中期，在经济规模竞争力指数和产业层次竞争力指数方面具备优势。

3. 历史回溯：综合实力略有下降，资源城市转型较快

表 7－4　吉林城市综合竞争力历史排名

城　市	2010 年综合竞争力指数	2010 年排名	2009 年综合竞争力指数	2009 年排名	排名变化
长　春	0.694	39	0.642	32	－7
吉　林	0.590	98	0.528	94	－4
四　平	0.504	190	0.449	195	5
辽　源	0.516	170	0.456	185	15
通　化	0.533	143	0.490	130	－13
白　山	0.458	238	0.396	253	15
松　原	0.597	88	0.520	104	16
白　城	0.471	227	0.419	226	－1

数据来源：城市与竞争力指数数据库。

2010 年吉林省综合竞争力指数排在前两位的长春和松原相对于 2009 年分别下降了 7 位、上升了 16 位，松原上升幅度最大。此外，辽源和白山排名均上升了15位，四平上升了5位。其中，辽源和白山都是中型城市，人口适中，且属于内陆城市，没有特别的地理优势，经济发达程度要低于长春和省内其他大城市。这些城市经济基础都较为薄弱，而且辽源和白山都面临着资源枯竭的问题，但是它们充分抓住了作为资源型城市转型试点的契机：辽源积极发展材料产业，填补东北区域该块产业的空白，并大力发展健康产业，改造提升传统优势产业，使得经济有了迅速发展；而白山市位于自然风景秀丽的长白山西侧，大力发展旅游产业，并积极推动木材深加工产业、矿泉水产业和保健食品产业，使得经济迅速腾飞。

4. 结论与政策建议：综合增长全国第一，其他指标空间巨大

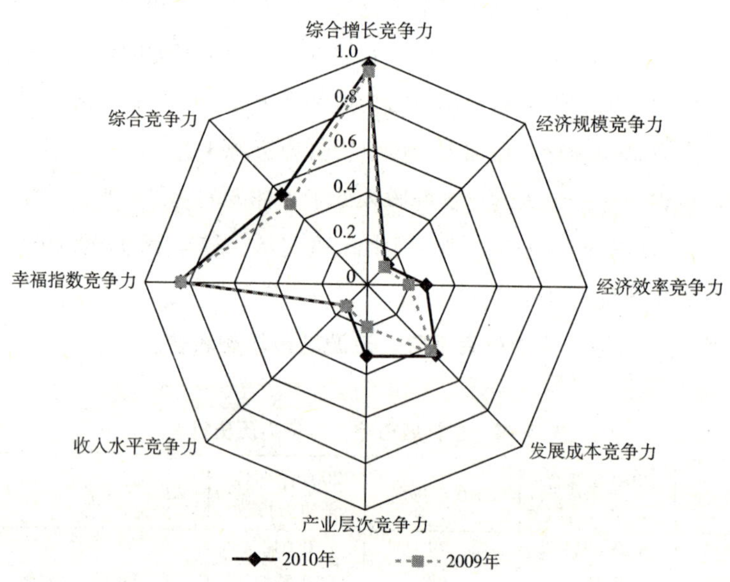

图7－4　吉林城市竞争力历史回溯

数据来源：城市与竞争力指数数据库。

吉林省的整体实力在东北三省中处于平均水平，其2010年综合竞争力指数为0.546，高于2009年的0.487，吉林省抓住振兴东北老工业基地的战略机遇，实施开放带动战略，促进产业结构升级，努力开创经济振兴新局面，保持了良好的经济增长态势。

产业层次竞争力指数和经济效率竞争力指数在吉林省“三动”战略和长吉图发展战略推动下提升较快，凸显出吉林省进入转型升级的关键阶段后，高新技

术决定着产业优化升级的方向，是经济转型升级的主要驱动力。通过自主创新、提升技术水平、缔造新兴战略产业、培育新的发展优势，为加快经济发展方式转变和经济结构调整，提供强有力的科技支撑，推动经济发展走上创新驱动的轨道。

三　中国城市竞争力（黑龙江）报告

黑龙江省是位于我国最东北的省份，全省土地总面积47.3万平方千米，占全国土地总面积的4.9%。人口总数为3700多万，占全国总人口的3.1%。自然条件优越，有丰富的矿产资源，是国家重要的能源工业基地，是主要煤炭调出省之一；森林资源丰富，是全国最大的林业省份之一；土地质量居全国之首，是我国重要的小麦和大豆产区，总耕地面积和可开发的土地后备资源均占全国1/10以上，人均耕地和农民人均经营耕地是全国平均水平的3倍左右；在产业方面，作为全国重要的农业大省，黑龙江省有装备、石化、能源、食品四大主导产业，医药产业和旅游业也较为发达。为克服国际金融危机影响，转变发展方式，调整经济结构，提升全省经济实力，黑龙江省实行“八大经济区”和“十大工程”发展战略，加快“十大重点产业”项目建设。一批发挥竞争优势、促进结构调整和产业升级的大项目正在抓紧实施，有望成为全省加快发展的“新引擎”。此外，黑龙江省特殊的地理位置优势为边境贸易提供了广阔的发展前景。

1. 综合竞争力指数：整体有待提高，城市差距较大

全国的平均综合竞争力指数为0.550，黑龙江省的这一指标为0.480，在全国的排名为第19位。黑龙江省综合竞争力的基尼系数为0.136，全国排名第21位。从城市类型来看，既有特大型的繁华城市哈尔滨，也有中等城市绥化，还有规模不大的小城市黑河；从发展阶段来看，有处于前工业化阶段的齐齐哈尔，工业化初期的佳木斯和牡丹江，工业化中期的哈尔滨以及资源型城市大庆。整体而言，处于前50位的城市是哈尔滨和大庆，其中大庆是中国最大的石油工业基地，属于资源型城市；哈尔滨作为省会城市，工业基础雄厚，已处于工业化中期阶段。

其他城市与中心城市之间差距较大，综合竞争实力悬殊，要通过产业结构调整、转变经济发展方式的战略来缩小与发达地区的差距，这就需要由一批重大的

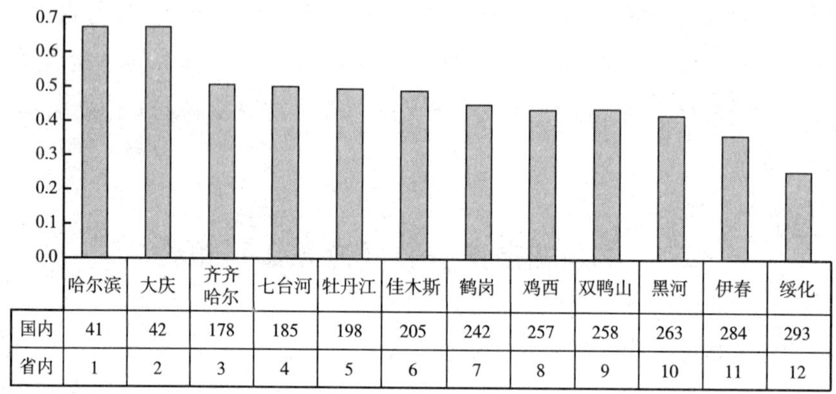

图 7－5　黑龙江城市综合竞争力指数排名

数据来源：城市与竞争力指数数据库。

产业项目做载体、做支柱，从而创造财富，提高人民生活水平。为此，以新能源、新材料、生物、电子信息、节能环保、现代装备制造为代表的六大战略性新兴产业，成为黑龙江产业项目中的“亮点”。

2. 分项竞争力指数：中心城市全面领先，集聚效应初露端倪

表 7－5　黑龙江城市分项竞争力排名

城市	综合增长		经济规模		经济效率		发展成本		产业层次		收入水平		幸福感指数	
	省内排名	国内排名	省内排名	国内排名	省内排名	国内排名	省内排名	国内排名	省内排名	国内排名	省内排名	国内排名	省内排名	国内排名
哈尔滨	4	117	1	23	2	89	2	85	1	45	2	91	6	165
齐齐哈尔	9	191	3	121	6	222	10	231	5	123	6	207	1	11
鸡西	8	171	7	230	10	275	11	252	6	175	8	230	5	98
鹤岗	6	162	8	233	7	241	7	177	9	255	9	240	10	265
双鸭山	3	103	10	251	8	250	12	266	8	247	4	177	9	264
大庆	12	259	2	27	1	16	5	136	7	237	1	45	4	92
伊春	10	202	9	249	11	289	4	98	11	286	11	286	12	292
佳木斯	2	56	4	175	4	205	3	97	3	85	10	268	7	181
七台河	1	24	6	193	3	192	9	226	10	261	3	139	8	215
牡丹江	11	229	5	185	5	212	8	195	2	79	7	215	3	91
黑河	7	168	12	291	9	264	6	162	4	114	5	185	2	64
绥化	5	124	11	285	12	293	1	83	12	293	12	293	11	283

数据来源：城市和竞争力数据库。

从城市来看，哈尔滨、大庆在各项指标中都表现不俗，整体实力遥遥领先于其他城市。其中，哈尔滨作为黑龙江省的省会，是全国重要的交通枢纽，特殊的地理位置和气候条件也提供了良好的旅游资源，并且地处东亚经济圈的中心位置，沿边经济和国际贸易也比较发达，工业化程度较高，处于工业化中期阶段；大庆是一座因石油而兴的城市，石油产业发达，为资源型城市，目前正积极进行产业结构调整和转移，增加高端制造业和高端服务业的产值，提高非农产业和服务业占 GDP 的比重。值得注意的是佳木斯和牡丹江两个城市，作为工业化初期城市的代表，它们虽然综合竞争力指数排名不高，但是在产业层次方面竞争力较强，其中佳木斯尤其值得关注。佳木斯是黑龙江东部的经济中心，强大的运输、商品集散能力及交通枢纽打造了其物流中心的地位；便利的交通、优良的环境打造了其商务中心的地位；风能资源富集，发展风力发电潜力巨大；农业和观光旅游业发达，被评为“全国魅力城市、最佳生态环境城市”；其在综合增长竞争力与发展成本竞争力两个指标上也具备较强的竞争力。

从指标来看，黑龙江省的综合增长竞争力指数相对来说表现稍好。有两个城市跻身全国 100 强，分别是七台河（24）、佳木斯（56），七个城市排在 100～200 名之间，三个城市排在 200 名以后。竞争力指数从强到弱依次是：七台河、佳木斯、双鸭山、哈尔滨、绥化、鹤岗、黑河、鸡西、齐齐哈尔、伊春、牡丹江、大庆。排名前五位的城市从区位上看都分布在中心城市哈尔滨周边，其中七台河属于新兴资源型城市，交通、通信十分便利，矿产资源丰富，七台河煤田是国家保护性开采的三个稀有煤田之一，是东北地区重要的主焦煤产区和黑龙江省唯一的无烟煤生产基地；佳木斯处于工业化初期，在综合区位竞争力（CL）、经济结构竞争力（ES）以及生态环境竞争力（EE）等方面具备新兴城市发展的利好因素；双鸭山、绥化等通过省会哈尔滨的集聚效应，在节省运输费用、及时了解市场需求信息、调节生产供给、及时实现产品的价值、扩大产品市场占有率和城市价值体方面都有很大提升空间。

3. 历史回溯：边贸城市表现抢眼，资源城市亟待转型

2010 年黑龙江省综合竞争力指数排在前两位的大庆和哈尔滨相对于 2009 年分别上升了 9 位和 4 位。此外，作为工业化初期城市的典型代表，牡丹江上升了 24 位，排在全国第 198 位，牡丹江是中国内地最大的边贸城市之一，是北方著名的旅游城市，也是黑龙江省东部最大的城市和政治、文化、交通、科技、经济、

表 7－6　黑龙江城市综合竞争力历史排名

城　市	2010 年综合竞争力指数	2010 年排名	2009 年综合竞争力指数	2009 年排名	排名变化
哈尔滨	0.681	41	0.606	45	4
齐齐哈尔	0.511	178	0.455	186	8
鸡　西	0.439	257	0.409	242	－15
鹤　岗	0.453	242	0.407	245	3
双鸭山	0.439	258	0.401	252	－6
大　庆	0.680	42	0.595	51	9
伊　春	0.367	284	0.353	282	－2
佳木斯	0.494	205	0.456	184	－21
七台河	0.508	185	0.442	203	18
牡丹江	0.500	198	0.426	222	24
黑　河	0.424	263	0.367	272	9
绥　化	0.262	293	0.192	294	1

数据来源：城市和竞争力数据库。

旅游中心，发展潜力巨大。

其他城市相对于 2009 年排名上升的还有七台河、黑河、齐齐哈尔、鹤岗与绥化；排名下降的城市有 4 个：佳木斯、鸡西、双鸭山和伊春。资源型城市需要依托产业项目的投资来带动产业发展，同时刺激内需增长，尽快促成产业结构调整和转移。

4. 结论与政策建议：调整产业结构，发挥沿边优势

在综合竞争力指数方面，在一系列政策的支持下，黑龙江省以新能源、新材料、生物、电子信息、节能环保、现代装备制造为代表的六大战略性新兴产业施工项目占全省工业施工项目的 1/4，同比增长了近六成，促进了全省实力提升。这一领域将继续成为黑龙江经济结构调整优化升级的重中之重，风电机组、电动轿车、复合材料、专用农机装备等一批大项目陆续启动。在综合增长竞争力指数方面，黑龙江的平均综合增长竞争力指数水平超过了全国平均水平，这得益于东北地区这几年来在振兴东北老工业区政策下整体突飞猛进的发展。产业层次竞争力指数方面，相比 2009 年有所提升，还需要进一步调整并提升产业结构，尽快完善交通设施建设，积极建立主导和特色产业，促进偏远地区的经济发展，从而提高人民生活水平，增进人民生活幸福感。

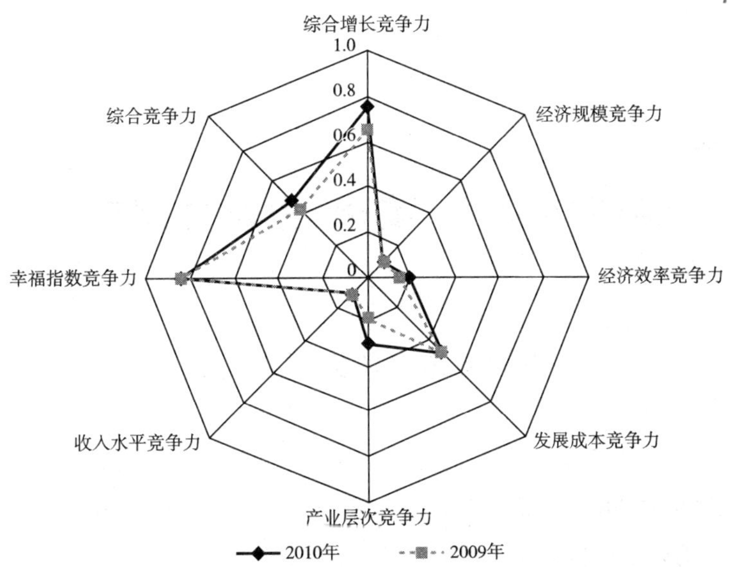

图 7-6　黑龙江城市竞争力历史回溯

数据来源：城市和竞争力数据库。

黑龙江省地处东北亚中心腹地，虽不沿海，但却沿边，有着特殊的区位优势，资源丰富，并有着特殊的旅游风景，农村劳动力也较为丰富，经济发展存在着巨大的潜力。在保证主导产业稳定持续发展的同时，应不断解放思想，深化对外开放程度，利用沿边开放带促进中俄进出口产品加工园区、中俄边民互市贸易区的进一步发展。此外，还应通过大小兴安岭生态功能区的生态恢复，加强环保意识，为经济转型和飞跃发展营造优越的环境。省会城市哈尔滨，虽然各项指标在省内的排名较为靠前，但是和全国其他城市相比，还有差距。同时，哈尔滨与周边城市的集聚效应暂时还没有完全发挥作用，尚未形成城市群，各个城市之间的相互关联程度也较低。因此，哈尔滨需要不断提高竞争力，并发挥辐射效应，带动周边城市的发展。

B.8

第八章 中国（中部地区）城市竞争力报告

一　中国城市竞争力（湖北）报告

湖北省位于我国中南部，地处长江中游，行政区域面积18万平方千米，2009年人口6141.88万。湖北省交通便利，铁路和水路较为通畅，正打造物流大省；同时拥有众多质量较高的大学和科研机构，人才优势明显；水资源丰富。湖北目前正在实施“两圈一带”（武汉城市圈、鄂西生态文化圈、长江经济带）战略，促进整体发展。

1. 综合竞争力：整体中等偏下，武汉一枝独秀

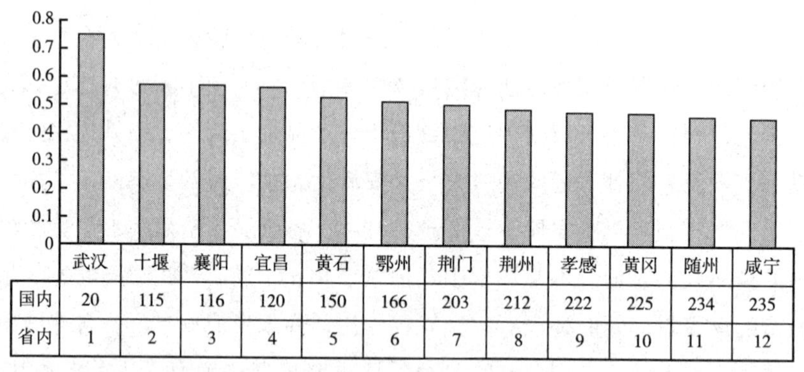

	武汉	十堰	襄阳	宜昌	黄石	鄂州	荆门	荆州	孝感	黄冈	随州	咸宁
国内	20	115	116	120	150	166	203	212	222	225	234	235
省内	1	2	3	4	5	6	7	8	9	10	11	12

图8-1　湖北城市综合竞争力指数排名

数据来源：城市与竞争力指数数据库。

湖北省的平均综合竞争力指数0.529，全国排名第12。2010年度湖北省综合竞争力排名在全国的格局中，呈现三簇群分段分布的鲜明特点。其中，武汉是唯一的特大型城市，处于全国最具竞争力的前50城市之列；襄樊、宜昌是大城市，处于工业化初期；十堰、襄阳、宜昌、黄石、鄂州处在110~170名之间，处于

全国的中间水平；荆门、荆州、孝感、黄冈、随州、咸宁则处在200～250名中较差的水平上。

湖北省综合竞争力最强的10大城市依次为：武汉、十堰、襄阳、宜昌、黄石、鄂州、荆门、荆州、孝感和黄冈。武汉、十堰、襄樊三大城市，分居湖北省的东部、西部和北部。武汉独处全国第20名，十堰、襄樊均居百名以后。除了武汉一城独大外，十堰、襄阳、宜昌排名十分接近，尤其是襄阳、襄樊、十堰均是在20世纪六七十年代国家政策重点发展的城市，健全的工业体系得以建立，经济规模得以壮大，目前作为鄂西北的重要中心城市发展相对较好。湖北城市竞争力的总体分布格局反映湖北“两圈一带”战略具有可行性。

2. 分项竞争力：发展成本优势明显，武汉多项均前茅

表8－1　湖北城市分项竞争力指数排名

城市	综合增长		经济规模		经济效率		发展成本		产业层次		收入水平		幸福感指数	
	省内排名	国内排名	省内排名	国内排名	省内排名	国内排名	省内排名	国内排名	省内排名	国内排名	省内排名	国内排名	省内排名	国内排名
武　汉	2	79	1	11	1	37	5	62	1	26	1	58	8	228
黄　石	10	219	6	139	4	94	11	242	4	195	4	182	6	204
十　堰	8	207	4	126	2	77	9	174	2	131	2	135	2	161
宜　昌	9	210	3	73	3	81	12	250	3	179	3	160	5	198
襄　阳	6	156	2	63	5	136	1	12	7	214	9	236	4	177
鄂　州	4	98	5	128	6	142	7	122	12	278	7	223	10	273
荆　门	5	153	8	173	7	186	10	190	9	229	6	208	12	284
孝　感	11	224	10	229	10	236	2	13	11	249	11	241	3	174
荆　州	12	238	7	159	9	210	8	172	6	210	10	237	11	277
黄　冈	3	97	12	274	8	208	4	50	10	242	5	198	1	151
咸　宁	1	59	11	252	12	246	6	112	8	224	8	231	9	254
随　州	7	158	9	223	11	244	3	43	5	206	12	263	7	214

数据来源：城市与竞争力指数数据库。

湖北的平均综合增长竞争力指数是0.746，全国排名第13，总体增长速度相对较慢，咸宁最强、荆州最弱；平均经济规模竞争力指数是0.128，全国排名第10，总体经济规模全国中等水平，但城市间差距很大；平均经济效率竞争力指数是0.250，全国排名第12，工业化程度高的城市经济效率也相对较高，武汉、十堰、宜昌名列前三；平均发展成本竞争力指数是0.556，全国排名第6，总体表现良好；平均产业层次竞争力指数是0.306，全国排名第18，两极分化较严重，武汉、十堰遥遥领先；平均收入水平竞争力指数是0.111，全国排名第17，收入水平总体较差，经济发展水平越高的城市收入水平也相对更高。

从竞争力表现的各项数据看，武汉绩效特别突出，尤其经济增长率在基数很大的情况下仍然保持较高的水平，产业层次和经济效率处在竞争力最强城市的前列，预示着武汉竞争力未来潜力较大，还将稳步提升。

3. 历史回溯：整体快速上升，鄂州进步最快

表8－2　湖北城市综合竞争力指数历史排名

城　市	2010年综合竞争力指数	2010年排名	2009年综合竞争力指数	2009年排名	排名变化
武　汉	0.747	20	0.681	21	1
黄　石	0.526	150	0.475	151	1
十　堰	0.569	115	0.503	120	5
宜　昌	0.561	120	0.484	136	16
襄　樊	0.569	116	0.499	122	6
鄂　州	0.518	166	0.446	199	33
荆　门	0.498	203	0.440	207	4
孝　感	0.474	222	0.406	246	24
荆　州	0.484	212	0.426	221	9
黄　冈	0.473	225	0.418	230	5
咸　宁	0.461	235	0.415	234	-1
随　州	0.461	234	0.391	257	23

数据来源：城市与竞争力指数数据库。

湖北省城市综合竞争力指数全国排名，2010年与2009年相比，排名普遍上升，仅有一个城市下滑1位。这表明整个湖北的城市竞争力进入较快上升的通道。上升幅度较大的有鄂州、孝感、随州、宜昌，排名分别上升了33个、24个、23个、16个名次；上升幅度较小的有黄石、荆门、黄冈，排名分别上升1个、4个、5个名次，尤其值得注意的是，武汉作为湖北省最具竞争力的城市，近年来竞争力提升明显。

4. 结论与政策建议：竞争优势常提高　“两圈一带”促均衡

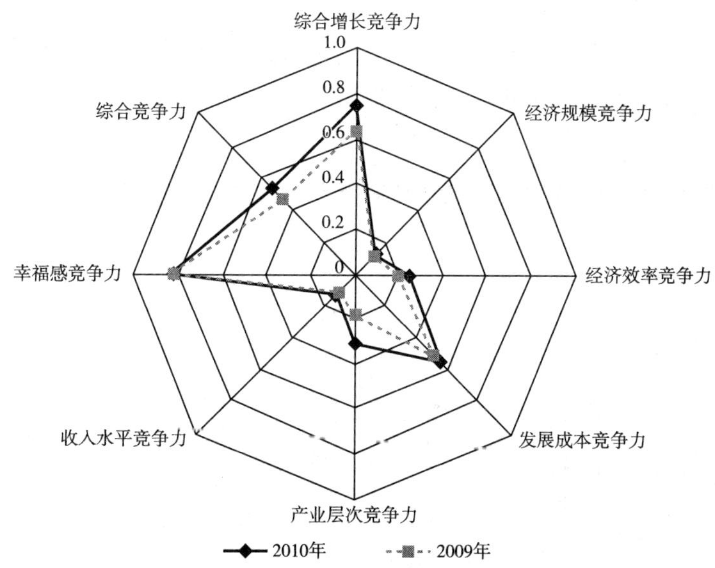

图 8－2　湖北城市竞争力历史回溯

数据来源：城市与竞争力指数数据库。

从图 8－2 可知，湖北城市在经济增长、发展成本、幸福感等方面优势较为明显，而在经济规模、收入水平、产业层次等方面较弱，这反映湖北城市处于经济起飞阶段，竞争力具有提升快的特点。

以上分析表明：“两圈一带”战略较好地促进了全省各市的各项竞争力的提高，也促进了全省综合竞争力的提高。未来湖北在保持发展成本、综合增长、社会幸福等优势的基础上，加快城市化、工业化进程，加快转型升级的步伐，提升产业层次，确保城市竞争力加速提升。

二　中国城市竞争力（湖南）报告

湖南省地处我国中南部、长江中游，属于华中地区，北接湖北、东接江西，南与广西、广东为邻，西和贵州、重庆接壤。土地面积 21. 18 万平方千米，占全国国土面积的 2. 2%，在各省市区面积中居第 11 位，人口 6806 万。近年来湖南省在产业发展方面，先后提出了“三化”（工业化、农业化、城镇化）、“一化三基”等发展战略；在区域发展战略方面，先提出了“开放南北两口、拓宽三条通道”的发展思路，后又提出“呼应两东，开放带动”战略、“五区一廊”重点发展战略，并在此基础上形成了“一点一线”、“长株潭经济一体化”发展战略，结合国家发展重点的转移和本省实际提出了“大湘西开发”、“3＋5”城市群发展战略。

1. 综合竞争力：整体处于全国中等水平，省内城市呈塔形分布

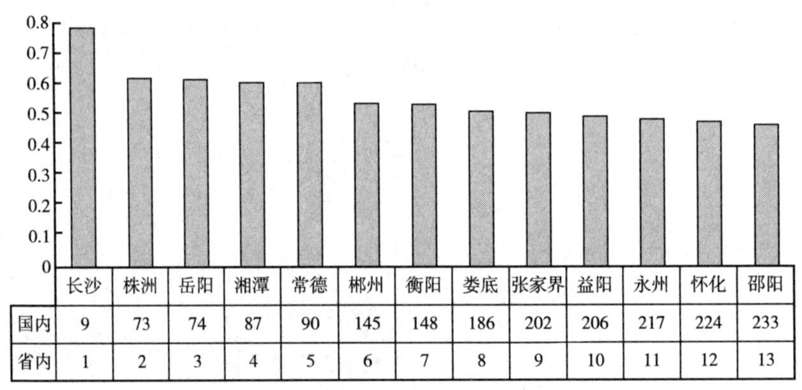

	长沙	株洲	岳阳	湘潭	常德	郴州	衡阳	娄底	张家界	益阳	永州	怀化	邵阳
国内	9	73	74	87	90	145	148	186	202	206	217	224	233
省内	1	2	3	4	5	6	7	8	9	10	11	12	13

图 8－3　湖南城市综合竞争力指数排名

数据来源：城市与竞争力指数数据库。

湖南省的平均综合竞争力指数 0.552，全国排名第 10，处全国中等水平。2010 年度湖南省综合竞争力排名比较靠前的城市是长沙、株洲、岳阳、常德、湘潭。其中，长沙是唯一的特大型城市，处于工业化中期；其他城市都是大城市，都处于工业化初期。2010 年度湖南省综合竞争力排名处于中游的城市郴州、衡阳、娄底、张家界。其中，衡阳是大城市，处于前工业化阶段；郴州和娄底是中等城市，前者处于工业化初期，后者处于前工业化阶段；张家界旅游业突出。湖南省综合竞争力最强的长沙在全国排名第 9，其余排名比较靠前的城市有株洲、岳阳、湘潭、常德，在全国的排名分别是 73、74、87、90；湖南省综合竞争力最弱的邵阳在全国排名第 233。全国排名前 100 的有 5 座城市，排名第 200 以后的有 5 座城市，在第 100～200 名之间的只有 3 座城市。

湖南省综合竞争力较强城市有：长沙、株洲、岳阳、湘潭、常德、郴州。长沙、株洲、岳阳、湘潭、郴州、衡阳都在京广线上或周边，都在湖南东部，省内

排名都比较靠前；而常德、娄底、张家界、益阳、永州、怀化、邵阳都处湖南中西部，省内排名相对靠后。城市分布东西差距明显，竞争力东强西弱。这与京广线穿过湖南东部有重大影响，也与“长株潭经济一体化”发展战略紧密相关。

2. 分项竞争力：长沙省内争夺魁，各城国内尽中流

表 8－3 湖南城市分项竞争力排名

城 市	综合增长		经济规模		经济效率		发展成本		产业层次		收入水平		幸福感指数	
	省内排名	国内排名	省内排名	国内排名	省内排名	国内排名	省内排名	国内排名	省内排名	国内排名	省内排名	国内排名	省内排名	国内排名
长 沙	1	76	1	24	1	20	2	10	1	14	1	28	4	114
株 洲	6	109	4	81	4	69	10	202	4	102	2	59	9	194
湘 潭	5	108	5	103	2	52	9	171	7	154	4	100	8	186
衡 阳	4	99	6	131	8	158	12	240	6	143	7	168	6	171
邵 阳	10	194	12	244	12	240	5	109	9	163	13	249	13	262
岳 阳	7	135	3	78	3	61	6	124	10	169	3	84	10	195
常 德	2	80	2	77	5	105	1	9	12	257	6	142	3	102
张家界	8	139	13	256	10	211	3	42	3	68	10	221	1	84
益 阳	3	85	8	164	11	225	7	139	13	265	12	226	2	100
郴 州	13	257	7	157	7	151	11	216	8	161	5	114	5	144
永 州	9	165	9	195	13	247	4	92	11	246	9	216	7	179
怀 化	11	199	11	239	9	197	13	273	2	63	8	178	12	256
娄 底	12	217	10	207	6	146	8	164	5	110	11	224	11	227

数据来源：城市与竞争力指数数据库。

湖南的平均综合增长竞争力指数是0.759，全国排名第11，总体增长速度相对较慢，长沙最强郴州最弱；平均经济规模竞争力指数是0.118，全国排名第12，总体经济规模全国领先，但城市间差距很大；平均经济效率竞争力指数是0.273，全国排名第10，工业化程度高的城市经济效率也相对较高，长沙、湘潭、岳阳名列前三；平均发展成本竞争力指数是0.531，全国排名第9，总体表现一般，常德名列省内第一；平均产业层次竞争力指数是0.344，全国排名第10，两极分化较严重，长沙、怀化、张家界遥遥领先；平均收入水平竞争力指数是0.145，全国排名第10，收入水平总体较好，经济发展水平越高的城市收入水平也相对更高；平均幸福感指数竞争力指数是0.842，全国排名14，幸福感指数总体偏上。

湖南的经济效率竞争力指数较强的城市是：长沙、湘潭、岳阳、株洲，在全国的排名都在前 100 名。该四个城市都是重要的交通枢纽，以交通为轴心有效地带动了整个经济体系的运转，加快了物资、信息、技术、劳动力的交换，有效地提高了整个经济体的竞争力。

3. 历史回溯：竞争力多数提高，郴州领先提高快

表 8－4　湖南城市综合竞争力历史排名

城　市	2010 年综合竞争力指数	2010 年排名	2009 年综合竞争力指数	2009 年排名	排名变化
长　沙	0.783	9	0.691	17	8
株　洲	0.613	73	0.548	78	5
湘　潭	0.598	87	0.527	95	8
衡　阳	0.530	148	0.467	161	13
邵　阳	0.462	233	0.426	220	－13
岳　阳	0.610	74	0.543	84	10
常　德	0.597	90	0.526	97	7
张家界	0.498	202	0.454	187	－15
益　阳	0.491	206	0.446	198	－8
郴　州	0.533	145	0.467	162	17
永　州	0.480	217	0.428	217	0
怀　化	0.473	224	0.444	201	－23
娄　底	0.506	186	0.451	193	7

数据来源：城市与竞争力指数数据库。

湖南省城市综合竞争力指数全国排名，2010 年与 2009 年相比，排名上升的有：长沙、株洲、湘潭、衡阳、岳阳、常德、郴州、娄底；排名没有变化的是永州；排名下滑的有：邵阳、张家界、益阳、怀化。其中上升较快的有郴州、衡阳，分别上升 17 个、13 个名次；下滑较快的有怀化、张家界、邵阳，分别下滑 23 个、15 个、13 个名次。

郴州是全国排名上升最快的城市，这得益于湖南省委、省政府把郴州作为特区在全省进行先行先试的试点，出台了有关支持郴州市承接产业转移先行先试的 34 条政策措施，使得郴州在建设用地、环保审批、财政支持、口岸通关、园区建设等 11 个方面，拥有湖南省最优惠的政策。同时为大力承接沿海产业梯度转移，该市将标准厂房建设作为优化投资环境的重要内容来抓。不仅如此，郴州大力优化政务环境，推行“两集中、两到位”，从行政上来提升政府服务水平，创

造良好环境吸引投资企业。

4. 结论与政策建议：重点调控长株潭，东西兼顾促发展

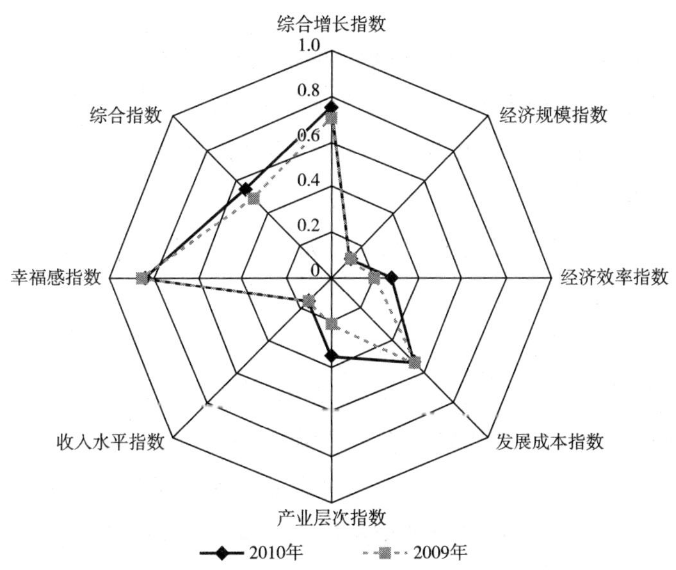

图 8－4　湖南城市竞争力历史回溯

数据来源：城市与竞争力指数数据库。

从图 8－4 可知，湖南省城市竞争力在经济增长、发展成本、幸福感方面表现较好，在综合竞争力、经济效率竞争力、产业层次竞争力方面提高较快，而在经济规模竞争力、发展成本竞争力、收入水平竞争力以及幸福感指数竞争力方面较弱且变化微弱。所以湖南省要继续保持在经济效率竞争力、产业层次竞争力、综合增长竞争力的增长，同时要加快在规模竞争力、发展成本竞争力、收入水平竞争力以及幸福感指数竞争力方面的发展和提高。

由分析还可知道，湖南城市竞争力分化极为明显，不仅体现在竞争力在全国排名中的巨大差距上，更体现在东部和中西部的差距上。作为一个有机整体，只有全面的发展才能维持整体功能的健康运行。政策支持中西部发展，东部支持中西部的发展，这样才有利于全省综合竞争力的全面提升。

继续实施“三化”（工业化、农业化、城镇化）、“一化三基”等发展战略；坚持“一点一线”、“长株潭经济一体化”发展战略，坚持“大湘西开发”、“3＋5”城市群发展战略。大力挖掘中西部城市的发展潜力，促进中西部城市发展。

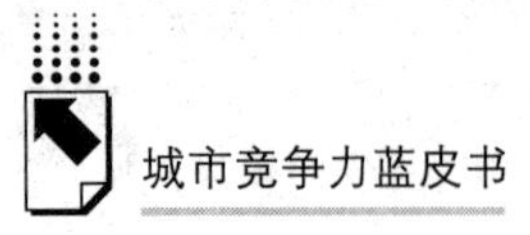

三　中国城市竞争力（河南）报告

河南地处沿海开放地区与中西部地区的结合部，是我国经济由东向西梯次推进发展的中间地带。国家促进中部地区崛起战略的实施，更加凸显了河南独特的区位优势。全省总面积16.7万平方千米，居全国各省区市第17位，占全国总面积的1.73%，2009年底总人口9967万人。河南2010年GDP达到2.2万亿元，连续近十年居全国第五，仅次于广东、江苏、山东和浙江，人均GDP居全国第19位，成为新兴的经济大省。以河南为中心的中原经济区已被上升到国家战略层面，积极应对东部产业转移是河南的机遇所在。河南省实施了转型升级“双百”计划，大力推进1074个重大工业结构调整项目建设；实施“8511”投资促进计划；实施中心城市带动战略，统筹“郑汴新区”规划布局，推动“大郑东新区”和“汴西新区”加快发展；“一个载体、三个体系”建设深入展开。

1. 综合竞争力：总体处于全国中等偏下，中心城市位前茅，城市间差距分布均匀

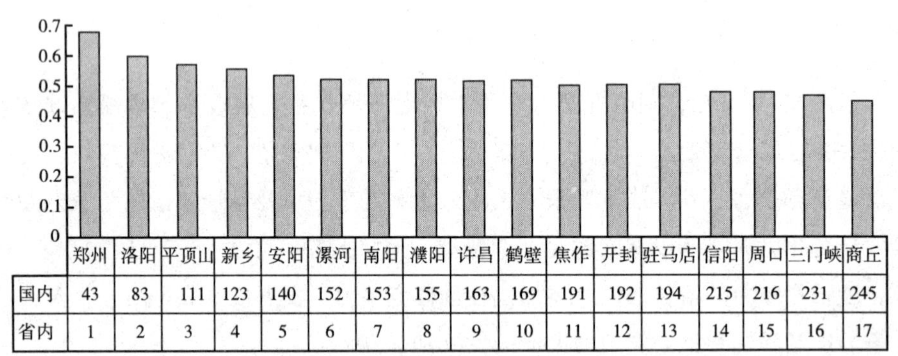

	郑州	洛阳	平顶山	新乡	安阳	漯河	南阳	濮阳	许昌	鹤壁	焦作	开封	驻马店	信阳	周口	三门峡	商丘
国内	43	83	111	123	140	152	153	155	163	169	191	192	194	215	216	231	245
省内	1	2	3	4	5	6	7	8	9	10	11	12	13	14	15	16	17

图8－5　河南城市综合竞争力指数排名

数据来源：城市与竞争力指数数据库。

河南省的平均综合竞争力指数为0.526，全国排名第13。2010年度河南省综合竞争力排名比较靠前的城市是郑州、洛阳、平顶山、新乡、安阳。其中特大型城市有郑州和洛阳，处于工业化中期；平顶山是资源型城市。2010年度河南省综合竞争力排名处于中游的城市有漯河、南阳、濮阳等，鹤壁、焦作、濮阳是资

源型城市，开封和驻马店处于前工业化阶段，其他城市处于工业化初期阶段。河南省综合竞争力较强的城市有：郑州、洛阳，郑州在全国排43名之外，进入全国最具竞争力的城市，处于第44位，洛阳处于较具竞争力城市的前100名之内。其余城市位居全国中游。洛阳、平顶山、新乡、漯河都是以郑州为核心的城市圈的组成部分。鹤壁、焦作、三门峡、商丘属于河南省的边缘市，在省内的排名都比较靠后。

河南省城市竞争力排名与城市的地域分布相关度高的，可分为郑州核心区域城市和边缘城市。核心城市以特大型城市和大城市为主，发展较快；而边缘城市多为中等城市和资源型城市。由此可见大城市辐射作用对周边城市的带动作用。

2. 分项竞争力：分项平均居中游，各项两级较明显

表8-5　河南城市分项竞争力排名

城市	综合增长		经济规模		经济效率		发展成本		产业层次		收入水平		幸福感指数	
	省内排名	国内排名	省内排名	国内排名	省内排名	国内排名	省内排名	国内排名	省内排名	国内排名	省内排名	国内排名	省内排名	国内排名
郑州	11	196	1	37	2	80	12	213	1	13	1	37	7	69
开封	4	142	12	190	15	220	5	141	6	127	13	196	17	249
洛阳	7	175	2	70	4	100	15	247	2	43	3	87	12	183
平顶山	10	186	3	104	1	76	14	224	11	205	2	77	9	104
安阳	14	249	6	134	8	165	11	212	10	165	8	125	6	67
鹤壁	2	102	13	199	9	168	8	176	13	262	10	162	1	7
新乡	3	127	7	152	10	172	7	165	3	58	7	124	5	61
焦作	16	256	9	166	11	193	16	258	4	112	9	138	8	98
濮阳	17	280	10	168	3	92	10	194	14	268	5	116	16	245
许昌	15	255	14	206	5	124	6	159	15	271	6	120	4	32
漯河	6	167	5	119	6	150	1	36	17	289	15	220	3	17
三门峡	1	46	16	261	7	155	17	290	7	129	4	111	10	160
南阳	9	185	4	109	12	201	9	182	9	156	14	202	13	206
商丘	13	234	11	181	17	263	13	220	16	285	16	235	2	13
信阳	8	176	8	162	16	238	2	87	12	244	17	246	15	222
周口	12	203	17	266	14	216	3	100	5	124	12	190	11	176
驻马店	5	144	15	213	13	206	4	129	8	146	11	186	14	208

数据来源：城市与竞争力指数数据库。

河南的平均综合增长竞争力指数是0.719，全国排名第17；平均经济规模竞争力指数是0.100，全国排名第14，总体经济规模中等水平，城市间差距很大；平均经济效率竞争力指数是0.235，全国排名第13，工业化程度高的城市经济效率也相对较高，平顶山、郑州、濮阳名列前三；平均发展成本竞争力指数是0.465，全国排名第16，总体表现一般，漯河名列省内第1；平均产业层次竞争力指数是0.322，全国排名第15，郑州、洛阳遥遥领先；平均收入水平竞争力指数是0.142，全国排名第11，收入水平总体较好，经济发展水平越高的城市生活质量也相对更高。

河南的产业层次竞争力指数较强的有：郑州、洛阳、新乡、焦作。特大型城市有郑州，处于工业化中期，作为区域中心城市承担政治、经济、文化中心等多种功能，是河南省大力实施中心城市带动战略、统筹“郑汴新区”规划布局的重要结果。

3. 历史回溯：核心郑州位居前茅，定位许昌提升迅速

表8-6　河南城市综合竞争力历史排名

城　市	2010年综合竞争力指数	2010年排名	2009年综合竞争力指数	2009年排名	排名变化
郑　州	0.679	43	0.626	38	-5
开　封	0.503	192	0.458	179	-13
洛　阳	0.600	83	0.539	87	4
平顶山	0.575	111	0.513	111	0
安　阳	0.536	140	0.474	152	12
鹤　壁	0.516	169	0.476	147	-22
新　乡	0.560	123	0.535	90	-33
焦　作	0.504	191	0.452	190	-1
濮　阳	0.522	155	0.482	139	-16
许　昌	0.518	163	0.440	205	42
漯　河	0.524	152	0.462	169	17
三门峡	0.465	231	0.414	236	5
南　阳	0.524	153	0.472	155	2
商　丘	0.447	245	0.408	244	-1
信　阳	0.482	215	0.440	206	-9
周　口	0.481	216	0.443	202	-14
驻马店	0.502	194	0.459	173	-21

数据来源：城市与竞争力指数数据库。

河南省的竞争力基尼系数是0.056，全国排名第一，说明各城市之间的差异是最大的，各指标之间的竞争力差异程度也是最大的。由表8－6可知，河南省城市综合竞争力全国排名，相对于2009年而言，有10座城市出现不同程度的下滑，同时有6座城市出现不同程度的上升；上升的城市有洛阳、安阳、许昌、漯河、三门峡、南阳。

新乡下滑的原因主要是经济规模增幅减慢。上升最大的城市是许昌，上升42位。许昌市提出打造“中原城市群副中心城市”这一发展目标，综合运用其优越的地理位置，建设一个物流枢纽。

4. 结论与政策建议：中心城市增优势，“郑汴新区”促发展

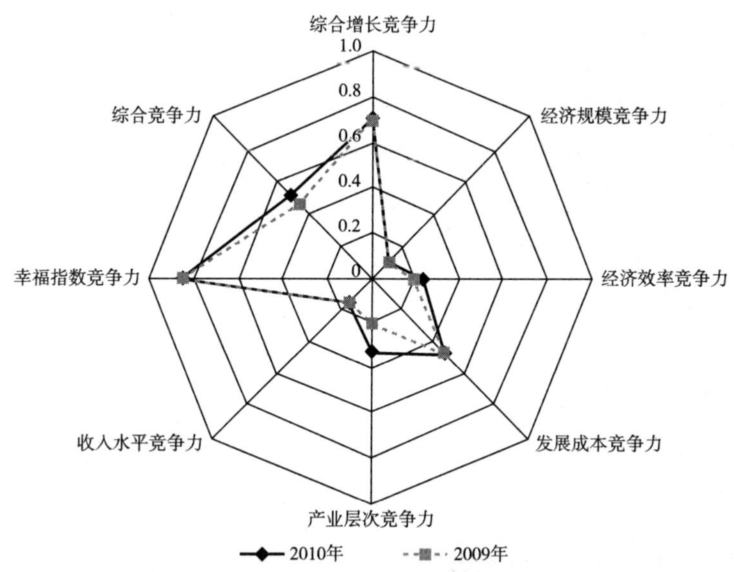

图8－6　河南城市竞争力历史回溯

数据来源：城市与竞争力指数数据库。

从图8－6中可以看出，河南省城市竞争力在综合竞争力、综合增长竞争力、经济效率竞争力、产业层次竞争力方面，2010年比2009年有所提高；而在经济规模竞争力、发展成本竞争力、收入水平竞争力以及幸福感指数竞争力方面，2010年与2009年基本相似。河南省城市分项竞争力中，综合增长竞争力、经济规模竞争力、经济效率竞争力、发展成本竞争力、产业层次竞争力、收入水平竞争力都是位于10～20名之间，唯有幸福感指数竞争力排名第7。河南基于优越的地理位置，应该突出发展产业层次竞争力，在第三产业中获得优势。同时，大力实施中心城市带动战略，统筹“郑汴新区”规划布局，推动“大郑东新区”和“汴西新区”加快发展。利用中心城市辐射力带动周边城市的发展；形成城市集群优势，促进区域城市大发展。

从分析中可知，河南省的竞争力基尼系数全国排名第一，位于河南省边缘的城市综合竞争力全国排名较为靠后。从整体上提高全省城市竞争力的角度看，提高边缘城市的竞争力是最主要的途径，这样还可以为核心城市提供更为方便的服务。

四　中国城市竞争力（江西）报告

江西省，简称赣，2010 年人口 0.44 亿，占全国的 3.32%，生产总值 7655.18 亿元，占全国的 2.25%。江西除北部较为平坦外，东、西、南部三面环山，中部丘陵起伏，成为一个整体向鄱阳湖倾斜而往北开口的巨大盆地。全境有大小河流 2400 余条，区位优越、交通便利，航空和水运便捷。江西农业在全国占有重要地位，生态农业前景可喜，绿色农产品成为重要增长点。近年来江西大力实施以新型工业化为核心的发展战略，光电、高精铜材、优特钢材、特种车船、精密机械、生物医药、特色化工、绿色食品、度假旅游、新型服务等产业呈现了良好的发展势头。

1. 综合竞争力指数：全省城市整体比较弱，省内比较北强南弱

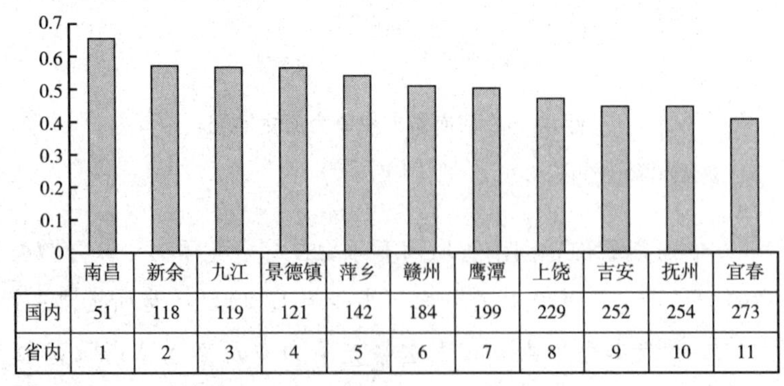

	南昌	新余	九江	景德镇	萍乡	赣州	鹰潭	上饶	吉安	抚州	宜春
国内	51	118	119	121	142	184	199	229	252	254	273
省内	1	2	3	4	5	6	7	8	9	10	11

图 8－7　江西城市综合竞争力指数排名

数据来源：城市与竞争力指数数据库。

江西省综合竞争力的平均指数为0.514，低于全国平均水平，在全国排名第15位。各城市在全国的排名较为靠后，综合竞争力偏弱。江西省城市发展不平衡，主要表现在东北部的城市综合竞争力较强，尤其是南昌附近的城市排名靠前，而南部的城市排名靠后。江西省城市综合竞争力排在前三名的城市分别是南昌、新余和九江。其中南昌是省会城市，地处江西省中部偏北，赣江、抚河下游，水陆交通都极其便利，是沿海地区商贸辐射中西部的重要中转枢纽，属于工业化中期的特大型城市。九江和新余都是中等规模城市，发展基础相对较好。

2. 分项竞争力指数：综合增长较优，各项指标均衡

表8－7　江西城市分项竞争力排名

城　市	综合增长		经济规模		经济效率		发展成本		产业层次		收入水平		幸福感指数	
	省内排名	国内排名	省内排名	国内排名	省内排名	国内排名	省内排名	国内排名	省内排名	国内排名	省内排名	国内排名	省内排名	国内排名
南　昌	5	90	1	42	1	73	1	53	1	64	4	122	6	202
景德镇	7	100	5	186	4	118	5	74	6	171	1	96	5	170
萍　乡	2	74	4	156	5	143	4	147	9	241	5	158	11	270
九　江	9	149	3	107	2	68	3	237	2	74	6	176	7	224
新　余	1	32	2	106	3	84	2	236	8	201	2	115	9	255
鹰　潭	3	81	11	282	8	179	11	143	3	82	3	117	3	115
赣　州	11	166	6	198	6	177	6	167	4	134	7	212	8	235
吉　安	4	83	10	270	9	257	10	118	7	187	9	252	10	265
宜　春	8	145	8	262	11	287	8	73	10	245	11	279	1	89
抚　州	6	95	7	205	10	252	7	132	11	279	10	267	4	124
上　饶	10	151	9	265	7	200	9	170	5	148	8	238	2	103

数据来源：城市与竞争力指数数据库。

从总体来看，江西省整体竞争力不高，大部分城市的大部分指标都排在全国第100名甚至第200名之外。从城市来看，只有省城南昌的各项指标都表现良好，除收入水平竞争力和幸福感竞争力指数指标比较靠后外，其他指标均在全国第100名以内。景德镇、新余相对省内其他城市排名较高。景德镇在发扬瓷器产业的基础上，还兴起汽车、房地产、机械、电子等产业，这些工业部门的总产值占全市的近90%；新余是年轻的工业城市，工业对经济增长的贡献率达70%

左右。

江西综合增长指标相对较为突出，南昌、景德镇、萍乡、新余和吉安排进了全国前100名。经济效率指标上，南昌、九江和新余都排进了全国前100名。收入水平指标和幸福感指数。多数城市的排名都在200名开外。

3. 历史回溯：竞争实力变化不大，部分城市稳步上升

表8－8　江西城市综合竞争力历史排名

城　市	2010年综合竞争力指数	2010年排名	2009年综合竞争力指数	2009年排名	排名变化
南　昌	0.653	51	0.597	49	-2
景德镇	0.560	121	0.487	134	13
萍　乡	0.534	142	0.475	148	6
九　江	0.565	119	0.496	126	7
新　余	0.566	118	0.496	125	7
鹰　潭	0.500	199	0.427	218	19
赣　州	0.508	184	0.454	189	5
吉　安	0.443	252	0.402	249	-3
宜　春	0.407	273	0.377	265	-8
抚　州	0.443	254	0.395	254	0
上　饶	0.469	229	0.429	215	-14

数据来源：城市与竞争力指数数据库。

2010年江西省的竞争力基尼系数是0.078，全国排名第7。江西城市综合竞争力排名变化不大，各个城市有升有降，但幅度都不是很大。鹰潭市上升最快，上升了19名，被定位于赣东北地区的中心城市。处于长三角经济区、海西经济区、鄱阳湖生态经济区三区交汇处，实施“中心城区大建设、县域经济大发展”双轮驱动战略，逐步建设宜居园林城市。

与2009年相比，景德镇、萍乡、九江、新余、鹰潭和赣州排名上升。南昌、吉安和上饶有所下降。

4. 结论与政策建议：鼓励民间投资，发展第三产业

江西的综合增长竞争力较高，收入水平、产业层次、经济效率和发展成本较为均衡，幸福感竞争力指数和经济规模竞争力较弱。因此，全省应重点发展规模

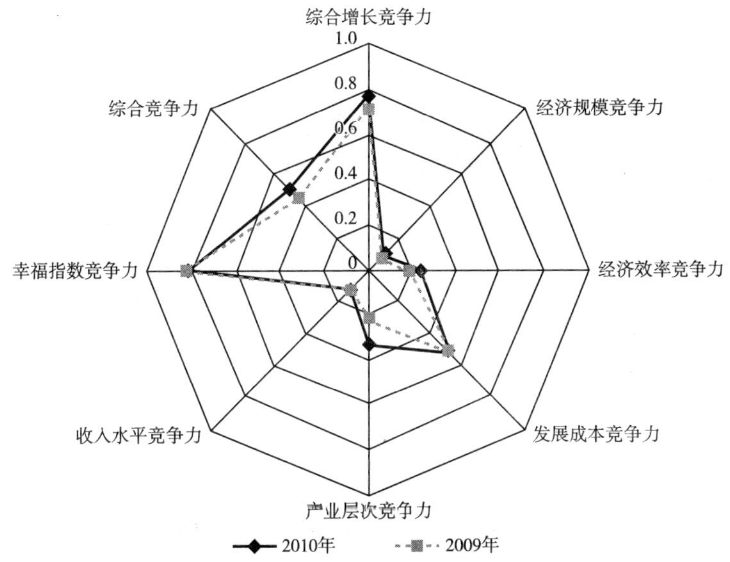

图 8－8 江西城市竞争力历史回溯

数据来源：城市与竞争力指数数据库。

经济，提高经济增长效率，充分考虑发展的速度、改革的力度和民众幸福度的协调与统一。

五 中国城市竞争力（山西）报告

山西省矿产资源十分丰富，其中以煤、铝土、铁等为最。煤炭资源得天独厚，分布在全省 90 多个县（市、区）内。煤、铝土、耐火黏土、铁矾土等的储量居全国各省（区）同种矿藏储量的首位，其中煤炭是山西省最主要的矿产，已探明储量为 2700 亿吨，占全国煤炭探明储量的 30%。2010 年人口为 0.34 亿，占全国的 2.57%；地区生产总值为 7358.31 亿元，占全国的 2.16%。改革开放以来，山西为我国的经济建设输送了大量的煤炭资源，全省铁路网先进，同时加快经济增长转型，发展清洁能源和能源的多元化，取得了社会主义建设的巨大成就。

1. 综合竞争力指数：依赖煤炭资源，竞争力有待提升

2010 年度山西省综合竞争力的平均指数为 0.479，低于全国平均水平

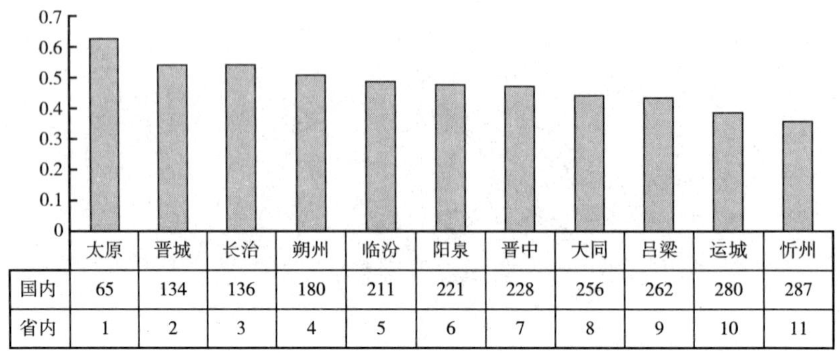

	太原	晋城	长治	朔州	临汾	阳泉	晋中	大同	吕梁	运城	忻州
国内	65	134	136	180	211	221	228	256	262	280	287
省内	1	2	3	4	5	6	7	8	9	10	11

图 8－9　山西城市综合竞争力指数排名

数据来源：城市与竞争力指数数据库。

(0.552) 0.073，在全国排名第 20 位，排名较为靠后。省内大部分城市的综合竞争力较弱，在全国的排名也较为靠后，只有省会太原的竞争力位列全国百强。山西省城市综合竞争力排在前 3 名的城市分别是太原、晋城、长治。其中太原是省会城市，濒临汾河，三面环山，自古就有“锦绣太原城”的美誉，是国家历史文化名城，同时也是特大型城市，处在工业化中期阶段，城市综合竞争力较强，领先于省内其他城市；晋城是资源城市；长治是国家园林城市，倚靠太行山、太岳山，环境优美。

2. 分项竞争力指数：产业层次明晰，经济规模不大

从全省来看，各个指标的竞争力都不强，但各个城市之间比较平均。太原和朔州表现较好。太原已经发展成为一个以冶金、机械、化工、煤炭工业为主体，工业门类比较齐全的现代化工业城市。朔州是新兴地级市，除煤电为主导的能源重化工基地外，还是北方重要的陶瓷生产基地。现已初步形成以煤、电为支柱产业，兼有陶瓷、食品、机械等较为完整的工业体系和农林牧副渔综合发展的产业体系。

从指标来看，产业层次、收入水平、幸福感竞争力指数指标相对较好。综合增长和经济规模指标都只有一个城市处在全国前 100 位，经济效率指标只有太原和朔州处在全国前 100 位。产业层次是山西省最突出的指标，太原、晋城、长治等 8 座城市都处于全国前 100 位，说明山西省已经以煤炭为基础发展成了一套有层次的工业体系。

表 8－9 山西城市分项竞争力排名

城市	综合增长		经济规模		经济效率		发展成本		产业层次		收入水平		幸福感指数	
	省内排名	国内排名	省内排名	国内排名	省内排名	国内排名	省内排名	国内排名	省内排名	国内排名	省内排名	国内排名	省内排名	国内排名
太原	6	277	1	38	1	62	7	262	1	23	4	86	8	168
大同	11	287	5	172	11	278	6	257	10	228	6	149	9	231
阳泉	7	279	3	163	5	139	11	292	9	101	5	123	1	19
长治	2	245	4	167	4	131	5	249	8	88	3	75	5	94
晋城	3	263	7	243	3	128	4	229	2	38	1	56	2	29
朔州	1	51	2	133	2	86	9	287	11	292	2	66	4	80
晋中	4	264	8	246	7	232	3	221	6	86	8	211	3	67
运城	10	284	9	255	9	271	8	284	5	77	10	266	7	143
忻州	5	274	10	280	10	277	10	291	7	87	11	277	6	119
临汾	9	283	6	202	6	204	1	173	4	69	9	228	10	232
吕梁	8	281	11	287	8	253	2	203	3	56	7	161	11	252

数据来源：城市与竞争力指数数据库。

3. 历史回溯：朔州进步明显，太原排名领先

表 8－10 山西城市综合竞争力历史排名

城市	2010 年综合竞争力指数	2010 年排名	2009 年综合竞争力指数	2009 年排名	排名变化
太原	0.627	65	0.578	62	－3
大同	0.444	253	0.480	143	－110
阳泉	0.475	222	0.419	227	5
长治	0.540	136	0.481	141	5
晋城	0.544	134	0.486	135	1
朔州	0.510	180	0.457	180	2
晋中	0.469	228	0.433	212	－17
运城	0.388	280	0.354	279	－1
忻州	0.356	287	0.319	287	0
临汾	0.485	211	0.454	188	－22
吕梁	0.432	262	0.437	209	－53

数据来源：城市与竞争力指数数据库。

2010 年山西的竞争力基尼系数是 0.094，全国排名第 14。山西城市综合竞争力排名下降趋势较为明显，其中吕梁和大同下降幅度较大，吕梁下降了 53 位，

大同更是下降了100多位。大同市是典型的资源型城市，吕梁市在发挥资源优势的同时，旅游业正在城市的支柱行业之一。

与2009年相比，排名上升的城市有阳泉、长治、晋城和朔州。排名下降的有太原、大同、晋中、运城、临汾和吕梁。

4. 结论与政策建议：加快产业升级，培养优势企业

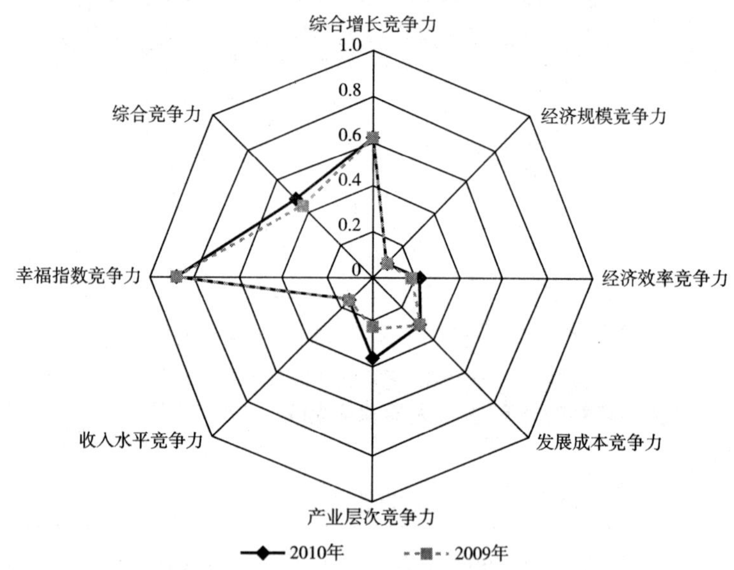

图8-10 山西城市竞争力历史回溯

数据来源：城市和竞争力数据库。

山西省的产业层次竞争力和幸福感竞争力指数排名较为靠前，经济效率和收入水平两个竞争力指标较为相当，发展成本、经济规模和综合增长竞争力排名最为靠后。总体上来讲，山西的发展速度仍然较慢，仍需不断提高资源利用率，继续提升发展速度。山西省煤炭资源丰富，但必须逐步改变支柱产业单一的格局，实现主导产业的有序更替，用信息技术改造有一定比较优势的洁净能源工业、煤化工业、冶金工业和装备工业等传统产业，推进信息技术在生产和管理中的应用。

通过培育优势企业，积极支持优势企业合理进行规模扩张，打破条块分割和隶属关系的限制，以资本为纽带，培育一批在国内外市场上具有较强竞争能力的大型企业集团，使之成为带动山西省产业结构优化升级的主导力量。

六　中国城市竞争力（安徽）报告

安徽位于华东腹地，人口 0.61 亿，占全国的 4.59%；2010 年生产总值为 10062.82 亿元，占全国 2.96%。安徽自然资源丰富，是我国的粮食大省，经济作物产量高。在积极承接东部沿海省份工业转移，参与泛长江三角区域分工协作，打造皖江经济带，努力提高自主创新能力已逐步形成以煤炭、电力、冶金、机械制造、石油化工、纺织、食品等为主体，门类较齐全的现代工业生产体系。随着中部崛起战略全面实施，长江三角洲经济一体化加速推进，安徽正在加速崛起。

1. 综合竞争力指数：排名稳中有升，发展潜力较大

2010 年度安徽省综合竞争力平均指数为 0.519，比全国平均水平低 0.033，在全国排第 15 位。其基尼系数为 0.093，排在第 15 位。安徽省城市综合竞争力较强的城市有合肥、芜湖、马鞍山和铜陵，它们的综合竞争力都位列全国前 100 强，其中合肥具有承东启西、接连中原、贯通南北的重要区位优势，处在工业化中期，是特大型城市，综合竞争力最强；马鞍山和铜陵是资源城市；芜湖工业发展比较充分，处在工业化中期，依靠着临近江苏南京的区位优势，发展较快。

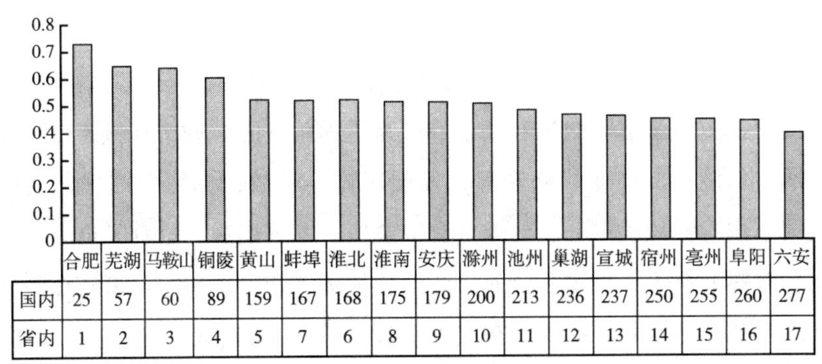

	合肥	芜湖	马鞍山	铜陵	黄山	蚌埠	淮北	淮南	安庆	滁州	池州	巢湖	宣城	宿州	亳州	阜阳	六安
国内	25	57	60	89	159	167	168	175	179	200	213	236	237	250	255	260	277
省内	1	2	3	4	5	7	6	8	9	10	11	12	13	14	15	16	17

图 8-11　安徽城市综合竞争力指数排名

数据来源：城市与竞争力指数数据库。

2. 分项竞争力指数：省城合肥地位稳固，各个城市发展平均

从城市来看，合肥和芜湖两个城市在国内的排名相对较优，大部分指标都位

表 8－11　安徽城市分项竞争力排名

城　市	综合增长		经济规模		经济效率		发展成本		产业层次		收入水平		幸福感指数	
	省内排名	国内排名	省内排名	国内排名	省内排名	国内排名	省内排名	国内排名	省内排名	国内排名	省内排名	国内排名	省内排名	国内排名
合　肥	1	20	1	34	2	45	2	17	2	46	2	36	12	128
芜　湖	3	50	2	72	4	56	5	52	6	128	4	62	11	119
蚌　埠	15	235	7	154	6	187	8	96	4	99	12	244	7	94
淮　南	5	123	4	114	7	213	11	149	14	254	10	200	15	167
马鞍山	4	72	3	82	1	27	17	244	5	105	1	22	8	108
淮　北	14	233	6	149	5	166	10	111	15	270	9	195	4	49
铜　陵	7	146	5	145	3	51	16	199	9	149	3	52	1	36
安　庆	17	261	9	188	8	215	14	183	1	37	8	187	17	244
黄　山	16	236	16	245	10	223	3	23	3	59	5	144	5	82
滁　州	13	227	13	231	9	217	7	89	10	194	6	159	2	38
阜　阳	10	206	10	192	16	285	9	107	13	251	14	258	13	152
宿　州	9	197	8	171	13	260	6	59	16	275	16	276	16	201
巢　湖	11	212	12	228	11	248	15	187	12	248	11	213	10	116
六　安	6	136	15	240	17	291	12	154	7	130	17	283	3	47
亳　州	12	214	11	211	15	283	1	3	17	280	15	262	9	112
池　州	2	37	17	250	12	249	13	169	8	138	7	173	14	162
宣　城	8	183	14	235	14	262	4	35	11	223	13	254	6	86

数据来源：城市与竞争力指数数据库。

列全国前 100。合肥具有政治、经济、人才、信息等诸多优势，是国家级皖江城市带承接产业转移示范区的核心城市；作为全国首批园林城市和城市信息化试点城市，通过承接东部产业战略转移，发展运输、科教，成为中部崛起的中心城市。芜湖市作为安徽改革开放的重点和突破口，发展迅速，培育了奇瑞汽车、海螺水泥、海螺型材等一批知名企业。芜湖港是两淮和晋、豫、鲁诸省煤炭转运重要集散地。芜湖继合肥之后，正在成为安徽又一个经济中心城市。

从指标来看，全省城市的各个指标排名比较平均，发展成本指标表现相对突出，合肥、黄山、亳州和宣城都处于全国前 50 名。淮北、铜陵、六安和滁州的幸福感竞争力指数都进入了全国前 50 名。

3. 历史回溯：整体上升快，变动波动大

2010 年安徽省竞争力基尼系数是 0.090，全国排名第 13。城市综合竞争力排

表 8－12 安徽城市综合竞争力历史排名

城 市	2010 年综合竞争力指数	2010 年排名	2009 年综合竞争力指数	2009 年排名	排名变化
合 肥	0.730	25	0.653	29	4
芜 湖	0.646	57	0.563	70	13
蚌 埠	0.517	167	0.475	150	－17
淮 南	0.514	175	0.463	165	－10
马鞍山	0.639	60	0.583	60	0
淮 北	0.516	168	0.460	171	3
铜 陵	0.597	89	0.533	91	2
安 庆	0.511	179	0.478	146	－33
黄 山	0.521	159	0.471	156	－3
滁 州	0.500	200	0.447	197	－3
阜 阳	0.437	260	0.409	241	－19
宿 州	0.445	250	0.401	250	0
巢 湖	0.460	236	0.418	229	－7
六 安	0.396	277	0.367	274	－3
亳 州	0.443	255	0.403	247	－8
池 州	0.484	213	0.414	235	22
宣 城	0.458	237	0.415	232	－5

数据来源：城市与竞争力指数数据库。

名整体变化不大，说明安徽的发展速度与全国的发展速度平衡。池州上升最多，上升了 22 位，下降最快的是安庆市，下降了 33 位，幅度也不是很大。安庆是皖西南中心城市，以石油化工、轻纺食品、建筑材料、机械电子为四大支柱工业，近几年承接东部重工业转移，重工业发展较快，近年来竞争力提升较快，变化波动也比较大。

与 2009 年相比，排名上升的城市有：池州、合肥、芜湖等。蚌埠、淮南、安庆等排名有所下降。

4. 结论与政策建议：承接产业转移，加速旅游发展

安徽省的幸福感竞争力指数，发展成本竞争力优势较为明显，且城市之间差距较小。经济规模效率、收入水平较弱。产业层次提升较快，马鞍山、合肥、芜湖和铜陵，这四个城市的各项指标和综合竞争力指标表现较为一致，在全省居于领先地位，是安徽省发展的排头兵、领头羊。安徽省应继续大力发展这些先进城

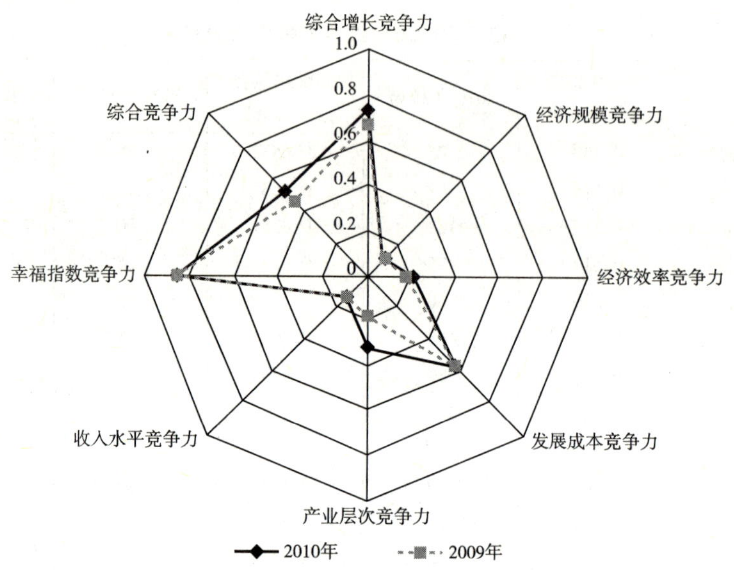

图 8－12　安徽城市竞争力历史回溯

数据来源：城市与竞争力指数数据库。

市，注意扩大经济规模，在经济发展的同时，切实增加人民收入，使广大人民也能分享到增长的成果。

安徽省紧邻长三角，对外开放区位优势明显；同时拥有黄山、九华山、齐云山等旅游胜地，是中国旅游资源最丰富的省份之一，有着巨大的发展潜力。安徽要抓住靠近江苏、浙江等经济强省的区位优势，积极承接产业转移，加快经济结构战略性调整，推进新型工业化进程，促进区域协调与合作发展。

B.9
第九章
中国（西南地区）城市竞争力报告

一　中国城市竞争力（四川）报告

四川位于我国中西部，历史悠久，气候温暖湿润。优越的地理条件和经济条件，使四川成为中国经济开发最早的地区之一。四川面积为48.5万平方千米，占全国的5.1%，居第5位；人口0.87亿人，占全国的6.8%，居河南、山东之后，列第3位。城市化水平达到了38.7%。2009年全省生产总值14151.3亿元，同比增长14.5%；人均生产总值17339元，增长14%。四川省全力推进灾后恢复重建，加快灾区住房、学校、医疗卫生等民生项目建设，灾区经济加快恢复发展；同时在全省范围内贯彻落实扩大内需的政策措施，强力推进项目开工建设，投资对经济增长的拉动作用进一步增强；在基础设施和民生工程及社会事业等重点领域和薄弱环节投入加大，很好地促进了整个四川省的经济发展。

1. 综合竞争力：一强多弱，整体待升

从图9-1中可以看出，2010年四川省的城市竞争力从强到弱排名依次是成都、绵阳、宜宾、攀枝花、乐山、泸州、德阳、自贡、资阳、内江、南充、广安、眉山、达州、遂宁、雅安、广元、巴中。

四川综合竞争力指数为0.492，低于全国平均综合竞争力指数0.552，在全国排名第28位，处于下游。四川省竞争力基尼系数是0.082，全国排名第9位，处于中上游，发展较均衡。从综合竞争力指数的全国排名看，成都处于第一集团，遥遥领先其他城市，其他大部分城市还处于200名之后。作为中心城市的成都与其他城市的差距较大，但其他城市之间的差距并不明显，从整体上来看发展较为均衡（见图9-1）。

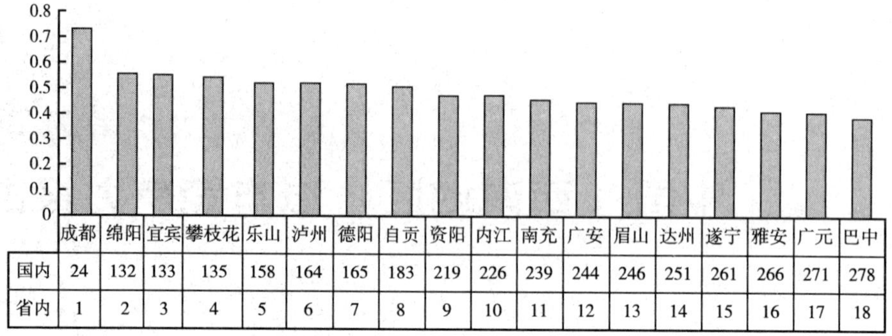

	成都	绵阳	宜宾	攀枝花	乐山	泸州	德阳	自贡	资阳	内江	南充	广安	眉山	达州	遂宁	雅安	广元	巴中
国内	24	132	133	135	158	164	165	183	219	226	239	244	246	251	261	266	271	278
省内	1	2	3	4	5	6	7	8	9	10	11	12	13	14	15	16	17	18

图 9－1　四川城市综合竞争力排名

数据来源：城市与竞争力指数数据库。

2. 分项竞争力：成都各项突出，整体增长较快省会虽强，带动力弱

从城市规模来看，成都在四川省内处于一枝独秀的地位，综合竞争力在全国

表 9－1　四川城市分项竞争力排名

城　市	综合增长		经济规模		经济效率		发展成本		产业层次		收入水平		幸福感指数	
	省内排名	国内排名	省内排名	国内排名	省内排名	国内排名	省内排名	国内排名	省内排名	国内排名	省内排名	国内排名	省内排名	国内排名
成　都	12	116	1	15	1	58	3	16	1	21	1	89	6	111
绵　阳	17	266	2	108	5	157	8	79	2	147	4	169	4	59
宜　宾	14	128	7	148	3	140	10	152	7	232	3	108	14	208
攀枝花	8	92	4	124	2	107	18	260	4	215	2	95	17	239
乐　山	2	61	6	143	7	189	11	158	11	258	6	188	13	187
泸　州	3	64	5	141	9	207	9	140	5	216	7	192	10	162
德　阳	6	73	9	169	4	154	17	209	8	236	5	181	1	24
自　贡	1	54	3	117	6	183	12	168	9	250	8	250	15	211
资　阳	7	75	11	204	10	218	4	19	18	291	9	251	11	172
内　江	5	66	10	178	12	231	2	15	15	277	12	269	16	217
南　充	9	93	8	160	15	265	7	46	13	269	13	270	12	178
广　安	11	112	14	234	14	254	5	26	14	274	10	264	8	129
眉　山	10	94	13	220	11	230	15	200	12	264	11	265	18	257
达　州	13	125	16	259	8	199	13	193	6	218	14	272	5	81
遂　宁	4	65	12	208	17	279	6	40	16	287	15	273	7	116
雅　安	15	201	18	279	13	239	16	204	3	153	17	275	9	150
广　元	18	278	15	247	16	274	14	197	10	252	16	274	3	45
巴　中	16	205	17	271	18	282	1	11	17	288	18	287	2	26

数据来源：城市与竞争力指数数据库。

处于上游，而其他城市排名均比较靠后。成都除综合增长竞争力指数、幸福感指数在全国排名中游外，其他指标如经济规模竞争力和产业层次竞争力在全国范围内均处于领先地位。成都位于四川盆地中部的平原地带，占据得天独厚的地理位置，已经进入工业化中期，拥有良好的自然环境与众多的人口，在产业结构转型和经济结构优化方面具有独特的优势。成都通过城乡统筹发展和高新技术产业发展加快了城市化进程，城市化与工业化互动，带来人口集聚和产业发展，特别是服务业发展，这为经济的发展提供了坚实基础和制度保障。

从指标来看，四川省的发展成本竞争力指数全国排名第5，总体表现比较靠前，大部分城市的发展成本竞争力都有不同程度的上升，这主要得益于四川落实节能减排目标的有力措施，四川在经济发展的过程中狠抓重点领域节能减排，突出抓好工业节能减排，全面推进民用建筑、交通、服务业等领域节能降耗和公共机构节能，加快淘汰落后产能，积极发展低碳经济；同时大力发展循环经济，加强资源综合利用，提高废弃物和再生资源利用率，并加强生态建设和环境保护。

表9－2　四川城市综合竞争力历史排名

城　市	2010年综合竞争力指数	2010年排名	2009年综合竞争力指数	2009年排名	排名变化
成　都	0.731	24	0.666	27	3
绵　阳	0.553	132	0.506	117	－15
宜　宾	0.549	133	0.472	154	21
攀枝花	0.541	135	0.473	153	18
乐　山	0.521	158	0.459	174	16
泸　州	0.518	164	0.460	172	8
德　阳	0.518	165	0.451	192	27
自　贡	0.509	183	0.463	166	－17
资　阳	0.476	219	0.411	239	20
内　江	0.472	226	0.416	231	5
南　充	0.458	239	0.412	238	－1
广　安	0.450	244	0.401	251	7
眉　山	0.445	246	0.387	260	14
达　州	0.445	251	0.385	261	10
遂　宁	0.434	261	0.377	264	3
雅　安	0.416	266	0.374	267	1
广　元	0.412	271	0.358	277	6
巴　中	0.395	278	0.332	286	8

数据来源：城市与竞争力指数数据库。

3. 历史回溯：整体上升明显，追赶仍需努力

2010 年四川省综合竞争力指数是 0.492，全国排名第 18 位，与 2009 年相比排名没有发生变化。2010 年竞争力基尼系数是 0.082，全国排名第 9，比 2009 年上升 3 位。城市综合竞争力排名中，除绵阳、自贡、南充排名下降外，其他城市排名均有不同幅度增长。四川省在近年的发展中投资拉动成效明显，能够积极实施产业调整振兴行动计划，大力推动自主创新和技术改造，拉动了区域经济的发展。德阳上升幅度最明显，这主要受益于四川省灾后重建工作的全面推进，灾区生活秩序得到较快恢复，灾后重建项目得以较快落实，加快了灾区经济的恢复和发展。

4. 结论和政策建议

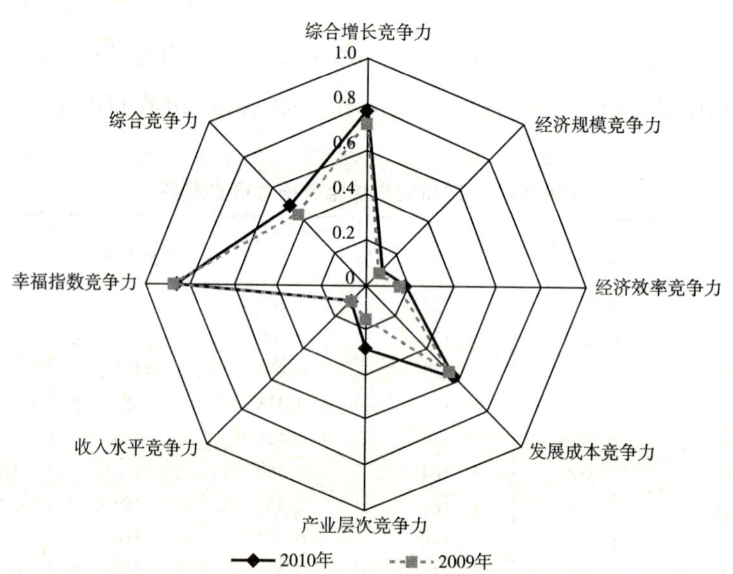

图 9－2　四川城市竞争力历史回溯

数据来源：城市与竞争力指数数据库。

四川省的综合增长竞争力、经济规模竞争力排名较上年都有所下降；虽然综合竞争力指数、产业层次竞争力指数和发展成本竞争力指数绝对值上升较快，但与全国其他城市相比，增长幅度并不明显，因此排名没有出现较大变动。

四川省综合竞争力整体水平在全国处于中等偏下，区域发展不平衡制约了整体水平的提高，综合增长竞争力、经济规模竞争力、收入水平竞争力以及经济效

率竞争力是制约其综合发展的短板。整体上，四川各个城市经济规模竞争力同全国其他地区相比，处在比较落后水平。未来的发展，应该在这些方面有所改进。同时，四川省在发展成本竞争力上存在相对优势，这就要求四川在进一步保持较高增长率的同时，走可持续发展的道路，一方面保持经济高速增长，一方面发展高新技术产业，节约能源，保护环境，做到增长与发展的有机结合，利用发展过程中的环境优势进一步推动经济的增长，走出有自身特色的经济增长道路。

二　中国城市竞争力（云南）报告

云南省位于我国西南边陲，总面积约 39 万平方千米，占全国面积的 4.11%。近年来，受益于与东南亚国家的贸易增长，云南省的国民经济进入了快速发展时期，经济实力明显增强。上年全省生产总值 6168 亿元，增长 12.1%。从经济规模比较，近年来云南经济总量在全国排位趋于稳定。云南作为全国旅游产业改革发展试点省，引进一批国际知名酒店管理公司，推进 160 个旅游重大项目建设，完成一批旅游小镇和 50 个旅游特色村的改造，有力地促进了云南地方经济的增长。

1. 综合竞争力：强弱分明，阶梯分布

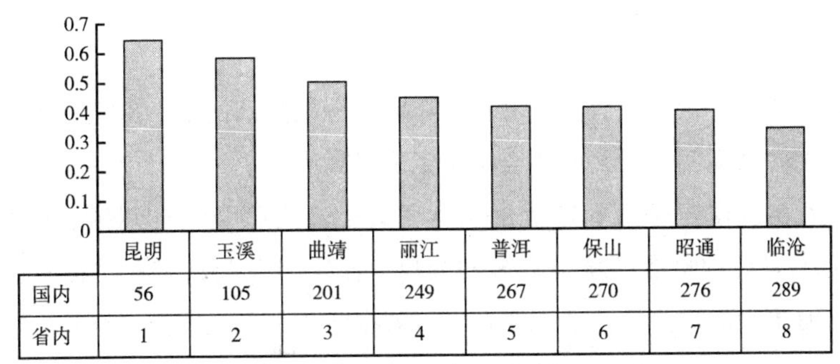

	昆明	玉溪	曲靖	丽江	普洱	保山	昭通	临沧
国内	56	105	201	249	267	270	276	289
省内	1	2	3	4	5	6	7	8

图 9－3　云南城市综合竞争力排名

数据来源：城市与竞争力指数数据库。

从图 9－3 可以看出，云南省城市综合竞争力指数排名从高到低依次为：昆明、玉溪、曲靖、丽江、普洱、保山、昭通、临沧。

云南综合竞争力指数是 0.467，在全国排名第 21 名，竞争力基尼系数是

0.128，全国排名第20名，均处于全国下游。从全国排名看，云南大部分城市还处于200名之后，昆明和玉溪在全省的领先优势较大，省会城市和具备特色产业优势的城市在发展中进步较为明显，而且发展靠前的城市的优势有逐步扩大的趋势。除昆明和玉溪外，其他城市综合竞争力均低于全国平均水平，各城市发展不均衡的趋势十分明显。由于云南省地处横断山脉，山地多、平地少，交通不便，各个城市间缺乏合力，也在一定程度上限制了云南省整体竞争力的提升。

2. 分项竞争力：一城独大，总体落后

表9-3 云南城市分项竞争力排名

城市	综合增长		经济规模		经济效率		发展成本		产业层次		收入水平		幸福感指数	
	省内排名	国内排名	省内排名	国内排名	省内排名	国内排名	省内排名	国内排名	省内排名	国内排名	省内排名	国内排名	省内排名	国内排名
昆明	6	221	1	40	2	120	5	156	1	42	1	70	1	63
玉溪	2	140	2	110	1	24	2	105	6	220	3	191	7	197
曲靖	5	198	3	151	3	135	8	263	5	188	4	218	5	173
丽江	4	150	7	289	4	245	4	153	2	61	2	165	3	109
普洱	1	87	6	288	6	276	6	189	3	109	5	234	6	190
保山	3	147	5	268	7	281	3	121	8	283	6	260	4	139
昭通	8	247	4	260	5	261	7	253	7	231	7	278	8	251
临沧	7	226	8	293	8	290	1	58	4	185	8	280	2	65

数据来源：城市与竞争力指数数据库。

从城市来看，云南综合竞争力排名靠前的分别是：昆明、玉溪。这2座城市特点各不相同，昆明作为云南省会，位于云贵高原之上，是云南省唯一的特大型城市，在经济规模竞争力和产业层次竞争力上实力很强，分别排名全国第40、42位。拥有良好的自然环境与众多的人口，使昆明在调整产业结构、实现可持续发展上有更大的进步空间。玉溪在经济效率竞争力上全国排名靠前，它以保护生态环境为切入点，调整经济结构，大力发展烟草、矿电、旅游文化三大优势产业，但在综合竞争力方面排名不是很高，只排在全国103位。

从指标来看，昆明市在全省范围内的领先优势明显，在经济规模竞争力、产业层次竞争力和收入水平竞争力上处于全国中上游水平，但在综合增长竞争力上位居全国下游，说明昆明市的发展速度落后于全国处于同等水平的城市。在发展速度上除普洱外所有城市都在100名之后，说明在促进发展，实现赶超上，云南

地区城市整体水平并不高。促进中等水平城市进入前100名，发展落后的城市进入中等水平，是提高整体水平的途径。

3. 历史回溯：城市不多，波动明显

表9-4　云南城市综合竞争力历史排名

城　市	2010年综合竞争力指数	2010年排名	2009年综合竞争力指数	2009年排名	排名变化
昆　明	0.646	56	0.566	68	12
玉　溪	0.582	105	0.503	121	16
曲　靖	0.499	201	0.462	168	-33
丽　江	0.446	249	0.409	243	-6
普　洱	0.415	267	0.383	262	-5
保　山	0.412	270	0.373	268	-2
昭　通	0.398	276	0.360	276	0
临　沧	0.340	289	0.313	289	0

数据来源：城市与竞争力指数数据库。

2010年云南的综合竞争力指数是0.467，全国排名第21位，排名较2009年下降两位。2010年竞争力基尼系数是0.128，全国排名第20位，较去年下降1位。云南省城市综合竞争力排名中，只有昆明和玉溪的排名较去年有所上升，其中玉溪上升幅度最大，上升了16位。玉溪市近年来立足于“生态立市、烟草兴市、工业强市、农业稳市”的发展战略，围绕做强烟草产业、做大矿电产业、大力发展地域特色经济的思路，建立起具有核心竞争力和在全国、全省具有比较优势的新型工业的产业群体，逐步形成自生性的产业构架，带动了当地经济的快速发展。曲靖排名下降的幅度较大，下降了33位。曲靖属于前工业化阶段的城市，经济发展力度不够，应提高技术水平和调整产业结构，转变发展方式，把调整产业结构、产品结构、产业布局结构和消费结构作为经济增长的主攻方向，探索和培育新的经济增长点。

与2009年相比，云南省综合竞争力排名靠后的城市变动幅度不大，这些城市在经济发展方面取得了一定的成绩，但要缩短和其他城市之间的差距，任重道远。

4. 结论及政策建议

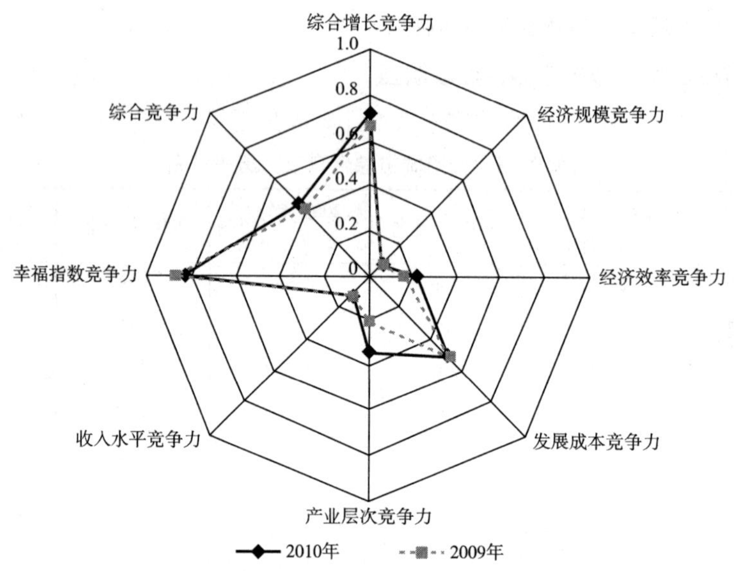

图 9-4　云南城市竞争力历史回溯

数据来源：城市与竞争力指数数据库。

云南省经济效率竞争力、发展成本竞争力、产业层次竞争力和收入水平竞争力的指标排名较 2009 年都下降一位，且都低于全国平均水平。其他指标的排名与 2009 年相比没有变化。

云南省综合竞争力整体水平在全国处于中等偏下，区域发展不平衡制约了整体水平的提高，行政资源在城市的发展中起到了非常大的作用，产业层次竞争力、经济规模竞争力以及经济效率竞争力是制约综合竞争力提高的短板。在云南 8 个城市中，一些中游城市如玉溪正呈现出经济增长带动综合实力提高的态势，处于提高的机遇期。同时，云南大部分城市在实现经济增长上面临瓶颈，未能在经济增长方面实现很好的突破。

整个云南省在经济规模竞争力上进入全国前 100 名的城市非常少，只有昆明一座，这一方面和该省的地形有关，云南多山，大规模的城市建设进度相比其他省份较慢，另外交通的相对不便，造成了云南地区资源输送，劳动力流动的成本过大。企业的发展滞后制约了城市的发展，针对这种状况，要有针对性地对城市的发展因地制宜地制定发展策略，规模小的城市，并不制约其在特色产业的发

展，云南的旅游资源，药材资源极其丰富，而通信、交通行业的发展将会促进这些特色企业突破发展的瓶颈，进而推动整个地区的经济发展。

三　中国城市竞争力（广西）报告

广西壮族自治区地处祖国南疆，陆地面积23.7万平方千米，大陆海岸线全长1500多千米，沿海滩涂面积1000多平方千米。人口占全国的4.14%，面积占全国的2.06%，广西南临北部湾，面向东南亚，西南与越南毗邻，东邻粤、港、澳，北连华中，背靠大西南。是西南地区最便捷的出海通道，也是中国西部资源型经济与东南开放型经济的结合部，在中国与东南亚的经济交往中占有重要地位。广西2010年全年地区生产总值7700.36亿元，同比增长13.9%，增速在全国排第5位。在广西经济快速发展的良好形势下，广西北部湾经济区的发展尤为引人瞩目。广西北部湾经济区是我国西部大开发和面向东盟开放合作的重要地区，对于国家实施区域发展战略和对外开放合作战略具有重要的意义。自国家批准实施《广西北部湾经济区发展规划》以来，广西北部湾经济区以沿海大型组合港建设、重大产业布局和重大产业项目建设、南北钦防城市群建设以及沿海基础建设等为重点，经过几年发展，经济区发展呈现加速势头，基础设施条件逐步改善，重大产业项目建设取得重要进展，区域合作的环境和氛围基本形成，为经济区全面开放开发、加快发展奠定了坚实的基础，也带动了整个区域经济的发展。

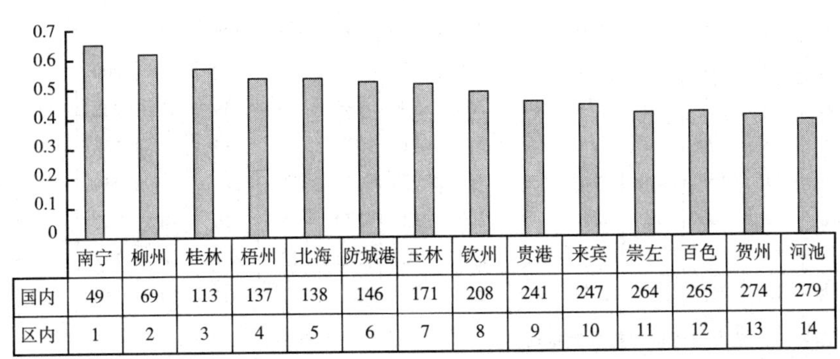

	南宁	柳州	桂林	梧州	北海	防城港	玉林	钦州	贵港	来宾	崇左	百色	贺州	河池
国内	49	69	113	137	138	146	171	208	241	247	264	265	274	279
区内	1	2	3	4	5	6	7	8	9	10	11	12	13	14

图9－5　广西城市综合竞争力排名

数据来源：城市与竞争力指数数据库。

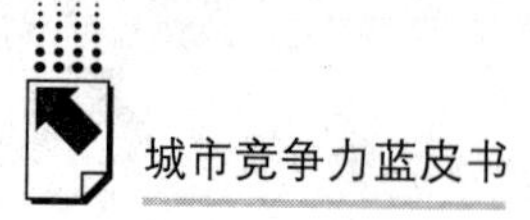

1. 综合竞争力：两强引领，发展均衡

广西平均综合竞争力指数0.500，在全国排名第18位；竞争力基尼系数是0.096，在全国排名第16位。从综合竞争力上来看，广西省只有南宁、柳州两个城市排名全国前100位，南宁更是首次进入全国前50强，排名第49位，这两个城市与其他城市之间的差距较为明显。从广西省的整体发展来看，广西省各城市之间强弱合理，发展均衡，且排名靠后的城市中崇左、钦州、贵港等城市综合增长竞争力较强，在一定程度上弥补了总体发展水平落后的劣势，具有较大的发展潜力。近年来，广西省以北部湾经济区建设为龙头带动，进一步加快转变经济发展方式，促进城乡和区域协调发展，推进中国—东盟自由贸易区建设取得新进展，走出了一条具有广西特色的科学发展之路。

2. 分项竞争力：增长强轻力，总体落后

表9-5　广西城市分项竞争力排名

城市	综合增长		经济规模		经济效率		发展成本		产业层次		收入水平		幸福感指数	
	省内排名	国内排名	省内排名	国内排名	省内排名	国内排名	省内排名	国内排名	省内排名	国内排名	省内排名	国内排名	省内排名	国内排名
南宁	4	44	1	46	2	126	4	70	1	32	2	83	3	166
柳州	10	130	2	64	1	63	9	150	4	137	1	79	4	199
桂林	12	187	3	140	3	133	6	88	2	49	4	146	14	291
梧州	9	122	9	214	5	169	1	37	3	121	5	147	5	212
北海	2	18	7	179	6	173	8	138	6	186	3	132	6	219
防城港	1	7	8	197	4	144	2	44	9	253	7	194	8	233
玉林	8	110	5	170	7	214	7	133	5	145	6	170	11	272
钦州	3	26	4	165	11	256	5	77	11	272	8	209	10	261
贵港	6	77	6	177	14	268	10	186	10	259	11	248	13	288
来宾	7	96	10	216	9	237	11	214	14	284	13	256	1	136
崇左	11	169	14	284	13	266	3	54	12	273	9	239	2	157
百色	5	63	12	258	8	229	13	279	8	226	14	257	7	226
贺州	14	269	11	227	12	259	12	272	13	281	10	247	9	260
河池	13	211	13	277	10	243	14	282	7	203	12	255	12	287

数据来源：城市与竞争力指数数据库。

从城市来看，在广西处于领跑地位的两个城市南宁和柳州各有特色。南宁市是广西壮族自治区首府，是我国华南沿海和西南腹地两大经济区的结合部，是大

西南出海通道和华南、港澳地区西进的枢纽城市，区位独特、风光宜人，在产业层次竞争力上实力较强，其第三产业的发展对经济的带动作用很大。柳州以汽车、机械、冶金三大产业作为支柱产业，大力发展传统优势产业，加速推进技术更新，在经济规模和经济效率竞争力上表现较好，且在综合增长竞争力上表现突出，具有较大的发展潜力。

从指标来看，广西的平均综合增长竞争力指数全国排名第6，总体增长速度相对较快，但城市间差距较大，处于北部湾经济区的四个城市防城港、北海、钦州和南宁排名均在全国前50名，展现出良好的增长势头，而处于边缘地带的贺州和河池则居于全国末流。从总体上看，广西大部分城市排名集中在100名之内，这说明在综合增长竞争力方面，广西省的城市整体上具备快速提高的潜力。

3. 历史回溯：上游稳定上升，中游动荡剧烈

表9-6　广西城市综合竞争力历史排名变化

城　市	2010年综合竞争力指数	2010年排名	2009年综合竞争力指数	2009年排名	排名变化
南　宁	0.658	49	0.586	56	7
柳　州	0.620	69	0.544	81	12
桂　林	0.571	113	0.525	99	-14
梧　州	0.539	137	0.482	140	3
北　海	0.538	138	0.488	132	-6
防城港	0.531	146	0.468	160	14
玉　林	0.515	171	0.463	167	-4
钦　州	0.487	208	0.456	183	-25
贵　港	0.455	241	0.418	228	-13
来　宾	0.446	247	0.382	263	16
崇　左	0.420	264	0.392	256	-8
百　色	0.416	265	0.390	258	-7
贺　州	0.406	274	0.354	281	7
河　池	0.390	279	0.357	278	-1

数据来源：城市与竞争力指数数据库。

广西省2010年城市综合竞争力整体上呈现出上游平稳，中下游动荡的态势，南宁和柳州排名稳步上升，大部分城市排名出现下滑。与2009年相比，排名上升的城市有：南宁、柳州、梧州、防城港、来宾、贺州。排名下降的城市有：桂林、北海、玉林、钦州、贵港、崇左、百色、河池。钦州的排名下降幅度较大，下降了25位，作为北部湾经济区的城市之一，钦州应加强与区域内城市的合作，用足用好国家赋予广西北部湾经济区的优惠政策，深化重点领域和关键环节的改革，加快形成科学发展的体制机制，不断增强地区经济社会发展的动力。

4. 结论及政策建议

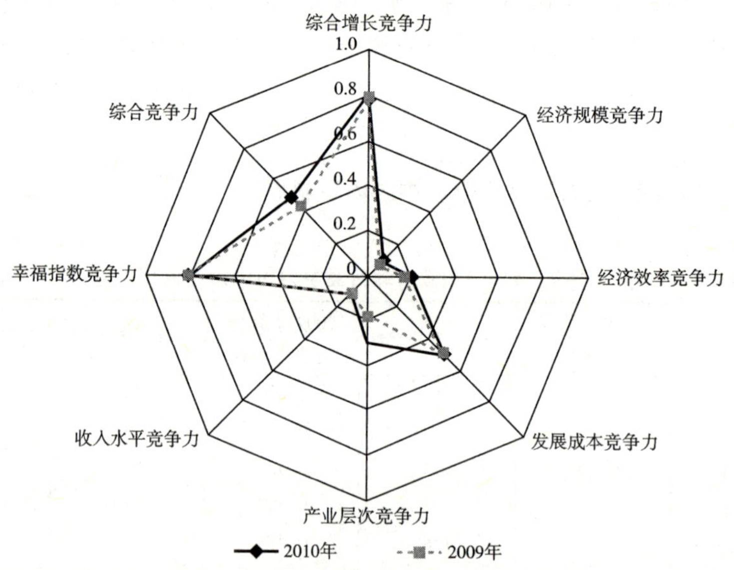

图9-6　广西城市竞争力历史回溯

数据来源：城市与竞争力指数数据库。

广西的经济规模竞争力和收入水平竞争力的指标排名较2009年都下降一位，且都低于全国平均水平。发展成本竞争力指标排名较2009年上升一位，但仍然低于全国平均水平。经济效率竞争力、产业层次竞争力和幸福感指数竞争力的排名与2009年相比都没有变化。

广西的综合增长竞争力指标在全国处于领先位置，但其他竞争力指标相对处于比较落后的位置。

广西综合竞争力整体水平在全国处于中等偏下，区域发展落后制约了整体水平的提高。广西地处北部湾，又与越南接壤，在中国南部拥有经济发展的重要条

件，在运输、对外贸易上有自身的优势。但对土地资源的利用效率成为了制约广西地区大部分城市提高经济效率竞争力的最大瓶颈。如何把有限的土地资源利用到产出最大的行业，是这些城市面临的问题。

在广西，政策性资金的支配仍然对经济发展有很大的影响，经济发展的很大一部分来源于政府对基础设施的投资，这说明城市的自我造血功能还很弱，政府对经济发展的支配仍然很大。而私营经济的不活跃是这些地区企业发展的掣肘。如何发挥政府对市场经济的引导作用，同时利用政策调控刺激私营经济的发展，是解决这些地区资金匮乏的突破口。

B.10

第十章 中国（西北地区）城市竞争力报告

一 中国城市竞争力（内蒙古）报告

内蒙古自治区位于中国北部边疆，西北紧邻蒙古和俄罗斯。该区是我国国界线最长的省级行政区，全区总面积118.3万平方千米，列全国第3位。内蒙古天然草场辽阔而宽广，总面积位居全国五大草原之首，是我国重要的畜牧业生产基地。2010年末，地区生产总值11620亿元，比上年增长15%。呼和浩特是其首府，包头、鄂尔多斯、乌海、赤峰、呼伦贝尔、通辽、乌兰察布、巴彦淖尔是该自治区内的主要城市。经过多年的发展，内蒙古主要经济指标在全国各省区市的位次明显提升，经济发展水平显著提高。在资源综合利用、新能源、新材料等重点领域，组织实施一批重大科技专项，以技术突破带动产业转型升级。大力推动工业化与信息化融合，推进“两化融合”创新试验区建设。深入实施人才强区战略，着眼于经济社会发展需要，组织实施“草原英才”工程，强化人才储备制度，加快建设人才流入区。

1. 综合竞争力指数：整体实力较强，城市差距较大

内蒙古综合竞争力指数是0.575，位列西北地区第1名，全国第9位，综合竞争力上有加大的提升空间。综合竞争力基尼系数为0.111，全国第19名，区域内部各城市发展不均衡。主要城市呼和浩特、包头、乌海、赤峰、鄂尔多斯均属于资源型城市，其综合竞争力指标排名逐年都有不同程度的提高。鄂尔多斯市与黄河北岸的呼和浩特市、包头市形成了内蒙古自治区经济发展最为活跃的“金三角”。此外，其他城市的综合竞争力在全国的排名分列中游和下游。乌海、赤峰、通辽、呼伦贝尔的排名在第100~200名之间。乌海为资源型中等城市，近年来工业发展较快；赤峰资源较为丰富，贵重金属、有色金属储量均居内蒙古自治区前列，同时地处东北与华北经济区的结合部，环渤海经济圈的重要组成部

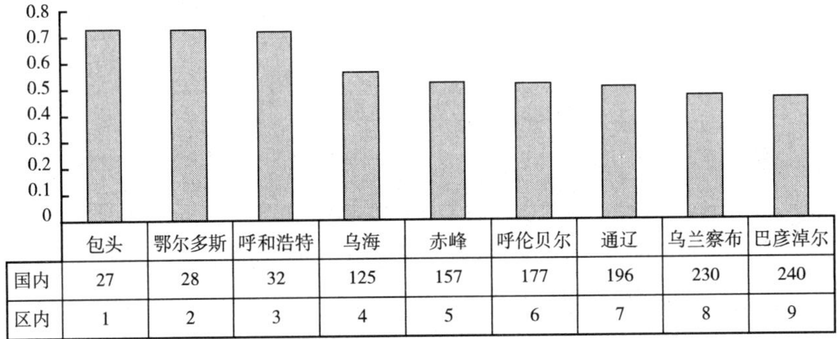

图 10－1　内蒙古城市综合竞争力指数排名

数据来源：城市与竞争力指数数据库。

分，易接受北京、天津、沈阳等几个中心城市的辐射；通辽处于工业化初期的发展阶段，经济发展迅速，综合竞争力指标排名从第 233 位上升至第 195 位。巴彦淖尔和乌兰察布则处在第 200～300 名之间，二者均处在工业化初期的发展阶段，已逐步建立起相对完善的工业体系，具有一定的经济增长潜力。由此可见，内蒙古城市总体实力较强，尤其中心城市发展势头强劲，但城市间综合竞争力差距较大。

2. 分项竞争力：省内城市发展不均，综合增长能力较强

表 10－1　内蒙古城市分项竞争力排名

城　市	综合增长		经济规模		经济效率		发展成本		产业层次		收入水平		幸福感指数	
	省内排名	国内排名	省内排名	国内排名	省内排名	国内排名	省内排名	国内排名	省内排名	国内排名	省内排名	国内排名	省内排名	国内排名
呼和浩特	9	52	2	43	3	42	2	48	1	27	3	39	7	175
包　头	2	6	1	32	1	23	3	211	4	71	2	32	1	8
乌　海	7	39	6	135	4	85	7	269	6	200	4	61	4	93
赤　峰	3	13	4	112	8	184	5	255	7	196	5	189	9	259
通　辽	5	17	5	130	6	137	8	278	8	240	6	199	6	156
鄂尔多斯	1	1	3	85	2	30	1	20	3	40	1	14	2	21
呼伦贝尔	6	22	8	236	5	101	6	268	2	28	8	214	5	148
巴彦淖尔	4	14	7	215	9	194	9	286	9	256	7	204	3	72
乌兰察布	8	47	9	272	7	175	4	225	5	139	9	243	8	180

数据来源：城市与竞争力指数数据库。

如表 10－1 所示，从城市来看，鄂尔多斯和包头表现最强，整体实力遥遥领先于其他城市，二者与首府呼和浩特形成了内蒙古自治区经济发展最为活跃的“金三角”。鄂尔多斯的综合增长竞争力、发展成本竞争力、收入水平竞争力在区内均排第 1 位，其中综合增长竞争力在全国排名同样是第 1 位，有“纤维宝石”和“软黄金”之称的阿尔巴斯白山羊绒就产自这里。鄂尔多斯经济发展迅猛，有效实施资源转化战略，经济社会始终保持了持续快速、协调健康发展的良好势头。包头是内蒙古自治区最大的工业城市，在经济规模竞争力指数、经济效率竞争力指数和幸福感竞争力指数在区内均排第 1 位；其发展成本竞争力指数全国排名相对较低，这说明城市环境为经济发展做出了牺牲，发展的绩效会打折扣。巴彦淖尔和乌兰察布均处在工业化初期的发展阶段，已逐步建立起相对完善的工业体系，具有一定的经济增长潜力。巴彦淖尔的风能、太阳能和生物质能资源丰富，有利于发展可再生能源产业。近几年，风力发电发展迅猛，已经有国电电力等多家大型国有电力公司在巴彦淖尔投资，其具有较强的竞争力。

从指标来看，内蒙古的综合增长竞争力指数相对来说表现稍好。鄂尔多斯的综合增长竞争力在 2009 年和 2010 年始终保持着国内第 1 名，这主要是由于其有效实施资源转化战略，经济社会始终保持了持续快速、协调健康发展的良好势头。同时，包头在这两年中，排名也始终处在全国十强的位置。呼和浩特、乌海、赤峰、通辽、呼伦贝尔、巴彦淖尔和乌兰察布的综合增长竞争力变动不大。呼伦贝尔虽然排名变化不大，但其草原是世界四大草原之一，被称为世界上最好的草原，如此丰富的旅游资源为其大力发展第三产业，特别是旅游业的发展提供基础，同时有利于产业层次的提高。

3. 历史回溯：通辽经济发展迅速，鄂尔多斯稳健上升

相对于 2009 年，通辽市的排名上升最快，提升了 37 位，该市工业发展比较快，基础比较好，门类比较全，具有鲜明的地方特色和民族特色。通辽市土地辽阔，水资源丰富，气候适宜，现有耕地 88 万公顷，草原面积 290 万公顷，宜农宜林荒地 130 万公顷，人均占有土地 2.3 公顷，为全国平均水平的 2.58 倍，是国家重要的商品粮生产基地和黄牛、生猪、绒毛生产基地，素有“内蒙古粮仓”和“黄牛之乡”之称。较发达的农牧业有利于经济规模的扩大和发展成本的降低。其他城市相对于 2009 年排名上升的还有呼和浩特、包头、乌海、赤峰、通

表 10－2　内蒙古城市综合竞争力历史排名

城　市	2010 年综合竞争力指数	2010 年排名	2009 年综合竞争力指数	2009 年排名	排名变化
呼和浩特	0.711	32	0.630	37	5
包　　头	0.723	27	0.633	35	8
乌　　海	0.556	125	0.491	129	4
赤　　峰	0.521	157	0.457	182	25
通　　辽	0.501	196	0.415	233	37
鄂尔多斯	0.722	28	0.642	31	3
呼伦贝尔	0.512	177	0.459	175	-2
巴彦淖尔	0.456	240	0.411	240	0
乌兰察布	0.468	230	0.423	223	-7

数据来源：城市与竞争力指数数据库。

辽和鄂尔多斯。其中鄂尔多斯的综合竞争力在全国排名提升不大，上升了 3 位（2010 年排名第 28 位，2009 年排名第 31 位）。仅仅有呼伦贝尔和乌兰察布的综合竞争力排名下降。具体指数的变化如图 10－2 所示。

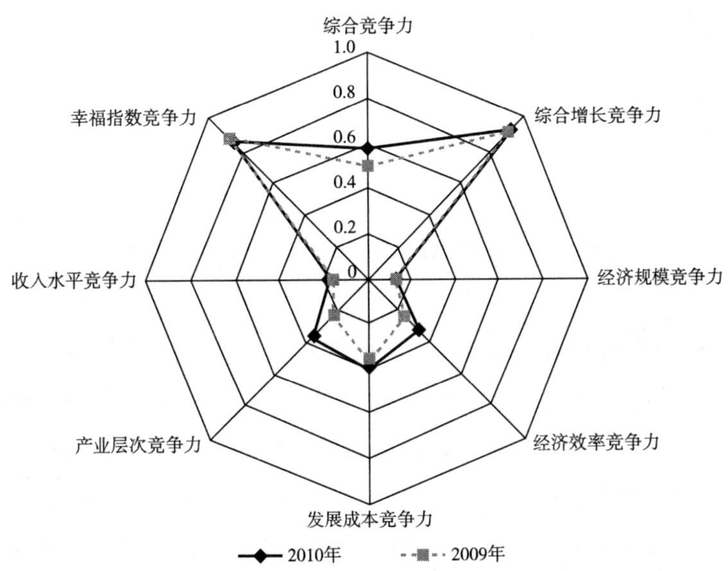

图 10－2　内蒙古城市竞争力历史回溯

数据来源：城市与竞争力指数数据库。

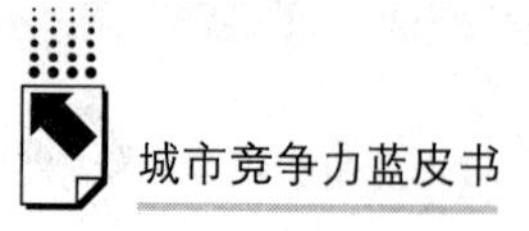

4. 结论与政策建议

内蒙古自治区的综合增长竞争力方面表现很强，增长也较快。但是，除幸福感指数竞争力较强外，其他竞争力指标并没有明显优势，有待进一步提高和改善，以实现经济的均衡发展。虽然内蒙古自治区的综合竞争力在西北地区首屈一指，但经济规模竞争力排名较低，较小的经济规模会影响以后经济发展的潜力。

内蒙古要尽快实现发展方式转变，保持较快经济增长，真正实现富民强区的目标。该省未来发展方向应该由主要依靠“第二产业带动”向“三产协同发展”转变，重视乳业等传统优势特色产业的改造和提升，在战略新兴产业、现代制造业等领域给予更多的政策、资金扶持。同时注重科技投入，不断提升劳动者素质，加强企业的管理水平，实现经济社会的多元发展与多级支撑。

内蒙古区域经济发展不平衡，各盟市之间差距明显。要形成优势地区率先发展、后起地区加快发展，各地区赶超争先、共同进步的局面。区域发展经济在现代区域经济理论中是最重要的一种统筹方法，内蒙古地域辽阔，资源分布不同，人文环境各异，不可能用一种模式发展，也不可能完全照搬一个地区的发展模式来指导另一个地区，更不可能在全区范围内形成一个统一的经济区域，要因地制宜，抓住地区特点，通过区域发展，最终实现全区协调发展。

二　中国城市竞争力（陕西）报告

陕西位于黄河中游和长江上游，历史悠久，文化底蕴深厚，是中华民族的摇篮和中华文明的发祥地之一。总面积 20.58 万平方千米，南北狭长，由北向南可分为地理、历史、文化、气候、语言等截然不同的三大地区：陕北、关中、陕南。随着改革开放，陕西省对外开放程度日益加大，经济正在崛起。2010 年全年，全省生产总值 10012 亿元，比上年增长 14.5%。省会为西安，咸阳、宝鸡、延安、榆林、渭南、汉中、安康和商洛是陕西省的主要城市。陕西省政府提出的支持西安高新区创建世界一流园区，加快宝鸡、渭南国家级高新区建设，积极争取榆林高新区、汉中开发区升格，继续支持其他园区、产业基地和县域工业集中

区发展，引导新建项目和关联企业向园区集聚，壮大产业集群，向 2015 年 9 个园区工业产值超千亿元的目标迈进。

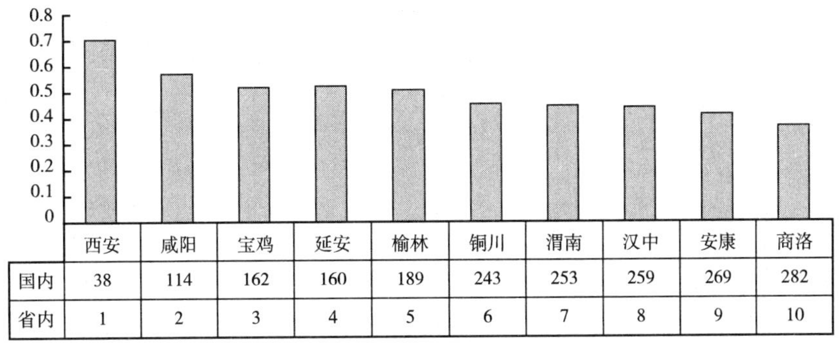

	西安	咸阳	宝鸡	延安	榆林	铜川	渭南	汉中	安康	商洛
国内	38	114	162	160	189	243	253	259	269	282
省内	1	2	3	4	5	6	7	8	9	10

图 10－3　陕西城市综合竞争力指数排名

数据来源：城市与竞争力指数数据库。

1. 综合竞争力指数：省会表现强劲，城市差距较大

陕西省的综合竞争力指数是 0.492，排在国内第 17 名，综合竞争力基尼系数为0.107，排在全国第 18 位。陕西省各城市中，总体上城市竞争力较弱，除西安排在全国第 38 位，其余城市均排在第 100 名以外。西安是中国七大区域中心城市之一，中国大飞机的制造基地，中西部地区最大最重要的科研、高等教育、国防科技工业和高新技术产业基地，城市发展前景看好。处在工业化时期的咸阳、宝鸡、延安和榆林的排名在第 100～200 名之间：咸阳是一个新兴的工业城市，目前已形成纺织、电子、煤炭、石油化工、机械为主体的工业体系；宝鸡是西北地区的工业重镇，国有企业比重大是宝鸡经济结构的显著特征；延安形成了以能源开发为主体的工业布局，经济效益大幅度提高；榆林以其丰富的能源矿产资源，被美誉为中国的“科威特”，是正在建设的国家能源重化工基地，最终将实现科技融入资源型的中国“能源硅谷”。铜川、渭南、汉中、安康和商洛则排在第 200～300 名之间，这 5 个城市除了铜川为资源型城市，其他均是前工业化阶段城市，正在逐步建立相对完善的工业体系，经济增长潜力较大。由此可知，陕西城市中，除省会西安一枝独秀外，其余总体经济实力较弱。

2. 分项竞争力：整体优势不明显，西安一枝独秀

从城市来看，省会西安在陕西省内的综合实力最强，其中经济规模、经济效

表 10－3　陕西城市分项竞争力排名

城市	综合增长		经济规模		经济效率		发展成本		产业层次		收入水平		幸福感指数	
	省内排名	国内排名	省内排名	国内排名	省内排名	国内排名	省内排名	国内排名	省内排名	国内排名	省内排名	国内排名	省内排名	国内排名
西　安	5	78	1	22	1	91	3	49	1	22	1	92	4	218
铜　川	2	36	5	222	6	234	9	259	9	234	6	219	10	294
宝　鸡	3	41	2	95	3	167	10	261	10	260	4	172	7	278
咸　阳	7	113	3	129	2	134	1	5	7	198	2	156	8	285
渭　南	4	49	6	225	8	251	5	137	8	207	8	281	1	74
延　安	9	177	7	242	4	188	2	41	4	103	3	164	3	206
汉　中	10	195	9	269	7	242	7	215	2	80	7	259	9	289
榆　林	1	12	4	221	5	219	6	178	3	94	5	197	6	253
安　康	8	152	8	263	9	280	4	81	5	162	10	284	5	225
商　洛	6	111	10	286	10	288	8	223	6	177	9	282	2	145

数据来源：城市与竞争力指数数据库。

率、产业层次和收入水平方面的竞争力在省内均排第 1 位。2009 年国家颁布的《关中—天水经济区发展规划》中西安被列为继北京、上海之后，我国第三个“国际化大都市”。因而，西安应顺势提高自身综合增长动力、降低发展成本，最终提升百姓的幸福感指数。在各个城市中，榆林值得被关注，虽然其他各项指标排名相对靠后，但其综合增长竞争力在全省排第 1 位，全国排第 12 位，表现突出。该市在“十一五”期间把建设数字化榆林作为城市经济的重要内容，重点推进“1231”信息化工程建设，即“一张宽带城域网、两个应用平台、三个服务中心、十大应用领域”，这为其经济增长注入强心剂的同时，也进一步促进其产业升级、提高经济增长效率。

从指标来看，陕西省整体水平较低，综合增长竞争力方面表现相对较好，但其优势不够明显。陕西的平均综合增长竞争力指数是 0.813，全国排第 4 位。从其自身发展来看，近年来经济发展较快。其中，榆林最强，全国排第 12 位。其后依次是铜川、宝鸡、渭南、西安、商洛、咸阳、延安、安康、汉中。不难发现，城市间综合增长竞争力差距较大，省内排名第 10 的汉中，在全国已经排到第 195 位，和省内第 1 名相差 183 位。陕西的平均经济效率竞争力表现最差，指

数是0.180，全国排第21位，城市整体经济效率相对较低。尤其是铜川、渭南、汉中、榆林、安康和商洛，均处在第200名以外。而省内排名第1的西安，在全国也仅仅排第91位，较低的经济效率很容易造成资源的浪费，因而经济效率急需快速提高。

3. 历史回溯：关中进步显著，个别城市波动大

如表10-4所示，在陕西省的主要城市中，铜川进步最为显著，从2009年的第270位上升到2010年的第243位，提高了27位。近两年，铜川正抓住陕西“一线两带”建设的大好机遇，大力实施项目带动、工业强市和可持续发展战略，因而，在总体实力、经济规模、效率等多方面都有突飞猛进的发展。加上该市自然资源丰富，更有利于农、林、牧综合发展。咸阳表现也较为突出。地处陕西关中平原腹地的咸阳是一个新兴的工业城市，已形成纺织、电子、煤炭、石油化工、机械为主体的工业体系。其自古素有交通要冲之称，加上历史悠久，文物资源十分丰富，这些都大大降低了该城市的发展成本。此外，西安、宝鸡、渭南、榆林、安康和商洛的排名都有不同程度的上升。延安和汉中表现较差，分别下降了29名和11名。处在工业化中期的延安，目前需要改善原有经济结构，从而寻求新的经济增长点，提高经济效率。

表10-4　陕西城市综合竞争力历史排名

城　市	2010年综合竞争力指数	2010年排名	2009年综合竞争力指数	2009年排名	排名变化
西　安	0.697	38	0.617	42	4
铜　川	0.452	243	0.370	270	27
宝　鸡	0.519	162	0.458	178	16
咸　阳	0.570	114	0.498	124	10
渭　南	0.443	253	0.368	271	18
延　安	0.520	160	0.489	131	-29
汉　中	0.437	259	0.402	248	-11
榆　林	0.505	189	0.430	214	25
安　康	0.413	269	0.354	280	11
商　洛	0.368	282	0.294	291	9

数据来源：城市与竞争力指数数据库。

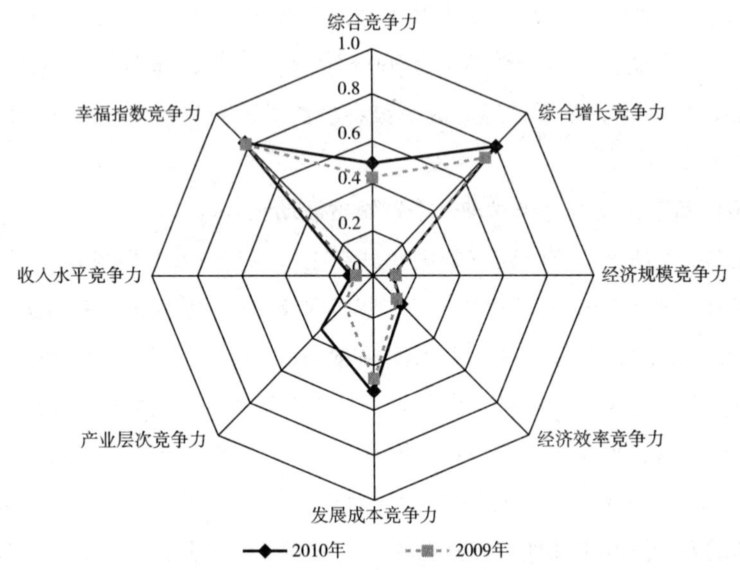

图 10－4　陕西城市竞争力历史回溯

数据来源：城市与竞争力指数数据库。

4. 结论与政策建议

陕西省除综合增长竞争力、幸福感指数竞争力以外，经济规模竞争力、经济效率竞争力、发展成本竞争力、产业层次竞争力、收入水平竞争力和综合竞争力等指标优势不明显。规模偏小，实力不强，技术水平较低，产业、产品和组织结构不合理，适应市场需求变化的能力均有待提高。

陕西是一个欠发达的内陆省份，但具有巨大的发展潜力和后发优势。陕西省地处承东启西交会之处，西安、咸阳、宝鸡等大中城市交通便利，人文资源积淀雄厚，对全省乃至周边地区辐射作用较强，发展现代服务业具有得天独厚的优势，当前要大力发展金融保险业、信息服务业、旅游业、物流业、房地产及社区服务业等现代服务业，使其迅速成为今后陕西省经济新的增长点。西安作为西北地区最大的中心城市，可以在西部大开发中发挥多种服务功能。转变经济增长方式，不断优化经济结构，以雄厚的科技实力，带动西部地区经济结构优化升级。采取有效措施，真正把经济增长转变到依靠科技、优化结构、提高效益、降低消耗上来，走集约、统筹、协调发展之路，提升可持续发展能力。

三　中国城市竞争力（甘肃）报告

甘肃区域面积为45.37万平方千米，占全国总面积的4.72%。2010年末，全省生产总值达到4100亿元，比上年增长11.5%。工业是甘肃经济的主导产业，利用丰富的优势资源，重点发展了基础工业，形成了以重工业为主、轻重工业协调配合。党中央、国务院对甘肃经济社会发展高度重视，近年来，连续印发了《关于支持青海等省藏区经济社会发展的若干意见》、《关于应对国际金融危机保持西部地区经济平稳较快发展的意见》、《关中—天水经济区发展规划》和《甘肃省循环经济总体规划》，特别是在国家34个部委和单位联合实地调研的基础上，国务院正在研究制定支持甘肃加快经济社会发展的指导意见。

1. 综合竞争力指数：总体实力较差，兰州实力最强

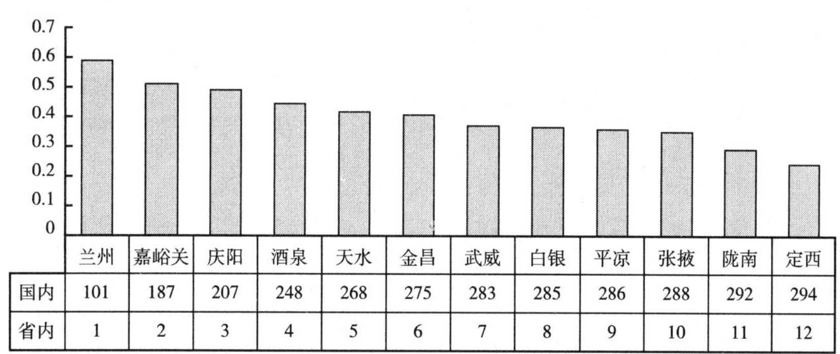

	兰州	嘉峪关	庆阳	酒泉	天水	金昌	武威	白银	平凉	张掖	陇南	定西
国内	101	187	207	248	268	275	283	285	286	288	292	294
省内	1	2	3	4	5	6	7	8	9	10	11	12

图10－5　甘肃城市综合竞争力指数排名

数据来源：城市与竞争力指数数据库。

甘肃省综合竞争力指数为0.402，排在国内第22名，综合竞争力较弱。综合竞争力基尼系数为0.137，排名同样是第22位，经济发展水平不高但省内城市发展相对均衡。甘肃省城市竞争力总体上相对较弱，没有一个城市排在全国第100名以内，只有兰州和嘉峪关排在第200名以内，其余城市都排在第200名以外。兰州，在西北地区处于“座中四联”位置，是黄河上游经济区重要的经济中心，西陇海兰新经济带重要的支撑点和辐射源，大西北交通、通信枢纽，也是西部地区通信枢纽和信息网络中心。嘉峪关市是资源型城市，其铁矿、重晶石、石灰石、白云岩、造型黏土5种矿种居甘肃省前3位，是中国丝路文化和长城文化的交会点，素有“河西重镇、边陲锁钥”之称。

2. 分项竞争力：竞争力水平较弱，产业结构需调整

从城市来看，兰州和嘉峪关表现相对较好，整体实力领先其他主要城市。随着新欧亚大陆桥的开通特别是西部大开发战略的实施，重新构筑起现代丝绸之路，兰州战略地位凸显，正发挥着承东启西、联南济北的重要作用。同时，也为其降低发展成本奠定了良好的基础。其中，酒泉和庆阳在发展成本竞争力表现突出，国内排第33位和第22位。同时处在工业化发展阶段的酒泉和庆阳，丰富的自然、文化资源，便利的交通，为其经济发展与综合实力的提升创造了必要条件。

表10－5　甘肃城市分项竞争力排名

城　市	综合增长		经济规模		经济效率		发展成本		产业层次		收入水平		幸福感指数	
	省内排名	国内排名	省内排名	国内排名	省内排名	国内排名	省内排名	国内排名	省内排名	国内排名	省内排名	国内排名	省内排名	国内排名
兰　州	5	216	1	57	3	130	6	191	1	67	3	180	5	210
嘉峪关	6	225	4	212	1	65	10	276	9	238	1	88	3	193
金　昌	3	208	3	210	2	75	11	293	11	282	5	210	8	246
白　银	11	254	2	200	4	181	12	294	8	227	4	201	7	240
天　水	7	232	5	217	9	273	3	108	4	172	8	289	2	169
武　威	4	213	6	238	7	267	5	184	12	290	10	291	10	279
张　掖	9	244	8	273	8	269	8	267	10	276	9	290	11	282
平　凉	8	242	10	281	11	286	7	243	2	135	7	288	12	293
酒　泉	2	161	7	267	6	235	2	33	5	190	6	271	4	196
庆　阳	1	134	9	276	5	221	1	22	6	199	2	119	9	263
定　西	12	272	12	294	12	294	4	161	7	212	11	292	6	229
陇　南	10	252	11	290	10	284	9	270	3	164	12	294	1	133

数据来源：城市与竞争力指数数据库。

从指标来看，甘肃的平均综合增长竞争力指数是0.684，全国排第18位，表现相对其他指标较好。从整体上看，甘肃省内主要城市的综合增长能力很差，竞争力均排在第100～300名之间。但也仅有庆阳和酒泉排在第100～200位之间。其中，省内排第1位的庆阳在全国仅排第134位。庆阳素有“陇东粮仓”之美

誉，是甘肃优质农畜产品生产基地。在甘肃省的主要城市中，大部分城市均存在产业结构不合理，其平均产业层次竞争力指数是0.287，全国排第21位，两极分化较严重，兰州遥遥领先，在全国排第67位。该省主要依靠第一、二产业发展，第三产业比重较低。与此同时，相对落后的经济水平意味着幸福感指数相对较低。甘肃的平均幸福感指数竞争力指数是0.816，全国排第20位，幸福感指数竞争力整体水平低，除嘉峪关、水天和陇南，其他城市均排在第200名以外。

3. 历史回溯：排名整体下滑，庆阳表现较好

相对比2009年，处于前工业化阶段的庆阳市排名提高了30位。近年来，庆阳市主攻石油天然气和煤炭资源开发、绿色农畜产品加工、特色文化产业“一黑一绿一文”三大产业开发，其经济社会发展迈上了快车道。从综合竞争力看：酒泉的竞争力显著提高，提升了11位。酒泉具有丰饶富庶、开发便利的水土资源，得天独厚、储量丰富的矿产资源以及绚丽多姿、闻名遐迩的旅游资源，这三大优势为酒泉的发展提供强劲动力。近两年，甘肃省大部分城市排名都有不同程度的下滑，省内大中城市的发展不尽如人意，省会兰州的排名从2009年的第93位下滑至2010年的101位。其中金昌降幅最大，下降了20位。

表10－6　甘肃城市综合竞争力历史排名

城　市	2010年综合竞争力指数	2010年排名	2009年综合竞争力指数	2009年排名	排名变化
兰　州	0.584	101	0.531	93	－8
嘉峪关	0.506	187	0.441	204	17
金　昌	0.405	275	0.393	255	－20
白　银	0.366	285	0.349	283	－2
天　水	0.413	268	0.377	266	－2
武　威	0.367	283	0.362	275	－8
张　掖	0.353	288	0.336	285	－3
平　凉	0.357	286	0.340	284	－2
酒　泉	0.446	248	0.388	259	11
庆　阳	0.489	207	0.413	237	30
定　西	0.243	294	0.225	293	－1
陇　南	0.293	292	0.252	292	0

数据来源：城市与竞争力指数数据库。

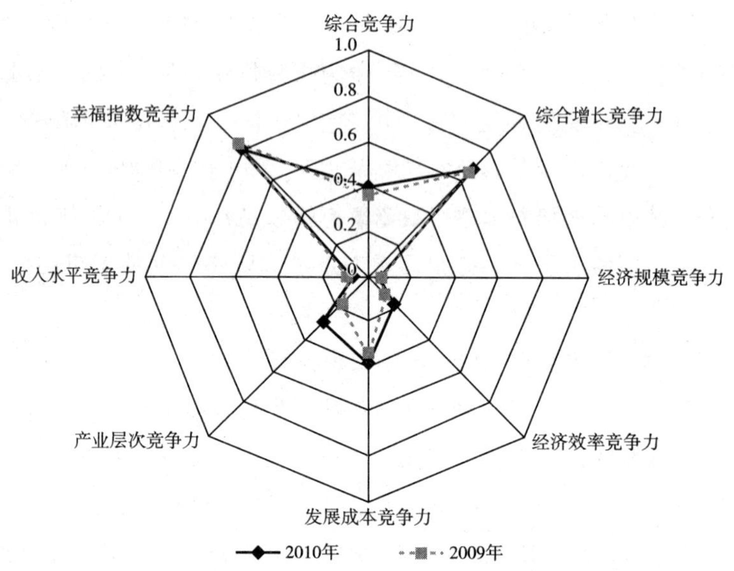

图 10－6　甘肃城市竞争力历史回溯

数据来源：城市与竞争力指数数据库。

4. 结论与政策建议

甘肃省的综合竞争力、综合增长竞争力、经济规模竞争力、经济效率竞争力、发展成本竞争力、产业层次竞争力、收入水平竞争力都较弱，经济发展动力明显不足，经济增长速度较为缓慢，产业结构不够合理。

以市场为导向，以基础设施、生态环境建设和结构调整为重点，以壮大城市经济为龙头，实施科教兴省、开放带动和可持续发展战略，充分发挥甘肃在西部大开发中的桥梁、纽带作用。甘肃省应积极实施三大战略，实施科教兴省战略，加强基础教育和适用人才培养，开发人力资源和提高劳动者素质，大力推进技术进步和技术创新，使科技成为西部大开发的第一推动力；实施开放带动战略，着力改善投资软环境，吸引国内外的人才、技术、资金，推动甘肃的大开发；实施可持续发展战略，在开发中控制人口增长，合理开发利用资源，保护环境，实现甘肃经济、社会、生态的协调发展。

B.11

第十一章 中国（香港）城市竞争力报告

一 香港城市竞争力的总体表现

香港是一个非常独特的城市。在回归之前，政治上实行殖民统治，在经济上以自由港和自由经济制度为基础，政府一直注重制度、法律等营商环境的基础建设，为市场经济有效运作创造了有利环境并成功地进行了两次经济转型，其国际经济地位自20世纪以来不断提升。

回归十多年来，香港虽然经历了亚洲金融危机、沙士、禽流感、全球金融危机等一系列外部危机，但香港每次都能快速复苏。目前依然在世界经济中占有重要一席，保持国际金融中心、国际贸易中心以及国际航运中心的地位，国际竞争力在全球一直处于领先地位。与中国内地的城市相比，香港综合竞争力具有绝对优势，已经连续多年保持第一，但是近年来内地的城市发展速度较快，差距在逐步缩小。但是从总体来讲，香港与内地城市之间合作多于竞争，呈现合作共赢的局面。

（一）综合竞争力：仍然保持第一，内地追赶强劲

香港综合竞争力多年来一直保持全国第一的地位，但是纵向历史的比较，香港与上海、北京、深圳、台北等城市的差距在逐渐缩小，2010年上海、北京、深圳、台北的竞争力指数分别为0.892、0.881、0.859、0.858，而2009年综合竞争力指数分别为0.822、0.817、0.797、0.816，造成这一现象的主要原因一是内地巨大的发展潜力，二是香港自身经济转型相对缓慢。

（二）综合增长竞争力：总体保持平稳增长，但低于内地城市

除2009年受国际金融危机影响，经济负增长外，近年来香港经济一直保持

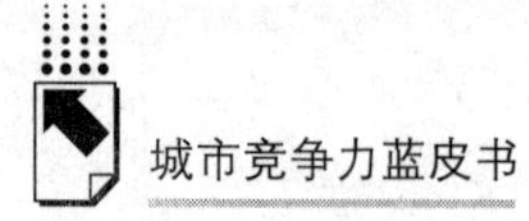

平稳较快增长，特别是金融危机之后香港经济迅速反弹。亚洲崛起特别是内地经济的持续强劲增长为香港未来的经济增长奠定了坚实的基础。但是作为成熟与高度发达的城市，香港的增长速度低于内地许多城市，2010 年综合增长竞争力排第 288 位。

（三）经济规模竞争力：内地城市发展迅速，规模优势逐步缩小

香港经济规模大，基础厚，但是近年来规模竞争力优势不再明显。上海、北京、深圳等城市的人口与经济规模不断扩大，聚集效应逐渐显现，正在赶超香港，香港需要在总部经济、营商环境上采取实质性措施，以继续保持经济规模的优势。

（四）经济效率竞争力：优势明显，值得内地城市学习

香港是高密度城市，人口和商业活动非常密集，集约化程度高，基础设施利用率高，商业氛围浓厚，追求效率，香港的集约化发展很值得内地城市借鉴。从总体来讲，香港的经济效率竞争力优势依然非常明显。

（五）发展成本竞争力①：优势明显，发展方式值得内地城市学习

由于香港的产业结构以服务业为主，内部几乎没有制造业，经济对资源的消耗低，环境污染小，发展成本竞争力强。发展方式值得内地城市学习，“十二五”规划中明确提出优化服务业发展布局，推动特大城市形成以服务经济为主的产业结构以减少对高能耗产业的发展，这是提高内地城市发展成本竞争力的主要途径。

（六）产业层次竞争力：产业升级缓慢，开始被内地城市赶超

自 20 世纪 80 年代以来，香港不失时机地发展服务业，开始第二次经济转型，现在香港的服务业占 GDP 的比重达到 92%，整体产业层次较高。国际金融中心地位不断提高，但是近年来其他产业发展缓慢，呈现有增长无发展的特点，

---

① 发展成本竞争力：指城市发展过程中对资源的消耗和环境污染的依赖程度，体现经济发展的质量。

产业升级和劳动生产率增长缓慢，未来香港需要借助“十二五”规划的机遇，升级金融、航运、物流、旅游、专业服务、资讯以及其他高增值服务业，发展离岸人民币业务中心、国际资产管理中心和高价值货物存货管理及区域分销中心，巩固和提升香港国际金融、贸易、航运中心的地位，增强金融中心的全球影响力。大力发展环保、医疗服务、教育服务、检测和认证、创新科技、文化创意等优势产业，促进产业多元化，增强产业竞争力。同时在人力资源、办公楼、住房及机场等城市基础设施方面作出相应配套。

（七）收入水平竞争力：整体收入水平较高，但贫富差距扩大

香港人均收入水平、福利水平以及人均财政收入明显高于内地城市，公共服务、法制环境、产权保护等软件基础设施远远超过内地。但是香港内部整体的贫富差距较大，增加了社会不稳定因素。收入分配格局需要调整，刚实施的最低工资法能发挥一定作用。要给年轻人创造更多的发展机会，同时解决住房问题，降低生活成本。

（八）幸福感指数：排名相对靠后，并且呈现快速下降趋势

与香港其他分项竞争力相比，香港市民的幸福感指数明显落后，2010 年香港在中国 500 个城市中排第 271 名，比 2009 年下降了 73 名，下降明显，这与其自身的经济发展水平明显不相符合，特别是幸福感下降明显。具体比较如表 11 －1 和表 11 －2 所示。

表 11 －1　2009 年、2010 年香港竞争力显示性指标得分和排名情况

年份＼指标	综合竞争力		综合增长		经济规模		经济效率	
	排名	得分	排名	得分	排名	得分	排名	得分
2009	1	1.000	288	0.280	1	1.000	1	1.000
2010	1	1.000	288	0.256	2	0.979	2	0.966
年份＼指标	发展成本		产业层次		收入水平		幸福感指数	
	排名	得分	排名	得分	排名	得分	得分	排名
2009	4	0.829	1	1.000	1	1.000	0.863	198
2010	4	0.818	2	0.992	1	1.000	0.797	271

数据来源：城市与竞争力指数数据库。

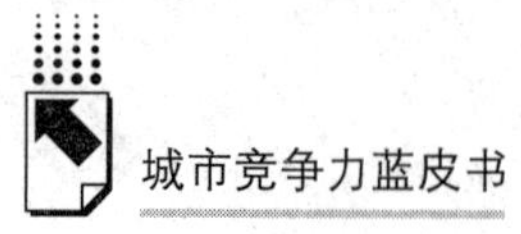

表 11-2　2010 年香港与其他部分城市综合竞争力比较

城市	综合增长竞争力	排名	经济规模竞争力	排名	经济效率竞争力	排名	发展成本竞争力	排名
香港	0.256	288	0.979	2	0.966	2	0.818	4
上海	0.621	267	1.000	1	0.606	14	0.618	55
北京	0.626	265	0.893	3	0.460	32	0.569	101
深圳	0.723	193	0.731	5	0.609	13	0.615	60
台北	0.186	290	0.540	9	1.000	1	0.787	6
广州	0.726	188	0.741	4	0.556	17	0.666	34
天津	0.861	40	0.674	6	0.464	31	0.609	68
大连	0.842	48	0.426	16	0.540	19	0.672	31
长沙	0.818	76	0.362	24	0.535	20	0.753	10
杭州	0.685	223	0.502	10	0.489	26	0.551	115
城市	产业层次竞争力	排名	收入水平竞争力	排名	幸福感指数竞争力	排名	综合竞争力	排名
香港	0.992	2	1.000	1	0.797	271	1.000	1
上海	0.735	3	0.408	9	0.833	205	0.892	2
北京	1.000	1	0.378	10	0.928	9	0.881	3
深圳	0.685	6	0.365	11	0.815	243	0.859	4
台北	0.716	4	0.595	2	0.898	33	0.858	5
广州	0.593	11	0.318	17	0.891	48	0.843	6
天津	0.498	29	0.288	23	0.877	75	0.803	7
大连	0.541	18	0.309	19	0.848	146	0.794	8
长沙	0.554	14	0.277	28	0.863	114	0.783	9
杭州	0.592	12	0.326	16	0.851	141	0.781	10

数据来源：城市与竞争力指数数据库。

二　香港城市竞争力基本构成

决定香港整体竞争力水平的是各项解释性指标，分别为人才竞争力、资本竞争力、科学技术竞争力、结构竞争力、基础设施竞争力、综合区位竞争力、环境竞争力、文化竞争力、制度竞争力、政府管理竞争力、企业竞争力以及开放竞争力。在这 12 项竞争力中，大部分指标排名都靠前，但是科学技术竞争力明显靠后。

（一）人才竞争力：人力资源优势依旧，但是距离缩小

香港凭借其优质的教育体系特别是高等教育体系培养了大量高素质的人才，人力资源质量优势明显，但是人力资源数量和人力资源配置在全国大城市中不占优势，

这与香港相对较低的高等教育入学率和服务业比重高有直接关系。随着内地教育质量的提高和出国留学人员的“回归”，内地大城市特别是北京、上海、广州、深圳的人才竞争力明显提升，香港对此要有清醒的认识。具体排名情况如表 11 –3 所示。

表 11 –3　2010 年香港与其他部分城市人才竞争力排名情况

城市	人才竞争力		人力资源数量		人力资源质量		人力资源配置		人力资源需求		人力资源教育	
	得分	排名	得分	排名	得分	排名	得分	排名	得分	排名	得分	排名
香港	1.000	1	0.380	32	1.000	1	0.881	21	1.000	1	1.000	1
上海	0.953	2	1.000	1	0.603	3	0.910	12	0.363	7	0.820	2
北京	0.887	3	0.881	2	0.623	2	0.923	9	0.428	3	0.719	3
广州	0.759	4	0.639	6	0.481	28	0.901	16	0.408	5	0.665	4
深圳	0.650	9	0.789	4	0.564	5	0.865	29	0.302	11	0.338	36

数据来源：城市与竞争力指数数据库。

（二）资本竞争力：优势依旧，金融中心成为其坚强后盾

香港凭借其不断巩固的国际金融中心的地位使得资本竞争力优势明显，无论是资本数量、获得资本的便利性还是资本质量都占据绝对优势。香港在为内地企业融资方面将继续发挥重要作用。具体排名情况如表 11 –4 所示。

表 11 –4　2010 年香港与其他部分城市资本竞争力排名情况

城　市	资本竞争力		资本数量		资本质量		金融控制力		资本获得便利性	
	得分	排名	得分	排名	得分	排名	得分	排名	得分	排名
香　港	1.000	1	1.000	1	0.999	2	0.955	2	1.000	1
上　海	0.846	3	0.621	3	0.862	26	1.000	1	0.922	7
北　京	0.859	2	0.755	2	0.782	46	0.898	3	0.989	2
广　州	0.606	5	0.351	10	0.807	40	0.706	5	0.871	16
深　圳	0.625	4	0.322	14	0.840	33	0.766	4	0.896	8

数据来源：城市与竞争力指数数据库。

（三）科学技术竞争力：裹足不前，劣势明显

香港的科学技术竞争力不强，2010 年排第 26 位，明显落后于北京、上海、深圳及广州（见表 11 –5），而实际上香港有居于世界前列的大学，科技文献发表数

量处于领先水平，具有发展科技的最重要的软件条件：知识产权保护，学术自由，创业环境好等。但是香港一直不够重视科技发展，从而造成科技转化能力和科技创新能力明显不足，这将对香港经济的长远发展带来隐患，这种弊端现在逐渐显现，香港要走出现在的发展困境，必须加快向知识经济转型。

表 11 -5　香港与其他部分城市科学技术竞争力比较

城　市	科学技术竞争力		科技实力		科技创新		科技转化	
	得分	排名	得分	排名	得分	排名	得分	排名
香　港	0.212	26	0.181	18	0.099	39	0.650	16
上　海	0.823	2	0.589	2	0.955	2	0.876	2
北　京	1.000	1	1.000	1	1.000	1	1.000	1
广　州	0.270	15	0.108	40	0.260	10	0.642	18
深　圳	0.419	4	0.282	6	0.391	4	0.793	3

资料来源：城市与竞争力指数数据库。

（四）结构竞争力：经济结构相对合理，优势明显

香港是一个外向型以服务业为主的经济体，与内地相比，产业结构和经济结构相对合理，经济体系比较健全，经济适应性强，产业聚集度高，整体的结构竞争力较强，值得内地城市学习，未来我国的大城市要形成一个以服务业为主的经济结构，这也写入了国家“十二五”规划。具体情况如表 11 -6 所示。

表 11 -6　香港与其他部分城市结构竞争力比较

城市	结构竞争力		产业结构高级化程度		经济结构转化速度		经济体系健全度		经济体系灵活适应性		产业聚集程度	
	得分	排名	得分	排名	得分	排名	得分	排名	得分	排名	得分	排名
香港	1.000	1	1.000	1	1.000	1	0.870	3	0.872	8	0.916	5
上海	0.861	5	0.615	10	0.642	29	0.819	11	0.802	21	0.949	3
北京	0.787	19	0.731	2	0.593	43	0.761	28	0.783	27	0.796	19
广州	0.827	8	0.606	11	0.576	49	0.793	19	0.808	20	0.915	6
深圳	0.866	4	0.563	23	0.652	28	0.799	18	0.737	34	0.993	2

资料来源：城市与竞争力指数数据库。

（五）基础设施竞争力：发展停滞不前，内地城市迅速赶超

近年来香港基础设施发展缓慢，地铁、机场、货运码头等基础设施停滞不

前，与内地相比香港政府对基础设施的投资明显不足，特别是基础设施的使用成本较高，这是香港未来发展的障碍。不过近年来随着珠港澳大桥、广深港客运专线、港深西部快速轨道线等基础设施建设的推进，香港的基础设施将有一个很大的提升。具体比较如表 11－7 所示。

表 11－7 香港与其他部分城市基础设施竞争力比较

城 市	基础设施竞争力		市内基本基础设施		对外基本基础设施		信息技术基础设施		基础设施成本	
	得分	排名	得分	排名	得分	排名	得分	排名	得分	排名
香 港	0.661	4	0.780	6	0.742	2	0.461	37	0.590	56
上 海	1.000	1	0.844	3	1.000	1	1.000	1	0.864	18
北 京	0.711	3	1.000	1	0.565	3	0.625	18	0.871	14
广 州	0.774	2	0.904	2	0.504	4	0.940	2	0.732	51
深 圳	0.582	6	0.803	4	0.323	11	0.650	13	0.825	28

资料来源：城市与竞争力指数数据库。

（六）综合区位竞争力：经济区位优势下降，整区位优势依旧明显

香港北边是内地、日本、韩国，南边是东盟，是沟通亚洲上下的桥梁，贯通亚洲南北的大枢纽，自然区位优势无可替代。但是经济区位优势不再明显，随着内地的发展，上海、北京和广州的经济区位优势开始超过香港。特别是香港的资源优势明显处于劣势，但是香港处于东西文化的交会处，具有较强的政治文化区位优势，但是不及北京。具体比较情况如表 11－8 所示。

表 11－8 香港与其他部分城市综合区位竞争力比较

城 市	综合区位竞争力		自然区位便利度		经济区位优势		资本优势		政治文化区位优势	
	得分	排名	得分	排名	得分	排名	得分	排名	得分	排名
香 港	0.903	3	1.000	1	0.611	5	0.430	37	0.850	2
上 海	0.966	2	1.000	1	1.000	1	0.298	52	0.800	3
北 京	1.000	1	0.820	4	0.939	2	0.310	51	1.000	1
广 州	0.837	4	0.810	6	0.810	3	0.328	50	0.700	5
深 圳	0.730	8	0.810	6	0.799	4	0.291	53	0.475	29

资料来源：城市与竞争力指数数据库。

（七）环境竞争力：城市环境好，但有所下降

与内地大城市相比，香港的城市环境质量、自然环境、人工环境等都明显处

于绝对优势地位，内地大城市发展所带来的环境质量的下降是其长远发展的隐患。但是与历史上相比，香港的环境竞争力有所下降，根据香港环保署检测报告，香港2010年3月的空气污染指数超过400点，达到自1998年记录以来的最高水平（先前的最高水平是2008年7月的202点）。健康空气行动（CAN，香港的一个独立的环保组织，致力于公众关注香港的污染问题）称，香港每立方米空气中悬浮颗粒达到600~700微克，是世界卫生组织建议的污染水平的12~14倍。具体比较如表11-9所示。

表11-9　香港与其他部分城市环境竞争力比较

城　市	环境竞争力		城市环境质量		城市环境舒适度		城市自然环境优美度		城市人工环境优美度	
	得分	排名	得分	排名	得分	排名	得分	排名	得分	排名
香　港	1.000	1	0.741	11	0.819	15	1.000	1	0.953	3
上　海	0.649	35	0.730	17	0.683	31	0.305	44	0.650	39
北　京	0.578	48	0.611	55	0.411	55	0.451	10	0.724	25
广　州	0.650	34	0.699	38	0.668	32	0.394	24	0.600	48
深　圳	0.845	7	0.687	43	0.825	12	0.743	2	0.682	32

资料来源：城市与竞争力指数数据库。

（八）文化竞争力：文化软实力强，具有较强的文化吸引力

香港的法治环境和契约精神是香港的基石，整体的创新意识比内地要强，交往操守好，从整体来讲香港的文化软实力依然较强，无论是国际上还是在中国都具有较强的国际吸引力和较好的忍受性，这是香港继续繁荣及在国家发展中继续发挥重要作用的基础。具体比较如表11-10所示。

表11-10　香港与其他部分城市文化竞争力比较

城　市	文化竞争力		价值取向		创新精神		创新氛围		交往操守	
	得分	排名	得分	排名	得分	排名	得分	排名	得分	排名
香　港	0.987	3	0.850	22	0.972	2	0.961	4	0.957	2
上　海	0.904	16	0.907	5	0.801	35	0.946	6	0.856	19
北　京	0.833	43	0.788	45	0.787	41	0.879	21	0.767	45
广　州	0.900	18	0.863	17	0.866	17	0.921	12	0.825	26
深　圳	0.951	6	1.000	1	0.926	6	0.985	2	0.818	29

资料来源：城市与竞争力指数数据库。

（九）制度竞争力：引领全国，制度优势明显

香港的产权保护制度完善，市场发育程度高，政府审批快，整体发展的制度环境处于全国首位，远远好过北京、上海以及广州等大城市，香港未来可在国家知识产权保护方面发挥重要作用，香港的制度优势依旧是其保持繁荣稳定的基础。具体比较如表 11－11 所示。

表 11－11　香港与其他部分城市制度竞争力比较

城市	制度竞争力		产权保护		个体经济决策自由度		市场发育程度		政府审批与管制		法制健全程度	
	得分	排名	得分	排名	得分	排名	得分	排名	得分	排名	得分	排名
香港	0.945	4	1.000	1	0.725	7	1.000	1	0.897	5	0.896	3
上海	0.675	32	0.825	24	0.383	40	0.889	35	0.789	28	0.808	8
北京	0.628	41	0.736	37	0.344	43	0.885	38	0.740	34	0.824	5
广州	0.660	38	0.809	26	0.392	39	0.905	27	0.795	26	0.665	45
深圳	0.845	11	0.752	36	0.723	8	0.935	14	0.830	19	0.639	48

资料来源：城市与竞争力指数数据库。

（十）政府管理竞争力：政府管理能力强，堪称全国典范

与内地相比，香港政府的推销能力、财政能力、服务能力以及社会凝聚力都比较强，综合管理竞争力最优，堪称全国政府管理典范，值得内地城市学习，但是政府的规划能力略显不足。具体比较如表 11－12 所示。

表 11－12　香港与其他部分城市政府管理竞争力比较

城市	政府管理竞争力		政府规划能力		政府推销能力		政府社会凝聚力	
	得分	排名	得分	排名	得分	排名	得分	排名
香港	1.000	1	0.859	6	1.000	1	0.795	4
上海	0.680	3	0.696	30	0.477	2	0.711	18
北京	0.625	8	0.565	53	0.423	3	0.616	43
广州	0.538	25	0.601	45	0.264	4	0.601	48
深圳	0.668	4	0.758	22	0.227	7	0.627	38

续表

城市	政府财政能力		政府执政能力		政府服务能力		政府创新能力	
	得分	排名	得分	排名	得分	排名	得分	排名
香港	1.000	1	0.776	4	1.000	1	0.894	3
上海	0.656	5	0.614	26	0.846	19	0.609	32
北京	0.627	6	0.579	38	0.780	28	0.631	28
广州	0.497	17	0.528	49	0.750	36	0.549	45
深圳	0.987	2	0.532	48	0.668	49	0.638	27

资料来源：城市与竞争力指数数据库。

（十一）企业管理竞争力：管理技术和经验丰富，微观企业管理竞争力强

多年来，香港利用其丰富的管理技术和管理经验与内地形成了“前店后厂”的发展模式，同时香港的产品和服务质量有较强的认可度，内地可用香港的这一优势实施品牌战略和走出去战略。具体比较如表11－13所示。

表11－13　香港与其他部分城市企业管理竞争力比较

城市	企业管理竞争力		管理应用水平		管理技术和经验		激励和约束绩效		产品和服务质量		企业管理经济效益	
	得分	排名	得分	排名	得分	排名	得分	排名	得分	排名	得分	排名
香港	0.988	2	0.918	4	0.985	2	0.871	10	0.770	3	1.000	1
上海	0.897	8	0.788	18	0.947	8	0.835	15	0.682	21	0.875	5
北京	0.797	33	0.692	42	0.962	7	0.756	37	0.513	50	0.746	22
广州	0.835	24	0.750	30	0.856	20	0.794	29	0.645	32	0.786	12
深圳	0.794	34	0.759	29	0.758	39	0.627	55	0.720	11	0.720	32

资料来源：城市与竞争力指数数据库。

（十二）开放竞争力：领先全国，但差距缩小

香港是世界上最开放的经济体之一，经济国际化程度高，国际交往频繁，对外交流机会多，从而使得香港的对外开放竞争力方面一直遥遥领先，但是内地的一些城市特别是大城市的国际化程度也迅速提高，北京、上海、广州等城市的开放竞争力提升较快。具体排名情况如表 11－14 所示。

表 11－14　香港与其他部分城市开放竞争力排名

城市	开放竞争力		经济国际化程度		经济区域化程度		人文国际化		社会交往	
	得分	排名	得分	排名	得分	排名	得分	排名	得分	排名
香　港	1.000	1	1.000	1	0.861	5	0.770	11	0.894	2
上　海	0.838	4	0.693	3	0.770	24	0.861	5	0.804	6
北　京	0.725	7	0.467	10	0.678	51	0.938	2	0.779	8
广　州	0.732	6	0.539	8	0.730	36	0.809	8	0.818	5
深　圳	0.838	3	0.703	2	0.804	14	0.872	4	0.713	18

资料来源：城市与竞争力指数数据库。

三　香港未来发展定位与战略：建设“全球城市”

依据香港的优劣势，结合中国崛起以及大珠三角区域融合的发展趋势，香港在全球中的定位应该是“全球城市”，就是要发展成为与北美的纽约、欧洲的伦敦相匹敌，成为国际交往中心、信息资讯中心、文化创意中心、管理决策中心、科技创新中心、国际金融中心、国际贸易中心，全球各类精英人才聚居地。

香港作为中国的一个特别行政区，背靠经济实力雄厚的内地，拥有国际认可的法律体系和政治制度，但是目前香港对全球经济的控制能力和周边地区的辐射及带动作用不及伦敦和纽约，自主创新能力不足，缺乏创意文化产业和科技产业。

面对全球化和亚洲、中国的崛起，香港有使命也最有条件成为“全球城市”，但是过去长期对自身的定位不明确给香港自身带来问题和困惑，也使得大珠三角地区城市之间的定位发展不明确，这些已经不适应中国和平崛起的世界战略，因而有必要对香港进行重新定位：经过 10～20 年的努力，将香港建成“全球城市”。

未来如果香港成为“全球城市”，大珠三角将成为世界最大的都市区之一，区内分工合作更加明显，香港成为大珠三角的龙头和核心城市，主要发展金融中心、管理中心、服务中心；深圳将与香港“联合”，担当高科技和创新中心，澳门成为世界旅游休闲中心，广州成为区域性国际城市，综合服务南中国和东南亚的中端城市，其他城市为世界制造基地，互相配合，融为一体。

香港能否在大珠三角地区发挥龙头作用，构建世界大都市圈，继续为国家政治、经济、社会发展做出自己的贡献，帮助国家实现和平崛起，最终都归结为香港能否继续繁荣稳定，实现新的发展，最终成为“全球城市”。因此“全球城市”的定位是香港在世界、中国以及珠三角地区定位的出发点和落脚点，香港要达到这一目标必须具有长远的战略眼光，主动应对，实施“变革”战略；强化高端，实施“绝尘”战略；学习伦敦，服务世界，实施“兼善”战略；加速融合，利用内地，而不依赖内地，实施“合纵”战略。

（一）总体：主动应对，实施“变革”战略

香港现在所面临的内外部问题使香港的未来发展面临危机，香港民众要有危机意识，凝聚共识，重新审视“一国两制”的内涵，反思政府角色，提供公共服务，统筹全国规划，重新定位香港。

1. 唤起危机意识，凝聚高度共识

香港现在面临着国内外城市的激烈竞争，如深圳、广州、上海、新加坡、首尔、迪拜等，四大支柱产业的竞争优势减小，内部施政出现困境，港人民主诉求高涨，问责意识提高，泛政治化现象严重，贫富差距扩大，生活环境质量下降，未来发展方向不明确，整体发展面临危机。香港要扭转现在的局面需要通过媒体、论坛等多种途径唤起香港民众的危机意识，取得香港未来发展的广泛共识。

2. 重新审视“一国两制”的内涵

如何使“两制”成为香港建设“全球城市”、构建大珠三角国际大都市圈的优势而不是劣势，如何使香港现在健全的法制制度、较高的国际化程度成为香港发展为全球城市的优势，就要重新审视“一国两制”的内涵。“一国”和“两制”的关系不仅是“前提”和“派生”的关系，而且也是“目的”和“工具”的关系，“一国两制”是实现香港保持繁荣、稳定、发展的手段。

3. 反思政府角色，提供公共服务

简单的“大市场、小政府”的理念对香港的发展没有太多的指导意义，重新定位政府与市场之间的边界，政府应承担起在公共设施、教育、科技、文化、卫生、体育等公共领域的责任，利用充余的财政收入，加大这些领域的投入，营造良好的营商环境和生活环境。

4. 统筹全国规划，重新定位香港

中央及各级政府应着眼应对全球城市竞争，谋求全国城市共赢发展，迅速调整中国城市体系规划，将香港、澳门甚至台湾纳入新的全国城市体系规划。中央政府应与特区政府沟通，重新定位香港：将香港建设成“全球城市”。按照“世界一流，引领全球”的标准，为香港建设“全球城市”创造外部环境，支持全球城市的载体建设，利用国家信誉与香港特区政府携手，向世界共同营销香港。

（二）自身：强化高端，实施“绝尘”战略

香港要建设全球城市必须大力发展教育，向全球输出知识、输出人才、输出香港以及内地的文化，创造科技创新的氛围，帮助香港服务业升级，促进科技成果转化，增强自主创新能力，解决自身人才结构错配和人口老龄化问题。

1. 建设教育枢纽，输出知识、人才和文化

发展香港的教育枢纽地位具有十分重要的战略意义：向全球输出知识、输出人才、输出香港以及内地的文化，加强世界对中国的深度认识，增强香港在亚洲的文化枢纽地位；解决香港人才结构错配和老龄化问题，提升香港竞争力；增强香港的国际品牌和国际声誉；解决内地人才流失严重问题，为内地培养人才。

（1）转变思维，加强亚洲区域研究，促进中国文化走出去，增强香港在亚洲的文化枢纽地位。现在香港的高等教育均以欧美大学为师，并以研究能获得欧美标准认同为荣，① 过于重视以国际公认的标准（如欧美知名学刊和著作引述指数）去考核，而对香港本地、中国以及亚洲的研究不足，作为东西方文化的交会处，香港要注重亚洲、中国、香港本地的研究，加强国与国、文化体系与文化体系以及社群与社群之间的交流，加强中文的教学（并不是削弱英语和粤语在教学中的地位），建立根植香港的价值与学术体系，形成多元化的文化价值体系，形成香港教育的特色，利用香港推广中国的传统文化，增强香港在亚洲的文化枢纽地位。

（2）增加政府的教育支出，扩大外地生比例，在不影响教育质量的前提下加快扩大香港高等教育的规模。现在香港的高等教育入学率（包括国外和内地留学生）只有20%，外地学生比例刚刚达到10%，教育投入占香港本地生产总值的比例仅为4%，这与香港的教育枢纽地位严重不符。香港特区政府虽然做了

---

① 陈家强、张仁良等：《当亚洲人才库，打造区域教育枢纽》，2007年2月14日《明报》。

一些努力，并且在2008年11月深港两地政府签订《落马洲河套地区综合研究合作协议》，提出把河套地区的A区87公顷的土地建设成为高等教育区，计划容纳2.4万名学生，但是仍与发展教育枢纽的地位相差较远。香港需要以更大的魄力辟出更多的土地用于发展高等教育，这当然也需要中央政府的支持。

（3）中央向香港的研究机构和个人开放更多的教育、科研基金，增加香港教育机构和学者对内地的认识和了解，形成常规化的意见表达机制，提高香港教育机构和学者参与国家建设的热情。香港与内地在教育方面的合作应以互派交流生、香港高等教育机构在内地招生、合作开展非学位应用型教育及合作开展科研为主要方式。

2. 促进科技创新，引领知识经济

全球城市应该是全球技术创新的中心和知识经济的制高点，香港应将以前建设“东亚创新科技中心”的定位改为“全球创新科技中心”。香港特区政府应该制定“建设创新型城市”战略，在资金投入、制度设计、文化营造上采取大胆策略，支持香港科学和技术的基础科学研究和应用研究，使自主创新成为推动香港经济成功转型和知识经济的重要动力。

（1）成立科技发展局，修改香港现在的科研体制和产业内环境配套措施，促进科技成果转化，突出科技创新在政府工作中的地位，把发展科技、文化创意、营造创新环境作为政府今后长期的首要任务。

（2）加强与内地合作，促进科技创新和成果转化。鼓励教育部、科技部在香港建立更多的国家级实验室，加强中央对香港科技的支持；香港具有居世界前列的大学和研究机构，其有发展高科技产业的技术基础，可参考“新加坡苏州工业园”的经验，在内地建立“香港科技园”，重点发展香港具有技术优势的产业，帮助香港培育一到两家世界级的高科技企业，提升香港企业的技术水平。

3. 提升产业素质，领导关键产业

“全球城市”要担负起管理、控制、引领全球经济的角色，不仅总体产业素质要高于一般国际大都市，而且要有一些关键产业具有全球竞争力。从战略高度发展香港的教育和科技并不意味着不重视发展香港的四大支柱产业，而是要有新的内涵，提升产业素质，在全球领导这些产业发展，使之具有全球竞争力。

（1）除继续巩固集资中心、财富管理中心、外汇交易中心之外，还要加快

发展人民币离岸市场、人民币债券市场和商品期货市场，增强香港的金融定价权，巩固香港国际金融中心地位。

（2）利用香港的法律制度、自由港和简单税制等特色，发展船舶经纪、保险、海事仲裁等高端服务，密切关注新加坡国际航运发展，提升香港航运中心地位。

（3）除继续巩固和提升国际金融中心、贸易中心、航运中心之外，香港还可发展成为国际仲裁中心、世界葡萄酒交易中心、世界品牌创意中心。

（三）对外：发挥优势，实施“兼善”[①] 战略

作为“全球城市”，香港要利用“一国两制”的制度优势以及与英国的天然联系，学习伦敦服务世界，利用中国及亚洲因素吸引世界，依靠内地而不依赖内地。

1. 发挥制度优势，服务世界

香港熟悉西方主流话语体系和价值观，与西方交流比较广泛，在制度、社会、文化和理念等方面与国际接轨，具有服务世界的天然优势，要避免香港被边缘化，要逐步改变香港的思维定式，培养市民的世界精神和国际视野。

（1）举办国际论坛会议、体育盛事如亚运会培养香港市民的世界精神，改变香港孤岛心态。建设“全球城市”首先要有世界精神，改变以往就香港论香港的心态，把视野扩大到整个国家和世界，建立服务世界的意识。对公务员进行培训，增强公务员的开拓意识，提高香港为世界服务的能力。

（2）增强亚洲区域合作，巩固香港在亚洲地区的枢纽地位，配合国家在区内提升软实力。香港在亚洲区域合作方面有着天然的优势，但是近年来香港对亚洲区域合作不够积极，这将导致香港被边缘化。香港要充分发挥自身的制度优势，加强与亚洲区域在贸易、投资、金融、社会、文化、国际组织、非传统安全等方面的区域合作。

（3）提高经济金融、文化、教育、人才等方面的国际化水平，扩大服务范围。香港与伦敦、纽约、新加坡相比，股票市场、教育、文化、人才等方面的国际化程度并不高。为提升香港的服务世界的能力，香港应该与世界多个国家建立广泛联系，扩大与国际市场的联系网络，除英美欧等大国外，还要扩及世界其他

---

① “兼善”源于《孟子·尽心上》篇中的句子：“穷则独善其身，达则兼善天下”。思想可以概括为：“志存高远、完善自我、德才兼备、服务社会”。

地方，如俄罗斯、东欧、中亚、东南亚、南亚、西亚、非洲、拉丁美洲等新兴经济体，扩大为新兴市场服务的广度，提升对新兴经济体的经济辐射能力。

2. 利用中国因素，吸引世界

作为全球城市应该是全球总部机构聚集地，香港应该充分利用背靠祖国的优势吸引世界各种组织来港建立地区总部，中央政府也要支持并帮助香港争取更多的国际政治、经济、文化和社会组织总部或办事处在香港落户，承办更多的政治、经济、文化等方面的国际论坛和会议，当然，这需要香港首先充分了解内地的政治、经济、文化。

（四）国内：促进关联，实施“合纵”战略

香港与内地的发展趋势就是软件融合、硬件连通，加快港澳合作，实现深港一体化，实现人员、货物、服务、货币、资金、技术、信息的自由流动，建立共同市场，提升珠三角整体竞争力。

1. 促进软件接轨，加快硬件直通

落实《内地与香港关于建立更紧密经贸关系的安排》（CEPA）及其补充协议，促进两地在制度方面的融合，逐步实现人员、货物、服务、资金、货币、技术、信息的自由流动，减少两地居民居住区权的限制，推动人民币在港自由流通，参考加拿大和美国的经验，实施“一地两检”最终向共同市场和一体化迈进，促进软件接轨。

推进硬件一体化，把香港纳入全国基础设施规划、建设和运营体系，加快、加密和扩大香港与内地尤其是珠三角地区的铁路、公路、航海、航空、桥梁、资讯等基础设施的规划、建设和运营，尽快实现基础设施的无缝连连和直通，尽量减少两地人员、货物、服务、信息流动的时间和成本，并简化程序。

2. 促进大珠三角一体化，提升竞争能级

在“十二五”时期，香港要以粤港澳区域合作上升为国家战略为契机，加快落实《珠江三角洲地区改革发展规划纲要（2008～2020 年）》、CEPA 及其补充协议、《粤港合作框架协议》，深化合作领域，扩大合作范围，拓展合作地区，共同致力于建设亚太地区最具活力和国际竞争力的城市群。

3. 构架“三纵”联盟，扩大香港对内地的辐射范围

国家发展和改革委员会秘书长杨伟民在《中国发展报告2010》首发式上称中国须构建“两横三纵”的城市化战略格局，形成以欧亚大陆通道、沿长江通道为两条横轴，以沿海、京哈京广、包昆通道为三条纵轴，以主要的城市群为支撑，以横轴上其他城市地区和城市为主要组成的“两横三纵”城市化战略格局，这将是中国未来发展的主要方向。另一方面随着“四纵四横”① 高速铁路网的建成，中国将进入“高铁时代”，这将极大地改变中国的区域格局。而处于“三纵”中的沪港高铁和京港高铁的建成将增强珠三角、长三角、中部地区以及环渤海四大经济圈之间的联系，而这两条高速铁路的“南站”都是香港，这将进一步增强香港与内地的联系，扩大香港对内地的辐射范围，极大地提升香港作为中国“南大门”的地位，香港在中国未来的区域发展格局中将占据更加重要的位置。

① 四纵是指：北京—上海高速铁路，贯通环渤海和长三角东部沿海经济发达地区；北京—武汉—广州—深圳（香港）高速铁路，连接华北、华中和华南地区；北京—沈阳—哈尔滨（大连）高速铁路，连接东北和关内地区；上海—杭州—宁波—福州—深圳（香港）高速铁路，连接长三角、东南沿海、珠三角地区。四横是指：青岛—石家庄—太原高速铁路，连接华北和华东地区；徐州—郑州—兰州高速铁路，连接西北和华东地区；上海—南京—武汉—重庆—成都高速铁路，连接西南和华东地区；上海—杭州—南昌—长沙—昆明高速铁路，连接华中、华东和西南地区。

第四部分 主题报告

Part Ⅳ　Theme Report

B.12

第十二章

城市：让世界倾斜而平坦

今天世界上一半以上的人口都居住在城市里，城市已经成为当今世界经济、社会活动的基本场所与载体，城市化也将是21世纪世界最重要的事件之一。但是，在全球化、信息化、市场化、低碳化的背景下，城市不仅自身面临着新的机遇与挑战，而且对世界的格局和形态正产生深刻影响，全球（尤其是发展中国家）在呈现大都市化的同时，也面临着大城市病等问题。

“十二五”规划提出了“促进区域协调发展，积极稳妥推进城镇化”的战略目标，将区域发展与城市化作为中国发展的新动力。但是，全球化、信息化、市场化背景下，中国有关城乡、区域制度与改革的问题，影响中国城市化的进程状况与趋势，也决定中国空间关系的状况与变化。要确保中国城市化在全球一体化背景下，健康快速发展，确保中国城乡及区域关系协调发展，进而推进国家整体

崛起。有必要从城市的视角以更加宽广的视野研究全球及中国空间关系的格局、动因问题与趋势，进而提出相关政策建议。

一　城市视角下的纷繁世界

1. 世界城市发展格局

要研究世界是什么样子，可以从世界城市的发展格局来观察。在全球化背景下，世界资源在向具有区位优势的城市集中，这也就造成了全世界城市发展的进一步聚集现象。世界经济最繁荣、交往最密切、经贸活动最活跃的几个区域包括北美洲五大湖区与大西洋沿岸区域、西欧地区和亚洲日本的“三湾一海”地区，以及中国的东部沿海地区，其土地面积只占世界陆地面积的10%，而工农业总产值却占世界的80%，进出口贸易总额占世界的70%。这表明，世界经济在向这些区域集中。

从国家经济发展来看，一些国家的大都市化趋势也非常显著。美国三大都市连绵区：东北部大西洋沿岸巨大城市带（以纽约为中心）、中部五大湖区巨大城市带（以芝加哥为中心）、太平洋沿岸巨大城市带（以旧金山和洛杉矶为主体）和南部的墨西哥湾地区巨大城市带（以休斯敦为主体），占据了美国经济总量的大部分，也占有美国半数以上的总人口。东京是日本最大的都市区，据估计，全日本财富的1/3来自这里，大约25%的人口集中在东京的23个行政区及周围。以东京、名古屋和大阪三大都市区为中心，形成了京阪大都市连绵带，集中了日本80%以上的大型公司和企业。韩国总人口的61%、城市人口的75%，都集中在首尔和首尔—釜山城市走廊。其中，全国人口的42%和全国制造业就业人口的48%，都集中在首尔大都市区，而且韩国的人口还在继续向这一地区集中。

随着当今世界城市化的不断发展，城市的空间结构发生了重大变化，由最初的单一城市，发展到大都市，再到城市群或者超级城市。纽约、伦敦、东京、巴黎及其所在的都市连绵带已经成为世界超级城市和城市群的代表。城市是由单独的邻近区域组成的，大都市是由一个中心城市和周边的郊区组成的，而超级城市或城市群是一个全新的自然经济单元，是由不同的城区不断发展，人口不断聚集，不断往外扩张并相互交叠形成的。城市空间结构的这种变化也表明，世界资源在不断向具有区位优势的地区聚集。

2. 中国城市发展格局

与全球城市发展历程相似，中国城市也出现了一系列新现象。中国城市发展经历着两个过程：一是城市数量在不断增加；二是在向大城市（城市群）发展，聚集效应明显。

首先，从城市数量来看，已经从新中国成立之前的132个，发展到1980年的223个，1990年的467个，2008年的655个。其中，100万人口以上城市，1949年仅有10个，1980年发展到15个，1990年为31个，到了2008年已经达到122个。而且，2008年全国城市地区生产总值超过2000亿元的城市达到20个，上海、北京、深圳位居前三位。

其次，从城市发展状况来讲，东部沿海地区较为发达，中西部内陆地区较为落后。而且，东部沿海地区的发展集中在长三角、珠三角和环渤海地区。珠江三角洲城市群的GDP总和约占全国GDP的10%，长江三角洲城市群的GDP总和约占全国GDP的18%，京津环渤海湾城市群的GDP总和约占全国GDP的9%。这三大城市群的GDP总量对全国GDP的贡献率达到37%。不仅长三角、珠三角和环渤海城市群发展迅速，厦泉漳城市群、山东半岛城市群、辽中南城市群、中原城市群、长江中游城市群、海峡西岸城市群、川渝城市群和关中城市群等，也在形成和发展之中。

综合中国城市发展的历程，可以看到中国城市正在经历着扩散与集聚的两种状态。

二　世界既倾斜又平坦

1. 世界既倾斜又平坦

托马斯·弗里德曼（2006）在《世界是平的》一书中认为，全球化促使世界变得平坦；但是戴维·斯密克（2009）和理查德·佛罗里达（2009）等人则认为全球化下，世界是不平坦的，世界的资源都在向着具有区位优势的地区流动。

我们从世界和中国城市发展的现状和趋势来看，在全球化迅速发展的今天，区位对于城市发展更加重要，而且世界各个城市都可以自由和方便地利用全球资源，发展机会越来越平等，同时，全球资源也更加趋向于区位较好的城市。这表明，世界是“倾斜而平坦”的，并非单一形态，而是“倾斜”和“平坦”两种

状态的交叠。

事实上，托马斯·弗里德曼也并非完全肯定世界是绝对平坦的，他清楚地指出过，“世界依然不平坦”，“然而，并非所有人都能进入这一新的平台……我并不是指我们变得越来越平等了。我想说的是，更多地方的更多人现在能够进入这个平坦世界的平台相互联系、竞争和合作。”①

佛罗里达也没有完全肯定世界是倾斜的。他在《创意新贵》一书中，缔造了一个新词“创意阶层”，代表科学家、工程师、艺术家、音乐家、设计师等知识型专业人士。他们主要以从事创意性劳动谋生。伴随着创意阶层的崛起，美国出现了一些地理上的创意中心及“簇群地带”。为什么这些创意阶层都聚集在“簇群地带”呢？因为世界是平坦的，产品、技术、商品、人才、想法和创意越来越可以在世界范围内自由地流动。

2. 世界是倾斜而平坦的的含义

世界的“倾斜而平坦”就是有陡度的平坦，是指：全球不同城市和区域之间区位优势非均等，但区域间的联系和要素流动变得便利、快捷、高效和廉价。

平坦，是指全球化带来科技和通信技术的飞跃发展，“世界的竞技场已经被夷为平地”，各个国家参与全球化的障碍已经消除，世界范围内资源流动的成本更低，流动性增强。人们如今可以以前所未有的方式、以更平的方式相互联络、相互竞争、相互合作，这样就是让我们以更加平等的力量和更加平等的机会参与竞争。

倾斜是指由于资源的聚集效应，在全球化下全世界范围内的资源都流向具有区位优势的地区，反而形成了资源的更加聚集。这样就导致世界范围内区位的重力失衡，城市空间分布也发生失衡。突出地表现为世界城市、超级城市（群）的更快发展。

由于世界是平坦的，全世界的城市都拥有相同的机会，都可以自由和方便地利用全球的资源；由于世界是倾斜的，全球的资源都会流向区位较好的城市；而又因为世界是既平坦又倾斜的，就更加方便了全球资源的自由流动，加快了资源流向区位较好城市的速度，促进了进一步的倾斜。“记住：印度人和中国人不是在把我们（美国人）往悬崖下面推，他们是在把我们往高处赶。”弗里德曼的这句话已经直接地揭示了全球化的本质。

① 托马斯·弗里德曼：《世界是平的》，何帆等译，湖南科学技术出版社，2006，第130页。

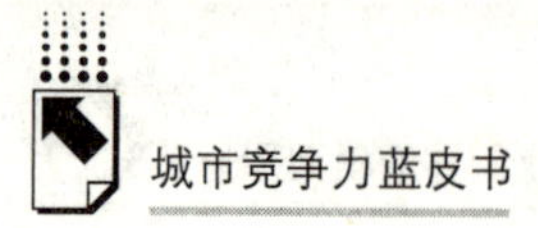

倾斜而又平坦的世界，看起来这句话好像很矛盾。其实，这并不矛盾，倾斜和平坦分别是从不同的角度来分析世界。平坦指的是全世界各地之间的联系更加方便和迅速，可以说是全球化的扩散力；倾斜指的是全世界各地之间仍然存在着不平衡，局部地区依旧遥遥领先于其他地区，可以说倾斜是一种聚集力。整个世界就处在这两种状态的交叠中。

3. 城市是世界倾斜而平坦的主因

世界是“倾斜而平坦”的，这不仅仅是全球化对世界造成的影响，同时也是城市化对世界产生的影响。

从早期城市的起源来看，城市化就是资源的聚集过程。各种资源由于追求高效的生产效率和剩余财富而聚集于具有优势区位的地区，这就形成了城市。各种城市发展理论也已经解释了城市发展是受到区位优劣的影响的。城市的出现，就使得原本资源分散与“平坦”的世界，开始出现“倾斜”，并且导致了世界区域空间的重力失衡。不同的区域开始围着各自区域的中心城市形成独立的经济活动区域，各自区域中心城市聚集了大量优质资源，而区域边缘地区则发展落后，形成“中部高耸，周边低陷”的格局。这也就说明了在城市发展的早期，世界就是“倾斜而平坦”的，只不过这种“倾斜而平坦”由于交通和通信的约束而被限制在狭小的区域内。

随着全球化的发展，世界城市化进程不断加快，城市发展也出现了新的现象。这表现在两个方面：一方面，全球化使得城市可以更加便捷地吸引和利用全世界的资源，城市发展更加迅速，水平也在不断提高，这也带来了城市间分化的出现；另一方面，全球化使得城市间的竞争更加激烈，优质的资源都被具有高度竞争力的城市吸引走，从而对世界城市的格局产生重大影响，在城市之间也形成了倾斜的平坦。两种状态相互影响、交替重叠就使得全球范围内城市的空间格局更加非均衡，“倾斜而平坦”的世界已经不再被限制在独立的区域而扩展到了整个世界。而且，由于交通和通信技术的突飞猛进，“倾斜而平坦”的世界变得更加倾斜。

三　过度倾斜而平坦的世界的问题

从理论上分析，在全球空间均衡的状态下，世界将是适度的倾斜而平坦的，这是世界的理想状态。现实中，由于国家的壁垒没有完全撤除，国家往往是真正一体化的单元，而不少国家和区域（包括中国）呈现过度倾斜的问题。过度倾斜的平坦导致城乡差距和区域差距扩大，更进一步导致大城市病，并最终导致农村及大都市边缘城镇的停滞和衰落。图 12－1 反映世界人口向城市集中的历史趋势。

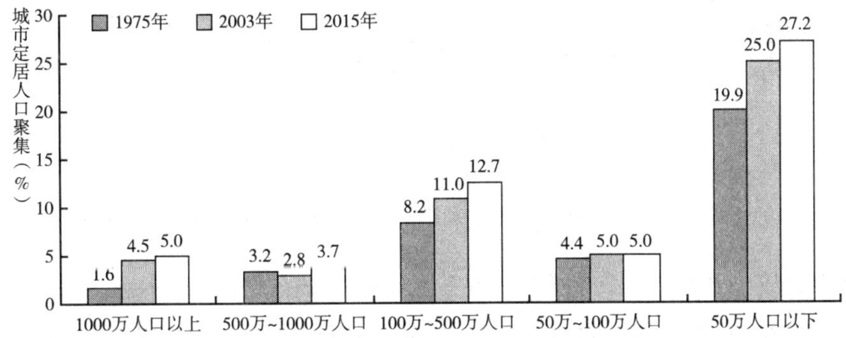

图 12－1 根据城市人口定居规模划分的城市人口集聚比例：1975 年、2003 年及 2015 年

资料来源：United Nations Department of Economic and Social Affairs/Population Division World Urbanization Prospects：The 2003 Revision。

联合国经济和社会发展部：世界城市人口预测（2003）

1. 发展中国家城市化过程中遇到的问题

城市化过程本身就是要素集中的过程，但是一些国家（尤其是发展中国家）则是因为大城市吸引了绝大多数的资源并导致了资源的进一步集中，导致城市分布的不均匀，大城市过度集中，小城镇则较为分散，虽发展迅速却功能不健全。

发展中国家在城市化过程中也出现了贫困向城市集中的趋势，贫民窟增多，并导致严重的城市病。主要表现在：大城市布局混乱、中心区人口和建筑密度过大、交通堵塞、环境和噪声污染严重、水资源短缺、生态恶化、住房紧张、社会保障缺乏、居民健康恶化、社会犯罪严重。这些问题对城市居民，特别是对城市增量人口的生活环境造成很大压力。目前，全球贫民窟人口将近 10 亿人，贫民窟问题成为全球经济发展的巨大挑战。图 12－2 显示和预测的贫困人口主要来自发展中国家。

2. 中国城市化过程中遇到的问题

城乡与地区差距越来越大。改革开放以来，中国城乡居民收入差距除 1982～

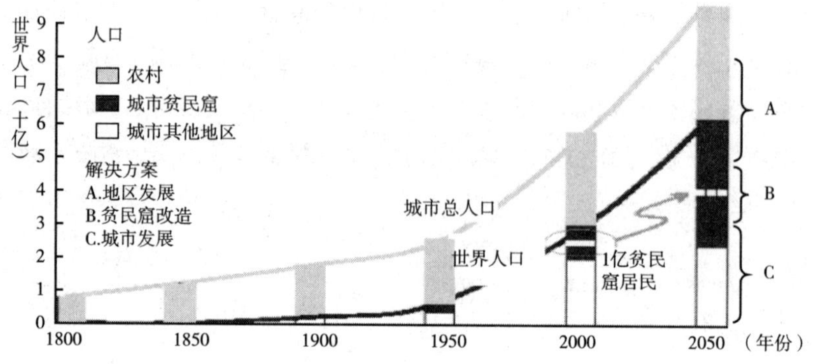

图 12－2　全球城市贫民窟问题动态

资料来源：《应对世界城市化的挑战》，联合国人居署 2005 年年度报告，"Responding to Challenges of an Urbanizing World", UN-HABITAT Annual Report 2005。

1985 年比较小之外，其余年份一直在拉大。中国城乡居民收入比已经由改革开放初期的 2.1∶1 扩大到了目前的 3.3∶1，远远超过世界上 2∶1 左右的一般水平。

区域内部中心城市高高耸立，大都市边缘城乡停滞和衰落。在北京、天津发达的都市区周边，环绕的京津贫困带（包括河北省张家口市和承德市所辖的所有区县、保定市所辖的贫困县）是中国最贫困的区域之一。在中国最发达的珠三角的周边的粤东、粤北和粤西，也是中国最贫困的经济带之一。

"城市病"初现端倪。近年来，中国的大城市甚至中小城市纷纷出现了程度不同的交通拥堵、环境污染、贫困失业、住房紧张、健康危害、城市灾害、安全弱化等问题，一些特大和超大城市的城市病还十分严重。

四　政策扭曲导致世界的过度倾斜

资源要素快速便捷地向少数区域流动和聚集，导致世界的过度"倾斜而平坦"，原因可能有多种，其中，制度缺陷和政策扭曲是十分突出的原因。

1. 一些发展中国家"重城轻乡"的政策加剧倾斜

重城轻乡。由于财政能力有限，发展中国家的普遍政策是基础设施和公共服务向城市倾斜，而在农村的教育、医疗、保险和环境方面的政府支出有限，从而恶化了农村和农民的生产和生活条件，加剧了城乡二元化。

土地私有。不少发展中国家实行土地私有或土地自由流转制度，导致土地大

规模集中，造成大量无地农民。同时由于城市的基础设施要远比农村完善，还能提供一定就业机会，从而吸引大量无地、无业农民向城市聚集。

供给短缺。过量的农村人口向城市聚集，导致发展中国家工业的发展和城市基础设施的建设步伐经常落后于城市人口的迅速增长，从而进一步导致城市的基本生活必需品的供应不足，基础设施负荷过重，医疗落后，教育和养老体制不健全等问题。

2. 中国的城乡分割的政策加剧倾斜

中国虽然已经结束了对发达区域政策优惠的历史，开始重启对落后地区重视的序幕。但是，中国的城市和区域政策取向依然存在加剧倾斜的倾向。行政级别高的城市、大城市、城市群的中心区的产业基础、基础设施和公共服务还是越来越好于农村、中小城市和边缘城镇，导致人口向行政级别高、大都市群的中心区过量转移，目前北京、上海等城市人口都已接近城市可承受规模的极限。

城乡及区域分割的制度安排。基于发展战略的考虑，过去，中国政府制定了一系列城乡及区域分割且有重大差异的户籍、社保、医疗和教育等制度，这些制度目前没有根本改变，它们决定了行政级别高的城市、大城市、城市的公共服务水平，均高于行政级别低的城市、中小城市和农村，导致在户籍管理稍微松动的时，人口向大城市和行政级别高的城市过量转移。

城市和大城市偏好的政策。一直以来，不管有关城乡政策名义上如何表述，实际上，国家无论在产业投资，还是在基础设施或公共服务方面，都偏向城市尤其是向大城市、行政级别高的城市倾斜，事实上采取了农村支持城市、贫困救济富裕的政策。

城市群与中心城市偏好的政策。最近几年，有关部门已经批准的一系列区域和城市群发展规划，这些规划对于促进区域发展总体作用是积极的但存在两个问题：一是过于重视中心城市，忽视了区域内部边缘城市；二是过于重视城市群发展，忽视了非城市群的发展；即使是在制定规划时，同样重视了不同区位的城市，但是在具体的执行过程中，由于政策的偏离，导致实际效果依旧是有利于区域中心城市和局部区域的发展。

五　通向适度倾斜而平坦世界的对策建议

一方面，聚集的规模经济效应决定了城市拥有更高的劳动生产率和资本收益率，从而吸引区域的劳动力、资源和农产品向城市集中，而农村大量剩余的要素资源和产品向城市流动也进一步推动了城市的发展，满足了城市发展过程中不断扩张的需求。另一方面，城市的发展拉动农村的发展，农村的繁荣又促进城市的进一步繁荣，因此，一个适度倾斜的世界，将促进城乡共赢共荣。因此，中国应走集群化的城市化道路，构建适度倾斜的倾斜而平坦的中国。为此，要调整国家的城市和区域发展战略与政策思路：从行政垄断安排，转变到市场竞争配置；从扶持先进城市区域，转变到重点援助相对落后的农村和区域。具体措施如下。

1. 改革城乡和区域分割的制度与政策

建立城乡一体的、人口自由有序地流动人口管理制度；改革土地制度，建立城乡一体、同权同价的土地使用与管理制度；撤除行政壁垒，破除城乡分割、地区封锁，建立全国统一市场，让市场发挥配置资源的基础性作用，使生产要素和产品服务在全国城乡之间、区域之间充分自由地流动起来。

2. 确立适度倾斜的空间结构

在主体功能区规划的基础上，制定和实施系统的全国城乡及区域发展的空间布局规划，根据资源禀赋、历史基础、区位条件，确定适度倾斜的全国城乡经济社会活动和未来发展的空间结构系统。

3. 构建完善的基础设施网络系统

构建和完善快速、高效、便捷、廉价的全国交通、通信、信息等基础设施网络系统。推进基础设施一体化以及城乡区域均等化。一方面，使区域之间、城市之间、城乡之间的资源、人口和信息能够迅速、便捷、低廉地自由流动；另一方面，使尽量多的区域尤其是农村或边缘城镇加入到基础设施网络之中，有机会参与全国和全球的竞争与合作。但是要避免过度聚集。

4. 推进公共服务城乡与区域均等化

推进区域、城乡之间就业、社保、教育、医疗等公共服务的更大区域的统筹及其均等化，降低区域倾斜的尺度，增加人口和劳动力的流动性，同时避免过度聚集，降低区域倾斜的程度，减少因拥挤和基础设施公共服务不足而导致“城市病”。

5. 关注并重点援助边缘区

在规划和建设城市、城市群的同时，要制定积极有效的财税、金融和产业政策，重点援助农村、非城市群、城市群的边缘区发展，加大基础设施和公共服务的投入，避免马太效应，降低区域倾斜的程度。

B.13

第十三章 中国城市的地位：基于全球500个城市的分析

目前，全球经济活动出现了“集中聚集”和“分散聚集”两种趋势，原有的城市空间格局正在改变，所有城市都同时面临着机遇与挑战。中国城市也不例外，香港、上海和北京等许多城市已经普遍感受到了国际城市竞争的压力。那么，中国城市在国际竞争中处于怎样的地位，具有哪些优势和劣势，如何提升中国城市在全球城市竞争中的地位，成为当前迫切需要研究的课题。本章以全球500个样本城市为对象，以全球城市竞争力指标体系为基础，对中国城市在全球城市竞争中的地位展开研究并发现：中国城市整体竞争力迅速提升，似乎使陡峻而平坦的世界变得稍微水平一些。

一 全球城市竞争力分析框架

城市竞争力可以理解为城市在竞争和发展过程中与其他城市相比较所具有的吸引、争夺、拥有、控制、转化资源和争夺、占领、控制市场，多快好省地创造价值、为其居民提供福利的能力。为居民提供福利是城市竞争力的最终目标。那么，全球城市竞争力就是在全球范围内研究城市所具有的吸引、争夺、拥有、控制、转化资源和争夺、占领、控制市场，多快好省地创造价值、为其居民提供福利的能力。

（一）全球城市竞争力影响因素

借鉴国民经济循环理论以及中国城市竞争力的分析框架，将影响全球城市竞争力的各项因素分类（见图13－1）可以发现，影响和决定全球城市竞争力的因素主要包括：企业素质、当地要素、当地需求、内部结构、外部联系、公共制度。全球城市竞争力的主体是城市的微观组成部分，同时也是城市竞争力的实施者，与之对应的竞争力客体则是资源、制度等各种要素。其中，主体素质（企业素质）的差异形成了具有一般意义的经济环境，即城市竞争的基本态势和现实背景。要素的供给（当地要素）和需求（当地需求）反映了竞争力主体在特定的环境下对要素的权衡取舍。当地要素体现了主体已有的要素投入和利用，而当地需求则是主体对要素潜在的需求与欲望。内部结构和外部联系作为主客体之间的互相作用，是要素的供给和需求得以实现的具体行为方式。公共制度则是对主体交往的规则安排。

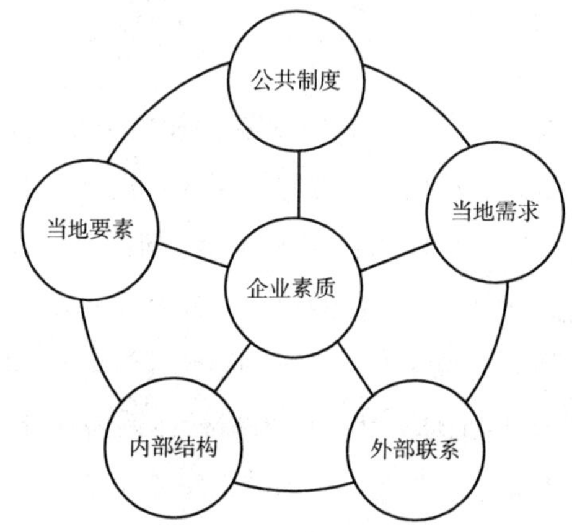

图 13-1　全球城市竞争力影响因素

（二）指标体系

根据全球城市竞争力的定义以及影响全球城市竞争力的因素，可以将全球城市竞争力分为两个层面。

1. 全球城市竞争力产出（价值）指标体系

从产出的角度，使用绿色 GDP 规模、人均 GDP、地均 GDP、GDP 增长、专利申请数、全球联系度 6 项指标，构成全球城市综合竞争力指数（见表 13-1），借以全面了解全球城市发展和竞争的格局。

$$UC_1 = f(ES, ED, DL, TI, EG, DA)$$

其中，UC_1 是城市竞争力的产出或表现；ES，指经济规模（Economic Share）；ED，指经济密度（Economic Density）；DL，指经济效率（Development Level）；TI，指技术创新（Technological Innovation）；EG，指经济增长（Economic Growth）；DA，指经济决策（Decision-Making Ability）。

表13－1　全球城市竞争力产出指标体系

指　　标	测度对象	指　　标	测度对象
绿色GDP规模	经济规模	地均GDP	经济密度
GDP增长	经济增长	专利申请数	技术创新
人均GDP	经济效率	全球联系度	经济决策

2. 全球城市竞争力投入（要素环境）指标体系

从投入的角度，将全球城市竞争力构成分为企业素质、当地要素、当地需求、内部结构、公共制度、全球联系6个大类，并细分为50个亚类指标，构成全球城市要素环境指数（见表13－2），借以了解全球城市发展和竞争格局形成、变化的原因。

$$UC_2 = f(EQ, LE, LD, LC, GC, PI)$$

其中，UC_2是城市竞争力的投入；EQ，指企业素质（Enterprise Quality）；LE，指当地要素（Local Element）；LD，指当地需求（Local Demand）；LC，指内部结构（Local Connection）；GC，指全球联系（Global Connection）；PI，指公共制度（Public Institution）。

（三）样本城市的选择标准及数据来源

考虑样本的广泛性和典型性，我们选择全球500个样本城市，涉及五大洲、130个国家和地区。根据人口数量和人均收入水平确定各国被选城市数量，并根据数据的可获得性和可靠性进行调整。

中国内地城市的数据，取自2000～2007年的《中国城市经济年鉴》、《中国统计年鉴》、《中国城市建设统计年鉴》、《都市及区域发展统计汇编》及国家有关部委的专业年鉴和有关城市的统计年鉴。中国港澳台的数据主要来自当地统计年鉴，也有部分来自官方统计网站。其他城市的数据主要来自其官方统计机构出版的年度统计报告和统计年鉴以及国际性统计机构、国际性研究机构或公司的主题报告和调查数据，包括联合国统计分布（UNSD）、世界银行发展指数（World Bank，World Development Indicators）、经合组织数据库（OECD）等国际机构的数据统计项目与标准。详细数据请向“城市与竞争力指数数据库”索取。

表 13－2　全球城市竞争力要素环境指标体系

企业素质	要素供给	当地需求	内部结构	公共制度	全球联系
•全球福布斯 2000 总数	•受教育年限	•人口总量	•劳动力密度	•经商便利度	•跨国公司联系度
•全球福布斯 2000 数量变动	•最低工资	•未来人口增长率（2000～2020 年）	•国际相关产业指数	•自由度指数	•金融公司联系度
•全球企业品牌	•大学指数	•一小时飞行圈内最大城市 GDP	•科技园区数	•中央与地方财税比例	•科技公司联系度
•金融公司指数	•银行指数	•一小时飞行圈内最大城市人口	•通货膨胀率	•政府公共治理指数	•文化公司联系度
•科技公司指数	•专利指数	•三小时飞行圈 GDP	•失业率		•国际组织指数
•文化公司指数	•实验室和科研中心数	•三小时飞行圈人口	•政治稳定性		•国际知名度指数
	•道路便利度	•国家人均 GDP	•犯罪率		•距海距离
	•基准宾馆价格	•国家经济增长	•气候指数		•航空线数
	•医院床位		•人均二氧化碳排放量		•公路线数
	•基准住房租价		•历史文化指数		•互联网络服务器
			•语言多国性指数		•国际会展指数

二　中国城市综合竞争力分析

中国共有 69 个城市进入全球 500 强城市，总体来看，中国城市在全球城市竞争格局中进步显著。

综合竞争力前十城市依次为：香港、上海、台北、北京、深圳、澳门、广州、高雄、天津、台中。香港位居世界第 10，上海、台北、北京分列第 37、38、59 位。同 2007～2008 年度相比，进入前 10 名的城市并未发生变化，只是名次略有变化。上海发展势头强劲，力压中国台北。中国多数城市排名上浮，香港、上海、台北分别上升 1 位、9 位、3 位。中国有 6 座城市进入全球前 100 强，比 2007～2008 年度增加了 1 个城市，本次所选 69 个中国城市全部进入全球 400 名之内。排名靠前的城市多来自中国东部沿海地区，且港口城市、特大城市居多。中西部城市排名普遍靠后，均在 250 名之外，如中部地区排名第 1 的长沙排第 253 位。中国城市综合竞争力普遍提升，再次表明中国综合国力提升（见表 13－3）。

表 13－3　2007～2008 年度、2009～2010 年度中国城市综合竞争力全球排名（前 20 名）

指标 / 年份 / 城市	综合竞争力		经济规模		经济效率		经济密度		经济增长		技术创新		经济决策	
	2009～2010	2007～2008	2009～2010	2007～2008	2009～2010	2007～2008	2009～2010	2007～2008	2009～2010	2007～2008	2009～2010	2007～2008	2009～2010	2007～2008
香港	10	11	7	8	181	185	47	54	239	229	177	143	5	3
上海	37	46	11	14	251	253	258	240	70	78	122	135	8	8
台北	38	41	42	41	190	188	60	63	443	486	75	46	12	17
北京	59	68	16	20	287	289	375	376	71	82	130	97	6	7
深圳	71	69	25	32	252	258	223	239	21	19	85	54	112	96
澳门	93	98	236	250	187	187	7	10	72	89	343	402	193	177
广州	120	119	27	33	255	262	289	304	49	47	210	175	68	62
高雄	123	130	110	113	204	203	37	42	319	338	156	159	162	158
天津	165	185	46	58	283	293	390	405	29	37	218	191	64	92
台中	175	174	179	167	207	201	87	81	495	468	36	41	371	403
东莞	195	214	72	102	266	274	318	334	6	5	159	129	358	368
台南	196	195	268	245	224	214	162	150	382	290	67	69	328	403
新竹	199	204	308	310	192	194	156	134	498	381	69	88	270	320
大连	218	234	114	139	257	265	349	361	27	25	221	210	186	208
佛山	219	223	61	81	299	313	348	365	16	24	165	109	382	368
苏州	221	243	132	160	248	251	324	333	19	20	226	201	237	246
成都	222	236	124	150	336	348	343	355	41	52	178	213	151	108
杭州	223	222	86	107	269	273	353	360	51	42	190	181	252	208
无锡	236	264	134	163	277	282	321	332	20	21	188	193	316	332
宁波	241	268	165	184	256	263	384	393	55	49	198	185	220	315

数据来源：城市与竞争力数据库。

就经济规模来讲，香港、上海领先，佛山、东莞进前十。经济规模排前10位的城市依次为：香港、上海、北京、深圳、广州、台北、天津、佛山、东莞、南京。香港、上海、北京经济规模分别列全球第7、11、16位，中国有14个城市进入全球前100名。同2007~2008年度相比，中国城市全球排名整体上升，香港、上海、北京分别上升了1、3、4位，全球前100名的中国城市比上年度增加了5个。值得注意的是，佛山和东莞进入中国前10位，分列全球第61、72位，分别上升了20位和30位，可见其发展势头强劲。从区域分布来看，东部沿海城市占优，中西部部分城市表现不俗，如西部的重庆和中部的武汉均进入全球前100，分列第78、89位。

就经济效率来讲，港澳台明显占优，但整体水平不高。经济效率排名前10位的城市依次为：香港、澳门、台北、新竹、高雄、台中、基隆、台南、苏州、上海。前10名城市中港澳台地区占据8席，台湾地区更是独占6席，内地仅苏州和上海进入。中国城市经济效率整体素质不高，位列中国第1的香港全球排名第181位，苏州和上海仅列第248位、251位。同2007~2008年度报告相比，中国城市在该项指标上全球排名变化不大，多数城市全球排名略有上浮。值得注意的是，中国城市经济规模优势在发展水平上并未体现出来，表明中国仍然处于低水平的发展状态中，经济总量巨大而人均量却较小。另外，内地城市苏州超上海，值得关注。

就经济密度来讲，澳门领跑中国，中部城市潜力大。经济密度排前10名的城市依次为：澳门、高雄、香港、台北、台中、新竹、台南、基隆、深圳、上海。港澳台地区城市统领前十，深圳超上海。该项指标中国有5座城市进入全球城市前100名，分别是澳门（7）、高雄（37）、香港（47）、台北（60）、台中（87）。内地城市深圳和上海分列第223位、258位。与上一年度的报告相比，中国城市全球整体排名略有上升。从区域分布看，港澳台地区等沿海地区明显占优，西部地区整体落后，中部地区城市活力十足，中部地区的长沙、南昌、无锡、合肥、郑州、武汉均列中国前30名，表现出较强的经济活动强度。

就经济增长速度来讲，中小城市发展迅速，中国城市闪耀全球。经济增长排前10名的城市依次为：鄂尔多斯、包头、烟台、呼和浩特、东莞、中山、日照、惠州、威海、潍坊。全球前100名城市中中国占据62席，与上年度报告持平。注意到该项指标中国城市排名与全球城市排名几乎一致，排名靠前的一般为中小城市，体制灵活、经济活力较强，而排名靠后的均为港澳台地区城市，上海、北

京等特大城市排名也相对较后。总体上看，中国城市的经济增长速度让全球为之感叹，中国增长奇迹仍在上演。

就技术创新来讲，台湾地区整体占优，小城市活力十足。技术创新排前10名的城市依次为：台中、台南、新竹、台北、深圳、绍兴、上海、北京、高雄、嘉兴。前10名中台湾地区城市占据5席，绝对优势明显。绍兴、嘉兴等小城市活力十足。全球前100名城市中中国只有6座城市进入，比上年度报告减少1座城市。台湾地区除台北名次略有下降外，其余城市位次均有所上升，而中国大陆城市排名总体上有下降的趋势。整体来看，中国城市的技术创新排名相对靠后，内地排名第1的嘉兴全球位列第77位，其余内地城市均在第100名之外，中国城市的创新活动整体不强。

就经济决策来讲，港京沪位列前三，大城市效应明显。经济决策排前10名的城市依次为：香港、北京、上海、台北、天津、广州、深圳、重庆、成都、高雄。香港、北京、上海已经成为中国对外的三大窗口城市，纷纷进入全球前十，分列全球第5、6、8位。排前10名的特区和直辖市占据6席，大都市效应十分明显。中国城市进入全球前100名的城市有6席，同上年度报告相比减少了1席，广州、深圳略有下降，重庆全球排名上升显著，位列第140，上升了94位！从区域分布来看，呈现典型的“东高、中中、西低”，东部沿海城市经济决策排名普遍靠前，中部地区武汉、南昌等城市排名处于中游，西部银川等城市靠后。同时，行政级别越高的城市其经济决策一般也较强。

三　中国城市在全球竞争中的优势与劣势

根据以上分析结果，我们可以看到，随着全球经济聚集的深化及全球产业转移的加速，尤其是在全球金融危机的影响下，中国城市参与全球城市竞争既有优势，也有劣势，机遇与挑战并存。这些优势和劣势可以在全球城市竞争力的要素环境指标中充分地反映出来。

1. 优势

第一，区位优势。世界城市发展的历史经验表明，75%的大城市和70%的工业资本都集中在沿海，沿海是现代工业和城市发展最为有利的条件。而中国有着3.2万千米的海岸线，而且大都处于适合经济发展的亚热带和温带地区。这些优势可以体现在全球城市竞争力的当地要素和当地市场方面。当地要素和当地市场反映的是城市本地的需求与供给能力，直接受到城市区位的影响。当地要素排前10名的城市依次为：北京、上海、台北、香港、深圳、成都、绍兴、广州、杭州、天津。绍兴、佛山、南通、东莞、宁波、无锡等新兴城市进入前20名，发展势头强劲。北京、上海、台北、香港分列全球第14、16、24、33名，中国有15座城市位列全球前100名。当地市场排前10名的城市依次为：上海、重庆、台北、北京、基隆、台中、天津、新竹、香港、武汉。前10名中齐聚中国四大直辖市，中部武汉挤进前10名。排名靠前的城市多为行政级别较高的城市，其中又以省会城市见多。这些都可以说明中国城市的区位优势给中国城市发展带来的巨大推动力量。

第二，制度优势。作为世界人口大国和发展中大国，中国的发展需要有特色的制度作为保障。家庭联产承包责任制为中国解放出大量的剩余劳动力，支持了城市的发展。具有中国特色的财政体制，既让中央有足够强的资金调控力度，又能调动地方的财政积极性。这反映在全球城市竞争力的公共制度方面。公共制度排前10名的城市依次为：香港、台北、新竹、高雄、台南、台中、基隆、澳门、贵阳、北京。前10名中港澳台地区城市占多数，体现出香港、澳门等城市在公共制度建设方面的领先地位，这些城市的制度自主性较高。除香港位列全球第2外，其余城市全球排名均在150名之外。中国内地城市排名差距较小，这表明中国内地城市在城市公共制度建设上自主性相对较小，统一的大管理方式和政策模式占主导。这就给中国城市统一、协调发展带来保障。

第三，对外开放优势。对外开放是全球化下对每一个国家和城市的基本要求，只有在坚持开展广泛的对外联系的前提下，城市才可以取得巨大的发展，在世界的舞台上占据主动地位。而对外开放一直以来都是中国的基本国策，这也充分地反映在中国城市对外联系的发展上。在全球城市竞争力指标中全球联系排前10名的城市依次为：香港、北京、上海、台北、广州、深圳、天津、南京、苏州、沈阳。香港、北京、上海均进入全球前10名，分别列第5、7、9名。这三座城市作为中国对外政治、经济、文化交流的窗口，在中国全球联系中扮演着越来越重要的角色。排名靠前的多为经济、文化、港口、制造中心城市，东部沿海地区城市明显占优，西部城市整体排名靠后。未来的城市竞争将在更广阔的空间上进行，全球联系高的城市将在未来的城市竞争中占据高地，中国城市潜力无限。

第四，企业优势。随着全球化的发展，跨国公司在世界范围内扮演着更加重要的角色。而跨国企业的发展也给中国国家和城市的飞跃带来了强大的动力和保障。在全球城市竞争力指标中企业素质排前 10 名的城市依次为：北京、香港、上海、台北、广州、深圳、新竹、天津、南京、成都。北京凭借中国的政治文化中心，力压企业素质一流的香港，上海逼近香港。中国有 8 座城市上榜全球前 100，北京、香港、上海、台北分列全球第 5、6、8、19 位，南京、武汉、成都等副省级城市也表现不俗。整体来看，排名靠前的均为经济特区、直辖市、副省级大城市，大城市的企业素质普遍高于中小城市，大城市的企业较容易形成集聚效应，在企业管理、制度创新和市场开拓方面占有优势。

2. 劣势

第一，技术创新落后。改革开放 30 多年来中国的经济虽然获得长足发展，但是制造业的技术水平仍然比较落后，各城市的技术专利数量少，技术设施和研发投入水平都比较低。技术水平的落后导致产业的竞争力不强。这表现在专利指数和 R&D 中心数指标上，在专利指标中，台北、北京和上海分列全球第 6、7、8 位，但是每年申请的专利数量却比东京、伦敦等城市少很多。此外，中国其他城市则在第 50～300 名之间。在 R&D 中心数指标中，内地城市最高的北京排在第 26 位，其他城市则均分布在第 100～300 名之间。这两个指标都反映出中国城市整体的科技创新能力较弱。

第二，环境质量差。环境质量问题是中国城市发展中比较严重的问题，过分追求经济快速发展的很多城市没有保护好生态环境，导致水、土壤和空气都受到严重污染。在全球城市竞争力中，人均 CO_2 指数，中国城市中成都排在第 14 位，香港第 15 位，澳门第 19 位，其他城市均在 50 名之外，这说明中国城市在发展经济的同时，社会环境相对较弱，这些会在未来影响到中国城市的发展。

第三，产业层次低。跟发达国家相比，中国城市的发展起步晚，产业层次低，尤其是具有低资源消耗和高附加值的第三产业发展滞后。全球城市竞争力中产业集中度反映的是城市的产业结构，中国城市普遍排名靠后，内地的北京仅居第 85 位，其他城市均在第 100 名之后。这也反映出中国城市的产业结构普遍相对落后，以传统的劳动密集型产业和低附加值产业为主，缺少高科技、高附加值的产业。

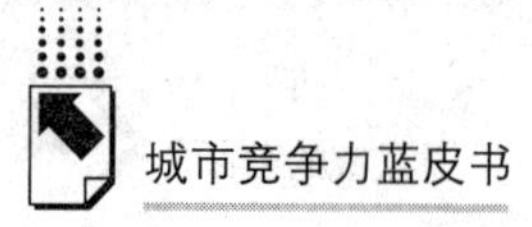

四　中国城市提升全球竞争力的对策

基于全球视野的中国城市优势、劣势、机遇和挑战分析，为应对全球城市竞争，提升中国城市的整体国际竞争力，中国应制定系统的全球城市竞争力战略。

1. 坚定不移地推进城市化发展

到2010年，中国城市化率已经达到47%，与改革开放前的17.9%相比，已经取得了巨大的成就。但是与世界发达国家相比，中国的城市化水平仍旧较低。因此，在全球化和城市化迅猛发展的时代，中国应继续坚定不移地推进城市化的发展，尽快提升中国城市化水平；努力协调城市化发展的速度与效率，使城市化成为推动中国腾飞的动力。

2. 实行大都市发展战略

当今世界发展的趋势之一是大都市或城市群的发展，突出地表现在发达国家的超级城市或大都市群，如纽约、伦敦等。这些世界顶级城市或城市群已经逐渐地成为全球竞争的主要参与者。因此，中国城市竞争力的提升需要走非均衡道路，积极培育能够参与全球竞争、体现国家竞争力的国际性大都市，如北京、上海等，充分发挥大城市推动经济发展和城市化的“领头羊”作用，带动国家的发展，同时推进中小城市和小城镇的有序发展。

3. 转变经济结构方式，提升产业竞争力

产业结构关系到一个城市竞争力的强弱，而我国城市经过30年发展，产业结构已经得到较大提升，但是仍然以劳动密集型和低附加值产业为主。因此，今后我国城市要在全球竞争中取得主动，必然要提升城市的产业结构，尤其是我国东部城市更是要发展高科技、高附加值产业。

4. 科技提升城市竞争力

通过全球城市竞争力的比较，可以得出一个重要的结论，技术创新对于一个城市的竞争力提升至关重要。因此，中国城市的发展尤其要重视科技能力的提升。中国城市竞争力的提升需要发展和城市体系相适应的科技创新体系。大城市应积极进行原始创新，为国家经济结构调整与增长方式转变提供支持。中小城市应积极进行集成创新或引进消化吸收再创新，提升城市创新能力。

B.14

第十四章

中国城市联系度：基于世界城市网络的测度

由于世界是“倾斜而平坦的”，造成了全球城市的更加聚集，这也充分地体现在了全球城市之间的联系上。因此研究中国城市在全球的联系度，不仅能够更加准确地理解“倾斜而平坦”的世界，也能更加准确地理解中国城市在全球城市中的位置，进而提高中国城市的地位。

自从西方城市和区域规划先驱 Patrick Geddes 在 1915 年所著的《演化中的城市》一书中提出世界城市（World City）概念之后，西方学术界开始对世界城市产生了关注。但随着人们对世界城市研究的不断深入，研究者逐渐认识到，城市不能被孤立地研究，而应该从全球的角度来解读一个城市，尤其是作为能够影响世界经济体系的世界城市更应如此。对于世界城市的研究，应该将其理解为一个由信息、资本、人力等多种“流”所联结起来的庞大的城市网络体系。

Smith 和 Timberlake（2002）用城市基础设施大范围评估的方法，来衡量城市经济潜力以及对外联系网络的发展程度。相对于用基础设施来衡量城市之前的联系，利用公司组织的网络结构来反映城市的联系规模则更被学界认同。Beaverstock 等（1999）的“世界城市的名册”，基于城市高级生产性服务业的水平提出了直接的世界城市目录。研究结果为划分成三个层级（即 Alpha、Beta、Gamma）的 55 个世界城市的名册。Taylor（2004）同样使用城市所拥有的先进生产性服务公司的信息，不同的是这些跨国企业按照行业被更加细化出来，因此能够生成更为精确的数据信息，不仅能反映城市对外联系的强度，更能展现出各个城市在整个世界城市网络“服务流”中所处的功能节点的地位。目前，这种通过以服务价值等级产生的城市间联系矩阵而描绘的世界城市网络方法受到学术界广泛认可。

2011 年是中国城市实施“十二五”规划的开局之年，是中国城市化进入“承前启后”的关键之年。在全球化、信息化与网络化的大趋势下，中国城市必须面对全球范围内不断升级的城市竞争。认清城市自身所处的世界城市网络位置，明白自身的劣势与不足，避免发展过程中的问题，对探寻占领世界城市网络制高点的路径、模式和策略都有极其重要意义。在经济全球化深度发展的背景下，城市对全球资金、技术、人力等生产要素的控制和配置能力大小实际上也决定了城市竞争力的强弱。因此，我们利用 Taylor 的城市网络联系度分析方法来测度中国城市在世界城市网络中的功能与位置。

一　对外联系度测度方法

世界城市网络联系的测度主要是基于联锁网络模型（Interlocking Network Model）展开的，该模型共分为三个层级。第一层级为网络层级（Net Level），是资本、信息、人力等生产要素“流动”的蓝图；第二层级为节点层级（Nodal Level），由处于世界城市网络中的功能城市组成，是整个城市网络的中观体现；最后一个微观层级则是由多个先进生产性服务公司体现的次节点层级（Sub-nodal Level），是推动生产要素不断相互交换的重要源泉。图 14－1 展现了由十个城市通过三个不同的先进生产性服务企业之间的联系，所构成的一个局部连锁网络。图中由各个公司所在城市的办公点，形成了整个网络联系的最基本环节，即次节点；一个城市中的多个次节点的对外联系，则又形成了城市与城市之间的要素流动，每一个城市则成为网络的一个要素节点；所有的要素都会通过这些节点的连接，最终形成全球的城市网络。

在模型中，假设 n 个城市中有 m 个先进生产性服务公司，城市中某一公司价值由该公司全球办公系统中所在该城市的办公点的重要性来衡量，由 V_{ij} 表示。整个城市网络为 $n \times m$ 排列所得的服务价值矩阵 V。其中矩阵的构成元素 $V_{ij}=0\sim5$ 分，其价值判定标准如表 14－1 所示。再根据公司在城市中办公点的重要程度进行评分，将跨国公司在该城市的分布数据累加，即得到该城市该行业的服务价值，如表 14－2 所示。

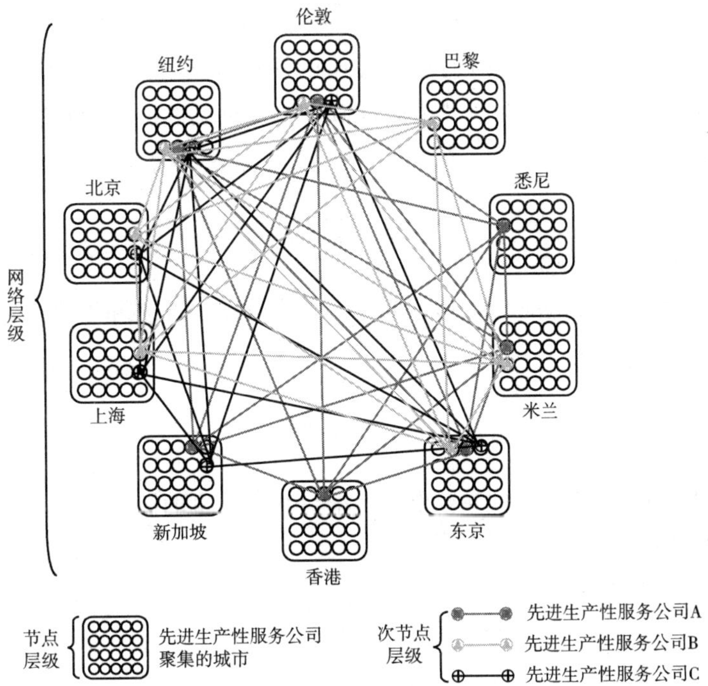

图 14－1　由十个城市及三个先进生产性服务公司所组成的世界城市联系网络

表 14－1　样本跨国公司服务价值判定标准

样本跨国公司在城市分布情况	服务价值判定标准(0～5 分)
没有设立机构网点	0
设立一般机构或网点,但规模小	1
设立一般机构或网点	2
设立一般机构或网点,但规模较大	3
设立地区总部	4
设立公司总部	5

表 14－2　样本跨国公司服务价值判定的基本样式

	公司 1	公司 2	……	公司 j	$C_i = \sum_j V_{ij}$
城市 1	1	1	……	V_{1j}	C_1
城市 2	2	3	……	V_{2j}	C_2
城市 3	1	5	……	V_{3j}	C_3
……	……	……	……	……	
城市 i	V_{i1}	V_{i2}	……	V_{ij}	C_i
$F_j = \sum_i V_{ij}$	F_1	F_2		F_j	$S = \sum_i \sum_j V_{ij}$

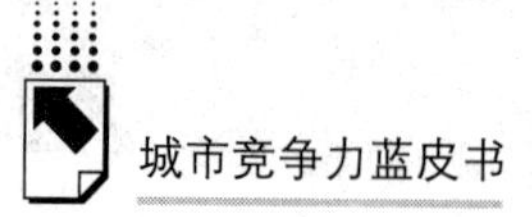

由服务价值矩阵 V 可以得到两城市通过一个公司的基本连接点：

r_{abj}是 a 城市与 b 城市间通过 j 公司的一个基本连接点，称为单位链接（Elemental Interlock）。a、b 两城市通过所有公司单位链接的加总，得到城市链接（City Interlock）：

$$r_{ab} = \sum_{j} r_{abj}$$

每个城市与其他 $n-1$ 个城市形成 $n-1$ 个联系，因此城市网络中每个城市其城市链接之和为：

$$N_a = \sum_{i} \mathrm{r}_{ai} ali$$

这里 N_a 即为城市 a 在世界城市网络中与其他城市的链接数量。而网络中所有城市的链接数量则为：

$$T = \sum_{i} N_i$$

城市 a 在世界城市网络的链接数量与所有链接数量之比，即为这个城市的网络联系度。

$$L_a = (N_a/T)$$

由于总的链接数量相当庞大，因此 L_a 的值往往较小。为便于更好地比较衡量，我们采用相对联系度的办法，即用城市 a 的链接数量与最高城市的链接数量之比来测度。这里链接数量最高的城市为纽约，用 N_h 表示，而纽约的联系度则为 1.0。

$$P_a = (N_a/N_h)$$

二　中国城市对外联系度测度

（一）样本选择与数据来源

根据生产性服务业的定义，我们确定广告、媒体、银行/金融、会计、法律、管理咨询、商务酒店、会展八个关键的生产商服务领域，其中前七项根据各行业

跨国公司的规模及其全球分布的情况，一个跨国公司只要在超过 15 个城市设有办事处，其中在北美、西欧和亚太三个地区至少各一个城市设有办事处，则可认定该企业是全球性服务企业。也就是说，这些企业明显有为其客户提供服务的全球性战略。选择福布斯 2000 强（2010 年）中的 225 个生产性服务业的跨国公司作为样本，分别统计其在全球 621 个城市的分布情况。而会展业的服务价值衡量则通过相关网站的统计直接获得，具体如表 14－3 所示。

表 14－3　城市各项服务功能价值的数据来源

指　　标	样本公司	备　　注
广告、媒体、银行/金融、会计、法律、管理咨询、商务酒店	福布斯 2000 强（2010 年）各行业排名前 25 位的跨国公司	银行/金融类分别为金融、保险和银行业三项中名排名前 25 位公司之和（共 75 个）。
会展业	数据来源：www. tsnn. com	通过该城市在一定时期内（2010 年）举办的会展数来描述

（二）中国城市对外联系度测度结果

表 14－4 为世界城市网络联系度最高的 10 个城市。这些城市在联系网络中发挥着巨大的连通与集聚作用，在金融、信息、经济和文化等各领域中都是区域乃至全球性的核心。伦敦与纽约是全球 621 个样本城市中联系度最高的两个城市，各城市的联系度指数也以其为基准，设定为 1. 00，因此也是世界城市网的指挥中心。香港、巴黎、新加坡、东京、悉尼、米兰、上海和北京则分列第 3 ~ 10 名，与纽约、伦敦联系度之比分别为 0. 83、0. 78、0. 75、0. 74、0. 71、0. 69、0. 69、0. 68。从中不难发现，这些城市大多数为其所在国家的首府或重要的经济、文化中心，在世界城市网络中也处于关键的指挥中心地位。从国别上看，前 10 名中大多数都为发达国家城市，并且一个国家只有一个核心城市。但例外的是，经过 30 多年的改革开放以及快速的经济发展，中国已经成为世界上先进服务业增长最快的国家。因此有 3 个城市跻身于世界前 10 名：香港是世界重要的金融中心，现在更是取代日本的东京，成为仅次纽约和伦敦的重要城市；上海是中国最为主要的经济中心，而北京则是重要的政治与文化中心。这 3 个城市的入围，展现出了中国领先城市的较高国际化水平。

表 14－4 世界城市网络联系度前 10 名城市

城　市	链接总值	世界联系度	全球排名
伦　敦	96267	1.00	1
纽　约	95838	1.00	2
香　港	80330	0.83	3
巴　黎	75322	0.78	4
新加坡	72594	0.75	5
东　京	70773	0.74	6
悉　尼	68263	0.71	7
米　兰	65988	0.69	8
上　海	65950	0.69	8
北　京	65939	0.68	10

表 14－5 为中国城市世界网络联系度前 10 名以及其在全球中的排名，7 个内地城市和 3 个港澳台城市榜上有名。其中香港以 0.83 分的较大优势位列中国城市之首，而上海与北京则分列第 2、3 位，这三个城市也入围全球联系度前 10。其他城市依次为台北 0.54、广州 0.32、深圳 0.25、成都 0.13、澳门 0.13、天津 0.12 和南京 0.11。不难发现，沿海城市在对外联系度上占有绝对优势，拥有多数席位。台北是台湾地区重要的政治、经济与文化中心；广州与深圳在 30 多年的改革开放中得到了飞速发展，是中国对外开放的前沿窗口；而成都作为一个内陆城市超过澳门、天津等沿海城市，是由于其在西南部的经济中心地位，以及广阔的城市腹地为其快速城市化提供了充足的市场、土地等价值要素。另外，成都也是西南地区通向中国沿海以及世界主要城市的交通枢纽，这也是成都城市联系度提升的重要因素。从指数分布来看，这 10 个城市中首尾差距较大，在世界范围的排名呈现出明显的梯次关系：最高的香港为 0.83，世界排名第 3，与世界联系度最高的纽约、伦敦同为第一层级，是整个世界城市网络的核心；其后的上海、北京则比香港略逊一筹，排名第 8、9 名，是城市网络中的重要节点城市。其后的台北、广州、深圳虽然在中国城市中排名第 4～6，但从世界角度来看，台北已近第 30 名，为第三层级，而广州和深圳更是已不在第三层级之列，分别为第 84 名和第 163 名。除此以外，其他城市的联系度也与很多发展中国家的城市的情况类似，联系度在 0.1 左右，全球排名中位次属中下游，离先进城市还有很大的差距，说明我国城市在对外联系方面总体上仍有较大的提升空间。

表 14－5　世界城市网络联系度中国前 10 名城市及其在全球中的位置

城　市	链接总值	世界联系度	国内排名	全球排名
香　港	80330	0.83	1	3
上　海	65950	0.69	2	9
北　京	65939	0.68	3	10
台　北	51793	0.54	4	28
广　州	30814	0.32	5	84
深　圳	23648	0.25	6	163
成　都	12891	0.13	7	322
澳　门	12133	0.13	8	336
天　津	11263	0.12	9	369
南　京	10875	0.11	10	411

通过利用先进生产性服务企业的办公网络，构建城市之间的联锁网络模型，测算出中国城市的对外链接总值和相对联系度，并将其放入全球 621 个样本城市坐标系中进行横向对比发现，中国城市对外联系度主要呈现以下特点：第一，世界对外联系度最高的城市大多为其所在国家的首府或重要的经济、文化中心，在世界城市网络中也处于关键的指挥中心地位；第二，中国顶尖城市发展最为迅速，如香港、上海、北京，其对外联系度已达到世界一流水平，在世界城市网络中的地位日益突出，甚至也起到一定经济、文化中心等功能；第三，中国城市对外联系度发展不平衡，顶尖城市对外联系水平迅速提高，并不断向更高层级发展，但更多城市的联系度较低，除香港、上海、北京以外的一线城市，其在世界范围内的联系度等级总体较低。

三　中国城市对外联系中的优势和劣势以及对策建议

通过以上分析，我们可以看到中国城市的联系度在全球范围内已经取得了巨大进步，中国城市已经积极地参与了全球化的浪潮之中，中国城市在参与全球联系中也具有很多优势。但是，这也能反映出中国城市无论是从整体上看，还是在顶级城市方面，与世界水平都还有不小的差距。

（一）充分利用区位优势，提升城市联系度水平

观察全球联系度排前10名的中国城市，以及国内前10名城市，我们可以看到这些城市基本上都是中国经济最为发达的城市，这些城市也处于中国东南沿海地区，都是区位较好的地区。区位优势为这些城市发展提供了先天的有利条件。首先，东部地区由于具有良好的海运条件，可以积极地参与到国际贸易中来；其次，东部地区进而能够利用国际贸易在国内产业结构中占据有利的地位，也能在国际产业链中占据较高的位置；再次，东部地区由于区位较好，具有良好的基础设施，从而能够为该地区内部和外部加强联系提供良好的硬件支持；最后，东部地区具有良好的市场环境、文化环境，也具有较好的政策环境，这些都能够促进东部地区城市的领先发展。

可以说，中国城市的发展与中国东部沿海地区良好的区位优势是密不可分的。纵观世界经济最繁荣、交往最密切、经贸活动最活跃的几个区域，也都集中在北美洲、欧洲和亚洲等的沿海地区。因此，中国城市的发展应该继续重视东部地区良好的区位优势，在此基础上继续加强东部地区的科学技术、基础设施等方面的建设，充分利用先天的有利条件，提升城市联系度的水平，建设中国的“世界城市”。同时，也要注意提升中西部地区的城市环境建设，包括基础设施等硬件环境，也包括市场、文化、政策等软环境，以吸引国际知名高端服务企业入驻，加快中西部地区城市的发展。

（二）继续推进产业结构调整，提升城市联系度的效率

产业结构是一个城市发达程度的重要指标。随着全球城市的发展，第三产业，尤其是非生产性产业对于城市繁荣发达更加重要。因此，这也是全球联系度指标中选择8个产业进行分析的重要原因。从香港、北京和上海已经排在世界联系度前10名中，可以看出，这3个城市的服务业的发展已经具有较好的国际水平，尤其是内地的上海和北京，其在2010年提出建设“世界城市”的目标，也是基于这两个城市的服务业水平已经取得巨大的进步和提高。

中国一直以来都是扮演“世界工厂”的角色，但是作为中国内地最为发达的两个城市，北京和上海已经脱离了简单的劳动密集型产业结构，正逐步向高科技、高利润、高水平的产业体系发展，并能够与世界顶级水平相衔接。在中国城

市体系中，正是由于既有劳动密集型产业城市群的继续发展，又有高科技、高利润顶级城市的带动，中国的产业体系能够不断发挥中国的先天优势，也能够与世界先进技术水平同步发展，这样才能更加有力地参与到全球联系中来。

但是，中国城市的发展，仍然要更加重视中国城市间产业的转移，继续坚定地将劳动密集型产业逐步向中西部地区转移，提高东部沿海地区在产业链中的位置，提高东部地区高科技产业的比例。只有将中国城市间产业结构进一步合理化，才能更加积极地参与到全球化的竞争中来。

（三）不断推进都市群发展，全面提升城市联系度

目前，中国的都市群已经取得了巨大的发展。中国三大城市群的 GDP 对于全国 GDP 总量的贡献率达到 37%，占全国的 1/3 强。而且，中国城市发展体系已逐渐走向成熟，厦泉漳城市群、山东半岛城市群、辽中南城市群、中原城市群、长江中游城市群、海峡西岸城市群、川渝城市群和关中城市群等，也开始不断形成和发展。

中国城市群的发展为中国城市整体实力的提升，以及国家实力的提升创造了有利的条件。长三角、珠三角、环渤海城市群的发展更是直接推动了北京、上海、广州、深圳等城市的发展，这 4 个城市是目前内地最发达的城市，也是中国联系度最强的 4 个城市。可以说，城市群的发展，是中国城市提升世界联系度的重要推动力量。但是，我们也应该注意到一些问题。在我们的报告中已经发现，中国内地的某些城市，对内对外的联系并不均衡，或过于强调对内（区域间）联系而对外联系较弱，或对外联系较强而对内（区域间）联系较弱。这两种现象都制约了这些城市的进一步发展。因此，中国城市要继续发展，就需要全面提升城市间联系度，不仅是国际的联系度，也需要提升国内、区域间联系度。

B.15

第十五章 运输成本与城市收益：基于城市群的研究

交通运输成本事实上是决定世界倾斜后平坦状态的关键。

城市群是现代城市发展过程的一个重要趋势，就单一城市而言，融入城市群，并获取城市群带来的额外收益是当前城市规划和建设亟待实现的重要目标。这里的问题是，城市群为单一城市带来什么样的收益？这种收益又是怎样实现的？

对于第一个问题，克鲁格曼（1991）认为，市场规模的扩大形成了规模报酬递增现象，一旦某个城市融入城市群，则其面对的市场规模将获得极大拓展，从而促成城市产业的集中，并形成了城市的动态比较优势。而根据克鲁格曼及其代表的新经济地理学，城市集群的规模效益的实现是由于在城市间运输成本更低，即运输成本是城市群集群效益形成的原因，其推论即单一城市是否能够从城市群收益依赖于其与其他城市之间的运输成本，从而在理论上部分解决了第二个问题。在实证上，克鲁格曼的观点也得到了验证（Davis 和 Weinstein，1999；范剑勇和谢强强，2010；Bruinsma 和 Rietveld，1993；Jochem 和 Priemus，2003；Albrechts 和 Coppens，2003；Mun，1997）。

对于第二个问题，仍然需要解决的是，在单一城市在城市群中收益的影响因素中，城市内在因素的作用是什么？已有研究表明，政策激励和制度约束构成了城市是否能够从城市群中收益的重要方面（陈建军，2004；张杰等，2010），而城市要素市场壁垒无疑也构成一个重要方面（王永刚，2008）。但是，在城市内部运输成本的影响方式上，已有研究的关注度并不够。

就目前来看，建设和完善交通基础设施，通过实现与区域内其他城市的连接，降低城市间交通运输成本来融入城市群，获取额外收益。已有的对于城市基础设施对城市经济增长作用的研究很多（Arrow and Kurz，1970；Dave，2010；

张军等，2006；张光南、李小瑛、陈广汉，2010；刘勇，2010）。但是，在城市与城市群对接时，城市内部运输成本的作用机制并没有引起足够的重视。而实际上，交通枢纽往往位于城市边缘，要素和产品到达城市产业区或消费区产生的消耗在企业成本中仍然占据重要位置，这就是企业实践中所谓“大运费”和“小运费”的问题，对于这个问题，即使以区域市场作为对象的研究中（如，Henderson，2003；薄文广，2007；范剑勇、石灵云，2007）也鲜有涉及。本章拟对此展开研究。

一　城市内部运输成本是产业集聚规模的关键影响因素

以城市群取代单一城市成为城市发展的方向，其根本原因在于城市经济发展呈现规模报酬递增现象。根据经济学理论，规模报酬递增的原因在于，市场需求扩大能够带来交易费用的降低，并增加要素的使用效率，从而以更低的投入获得更高的产出。而从现代区域经济学的角度，所谓市场需求首先是指区域内部的市场需求，引发规模效益的原因是区域市场的容量大小，当区域市场足够大，其内部需求将促进产业集聚，从而引发规模效益，由于能够以更低的成本生产产品，其外部需求的扩大将进一步促进规模效益。显然，从经济学理论的角度，区域经济发生效益的条件实际上有两个，其一是区域市场是否足够大，其二是区域内部能否实现产业集聚。

对于城市经济，市场容量显然并不能单纯就本城市而言，当城市位于较为发达的交通基础设施网络中时，临近的其他大规模城市同样可以增加对本城市的市场需求，所以对于城市经济所谓市场容量，实际上是指城市市场规模以及与其临近的城市市场的总和，即城市群本身就解决了所谓市场规模的问题。从我国过去30年的城市经济发展来看，珠三角和长三角两个自发形成的城市群显然说明了这一问题。但是随之延伸的问题是，中部、西部乃至东北地区的城市群规模并不低，其产业集聚现象远远逊色于两个三角洲，而即使是长三角和珠三角中，同样有部分城市的经济发展速度偏低，其原因显然要从城市是否能够形成产业集聚方面寻找。

一般认为，在面对的市场需求相同的条件下，城市是否能够形成产业集聚，首先决定于本地的公共服务水平，即所谓招商引资能力。如果区域内城市间存在激烈竞争，城市间政府行政管理模式及投资优惠措施将趋同。而对于商业文化，尽管从城市竞争力的角度来说，商业文化占据重要位置，但是在外来投资者短期投资决策中，对本地文化的关注要远远低于对投资成本的关心。其原因在于，商业文化实际上决定了企业在本地的成长潜力以及本地产业发展的潜力。而投资者决策的目标是获取投资收益，在现有会计制度中，投资者的投资回报通常具有明确的时间限定，这使得投资者在投资地的选择上更注重可预见的几个会计周期的即期收益，而不是企业的成长潜力。

而投资成本则由土地成本、税收政策、原料成本、运营成本和运输成本构成。其中，原料成本（不包括原料运输成本）由区域统一市场决定，运营成本在更大程度上决定于企业管理模式，而运输成本则包括原料运输成本、半成品零部件运输成本、产品进入市场的运输成本、要素运输成本，其中要素运输成本是指资本和劳动的流动成本。显然，运输成本既包括了城市对外的运输成本，也包括了城市内部的运输成本，其中城市对外的运输成本对于城市而言是一个外生变量，城市内部运输成本则包括了企业间运输成本、企业产品运出城市的成本、各个功能区之间的运输成本，对这个成本直接形成影响的因素可以分为城市中产业区内运输成本、产业区之间运输成本，产业区与交通枢纽、其他功能区之间的运输成本以及城市内部的物流产业的发展状况。

由于土地使用费用和税收制度直接影响投资者收益，所以土地和税收政策无疑成为吸引投资的首要选择，但是土地和税收优惠政策只有在最初的招商引资中具有显著作用，其原因是城市在土地和税收优惠上的可选择空间有限，在政策优惠达到极限后，其作用就变得有限了。实际上，相对于土地和税收优惠，城市内部的运输成本的作用将更具有持续效应。特别是，城市外部投资者首先关注的是土地成本和税收政策，因此也成为过去各城市吸引投资的主要方法。但是当土地和税收政策在城市间趋同后，降低投资者投资成本的方式将仅余城市内部运输成本一项。特别是对于现代产业，由于产品内分工的普遍存在，为了节约成本，各个生产环节往往集中于某个特定区域，企业间零部件以及半成品的运输更为复杂，这首先就对城市内部的产品物流体系①提出要求。此外，随着中国经济的发展，要素，特别是劳动力报酬的内涵变得更为复杂，要素要求获得的不再仅限于

① 显然包括了城市内企业间运输和企业向城市外运输的体系。

货币报酬，要素对于城市所提供的各种附加服务有更多的要求，例如，劳动力对于城市居住、娱乐的要求增加，资本对于生产性服务要求的增加，从而使得城市不同功能区之间的交通是否通畅变得越来越重要，特别是在其他投资条件已经难以变化时，通过合理规划而形成的更低的市内交通成本将成为本地吸引产业投资的主要方法。

二 高昂的城市内部运输成本将导致城市资源流失

对于一个城市群，由于市场规模增加形成规模报酬递增，从而对其中城市的经济增长形成外部性，但是值得指出的是这种外部性并不一定是正的，或者，换句话说，城市群形成时，并不是所有位于其中的城市都受益，在一定条件下，部分城市甚至可能由于城市群的形成而限制了增长。而其原因，仍然要从规模报酬递增的原因论起。

对于城市群中的单个城市，获得城市集群效应的路径在于能否形成更大规模的产业集群，从而在本城市内部形成规模经济，并在城市群中形成比较优势。从上文的论述中显然可以看出，如果城市内部运输成本较高，产业集群形成的可能性将降低，在城市集群中的收益也将降低。实际上，我们会发现对于与一个成型城市群距离较近的城市，在不考虑土地和税收政策的前提下，如果其内部运输成本较高，该城市不仅难以享受到城市群带来的收益，其资源则可能因城市群中其他城市所具有的更高收益率，而向外流失，从而阻碍本地经济增长。

更为明确地讲，当假设城市 M 内部运输成本较高时，该城市经济发展将可能出现两种情况。第一种情况是，对于已经获得长足发展的城市群，各城市的资本投入规模已经达到一定规模，并实现最优的集聚规模，包括土地成本、运输成本、交易成本在内的各种投资成本已经开始快速增加，并已经超过了先前运输成本较高的 M 市，这时，城市 M 由于投资成本过高而形成的相对劣势已经消失，并且当 M 与城市群运输距离更近，运输成本更低时，投资者为了进入城市群的市场将会把新增的投资转移至城市 M，这样，城市 M 将获得城市群的规模效益。但是，如果上述条件没有实现，城市群的资本规模远远没有达到饱和，资本规模效益仍然在发挥作用，各种投资仍然在向城市群中集中，城市 M 的要素为了获得更高的利润将迅速从城市中流出，特别是在城市 M 与城市群间具有良好的运输通道时，M 的要素流出速度将更快。而更为重要的是，随着资本的流出，城市 M 将呈现总体资本投资不足的现象，其各种相关的服务业也将发展迟缓，从而进一步增加本地投资费用，导致本地要素的外流，并形成所谓差者愈差的现象。

当然，所谓城市 M 的内部运输成本实际上是一个比较的概念，是 M 与城市群中其他城市内部运输成本的比较。在这里需要强调的是，对于开始利用土地和税收政策获得产业集聚的城市，其内部运输成本将由于城市经济增长和产业发展而获得改进，并由于市场需求而形成较为发达的物流产业，从而形成产业集聚和城市内部运输成本之间的循环促进。这将加大 M 与该类城市的运输成本差距，这时，即使城市 M 的市内交通情况也在改进，但是由于其运输成本降低的速度仍然相对较低，从而仍然存在资源外流。

三 案例分析*

以珠三角为例，珠三角城市群是我国最早获得发展的城市群，改革开放后，受到香港市场的辐射，珠三角众多城市获得飞速发展，特别是广九铁路通车后，运输成本的改进进一步促进了沿线各城市的发展。珠三角的发展首先应该归功于制度改革和土地、劳动力成本的低廉，其后各城市经济的极大发展又促进了交通基础设施的改进，这包括广九铁路的修通、广深高速等多条高速公路的修建，以及各城市对交通基础设施的大规模投资，进一步降低了运输费用，促进了珠三角城市经济的进一步发展。

基础设施的改善带来了珠三角总体城市经济的发展，但在其内部，各城市经济的发展仍然具有较为显著的差异。运输基础设施对城市经济产生最为显著影响的是发展最快的深圳。对于深圳来讲，深圳获得先发优势的主要原因还在于与香港的地理临近，但是在 80 年代初期（至少 1985 年之前），深圳经济的发展还是依赖于香港与内地的过境贸易，其中一个重要的原因是深圳基础设施建设的滞后，投资制造业的成本和风险要远大于商贸，而同期的珠海则由于产业园区等基

* 理论分析表明，城市内部运输成本是产业集聚规模的关键影响因素，高昂的城市内部运输成本将导致城市资源流失。在实践中，这也得到了验证。基于数据的可获得性，我们不做数据检验，而是仅以案例分析展开。

础设施的完善，至少在制造业上领先于深圳。1985 年之后，深圳政府以建设高科技园区为契机，加快完善基础设施，并在与香港通关、直接出口、港口建设等方面获得快速发展，特别是基于广九线的制造业产业带发展起来后，深圳服务业获得极大发展，并进一步促进深圳制造业的发展。

与深圳相比，1985 年之后的珠海发展速度则远远落后。珠海发展滞后的首要原因是没有融入区域的交通基础设施网络，城市经济难以获得香港经济的辐射，并在 1985 年深圳制造业开始飞速增长时，其在改革开放之初积累的资本逐渐流入深圳。而其北部的中山反而依靠港口与香港建立了联系，城市经济获得快速发展，而 2005 年港珠澳大桥建立后，由于珠海欠缺发展新型产业的基础设施条件，中山在运输连通后的收益反而更大。在珠海和中山的对比中可以看出，中山的基础设施网络效应影响更大，港珠澳大桥建成后，中山的交通区位优势得到提升，中山的基础设施网络优势全面超过了珠海，珠海本身的运输成本已经使其难以实现再对其他城市的辐射。而在珠三角西北部，肇庆受到珠三角（主要是佛山）的外部性影响而在近年来获得极大发展。对比肇庆和珠海，肇庆市内基础设施成本更低，同时佛山对外经济影响还是通过传统制造业进行，佛山肇庆之间的交通运输成本能够保证肇庆享受到佛山发展的外部性。

四　政策建议

（一）把握基础设施建设的节奏，对外和内部基础设施建设要协同发展

为了获取城市群或者运输主干线的外部效益，城市往往积极改善对外连接的交通基础设施，而城市内部的运输条件的发展则相对落后，根据上文分析，这显然将陷入要素和资源外流的陷阱。当然，这并不意味着城市就不需要对外连接，实际上，本章强调的是城市对外连接的交通基础设施建设要与城市内建设协同发展，如果对外连接的速度过快，其效果将首先是本地资源的外流。而只有城市内交通基础设施建设以同样或者更快的速度发展，才能给予本地产业足够的发展时间和空间，从而有效利用城市群或者交通主干线带来的外部效应。因此，把握基础设施建设的节奏，对外和内部基础设施建设要协同发展。

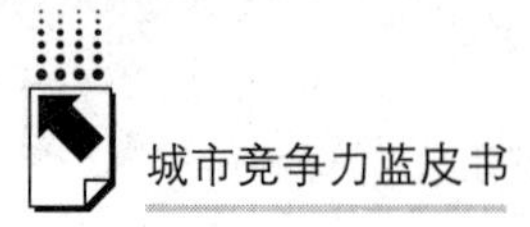

（二）有效利用过境贸易，推进物流产业发展

从我国的经济发展实践来看，并不是所有处于交通枢纽的城市都能够获得快速的经济发展，由于其内部基础设施建设的滞后发展（当然也包括在产业政策上的滞后），交通枢纽给城市带来的更多是过境贸易，这使得城市在枢纽位置的贸易经济获得较快发展，但是就整体来看，城市经济发展并不显著。在这种情况下，除了加快城市规划和交通基础设施的建设，城市可以充分利用过境贸易，推进其物流产业的发展，通过将物流业与城市规划相结合，并将成熟的物流产业引入产业区，帮助产业区降低运输成本，这将带来城市内部运输成本的动态降低，从而通过降低运输成本创造城市的投资优势。在此基础上，城市通过合理利用政策优势进行招商引资，进一步将城市功能区、交通枢纽、产业区联系在一起，形成一个稳定的城市经济系统，从而在城市竞争中形成比较优势，以获取临近城市群的规模效益。

（三）充分利用不同产业运输的不同特征，发展差别产业，形成比较优势

如上文所述，与具有先发优势的城市相比，仅仅依赖政府规划改善城市内运输成本难以缩小与先发城市的内部运输成本差距，后发城市在谋求快速发展的过程中还要注意到不同的产业对于运输的要求是有差异的。就先发城市而言，其城市运输体系是与其产业共同发展起来的，这使得运输体系带有各类产业的明显烙印，并形成产业发展的路径依赖，这同样为后发城市带来了机遇。即后发城市追赶先发城市的一个捷径是发展差异化的产业，在土地、产业政策等方面难以真正实现差异化时，后发城市针对特定产业进行交通基础设施改造的成本要低于先发城市，从而能更容易地形成低廉运输成本，并在更短的时间内形成在差异化产业上的比较优势。

综合而言，在要素成本、土地成本不断上升的中国城市，以规模经济为目标的城市群建设正在成为获得未来城市竞争力的有效路径。而对于单一城市，城市群的作用并不总是有益的，当城市内部基础设施条件跟不上时，城市群将抽取城市资源，从而妨碍城市经济发展，而避免这种负面作用的方法，除了传统的土地、税收、产业政策外，对交通基础设施进行有效管理将是城市经济获得快速增长的必然路径。

B.16

第十六章
长江经济带空间经济联系与结构形态分析

——基于地级以上城市的样本数据

一 引言

城市群与城市带是世界倾斜的重要表现。长江流域内存在一个完整的大区级经济单元，已成为公认的事实（陈修颖，2007）。新中国成立伊始，国家就于1950年成立了长江水利委员会，着手长江流域综合规划的编制工作，并于1959年完成了首部系统规划——《长江流域综合利用规划要点报告》。改革开放以后，原国家计划委员会主持编制的《全国国土规划纲要》则提出了要建设由沿海和沿长江地带组成的“T”字形国家级产业发展轴线的构想，进一步凸显了长江流域发展的战略价值。90年代初期，在国家建设上海浦东新区和兴建“三峡”水利枢纽工程决策的推动下，加快长江三角洲及沿江地区开发开放和经济发展的战略逐渐形成，长江流域的综合开发由此而全面展开，具体规划如表16－1所示。随后，国家在“九五”计划和2010年远景目标纲要中，把长江三角洲和沿江地区列为我国将要形成的七大经济区的首位，并明确了“依托沿江大中城市，逐步形成一条横贯东西、连接南北的综合经济带”的战略取向。

随着长江流域战略规划的稳步推进，与之相应的学术研究也在逐步深入。进入21世纪以来，“长江经济带”的使用频率开始迅速提高，并一跃成为区域经济研究的热点，更有学者直接指出“应将长江经济带的发展上升为国家战略”（伍新木，2010）。综合来看，其主要典型性在于：第一，长江经济带既包括经济发达的长三角，也包括经济欠发达的中西部腹地，区域的层次性较好；第二，经济带各地区地理位置毗邻，而且通过得天独厚的长江黄金水道紧密地联系在一

表 16-1　1990 年以来各部门出台的长江流域相关规划

实施年份	编制/批复部门	规划/文件名称
1990	水利部	《长江流域综合利用规划》(《长江流域综合利用规划简要报告》)
1996	国家发改委	《三峡地区经济发展规划纲要》
1999	国家发改委	《长江上游水污染整治规划》
2001	环保部	《三峡库区及其上游水污染防治规划》
2003	交通部	《三峡库区经济发展规划纲要》
2004	国家发改委	《长江干线航道发展规划》
2007	交通部	《"十一五"期间长江黄金水道建设总体推进方案》
2007	国家发改委	《国家发展改革委关于批准重庆市和成都市设立全国统筹城乡综合配套改革试验区的通知》
2007	国家发改委	《国家发展改革委关于批准武汉城市圈和长株潭城市群为全国资源节约型和环境友好型社会建设综合配套改革试验区的通知》
2008	环保部	《三峡库区及其上游水污染防治规划(修订本)》
2008	水利部	《长江流域防洪规划》
2009	国务院	《国务院关于推进重庆市统筹城乡改革和发展的若干意见》
2009	水利部	《长江流域综合利用规划(草案)》
2009	交通部	《长江干线航道总体规划纲要》
2009	交通部	《关于合力推进长江黄金水道建设的若干意见》
2009	国务院	《鄱阳湖生态经济区规划》
2009	国务院	《江苏沿海地区发展规划》
2010	国家发改委	《国家发展改革委关于印发皖江城市带承接产业转移示范区规划的通知》
2010	国务院	《长江三角洲地区区域规划》
待批复	环保部	《长江中下游流域水污染防治规划(2009~2015 年)》

资料来源：根据各部委网站有关资料整理。

起，通达性好；第三，历史上该地带内各省市在文化传统、风俗习惯方面具有很大的承接性和相容性；第四，该地带的产业发展特征具有从整体上协调发展的必然性和可行性。而反观现有的长江经济带各层级区域规划，乃至于西部大开发、中部崛起等国家级区域开发战略，则更多的是建立在行政区基础之上以及发展水平相近、结构形态相似的地区之间，对这种客观存在的流域空间依赖关系和结构

的互补性有所忽略。因此，关于长江经济带空间经济联系与结构形态问题的分析，可以为我国现阶段的区域合作和流域开发研究提供一个新的视角。

同时，根据构建经济区的主要联系方向原则、可达性原则并兼顾自然地理、人文脉络、经济区的整体功能和行政区的完整性等诸多因素，长江经济带的空间范围应包括沪、苏、浙、皖、赣、鄂、湘、川、渝、云、贵等共 11 个省市。尽管青海省大部分地区和河南省南部从自然单元上看属于长江流域，但其经济联系方向分别是华北地区和西北地区，故不属于长江经济带。综合上述认识，本章拟从空间经济联系和结构形态分析的角度，采用空间自相关检验、欧氏距离法、方差分析、多样本均数两两比较、工业结构相似系数等方法指标对长江经济带内部空间结构状况进行全面解析。按照大经济区的基本构成单元是城市经济区的理念（周一星、张莉，2003），考虑数据的可得性和可比较性，我们采用《中国城市统计年鉴 2009》中上述 11 个省级行政区所辖 109 个城市作为分析样本，作为组成长江经济带的基本空间单元。

二　长江经济带城市群空间经济联系测度

（一）空间自相关检验和 Moran 统计量

空间自相关分析是对属性值在整个区域的空间特征的描述（Anselin，2003），它是用于检验某一要素的属性值是否显著地与其相邻空间点上的属性值相关联的重要指标，可分为正相关和负相关两类，正相关表明某单元的属性值变化与其相邻空间单元具有相同变化趋势，负相关则正好相反。用来衡量空间要素相互关系的两个常见指标是 Moran 指数和 Geary 系数，在实际的空间相关分析应用研究中，由于 Moran 指数和 Geary 系数的作用基本相同，而分析人员大多喜欢采用 Moran 指数是因为该统计量的分布特征更加合意（魏锋，2010）。因此，本文采用 Moran's I 统计量作为检验空间分布是否存在自相关性的依据，具体计算方法为：

$$I = \frac{n\sum_{i=1}^{n}\sum_{j=1}^{n} w_{ij}(x_i - \bar{x})(x_j - \bar{x})}{\sum_{i=1}^{n}\sum_{j=1}^{n} w_{ij}\sum_{i=1}^{n}(x_i - \bar{x})^2} = \frac{\sum_{i=1}^{n}\sum_{j=1}^{n} w_{ij}(x_i - \bar{x})(x_j - \bar{x})}{S^2\sum_{i=1}^{n}\sum_{j=1}^{n} w_{ij}} \qquad \text{（式 1）}$$

式中，n 表示观测单元数目，w_{ij}表示互为邻居单元之间交互权重值，x_i 表示单元观测值，$S^2 = \frac{1}{n}\sum_{i=1}^{n}(x_i - \bar{x})^2$，$\bar{x} = \frac{1}{n}\sum_{i=1}^{n} x_i$。$I$ 为 Moran 指数，其取值范围为（-1，1）。如果空间过程不相关，则 I 的期望接近 0；当 I 取负值时，一般表示负的自相关，取正值表示正的自相关。对于 Moran 指数，可以用标准化统计量 Z 来检验 n 个区域是否存在空间自相关关系，Z 的计算公式为：

$$Z = \frac{1 - E(I)}{\mathrm{VAR}(I)} \quad \text{（式 2）}$$

式 2 中的均值和方差都是理论上的均值和方差，计算出的检验统计量，可以对空间自相关进行显著性检验。当 Z 值为正且显著时，表明存在正的空间自相关，也就是说，相似的观测值（高值或低值）趋于空间集聚；当 Z 值为负且显著时，表明存在负的空间自相关，相似的观测值趋于分散分布；当 Z 值为零时，观测值呈独立随机分布。根据 Moran's I 散点图的含义，把所考察的区域分为四个部分，即：H-H、L-H、L-L、H-L，分别位于散点图的第Ⅰ、Ⅱ、Ⅲ、Ⅳ象限中，各表示自身值较高相邻区域值也较高、自身值较低相邻区域值却较高、自身值较低相邻区域值也较低、自身值较高相邻区域值却较低。

（二）检验过程与结果分析

下面用 Moran 指数检验长江经济带经济发展水平的空间分布是否存在显著的空间自相关。图 16-1 是关于经济发展水平空间分布的分层设色地图（四分位图），从浅淡色到深暗色的变化表示人均 GDP 的由低到高变化。分析中所使用的接近性矩阵按照共享边界的方法进行计算。

首先作出如下假设：H_0：长江经济带经济发展水平的空间分布不存在空间自相关；H_1：长江经济带经济发展水平的空间分布存在正空间自相关。计算得到 Moran's $I = 0.6224$，$E(I) = -0.0096$，$Sd = 0.0606$，在 $I = 0.6$ 和 $p < 0.001$ 的显著性水平上拒绝 H_0。从 Moran's I 散点图及随机信封（Envelope）图中同样可以看出，长江经济带大多数城市都位于第Ⅰ、Ⅲ象限，即呈现自身值较高邻居区域值也较高、自身值较低邻居区域值也较低的正空间自相关状况，将统计量显著性可视化的随机信封图（见图 16-3）也进一步印证了这一判断：长江经济带

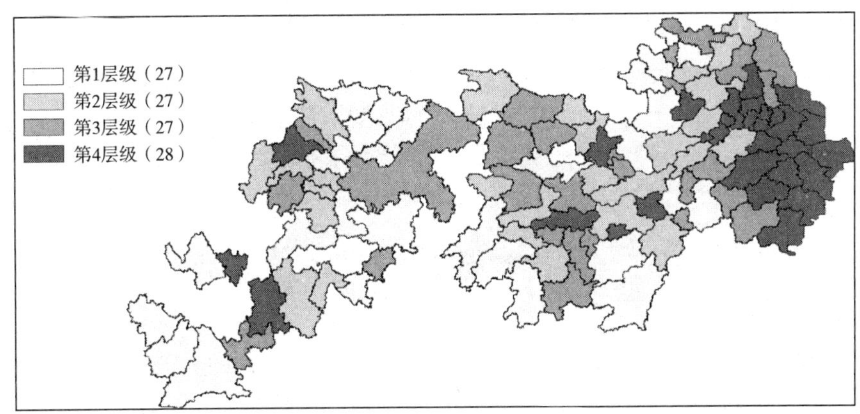

图 16－1　长江经济带人均 GDP 空间分布分层设色地图

注：笔者根据《中国城市统计年鉴 2009》相关数据绘制。

的 *Moran* 散点图绝大部分位于两条虚线[①]交叉区域外，并且 Moran's *I* 拟合线也正好位于随机转置（Permute）序列范围之外。

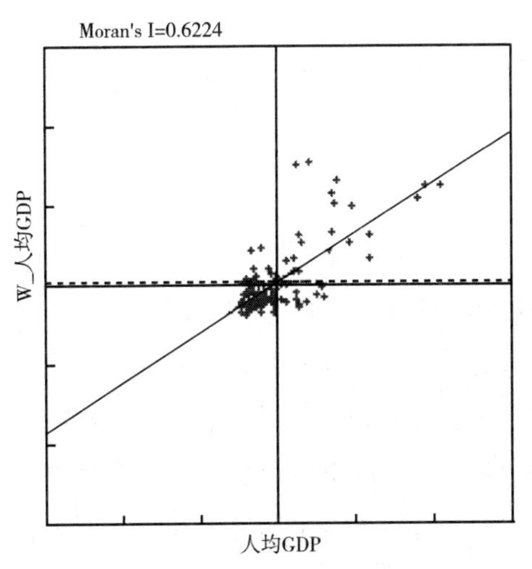

图 16－2　长江经济带 2008 年人均 GDP Moran's *I* 散点图

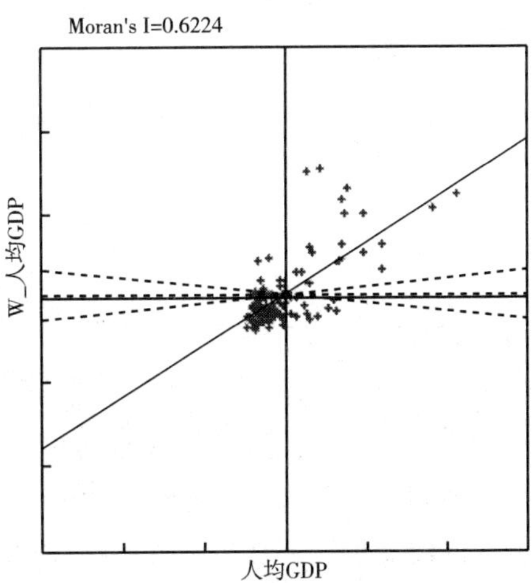

图 16－3　长江经济带 2008 年人均 GDP Moran's *I* 随机信封图

① 两条虚线斜率分别对应于 2.5%～97.5% 的参考分布，包括了在空间随机数据中计算的 Moran's *I* 统计量分布的 95%。

综合以上分析，我们可以得出如下结论：长江经济带经济发展水平的空间分布呈显著正空间自相关，各城市之间空间依赖关系客观存在，具备较强的合作条件和基础。在未来各层级的区域规划中，这种全流域的空间依赖关系应该加以具体体现。

三　长江经济带空间结构形态的差异化分析

空间结构形态实际上是由于空间结构的基本地域单元的功能分异而形成的。一般而言，在长江经济带内部存在着东、中、西三大地区差异以及上、中、下游的差异，但具体的相似和分异程度还无法得出一致结论。为了全面理解这种空间差异，本节采用欧氏距离法、方差分析和多样本均数两两比较对长江经济带各城市特征的相似性、群体之间的亲疏关系以及地区之间的差异性展开分析。

（一）分析方法选取

1. 欧氏距离法

欧氏距离（Euclidean Distance）也称欧几里得距离，是一种常用的分类统计量，其距离系数可按式 3 进行计算：

$$D_{ij} = \sqrt{\frac{1}{m}\sum_{k-1}^{m}(X_{ik} - X_{jk})^2}, \qquad \text{（式 3）}$$

式中，X_{ik}代表第 i 个地点第 k 个指标的值，X_{jk}代表第 j 个地点第 k 个指标的值，$k=1, 2, \cdots, m$ 为指标个数。距离系数越小，两点间的相似程度越大，反之则小。很多国内学者（丁洪建等，2008；邓春玉，2010；徐茜，2010）将欧氏距离法用于“地缘经济联系”测度，并根据经济体间相似程度的大小来甄别区域之间的竞争、互补关系。在这些研究的基础之上，本文将式 3 简单变形并经标准化处理：

$$D_{ij} = \sqrt{(X_i' - X_0')^2 + (Y_i' - Y_0')^2 + (Z_j' - Z_0')^2 + (S_i' - S_0')^2}, \qquad \text{（式 4）}$$

其中，X_0'、Y_0'、Z_0'、S_0' 为目标城市的四项指标的标准化值，X_i'、Y_i'、Z_i'、S_i' 为其他城市的四项指标标准化值，通过统一比较区域内所有城市与目标城市的标准化欧氏距离来对整个区域的竞争合作关系做出一致性的判断。

2. 方差分析和多样本均数两两比较

方差分析是通过对数据误差来源的分析判断不同总体之间的均值是否相等，自变量是否有影响，进而分析判断样本的显著性差异。方差分析方法有很多，不同的方法构造的统计量也不同。本节主要采用多变量方差分析，通过研究地区控制变量是否对观测变量产生显著影响，从而判断地区样本之间的显著性差异。

经过方差分析，若发现各处理组间总体均数有显著性差异，则需要进一步说明哪两个总体均数间有显著性差异，哪两个总体均数间没有。利用方差分析提供的信息作样本均数间的两两比较，可以更深一步说明结论。本报告选择 S－N－K（Student-Newman-Keuls）法，根据 Student 极差统计量在均值间进行配对比较。该分析方法一般要求各组样本含量相等，若所有各组样本含量不等则选择所有各组样本含量的调和平均值。由于长江经济带各地区的城市样本不尽相同，故选用调和平均值对样本作简单处理。

（二）分析过程与结果

首先，根据英克尔斯（Alex Inkeles）的社会现代化指标体系和国内学者（陈修颖，2007；丁洪建等，2008；邓春玉，2010；徐茜，2010）的实证研究，我们经过筛选和改进后提炼出四个指标：人口密度、经济密度（地均 GDP）、外向程度（人均进出口额）和投资强度（人均居民储蓄余额），分别反映各城市的人口集聚程度、经济集聚程度、对外联系程度和区域的自投资能力。然后，根据上述分类统计量按欧氏距离法和地区显著性差异判断来进行分析处理，并剔除要素的量纲、数量级和数量变化幅度的差异影响，最后对长江经济带空间结构形态的相似和分异程度得出合理判断。

1. 欧氏距离法

选定上海为目标城市，将《中国城市统计年鉴 2009》中除上海以外的长江经济带 108 个城市，按照与上海的空间距离大致进行排序，分别为苏、浙、皖、赣、鄂、湘、渝、川、贵、云下辖城市，用 1～108 依次进行编号。利用 SPSS17.0 软件计算出长江经济带其他城市与上海市的欧氏距离，经过标准化处理，结果如图 16－4 所示。

从分析结果可以看出，长江经济带其他城市与上海市的欧氏距离标准化值大

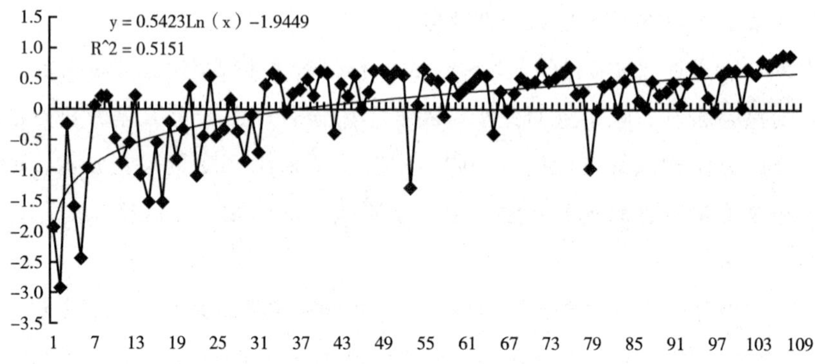

图 16－4　长江经济带其他城市与上海欧氏距离

致上与它们之间的空间距离呈正相关，靠近上海的长三角城市几乎全部位于横轴的下方部分，而长江上游城市则几乎全都位于横轴的上方。从对数趋势线来看，欧氏距离标准化值从低到高表明空间特征的相似性在逐步降低，而差异性在逐步升高，① 这种差异性在长江经济带的上、中游城市表现特别明显，并随着空间距离的增加而呈现递增的趋势。

2. 地区显著性差异判断

根据区域经济发展水平和所处地理位置，可将长江经济带 109 个城市划分为东、中、西三大地区：沪、苏、浙为东部地区，下辖 25 个城市；皖、赣、鄂、湘为中部地区，下辖 53 个城市；渝、川、贵、云为西部地区，下辖 31 个城市。从表 16－2 的分析结果中可以看出，各地区间人口密度的检验统计量 F 的观测值为 11.698，检验的概率 p 值为 0.000，小于 0.05，拒绝零假设，可以认为长江经济带三大地区人口密度存在显著差异。同样，经济密度、外向程度、投资强度之间也差异显著。

在单项指标的多变量检验中，选择 S－N－K 法进行均值之间的两两比较（检验结果如表 16－3 所示）。在均衡子集表中，人口密度、经济密度、外向程度、投资强度四项指标的第一均衡子集均包含西部地区和中部地区。以经济密度子集为例，第 1 列包含西部地区和中部地区，它们的均值分别为 535 和 888，两

① 有关欧氏距离分析方法的结果解读，国内学者（丁洪建等，2008；邓春玉，2010；徐茜，2010）认为空间特征的“相似性”意味着区域之间的竞争性，而“差异性”意味着区域之间的互补性，区域合作的基础应该是规避竞争、强调互补。从这一层意义上看，长江经济带上、中、下游城市之间的合作显得尤为重要。

均值比较的概率 p 值为 0.514，接受零假设，即可认为在长江经济带内部，中西部地区的经济密度差异较小，而东部地区的经济密度和它们之间差异明显。综合其他三个指标来看，长江经济带的三大地区差异客观存在，但是东部地区与中西部之间的差异都要远远大于中西部地区之间，这一点在外向程度和投资强度两个指标上表现得尤为明显。

表 16-2　主体间效应的检验

源	因变量	Ⅲ型平方和	均方	F	Sig.
校正模型	人口密度	1.694E6	847025	11.698	0.000
	经济密度	1.693E8	8.467E7	17.680	0.000
	外向程度	5.198E8	2.599E8	16.455	0.000
	投资强度	6.565E9	3.282E9	32.058	0.000
截距	人口密度	2.532E7	2.532E7	349.740	0.000
	经济密度	2.882E8	2.882E8	60.167	0.000
	外向程度	4.209E8	4.209E8	26.648	0.000
	投资强度	2.541E10	2.541E10	248.125	0.000
地区	人口密度	1694050	847025	11.698	0.000
	经济密度	1.693E8	8.467E7	17.680	0.000
	外向程度	5.198E8	2.599E8	16.455	0.000
	投资强度	6.565E9	3.282E9	32.058	0.000
误差	人口密度	7674937	72405		
	经济密度	5.077E8	4789201		
	外向程度	1.674E9	1.580E7		
	投资强度	1.085E10	1.024E8		

注：①$R^2=0.181$（调整 $R^2=0.165$）；②$R^2=0.250$（调整 $R^2=0.236$）；③$R^2=0.237$（调整 $R^2=0.223$）；④$R^2=0.377$（调整 $R^2=0.365$）。

表 16-3　单项指标的多变量检验

地区	人口密度子集		经济密度子集		外向程度子集		投资强度子集	
	1	2	1	2	1	2	1	2
西部地区	3.75E2		5.35E2		1.97E2		9.62E3	
中部地区	4.39E2		8.88E2		4.51E2		1.01E4	
东部地区		7.05E2		3.70E3		5.55E3		2.84E4
Sig.	0.340	1.000	0.514	1.000	0.795	1.000	0.843	1.000

注：由于组大小不相等，故使用组大小的调和均值。调和均值样本大小为 32.921，$\alpha=0.05$。

四　长江经济带产业结构同构化分析

（一）工业结构相似系数简介

区域工业结构相似系数是由联合国工业发展组织国际工业研究中心提出的，主要是通过测定地区间工业结构相似度来反映工业的同构程度，其公式为：

$$S_{ij} = \sum_{k=1}^{n}(X_{ik}X_{jk}) / \sqrt{\sum_{k=1}^{n}X_{ik}^{2}\sum_{j=1}^{n}X_{jk}^{2}} \qquad \text{（式5）}$$

其中，S_{ij}为工业结构相似系数，i、j代表两个相比较的地区，n代表工业行业数，X_{ik}表示地区i中第k行业占整个工业的比重，X_{jk}表示地区j中第k行业占整个工业的比重。区域工业结构相似系数反映了两个区域工业结构的相似程度，其值位于（0，1）。若等于1，则说明两地的工业结构完全相同；若等于0，则说明两地的工业结构完全不同；位于0～1之间，越接近于1，则表明两地的工业结构越相似。本节采用区域工业结构相似系数这一指标对2008年长江经济带的11个省（直辖市）以及9个省会城市进行分析，其中数据来源除《中国城市统计年鉴2009》以外，还有部分出自《中国统计年鉴2009》以及《中国工业经济统计年鉴2009》。

（二）分析过程与结果

如表16－4所示，长江经济带内各省区工业结构相似性很高，并呈现出“两头略低、中间较高”的特点，上海、安徽、贵州、云南等省份的平均相似系数在0.88以下，而湖南、湖北、重庆、四川的相似系数均在0.93以上。与其他省区相比，东部沿海地区要素禀赋结构较高，因而，其产业结构高级化程度与合理化程度相对较高。在长江经济带的9个省会城市中，大部分城市的主导产业都集中在汽车零部件制造业、建材、重型机械、电子信息等。其要素禀赋结构基本相同，工业行业结构相似系数大致位于0.9。

从产业结构同构化的原因来看，各地规划的趋同是产业同构的源泉之一。如离上海相距不远的15个长江经济带下游城市中，有11个城市的主导产业选择了

表 16－4 长江经济带工业行业结构相似系数

省级行政区	2008 年工业行业结构相似系数	省会城市	2008 年工业行业结构相似系数
上 海	0.88	南 京	0.92
江 苏	0.91	杭 州	0.92
浙 江	0.89	合 肥	0.88
安 徽	0.88	南 昌	0.88
江 西	0.89	武 汉	0.91
湖 北	0.93	长 沙	0.90
湖 南	0.93	成 都	0.91
重 庆	0.93	贵 阳	0.88
四 川	0.94	昆 明	0.89
贵 州	0.87		
云 南	0.75		

资料来源；根据国家统计局 2008 年数据整理。

汽车零部件制造业，有 8 个城市选择石化业，12 个城市选择通信产业。同样，以正在实施的安徽皖江城市带建设和湖北长江经济带开放开发战略为例，二者规划的主导产业惊人相似：皖江城市带建设共确定六大重点发展的支柱产业，分别是装备制造业、原材料产业、轻纺产业、高技术产业、现代服务业和现代农业；湖北长江经济带开放开发战略则确定了先进制造业、现代服务业、高新技术产业、现代农业和农产品加工业等四大优先发展产业，区域经济合作也基本局限于本行政区划内。此外，在长江中上游地区大部分省市都有钢铁、煤炭、化工、建材、电力、重型机械、汽车等传统行业。同时，又在竞相发展电子信息、生物制药、新材料等高新技术产业，甚至都要求有自己的出口。对于如何围绕产业配套，开展上下游地区省市间的分工合作，形成经济互补、实现共赢等，各省市却很少表述。这种由不同行政区经济所引发的产业同构化问题导致城市功能不明，区域间产业关联度小，没有形成紧密的产业链，严重影响了长江经济带的一体化进程。

五 结论与政策建议

（一）分析结论

本文从空间经济联系、空间结构形态和产业结构形态三个维度对长江经济带

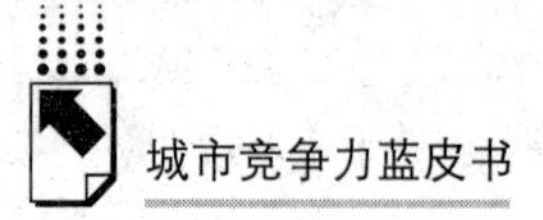

区域合作的现状与问题进行了分析，可以得出以下结论。

第一，长江经济带各城市人均 GDP 的 Moran's I 指数达到 0.622，存在显著的正空间自相关关系。通过我们的检验结果，印证了“长江流域内存在一个完整的大区级经济单元”的结论。而反观现有的长江流域各层级区域规划，则更多的是建立在行政区基础之上、行业部门内部以及地域相邻的地区之间，如：长江下游有长三角的发展战略；长江中下游有皖江发展战略，有鄱阳湖生态经济区发展战略；湖北有“两圈一带”（一带即长江经济带）战略；重庆有“两江一库”、“两江新区”战略；云南有“三江”开发保护战略；还有“后三峡工程规划”；长航有长江黄金水道总体推进方案。这些分散的、零碎的战略规划也带来了显见的弊端。以长江上游的两大中心城市重庆和成都为例，自重庆直辖后，本该“市场资源整体配置、经济发展共生共荣”的经济板块因行政区划而被分割开来，由一个省内经济区跃升为省际经济区。由此带来了两地经济发展的离心倾向增强，四川省以建设“成都平原经济圈”为重点发展战略，重庆则大力建设“渝西经济走廊和都市经济圈”。因此，既有的战略规划对长江经济带这种客观存在的流域空间依赖关系有所忽略，这也正是长期以来长江流域合作仅限于环境、水利和生态方面而无法全面展开的深层原因。

第二，欧氏距离分析结果显示，邻近城市之间空间结构形态的相似性以及上中下游城市之间的差异性在长江经济带内部同时存在。而从目前的城市合作范围来看，无论是下游地区的长三角城市群，还是中游地区的武汉城市圈、长株潭城市群，以至长江上游的成渝城市群，都只限于在空间距离接近、结构形态相似的城市之间展开合作。若从要素互补和产业转移方面考虑，这种小范围的区域合作可能会成为束缚更高层次区域合作的瓶颈。同时，长江经济带存在着东部、中部、西部之间的地区差异，可以说是我国区域差异的一个缩影。根据人口密度、经济密度、外向程度、投资强度四项指标的多变量检验结果，长江经济带的东部地区与中西部地区之间的差异化程度要远甚于中部与西部之间。也就是说，东部地区与中西部地区的差异是长江经济带地区差异的主要方面，流域的一体化进程仍然面临一些现实的挑战。

第三，长江经济带内部产业结构的高度趋同使得要素投入结构与产出结构扭曲，延缓了区域产业结构升级步伐，加剧了各省区间本已存在的产业结构趋同程度。现阶段，长江经济带产业结构趋同现象反映了各地区产业结构尚不合理，产

业结构的整体升级步伐缓慢。同时，区域产业结构趋同会加剧区域间的市场分割与地方保护程度，不利于长江经济带统一市场的形成。

（二）战略构想

长江流域的开发治理是一项巨大的系统工程，而与这项系统工程相匹配的战略规划却仍旧停留在分散的、零碎的区域层面，严重束缚了长江经济带区域合作的进一步展开，急需国家有关部门从流域的高度作一个全局的整合，使它成为一个系统的、协调的、全覆盖的、完备的、科学的国家战略（即“长江战略”）。根据本章的分析判断，长江战略的构想应该涵盖以下几个核心内容。

第一，在现有的流域管理机构——长江水利委员会基础上，建立一个综合机构来协调水利、环保、交通、国土资源等部委以及长江流域各省市区政府的利益关系，以克服目前中央有关部委和地方政府多头管理的局面。

第二，在既有部门规划和区域规划的基础上，形成一个包括经济合作、社会协调、水利开发、生态环境等涉及长江流域可持续发展各个方面的流域综合规划，根据资源环境承载能力、现有开发密度和发展潜力，统筹考虑未来长江经济带的人口分布、经济布局、国土利用和城镇化格局，从流域层面确立优化开发、重点开发、限制开发和禁止开发四类主体功能区，按照主体功能定位调整完善区域政策和绩效评价，规范空间开发秩序，形成合理的空间开发结构。

第三，把交通枢纽、交通轴线、交通网络建设同区域经济发展和城市建设、产业开发有机结合起来，建设高效便利的大城市群、城市带和城镇现代交通网络，形成点线面结合、多层次、网络型的区域经济协调发展的物流体系。

第四，加快长江经济带区域空间信息平台建设。在完善信息资源共建共享机制和统一数据标准的基础上，建立完整的地理空间信息库，逐步提高地理空间信息社会化应用与共享程度，不断满足国民经济和社会发展的需求，建成区域地理空间信息分发与交换中心，构建地理空间信息基础数据的汇交、分发服务和交换体系，带动各领域信息系统的建设，促进信息资源共享与应用。

第五，彰显区域产业特色，形成差异化合作格局。长江经济带上中下游之间存在显著的产业梯度和要素禀赋差异，产业能级沿长江流向呈现递增趋势，要素丰裕度则沿长江流向递减。在要素价格普遍上涨的当前阶段，上中下游地区之间应该立足于自身的比较优势展开更高层次的分工合作，对符合比较优势的区域特色产业应加以优化升级，对比较优势错位的产业则可以利用天然的长江航道和发达的沿江综合运输体系实施产业转移，从而在全流域范围内形成一种立足于比较优势的差异化分工格局。

B.17
第十七章
中国城市产业升级与全球价值链分工

不断深化的全球价值链分工使得世界越来越多的国家或地区被纳入到全球生产网络中。然而这一进程却并不必然带来全球各地区之间的同步发展。全球产业空间布局与动态变化决定城市的倾斜程度与变化。对中国城市而言，全球价值链分工具有明显的双面效应，即经济增长效应与结构封锁效应。前者助推经济规模增长，后者阻碍获取全球价值链的高附加值，所以中国城市产业升级受到巨大挑战。本文基于企业层面建构微观经济模型，推导证明了经济增长与结构封锁效应的理论存在性及其关键特征；而通过中国64个地级以上城市的宏观计量检验则证实了经济增长与结构封锁效应的现实存在性。本文建议仍游离于全球价值链分工体系之外的中国城市应积极嵌入全球价值链分工以分享经济增长效应红利；而即将面临或已经遭遇来自发达国家或地区结构封锁的中国城市应加强自主创新与品牌建设，以突破结构封锁效应抢占全球价值链高端。

一　经济增长与结构封锁：一个微观经济学模型的解释

（一）理论模型建构①

假定有两家企业，一家为国际采购商企业，标示为D；另一家为国内生产企业，标示为S。D企业与S企业之间的联系主要体现在两个维度：订单采购与技术转移。在全球价值链分工体系下，从生产到销售的基本流程是：D企业综合考

① 全球价值链的嵌入有贸易性嵌入与产业性嵌入两种。本章所建构模型主要关注贸易性嵌入的全球价值链分工。

虑当前市场需求情况及实际生产能力向 S 企业下达采购订单，S 企业按照采购订单进行产品生产并向 D 企业交付产品，最终由 D 企业接收产品并分销至终端市场。

给定以下基本假定：

（1）D 企业可能拥有市场势力，但由于存在众多功能近似的同类或替代产品，不足以决定性影响产品的市场销售价格。假定该产品单位市场价格为 P_D，对应 D 企业需求曲线上的潜在需求为 Q_D。

（2）D 企业与 S 企业之间在 t_0 时刻开始建立订单采购与技术转移的联系。假设初始的 t_0 时刻 D 企业的技术水平为 T_{D,t_0} ，且其技术增长遵循恒定规律，即在任何时刻 t 其技术水平 $T_{D,t}$ 均为已知。t_0 时刻 S 企业的技术水平为 T_{S,t_0} ，t 时刻为 $T_{S,t}$ 。S 企业技术增长方程为：$T_{S,t} = T_{S,t_0} + T_{DS,t} + T_{SS,t}$ 。其中：$T_{S,t}$ 表示 t 时刻 S 企业的技术水平，$T_{DS,t}$ 是承接 D 企业技术转移而实现的技术增长，$T_{SS,t}$ 为企业通过自主创新所实现的技术进步。

（3）S 企业最大生产能力受制于自身技术水平，随技术水平增长而提高。假定：$\max Q_{s,t} = \alpha T_{S,t}, \alpha > 0$ ，$\max Q_{s,t}$ 表示 S 企业最大生产能力。

（4）S 企业向 D 企业供应产品的单位价格为 P_S 。供应价格的确定取决于两企业之间的技术水平差距，假定 $\frac{P_D - P_S}{P_D} = \beta \frac{T_{D,t} - T_{S,t}}{T_{D,t}}$， $\beta > 0$ 。

上述基本假定条件下，D 企业在产业价值链中获取的利润应为：

$$\pi_D = R_D - C_D = (P_D - P_S)Q - [\lambda_D(T_{D,t} - T_{D,t_0}) + C_{D,F}] \quad \text{（式 1）}$$

π_D 为企业利润，Q 为产品的市场实际成交数量，$\lambda_D(T_{D,t} - T_{D,t_0})$ 为企业技术研发成本，$C_{D,F}$ 为企业除采购成本与研发成本以外的其他所有成本，如营销成本等。为简化推导，暂令 $C_D = 0$ 。式 1 因而简化为：

$$\pi_D = \frac{\beta P_D}{T_{D,t}}(T_{D,t} - T_{S,t})Q - \lambda_D(T_{D,t} - T_{D,t_0}) \quad \text{（式 2）}$$

对 S 企业而言，其利润函数为：

$$\pi_S = R_S - C_S = P_S Q - (\lambda_S T_{SS,t} + \lambda_{DS} T_{DS,t} + c_S Q) \quad \text{（式 3）}$$

其中：π_S 为企业利润，$\lambda_S T_{SS,t}$ 为 S 企业自主创新所需成本投入，$\lambda_{DS} T_{DS,t}$ 为承

接D企业技术转移所支付的费用，c_S 为S企业生产过程除研发成本外的其他所有成本（如原材料、能源的采购成本、劳动力的雇佣成本等）折算到产品上的单位成本。为简化推导，先假定：$\lambda_{DS}=0$（即企业向企业进行免费技术转移），$c_S=0$（即暂不考虑企业的原材料等采购成本及劳动力雇佣成本）。在后面的讨论中会放松这一假定。式3因而简化为：

$$\pi_S = P_S Q - \lambda_S T_{SS,t} \quad （式4）$$

该产品的市场实际成交数量 Q 受到两种不同情形的约束，即：

情形1：$\max Q_{s,t} \leqslant Q_D$

此时D企业面临的潜在需求位于 S 企业的生产可能性曲线外。因此，D企业向S企业下达订单数应为 $\max Q_{s,t}$，产品的实际市场成交量 $Q=\max Q_{s,t}<Q_D$。

情形2：$\max Q_{s,t} > Q_D$

此时D企业面临的潜在需求位于 S 企业的生产可能性曲线内。此时D企业向S企业下达订单数应为 Q_D，产品的实际市场成交量 $Q=Q_D \leqslant \max Q_{s,t}$。

- 针对情形1的讨论：

在情形1下，S企业利润函数转化为：$\pi_S = P_S \max Q_{s,t} - \lambda_S T_{SS,t} = \alpha T_{S,t} P_S - \lambda T_{SS,t}$

D企业的利润函数应为：$\pi_D = \dfrac{\alpha\beta P_D}{T_{D,t}} T_{s,t}(T_{D,t}-T_{S,t}) - \lambda_D(T_{D,t}-T_{D,t_0})$

D企业利润函数 π_D 为关于 $T_{s,t}$ 的凹函数，在 $T_{D,t}$ 给定时存在最大值。D企业利润最大化一阶条件为：

$$\frac{\partial \pi_D}{\partial T_{S,t}} = \frac{\alpha\beta P_D}{T_{D,t}}(T_{D,t}-2T_{S,t}) = 0$$

解得D企业向S企业进行技术转移的上限临界值的解①：$T_{S,t}^{*}=T_{D,t}/2$。即当S企业技术水平小于该临界值时，D企业有动力向S企业转移技术。

因此，根据技术转移上限临界值，又可以进一步将情形1分为两段：

情形1前半段，即 $T_{S,t} \leqslant T_{S,t}^{*}$；情形1后半段，即 $T_{S,t} > T_{S,t}^{*}$。

- 针对情形2的讨论：

---

① 要特别注意，技术转移上限临界值的解，其形式取决于最大生产能力函数及价格谈判能力的函数假定。

在情形 2 下，S 企业利润函数转化为：$\pi_S = P_S \max Q_{s,t} - \lambda_S T_{SS,t} = P_S Q_D - \lambda_S T_{SS,t} \geqslant 0$

此时 D 企业的利润函数为：$\pi_D = \beta(T_{D,t} - T_{s,t})Q_D - \lambda_D(T_{D,t} - T_{D,t_0})$

D 企业利润函数 π_D 为关于 $T_{S,t}$ 的单调函数，即其利润随 S 企业技术水平的上升而下降：

$$\frac{\partial \pi_D}{\partial T_{S,t}} = \frac{\partial[\beta(T_{D,t} - T_{S,t})Q_D - \lambda_D(T_{D,t} - T_{D,t_0})]}{\partial T_{S,t}} = -\beta Q_D < 0$$

（二）模型应用：对于全球价值链分工双面效应的解释

1. 经济增长效应

全球价值链分工对区域产业的经济增长效应，微观化到企业层面则主要包括两种方式。直接增长效应：使国内生产企业 S 实现产值提升与利润增长；间接增长效应：由国内生产企业 S 通过原材料、中间产品、能源等物资采购以及共性技术分享、劳动力招聘等产业关联效应带动周边企业发展、劳动力就业，政府税收增长。

（1）直接增长效应：企业 S 自身的增长。在嵌入全球价值链的初期，由于国内生产企业 S 技术水平较低，国际采购商 D 企业将积极向 S 企业转移技术，直至企业技术水平达到技术转换上限临界值 $T_{S,t}^*$（即情形 1 前半段）。在此过程中，S 企业的产值会增加，因为：

$$\frac{\partial R_S}{\partial T_{S,t}} = \frac{\partial(P_S \max Q_{s,t})}{\partial T_{S,t}} = \alpha\beta T_{S,t} + P_S > 0$$

（2）间接增长效应：S 企业的产业关联带动作用。S 企业的总成本函数为

$$C_S = \lambda_S T_{SS,t} + \lambda_{DS} T_{DS,t} + c_S Q = \lambda_S T_{SS,t} + \lambda_{DS} T_{DS,t} + c_S \max Q_{s,t}$$

之前为简化推导，假定 $c_S = 0$。现放松假定，令 $c_S > 0$，且为常数。因此，当 S 企业受益于全球价值链分工实现技术增长时，有 $(c_S \max Q_{s,t})_t' = c_S \alpha T_{S,t} > 0$。从 S 企业角度，$c_S \max Q_{s,t}$ 是其生产成本重要构成。但对原材料、能源等中间产品的生产供应企业而言，则是其市场需求的重要来源；对劳动力而言，$c_S \max Q_{s,t}$ 增加意味着更多的就业机会；对政府而言，则会带来更高的税赋收入，实现更低的

失业率。因此，$c_S\max Q_{s,t}$ 通过前向关联、后向关联、旁侧关联等产业关联效应有助于拉动区域经济总体增长。

2. 结构封锁效应

（1）情形 1 后半段：结构封锁开始。在情形 1 后半段中，S 企业的技术水平高于技术转移临界值时$\left(即\ T_{S,t}^{*} < T_{S,t} \leqslant \frac{Q_D}{\alpha}\right)$。模型的分析显示：在 S 企业技术水平接近或达到技术转移临界 $T_{S,t}^{*}$ 时，D 企业才能够获得最大利润。S 企业进一步的技术增长无助于提升 D 企业的价值增值，反倒是在减少其利润，即：

$$\frac{\partial \pi_D}{\partial T_{S,t}} = \alpha\beta(T_{D,t} - 2T_{S,t}) < 0 \quad 当\ T_{S,t} > T_{S,t}^{*} = T_{D,t}/2$$

因此，此时 D 企业将开始倾向于对 S 企业进行结构封锁，以扼制技术增长。如收取技术转让费用（相当于放松 S 企业的成本函数假定，令 $\lambda_{DS} > 0$），限制技术使用及再创新范围（相当于迫使 S 企业提高成本函数的 λ_S 值）等。不过由于 S 企业的技术增长有助于生产数量更多、质量更高的产品以满足 S 企业的潜在需求（$\max Q_{s,t} \to Q_D$），从而增强市场对 D 企业的信心，提高企业品牌影响力，因此这一阶段的结构封锁尚处于相对温和的程度。总体而言，两企业的关系开始逐步由密切向紧张过渡。

（2）情形 2：结构封锁强化。当进一步发展到情形 2 时$\left(即\ T_{S,t} \geqslant \frac{Q_D}{\alpha}\right)$时，S 企业技术水平已超越了 D 企业的最大潜在需求，进一步的技术增长对满足 D 企业的潜在市场需求、提高企业品牌知名度的效用甚微。且 S 企业的技术增长带给 D 企业的边际效应递减为负值，即：

$$\frac{\partial \pi_D}{\partial T_{S,t}} = \frac{\partial[\beta(T_{D,t} - T_{S,t})Q_D - \lambda_D(T_{D,t} - T_{D,t_0})]}{\partial T_{S,t}} = -\beta Q_D < 0$$

S 企业的技术进步将使其在价格谈判时获得越来越多话语权，D 企业的价值链增值空间（即 $P_D - P_S$）将被压缩，S 企业已经从生产供应基地逐步向价格谈判的强劲对手转型。

因此，在情形 2 下，D 企业将有非常大的动力来尽可能扼制 S 企业技术增长。具体的动作除情形 2 中的手段以外，可能还会包括如逆技术转移（即强行要求 S 企业共享一些核心技术，相当于形成一个由 S 企业向 D 企业进行逆向技术转移的机制)，采用多种非关税壁垒手段（如绿色认证、劳动环境，相当于 c_S 增加)。最极端的情况是 D 企业将考虑更换生产企业，即切断与 S 企业的产业关联，而重新与另一家本土企业 S′建立全球价值链分工的联系。总体而言，在情形 2 下，D 企业对 S 企业的结构封锁将进一步强化，两者之间关系将从紧张向对峙演化。

3. 小结

全球价值链分工对后发地区的经济增长效应集中体现在情形 1 的前半段。来自 D 企业的采购订单与技术转移，使得 S 企业实现了直接增长效应，并通过产业关联发挥间接增长效应有力助推了地区企业发展、就业上升、经济增长。

而全球价值链分工的结构封锁效应主要体现在情形 1 的后半段及情形 2 中。全球企业 D 目标是通过结构封锁将 S 企业持续锁定在价值链低端。对于 S 企业而言，能不能在这一阶段突破来自企业的封锁，是其能否切入全球价值链分工核心环节，实现从本地企业向全球企业转型的关键。

上述分析可以从微观的企业层面推演到宏观区域经济发展。对于以低端路线嵌入全球价值链分工的地区而言，受益于初期（即情形 1 的前半段）发达国家及地区大量的投资、积极的技术转移可以实现快速经济增长。但随着产业体系的逐步健全，地区产业升级的要求愈加迫切，而面临来自发达国家或地区结构封锁的可能性也越大。发挥全球价值链分工的经济增长效应，破解结构封锁效应，是区域产业实现升级、持续成长的必然选择。

二 双面效应的实证检验

（一）双面效应实证检验模型建构

1. 解释变量

中国城市嵌入全球价值链分工主要有贸易性嵌入与产业性嵌入两种，因此全球价值链嵌入度可近似表征为外贸依存度（TRADER）与外资依存度（FDIR)。外贸依存度是指各城市进出口总额与地区生产总值（GDP）之比，外资依存度是指各城市的实际利用外商投资额（FDI）与全社会固定资产投资额之比。

2. 被解释变量

（1）地区生产总值（经济增长效应检验）：地区生产总值（GDP）衡量一个地区在生产过程所实现的全部增加值。因此，经济增长效应表现为地区生产总值的增长。

（2）工业增加值率（结构封锁效应检验）：如果参与到全球价值链分工中的某地区，其实现的产业增加值为 IA，而所产出产品的全部产值为 IV，那么该地区获取全球价值链附加值的能力就可以表示为产业增加值率：$IAR = \frac{IA}{IV}$①。由于外商直接投资主要集中于工业产业，而进出口贸易主要为工业产品，因此选择“工业增加值率”（IAR）作为该地区在全球价值链中地位（附加值获取能力）的近似表征。

3. 实证模型构建

（1）经济增长效应实证模型：考虑地区生产总值与全球价值链嵌入度之间可能存在非线性关系，因此采用非线性回归模型。经济增长效应实证模型为：

$$GDP = \lambda_0 + \lambda_1 TRADER + \lambda_2 TRADER^2 + \lambda_3 FDIR + \lambda_4 FDIR^2 + u$$

（2）结构封锁效应实证模型：考虑工业增加值率与全球价值链嵌入度之间可能存在非线性关系，同样采用非线性回归模型，即：

$$IAR = \delta_0 + \delta_1 TRADER + \delta_2 TRADER^2 + \delta_3 FDIR + \delta_4 FDIR^2 + u$$

（二）数据采集与样本描述

本文城市样本为地级及以上的部分重点城市，共计 64 个②。基于 64 个重点城市的实证分析指标数据采集过程如下：

（1）GDP：GDP 采用当年价格，可直接采集得到。

（2）IAR：数据无直接来源，由 IAR = IA/IV 计算得出，其中：IA 为规模以上工业增加值，IV 为规模以上工业总产值。IV 数据可直接采集；IA 数据无直接来源，由 IA = IAA/IAAR 计算得到，其中 IAA 为规模以上工业增值税额，IAAR 为规模以上工业增值税负。

---

① 丁永健：《面向全球产业价值链的中国制造业升级》，科学出版社，2010，第 28 ~ 29 页。

② 64 个重点城市选择参考《中国国民经济和社会发展统计资料汇编》。

（3）TRADER：数据无直接来源，由 TRADER = TRADE/GDP 计算得到。TRADE 数据可直接采集。

（4）FDIR：数据无直接来源，由 FDIR = FDI/INVEST 计算得到，其中：FDI 为实际利用外资总额，INVEST 为全社会固定投资总额。FDI 及 INVEST 数据均可直接采集。

为降低经济短期波动所带来的偏差，实证过程采集了各指标 2006 ~ 2008 年数据，取其三年平均值作为进入统计分析的数值。数据采集过程具体如表 17 - 1 所示。

表 17 - 1　实证分析指标的数据采集

指标		数据来源	备注
GDP	GDP	国研网市级区域经济数据库	GDP 均采用当年价格
IAR	IA	国研网市级区域经济数据库	IAR = IA/IV。IA = IAA/IAAR，IAA 来源于 IAAR 取 17%
	IV	国研网市级区域经济数据库	
TRADER	TRADE	中国国民经济和社会发展统计资料汇编	TRADER = TRADE/GDP
FDIR	FDI	国研网市级区域经济数据库	FDIR = FDI/INVEST
	INVEST	国研网市级区域经济数据库	

注：计算过程中汇率采用 7.5 元人民币兑 1 美元。

（三）双面效应实证结果及讨论

1. 经济增长效应

对中国 64 个重点城市在全球价值链分工下的经济增长效应的实证检验结果见表 17 - 2 左半部分，结果显示：城市 GDP 对外贸依存度一次项（TRADER）回归系数为正，且通过 10% 显著性水平检验；对外贸依存度二次项（TRADER^2）回归系数为负，但没能通过显著性水平检验。即在 10% 显著性水平下城市 GDP 随外贸依存度的增加而单调递增。城市 GDP 对外资依存度一次项回归系数为正，且通过 1% 显著性水平检验；对外资依存度二次项回归系数为负，同样通过 1% 显著性水平检验。即在 1% 显著性水平下城市 GDP 随外资依存度的增加呈现先增后降的倒 U 形趋势，临界极值为 10.9% =50214/（2 ×230119）。总体而言，当由外贸依存度与外资依存度表征的全球价值链嵌入度提高时，中国城市 GDP 随之增长，表现出显著的经济增长效应。

表 17－2　全球价值链分工对中国城市双面效应检验结果

模型 1:经济增长效应(因变量:GDP)				模型 2:结构封锁效应(因变量:IAR)			
变量	系数	t	P	变量	系数	t	P
TRADER	1880. 323	1. 82	0. 074	TRADER	0. 021228	0. 57	0. 573
TRADER^2	-88. 0893	-0. 24	0. 812	TRADER^2	-0. 01735	-1. 30	0. 199
FDIR	50214. 52	3. 15	0. 003	FDIR	-2. 17045	13. 92	0
FDIR^2	-230119	-3. 01	0. 004	FDIR^2	8. 082309	2. 91	0. 005
常数项	-397. 255	-0. 67	0. 502	常数项	0. 297255	-3. 76	0
F 检验	F(4,59) =10. 13,Prob > F =0			F 检验	F(4,59) =8. 64,Prob > F =0		
Adj R-squared	0. 3669			Adj R-squared	0. 3268		
样本数	64			样本数	64		

2. 结构封锁效应：价值链增值视角

对中国 64 个重点城市在全球价值链分工下的结构封锁效应的实证检验结果见表 17－2 右半部分，结果显示：城市工业增加值率（IAR）对外贸依存度的一次项及二次项回归系数都未能通过显著性检验，也即单纯的出口导向性生产并不必然导致中国城市在全球价值链中的地位受到发达国家及地区的挤压。而城市工业增加值率（IAR）对外资依存度的一次项系数为负，二次项系数为正，且均通过了 1% 显著性水平检验。即城市工业增加值率（IAR）随外资依存度的不断增加呈现先下降后上升的趋势，临界极值为 13. 4% =2. 170/（2 × 8. 082）。

三　中国城市产业升级建议

在全球价值链分工的经济增长效应与结构封锁效应下，中国城市产业升级的基本方向是：积极嵌入全球价值链分工以分享经济增长效应红利，突破结构封锁效应抢占全球价值链高端。具体建议如下。

（一）积极嵌入全球价值链分工，分享经济增长效应红利

中国经济的快速增长很大程度上得益于以东部沿海城市为主的中国部分城市主动或被动承接国际产业转移，从而分享全球价值链分工的经济增益红利。但中

国城市总体而言还处于全球价值链低嵌入状态，大多数的城市处于外资依存度小于15%，外贸依存度小于100%的区间范围内（见图17-1）。即中国城市总体而言尚处于全球价值链分工的低嵌入状态，除少数城市外主要尚处于经济增长效应主导阶段，中国城市需要继续加大开放力度，更进一步地嵌入全球价值链分工，分享经济全球化所带来的经济增益。特别是对中国内陆地区绝大多数城市而言，当前首要任务应该是持续推进开放战略，积极主动承接外商直接投资，努力增大进出口贸易规模，不断提升与全球价值链的互动程度。

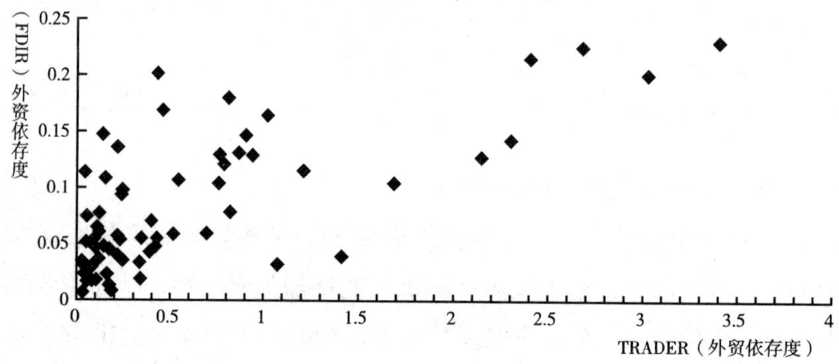

图17-1　中国城市全球价值链嵌入度分布状况

（二）加强自主创新与品牌建设，突破结构封锁效应

受益于全球价值链分工经济增长效应，实现了经济规模快速扩张的中国东部沿海部分城市，即将面临或正在遭遇来自发达国家或地区的结构封锁。只有突破结构封锁效应，才能更进一步基于全球价值链实施产业升级，占据全球价值链高端位置，从而由全球价值链从属者逐步向主导者转型升级。为此，应重点从以下方面加以突破。

（1）全方位加强自主创新，增加对全球价值链研发高端的掌控力：核心技术受发达国家跨国企业掌控是中国企业在全球价值链分工中一直缺乏足够谈判能力的根本原因之一。近年来国家一直倡导自主创新战略，但距离国际先进水平依然存在较大差距。对于中国城市，特别是受益于全球价值链的经济增长效应已经形成较大经济规模的城市而言，竞争战略应由低成本战略向差异化战略转型，全方位加强自主创新能力培育及自主创新成果的产业化转化，变规模竞争为质量竞

争。进而实现逐步向全球价值链研发高端环节的抢位，快速突破来自发达国家或地区的结构封锁。

（2）鼓励优秀企业加强品牌建设，拓展国际化市场营销与服务能力：中国经济正在经历从“引进来”向“走出去”过渡的历史时期，部分大型国有或民营企业作为先锋军已经开始了其国际化进程，正致力于从全球价值链的从属者向主导者的跨越式发展。对中国城市而言，应牢牢把握好这一重大历史机遇，鼓励城市所属优秀企业借鉴先锋企业的经验，迎应新一轮“走出去”高潮，努力加强品牌建设，拓展国际化市场营销与服务能力，逐步实现由本土优秀企业向卓越跨国公司的转型，进而提升城市整体在全球价值链分工中的重要性。

（3）探索开发大规模定制化柔性生产模式，提高生产制造环节附加值：当前中国城市生产制造体系以简单生产的劳动力密集型产业为主，导致生产附加值偏低，生产制造环节在全球价值链中地位偏弱。中国城市应在既有生产制造基础上，探索开发更加符合当前需求日益个性化要求的大规模定制化柔性生产模式，实现精细化、高品质生产，推升中国城市生产制造环节在全球价值链中的地位，从而在全球价值链分工中获取更大比重的附加值分配。

B.18

第十八章

中国城市资本的空间分布：基于上市公司的实证检验

资本空间不均衡分布是世界倾斜而平坦的表现，而资本流动进一步加剧世界的倾斜，对于中国的空间关系，情况同样如此。长期以来，传统金融理论假定资本在一国（地区）均匀分布，直接导致了理论界对资本空间配置规律，特别是资本在城市间分布的差异、成因、演进的研究进展缓慢。我国市场经济的快速发展，使得不同城市间的资本分布已呈现其特有的规律性和差异性，开展相关研究已显得极为必要。以资本市场基本单位的上市公司为突破口，通过对其规模、行业、赢利等指标的分析，对科学把握城市资本空间分布格局，总结、提炼相关规律具有重要意义。

国内外学者有关资本空间分布规律的研究，主要集中在三方面：一是研究资本空间分布存在差异的原因。Easterly 和 Kraay（1999）研究发现外国私人资本分布的变化率与 GDP 年增长率的波动之间存在较强的负相关关系。Yusuke Onitsuka（2001）提出，实物和金融资本相互融合并在区域间的自由流动所导致的分布差异，将加速各阶段的区域经济增长转向稳态收敛的趋势。唐旭（1999）较为系统地对货币资金分布做出了分析，重点研究了存贷款的区域配置并建立了资金拆借矩阵，从流量角度反映区域之间银行资金的分布情况。郭金龙和王宏伟（2003）认为，在市场经济条件下，地区间资本流动的方向和规模是由各地区资本利润率的差异决定的，当资本转移收益的差额足以抵偿全部转移费用后还有较大剩余时，就发生了资本存量的空间转移并导致区域间资金的不同分布。

二是衡量资本的空间配置效率。国外学者主要采用了两种不同的衡量方法。一种是边际产出均衡法。这种方法认为，资本配置的最优状态是各行业资本边际产出相等的均衡状态，否则，投资者将不断调整资本投向来寻求更好的收益（Atsuku，1999）。另一种是弹性系数法，如 Jeffrey Wurgler（2000）对资本配置

效率进行了测度，认为资本的最优配置取决于投资增长与工业企业产值增长的相互协调程度。国内学者基本遵循这两种思路展开研究，刘赣州（2003）对我国的资本市场与资源配置效率进行了实证研究，结论是中长期信贷市场规模、股票市场流动性与资本配置效率负相关，而债券市场规模与资本配置效率正相关。

三是测度资本在空间上的流动性强弱。如 Feldstein 和 Horioka 在 1980 年提出了一种检验方法，通过分析不同国家之间储蓄和投资的相关性，来测度国际金融市场一体化程度和国际资本流动性。运用这种方法，李治国（2008）考察了我国区域间储蓄投资相关性及其所体现的区域间资本流动性，显示我国区域间资本流动性介于国际情形和发达国家内部情形之间，且 2003 年以来，我国区域间储蓄投资短期转化系数急剧上升及其所反映出的区域间资本流动性减弱，虽然可以部分地解释为区域规模效应的影响，但更主要是因为我国经济结构的变化和区域间金融市场分割现象。

虽然国内外文献对资本空间分布在定性、定量等方面均有涉及，但微观上对我国资本在城市间分布的现状和特征论述却并不多。本章将基于对资本市场基本单位——上市公司的分析，以城市为单元，对我国城市资本的空间分布格局进行深入剖析。

一　指标的选取与数据来源

（一）指标选择

本章对资本空间分布规律的研究，将以各城市在沪深两个交易所的上市公司为切入点，涉及资本聚集能力、资本行业划分、资本增值能力以及资本募集能力等四个方面的分析，涉及面板数据及时间序列数据。其中，对资本聚集能力，将选择各城市 2010 年上市公司家数、总市值等指标进行分析；针对资本的行业划分，将依据证监会对上市公司的行业划分标准，把上市公司分为采掘业、电力煤炭业、房地产业、建筑业、交通运输业、金融保险业、制造业、信息技术业等 13 个行业；针对资本增值能力，将结合计算 2010 年第 3 季度上市公司总资产收益率、2007 ~ 2009 年复合增长率等指标进行分析；对资本募集能力，将结合 2010 年上市公司通过 IPO、增发、配股、发行债券等方式募集资金的数量进行分析。

（二）数据来源

本文实证数据来源于 Wind 资讯，并由 SPSS 软件进行整理。其中，2010 年各城市上市公司家数、总市值、行业划分，以及 IPO、增发、配股、发行债券融资额均由系统提取获得；此外，2010 年第 3 季度上市公司总资产收益率由系统提取的 2010 年第 3 季度上市公司净利润与当期总资产相除获得，2007～2009 年复合增长率由系统提取的 2007 年上市公司净利润与 2009 年上市公司净利润经整理获得。

二　实证分析结果

（一）资本聚集能力分析

就资本聚集能力来讲，上海、北京、深圳等发达城市排名前列，东部城市遥遥领先。截至 2010 年末，沪深两市共有上市公司 2063 家，总市值 30.5 万亿元。本章将拥有上市公司家数大于 100 家、20～100 家、5～20 家及 5 家以下的城市分为 A、B、C、D 四个等级，将上市公司市值大于 5000 亿元、1000 亿～5000 亿元、500 亿～1000 亿元、500 亿元以下的城市分为Ⅰ、Ⅱ、Ⅲ、Ⅳ四个等级。其中，处于 C 级且Ⅲ级以上的城市共有 105 个，上市公司数量、市值分别占全国的 70%、80%，详见表 18－1。

表 18－1　2010 年部分城市上市公司数量、市值排名

单位：家，亿元

城市	省份	家数	家数等级	市值	市值等级
北京市	北　京	165	A	114901.9	Ⅰ
上海市	上　海	178	A	28055.5	Ⅰ
深圳市	广东省	151	A	22824.61	Ⅰ
广州市	广东省	46	B	5856.99	Ⅰ
天津市	天　津	36	B	4657.14	Ⅱ
南京市	江苏省	39	B	4545.75	Ⅱ
杭州市	浙江省	54	B	4058.59	Ⅱ
长沙市	湖南省	32	B	3684.27	Ⅱ
成都市	四川省	43	B	3367.42	Ⅱ

续表

城市	省份	家数	家数等级	市值	市值等级
福州市	福建省	25	B	3153.17	Ⅱ
武汉市	湖北省	39	B	3115.02	Ⅱ
西安市	陕西省	28	B	2718.74	Ⅱ
重庆市	重　庆	34	B	2686.63	Ⅱ
乌鲁木齐市	新　疆	23	B	2583.95	Ⅱ
宁波市	浙江省	27	B	2099	Ⅱ
济南市	山东省	21	B	2066.73	Ⅱ
大连市	辽宁省	24	B	1995.28	Ⅱ
哈尔滨市	黑龙江省	22	B	1572.26	Ⅱ
合肥市	安徽省	21	B	1556.87	Ⅱ
海口市	海南省	20	B	1480.6	Ⅱ
厦门市	福建省	23	B	1348.64	Ⅱ
太原市	山西省	17	C	2431.72	Ⅱ
昆明市	云南省	18	C	2038.88	Ⅱ
青岛市	山东省	13	C	1610.1	Ⅱ
烟台市	山东省	14	C	1568.43	Ⅱ
佛山市	广东省	16	C	1510.08	Ⅱ
潍坊市	山东省	10	C	1456.77	Ⅱ
芜湖市	安徽省	8	C	1391.44	Ⅱ
珠海市	广东省	17	C	1371.82	Ⅱ
长春市	吉林省	18	C	1236.61	Ⅱ
南昌市	江西省	15	C	1131.24	Ⅱ
沈阳市	辽宁省	20	B	908.38	Ⅲ
苏州市	江苏省	16	C	999.37	Ⅲ
淄博市	山东省	16	C	997.55	Ⅲ
包头市	内蒙古	6	C	927.99	Ⅲ
郑州市	河南省	13	C	924.54	Ⅲ
台州市	浙江省	14	C	869.66	Ⅲ
南通市	江苏省	15	C	841.65	Ⅲ
汕头市	广东省	16	C	810.7	Ⅲ
绍兴市	浙江省	12	C	760.56	Ⅲ
西宁市	青海省	8	C	755.78	Ⅲ
唐山市	河北省	6	C	745.52	Ⅲ
江阴市	江苏省	15	C	741.02	Ⅲ
贵阳市	贵州省	12	C	733.03	Ⅲ
上虞市	浙江省	8	C	718.57	Ⅲ

续表

城市	省份	家数	家数等级	市值	市值等级
兰州市	甘肃省	13	C	715.99	Ⅲ
石家庄市	河北省	10	C	715.33	Ⅲ
拉萨市	西　藏	8	C	700.95	Ⅲ
无锡市	江苏省	9	C	609.54	Ⅲ
中山市	广东省	7	C	609.5	Ⅲ
铜陵市	安徽省	6	C	589.88	Ⅲ
嘉兴市	浙　江	7	C	554.58	Ⅲ
保定市	河北省	6	C	536.36	Ⅲ
总　计			1440 家		25 万亿元

城市资本呈现梯度分布的格局。我国上市公司分布与我国经济发展区域格局基本相符，呈现明显的“由东至西逐渐递减”格局，经济发达地区如北京、上海、深圳基本占据数量、市值的前几名，中西部地区无论是规模还是数量均相对较少。上海作为我国经济、金融中心，上市公司数量名列各城市之首；北京作为我国政治、文化中心，虽数量不及上海居第 2 位，但由于有各大型国企总部云集，其市值亦遥遥领先国内其他城市；深圳作为我国最大的经济特区，经济总量大、市场化程度高，上市公司数量、市值均位居各城市第 3。在数量排前 10 名的城市中，经济发达的广东占据两席，而中西部地区仅有武汉、成都、重庆入围，且无论是数量还是市值均与东部发达城市相去甚远。

造成这种情况的原因主要有以下几个：一是政策因素。资本市场建立之初实行的是上市公司额度审批制，上市额度向重点城市、东部发达地区，特别是深圳、厦门等经济特区倾斜，逐步形成了“东多西少”、“东大西小”的格局。二是经济发展水平因素。我国经济发达城市大部分集中于东部地区，由于经济总量大，上市公司数量当然也多，且改革开放以来，东部城市的改革步伐一直走在全国前列，催生出一大批符合现代企业制度要求，符合上市基本条件的企业。三是地理区位因素。一方面，我国两个证券交易所分处沪、深两地，本地企业紧贴市场，获取信息成本小、交易费用少，有“近水楼台先得月”的天然优势；另一方面，投行、会计师事务所等中介机构大量集中于东部发达地区，对当地企业经营情况较为了解，出于成本和安全等方面考虑，更倾向选择本地及周边企业提供上市服务。

城市资本以区域中心城市为核心形成聚集。按照我们对东北、环渤海、东南、中部、西北、西南等城市群的划分，六大城市群共包含上市公司1834家，市值28.3万亿元，占全国的89%和93%，表明我国上市公司主要集中在以区域发达城市为中心的城市群中，资本聚集效应明显（见图18－1）。

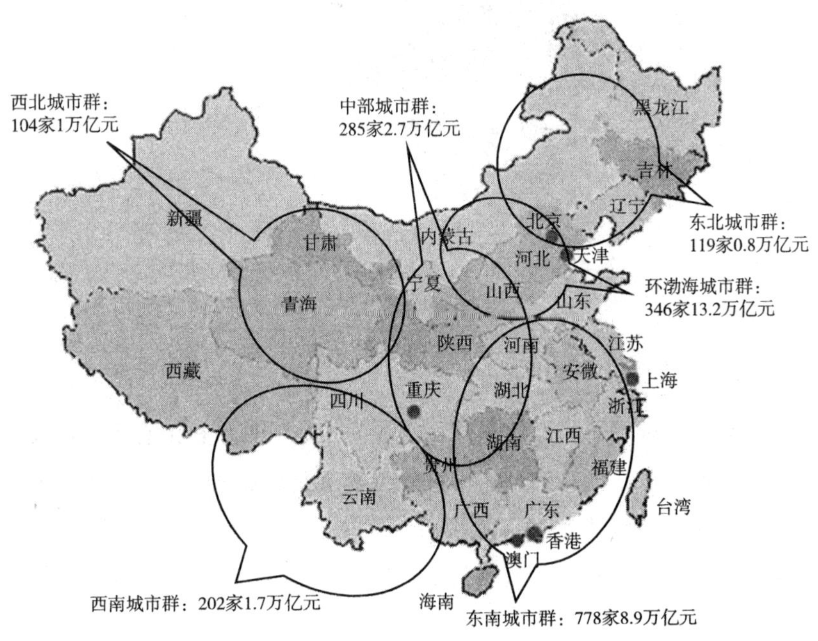

图18－1　中国城市资本在城市群中的聚集情况

（二）资本分行业分析

传统行业依然占主导，东部城市在新兴产业上的优势明显。根据中国证监会行业划分标准，本章共将2010年末的2063家上市公司分为采掘业、电力煤炭业、房地产业、建筑业、交通运输业、金融保险业、制造业、信息技术业等13个行业，其中，归于制造业的有1224家，占总数的60%；归于信息技术、文化传播、金融保险、房地产、社会服务等新兴行业的有392家，占总数的20%。

制造业主导传统行业，区域分布各具特色。主要表现在以下几个方面。一是制造业的分布格局大体与上市公司总体分布情况相符，如上海、深圳、北京仍占据排名的前三，重庆、成都、武汉仍作为中西部城市的代表入围总数量的前10

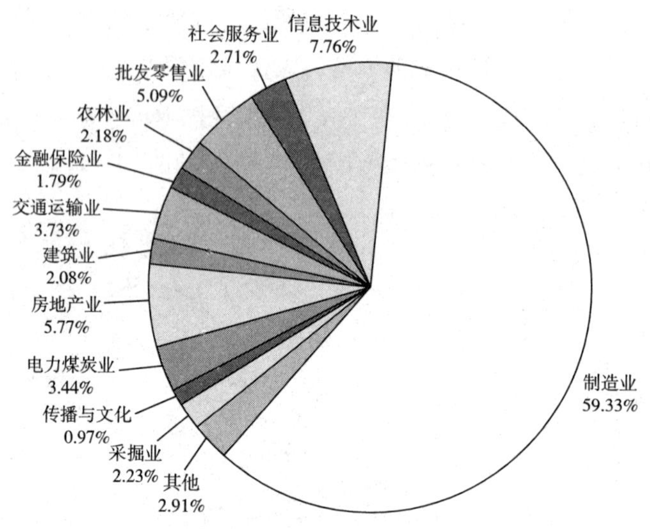

图 18－2　上市公司行业分布（截至 2010 年末）

名。二是部分行政级别不高，但民营经济较为发达的城市榜上有名。如江苏的江阴市、广东的佛山市、浙江的绍兴市，此类城市受益于改革开放政策，加工制造业、外向型企业发展极为迅速，涌现出一大批优秀上市公司。三是部分三线城市，传承一直以来雄厚的工业基础及丰富的人才积累，亦拥有较多的制造业上市公司，如成都、西安以及昆明。

新兴产业出现“二八效应”，且主要集中于中心城市。就信息技术、文化传播、金融保险、房地产、社会服务等新兴行业而言，上市公司所属城市呈现极其明显的“二八效应”。在拥有新兴行业上市公司的 74 个城市中，总数量排名前 20% 的 15 个城市，共拥有新兴行业上市公司 292 家，数量占比接近八成。共有 15 个城市拥有新兴行业上市公司数量超过 5 家，除深圳市外，均为省会城市以及特定城市群中的中心城市，如环渤海地区的北京、天津，东南地区的上海、广州、深圳，中部地区的武汉、长沙，西南地区的重庆、成都，以及西北地区的西安、东北地区的沈阳等。新兴产业主要集中于中心城市的现状，表明这些城市在资本、技术、人才等资源上相对富裕，适宜高科技、金融等产业的培育发展。

值得注意的是，尽管各行业在各地数量分布上有所差异，但由于各地方政府对相关产业的政策扶持力度不断增强，各城市基本均有各种类型的产业分布，反映出政府行政力量对城市资本产业聚集格局产生了重要影响。

表 18－2　制造业上市公司数量排前 30 位的城市

单位：家

排名	数量	城市	所在区域	城市级别
1	81	上海市	上海市	直辖市
2	73	深圳市	广东省	副省级计划单列市
3	53	北京市	北京市	直辖市
4	25	杭州市	浙江省	副省级省会
5	21	广州市	广东省	副省级省会
6	20	成都市	四川省	副省级省会
6	20	重庆市	重庆市	直辖市
8	18	天津市	天津市	直辖市
9	17	武汉市	湖北省	副省级省会
10	15	南京市	江苏省	副省级省会
10	15	西安市	陕西省	副省级省会
10	15	江阴市	江苏省	县　级
13	14	长沙市	湖南省	省　会
13	14	宁波市	浙江省	副省级计划单列市
13	14	佛山市	广东省	地　级
16	13	厦门市	福建省	副省级计划单列市
16	13	南通市	江苏省	地　级
16	13	淄博市	山东省	地　级
16	13	乌鲁木齐市	新　疆	省　会
16	13	汕头市	广东省	地　级
16	13	台州市	浙江省	地　级
22	12	苏州市	江苏省	地　级
22	12	青岛市	山东省	副省级计划单列市
24	11	昆明市	云南省	省　会
24	11	哈尔滨市	黑龙江省	副省级省会
24	11	大连市	辽宁省	副省级计划单列市
27	10	济南市	山东省	省　会
27	10	珠海市	广东省	地　级
27	10	绍兴市	浙江省	地　级
27	10	南昌市	江西省	省　会

表 18-3　拥有新兴行业上市公司数量前 15 位的城市

单位：家

排名	城市	所在区域	城市级别	数量
1	北京市	环渤海	直辖市	71
2	上海市	东　南	直辖市	50
3	深圳市	东　南	副省级计划单列市	48
4	杭州市	东　南	副省级省会	19
5	广州市	东　南	副省级省会	14
6	南京市	东　南	副省级省会	14
7	成都市	西　南	副省级省会	13
8	福州市	东　南	省　会	10
9	长沙市	中　部	省　会	9
10	天津市	环渤海	直辖市	8
10	武汉市	中　部	副省级省会	8
10	合肥市	中　部	省　会	8
13	西安市	西　北	副省级省会	7
13	沈阳市	东　北	副省级省会	7
15	重庆市	西　南	直辖市	6

（三）资本增值能力

就资本增值能力而言，山东、浙江、广东整体优势明显，成三足鼎立之势。文中主要以本地上市公司总资产收益率、2007～2009 年的复合增长率衡量城市的资本增值能力。考虑到上市公司数量较少的城市相关指标受单个上市公司影响较大，故资本增值能力的比较仅在上市公司数超过 10 家的城市中进行，因此纳入比较的城市共有 43 个。

表 18-4　总资产收益率、复合增长率排名

单位：%

省　份	城　市	总资产收益率	总资产收益率排名	2007～2009 年复合增长率	2007～2009 年复合增长率排名
山东省	潍坊市	7.65	1	0.17	28
山东省	烟台市	6.76	2	13.30	15
广东省	佛山市	6.65	3	11.54	16
浙江省	绍兴市	6.53	4	82.72	1
山东省	青岛市	5.88	5	68.24	2
浙江省	台州市	5.00	6	15.87	12

续表

省　份	城　市	总资产收益率	总资产收益率排名	2007~2009年复合增长率	2007~2009年复合增长率排名
山东省	淄博市	4.91	7	18.27	11
浙江省	杭州市	4.62	8	19.53	8
广东省	珠海市	4.37	9	34.86	5
广东省	汕头市	4.29	10	6.71	20
安徽省	合肥市	4.19	11	-5.88	33
江苏省	南通市	4.18	12	19.23	9
新　疆	乌鲁木齐市	3.98	13	-0.08	30
江西省	南昌市	3.93	14	4.12	23
福建省	厦门市	3.78	15	54.68	3
天　津	天津市	3.69	16	-82.06	42
湖南省	长沙市	3.59	17	7.34	19
吉林省	长春市	3.55	18	19.08	10
江苏省	苏州市	3.51	19	11.30	17
广东省	广州市	3.46	20	0.41	26
海南省	海口市	3.22	21	-38.22	41
重　庆	重庆市	3.01	22	4.99	21
山西省	太原市	2.96	23	-17.83	35
河南省	郑州市	2.96	24	4.77	22
四川省	成都市	2.84	25	0.29	27
陕西省	西安市	2.65	26	-26.77	39
江苏省	张家港市	2.55	27	-29.60	40
辽宁省	大连市	2.42	28	-9.51	34
江苏省	南京市	2.32	29	1.92	24
湖北省	武汉市	2.24	30	-24.15	38
黑龙江省	哈尔滨市	2.19	31	-21.29	37
辽宁省	沈阳市	2.16	32	-2.33	31
江苏省	江阴市	2.14	33	21.27	6
贵州省	贵阳市	2.13	34	43.99	4
云南省	昆明市	1.91	35	-20.61	36
山东省	济南市	1.75	36	-3.27	32
浙江省	宁波市	1.66	37	19.91	7
上　海	上海市	1.59	38	-0.05	29
甘肃省	兰州市	1.45	39	15.80	13
广东省	深圳市	1.45	40	1.66	25
北　京	北京市	1.28	41	10.14	18
河北省	石家庄市	1.08	42	N/A	43
福建省	福州市	0.86	43	14.08	14
全国平均		1.55	—	5.11	—

资本增值能力的强弱并不能直接决定资本流向。总体而言，上市公司经营能力较强、资本增值能力较为突出的地区仍主要集中在山东、浙江、广东等东部地区，三地的城市包揽了总资产收益率的前 10 名。山东经济总量大，近年来发展较快，且拥有一大批业绩良好、创新能力强、综合实力居行业前列的上市公司；浙江、广东、福建等地民营经济发达，近年来增长势头良好。然而，我国经济增长“东快西慢”的区域格局正悄然发生改变，受益于中央对中西部地区扶持力度的不断增加，中西部的部分城市经济增长速度开始超过东部地区，且远高于平均水平（如乌鲁木齐）。

值得注意的是，在上市公司数量大于 10 家、城市资本相对集中的 43 个城市中，有 6 个城市的总资产收益率低于全国平均值，23 个城市的复合增长率低于全国平均值，其中不乏北京、深圳等资本聚集能力极强的城市。这表明资本增值能力的高低并不能直接决定资本的流向，资本聚集在一定程度上呈现低效率，资本的空间配置机制仍有待进一步完善。

（四）资本募集能力

就资本募集能力而言，北京势头强劲，单家公司创全球最大 IPO 新纪录；深圳创新优势明显，创业板上市公司数量领先。2010 年，各城市上市公司利用资本市场，通过 IPO、增发、配股、发行债券等方式，共募集资金 9337 亿元，共有 126 个城市新增上市公司 347 家。北京、上海、深圳 3 个城市包揽融资总额前三名，凸显其在资本募集能力上的绝对优势。

北京的城市资本迅速扩张得益于其政治中心的地位。北京是各大国企总部所在地，资本募集能力一直处于全国领先水平。2010 年，中国农业银行首发上市募集资金 685 亿元，创全球最大的 IPO 新纪录，亦使北京以融资总额 2362 亿元遥遥领先于全国各城市。

深圳上市公司数量增长来源于其强大创新实力。从新增上市公司的绝对数量看，新增上市公司数量达到 10 家以上的有北京、深圳、上海、杭州等 4 个城市，上市数量 5 ~ 10 家的有 12 个城市，而新增 1 家上市公司的有 71 个城市。值得注意的是，深圳以新增 36 家上市公司与北京并列第 1 名，数量是第 2 名上海的 2.4 倍，且大部分为创业板上市公司，体现出深圳极强的创新实力，是适合中小企业成长的一片沃土。

表 18－5　2010 年融资超 30 亿元的城市一览

单位：亿元

省　份	城　市	融资合计	排名
北　京	北京市	2362.08	1
上　海	上海市	1168.03	2
广东省	深圳市	631.48	3
江苏省	南京市	355.99	4
福建省	福州市	297.25	5
浙江省	杭州市	220.63	6
重　庆	重庆市	191.69	7
陕西省	西安市	190.69	8
广东省	广州市	170.54	9
辽宁省	大连市	166.41	10
浙江省	宁波市	163.66	11
山西省	大同市	162.19	12
湖北省	武汉市	155.4	13
湖南省	长沙市	153.66	14
黑龙江	齐齐哈尔市	112.02	15
四川省	成都市	89.84	16
新　疆	乌鲁木齐市	81.88	17
广东省	汕头市	78.95	18
海南省	海口市	73.79	19
江苏省	南通市	68.6	20
天　津	天津市	68.57	21
山东省	淄博市	63.84	22
江苏省	徐州市	59.86	23
广东省	珠海市	54.16	24
江苏省	苏州市	52.31	25
广东省	普宁市	49.95	26
浙江省	上虞市	46.89	27
山西省	太原市	46.61	28
福建省	厦门市	46	29
河北省	邢台市	45.25	30
浙江省	绍兴市	45.07	31
广东省	惠州市	44.04	32
河南省	郑州市	42.96	33
山东省	烟台市	36.9	34
山东省	龙口市	36.83	35

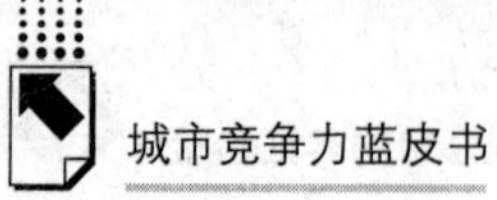

续表

省　份	城　市	融资合计	排名
新　疆	昌吉市	36.01	36
云南省	昆明市	35.42	37
江西省	南昌市	34.75	38
浙江省	台州市	34.62	39
湖南省	株洲市	34.39	40
广东省	中山市	34.38	41
浙江省	临海市	32.55	42
江苏省	张家港市	31.6	43
广东省	佛山市	31.51	44
山东省	滨州市	30.09	45

表 18－6　2010 年上市数量大于 5 家的城市一览

省　份	城　市	新增数量(家)	排名
北　京	北京市	36	1
广东省	深圳市	36	2
上　海	上海市	15	3
浙江省	杭州市	14	4
广东省	汕头市	9	5
福建省	福州市	7	6
江苏省	南通市	7	7
江苏省	苏州市	7	8
福建省	厦门市	6	9
广东省	广州市	6	10
天　津	天津市	6	11
湖南省	长沙市	5	12
辽宁省	大连市	5	13
陕西省	西安市	5	14
浙江省	宁波市	5	15
浙江省	台州市	5	16

三　结论与政策建议

本文基于对上市公司相关指标的实证分析，对资本空间在各城市间分布规律进行了探讨，得出以下结论和建议。

（一）分析结论

1. 我国城市资本空间分布极不均衡

中国作为世界第二大经济体，在经济上存在较为明显的区域发展不均衡，我国城市资本空间分布亦呈现“由东至西逐步递减”的格局。上市公司主要集中在以环渤海、长三角、珠三角等三大经济圈为辐射和带动的经济发达地区，其产业布局相对均衡，上市公司规模、经营能力以及创新能力相对较高，在吸引投资进行资本扩张等方面的能力较强，而中部、西部地区上市公司规模和数量相对较少，其资本证券化水平发展明显低于东部地区。

2. 城市资本仍集中于传统产业，但已出现向新兴产业聚集趋势

现阶段，我国城市资本主要集中于制造业，上市公司仍以从事传统产业为主，而随着我国发展高新技术、自主创新等国家战略的逐步推进，城市资本已开始向以信息技术、金融保险等为代表的新兴行业聚集，从事新兴产业的上市公司不断增加。由于制度、环境、人才等方面的优势，东部地区上市公司中新兴行业的比重较高，而中西部地区新兴行业比重较低，上市公司的产业层次较低，结构分布比较单一。而受益于独特的自然资源，西部地区资源性、基础性产业的上市公司比重相对较大。

3. 行政手段对城市资本空间分布格局的形成具有重要影响

资本市场发展初期，地方政府通过配额制管制分配上市资源，地方政府分配额度并遴选当地优质企业上市，由此形成早期城市资本空间分布格局。2001 年后，公司上市由行政主导转变为市场主导，直接利用行政手段配置资本被约束，取而代之的是地方政府通过各类优惠政策推动本地公司上市的热潮，尤其是近年来各地政府发展新兴行业的力度不断加大，使我国资本空间分布虽极不平衡，但各产业类别在每一个城市都会形成一定的资本聚集，这更凸显行政手段对城市资本空间分布格局形成的重要作用。

4. 资本的空间配置机制仍需进一步完善

整体而言，我国城市资本的空间配置机制是有效的，资本增值能力较强的东部地区，在资本聚集上具有绝对优势，中西部地区随着经济增速的加快，资本增值能力不断提升，资本集中趋势明显，其规模相应出现了较快增长。然而，北京、深圳等资本聚集能力极强的城市，即使资本的增值能力低于全国平均水平，但新上市公司无论是规模还是数量均远高于其他城市，表明资本仍倾向聚集于信息腹地，资本的逐利天性受到压抑，城市资本的空间配置机制仍需完善。

（二）政策建议

1. 完善资本市场地区结构，增加中西部地区上市公司比重，实现东中西协调发展

中西部地区拥有丰富的自然资源，以及相当一部分掌握先进技术和优秀人才的大型企业，上市公司后备资源丰富，增长空间广阔。一方面，应发挥政府行政手段促进资本空间配置上的作用，适当给予政策倾斜，通过税收优惠、增加公共投资、改善当地基础设施等措施，扶持本地优质企业上市。另一方面，注重提升上市公司经营能力与治理水平，提升城市资本增值能力，通过夯实上市公司质量，实现资本快速聚集，达到一个上市公司带动一个行业、一个行业带动一个城市的目的。

2. 打破地方保护主义，提升资本区域间流动效率

近年来，为应对各地普遍出现的资金紧张局面，地方政府通过行政指导、资金流向控制等方式设置区域间金融市场壁垒，导致了区域间金融市场分割和资本流动性减弱。短期内，应通过逐步消除区域间金融业务管制，鼓励机构跨区域经营，以及发挥金融机构总部资金配置功能等方式，打破地方保护主义和市场分割的现状；长期来看，则应通过财税改革、金融监管改革等体制机制创新来扭转地方政府间“为增长而竞争”的过度行为，从根本上打破地方保护主义和区域间金融市场分割，提升资本区域配置效率。

3. 加快资本市场改革发展，提升资本市场价值发现功能

价值发现是资本市场最基本的功能，也是实现资源跨区域高效率配置的前提。为提升资本市场价值发现功能：一是在发行体制上，要不断增强市场主体对上市公司发行定价的话语权，淡化行政指导，进一步明确市场主导，通过市场化

定价的充分竞争，实现对资金的合理配置。二是培育资本市场主体，提高资源配置能力。鼓励上市公司通过并购重组等方式参与行业整合，促进资本向优质企业集中；扶持证券公司、期货公司提高服务经济能力和创新发展能力，鼓励其在信息传递、引导投资等方面发挥积极作用；积极发展以公募基金、PE、VC 为主的机构投资者，发挥其市场资源配置功能。三是大力推动以会计师事务所、律师事务所、资信评级机构为代表的中介机构发展，提高资本市场信息透明度，引导市场信息高效传递。

4. 加快发展新兴产业，优化城市资本质量和结构

发展新兴产业是提高资本效率、增强综合国力的需要。以创新为主要特征的新兴产业，辐射带动力强，是推进我国产业结构升级和经济发展方式转变的重要力量。要实现城市资本质量和结构的提升，就必须推进我国经济由传统制造业向新兴产业的转型，形成创造专业性和高级生产要素的机制，有效地提高全社会资金配置效率，增加国家财富的新来源，为国民经济发展增加新动力。

B.19

第十九章 中国历史文化名城与城市商业文化

文化差异反映世界的崎岖和不平，但是全球化正在使城市文化发生改变。

文化是城市的灵魂，现代城市之间的竞争，既是经济的竞争，也是文化的竞争。文化作为城市发展的“软件”要素，是城市竞争力体系的重要支点。历史文化作为城市无形、内在的要素资源，对城市价值观念的形成发挥极为关键的作用，理应对城市竞争力的提升发挥正向的推动作用，但实证和相关研究发现存在历史文化名城竞争力不强的现象，而作为城市综合竞争力指标体系中文化竞争力的商业文化，却对城市综合竞争力的提升发挥着愈发重要的推动作用，表现在商业文化强势的城市其竞争力也强。商业文化与历史文化在城市竞争力中所发挥的作用可谓大相径庭，因此，如何认识商业文化与历史文化的关系，以及两者对城市竞争力的影响愈发显得重要。

一 商业文化、历史文化及其与城市发展的关系

商业文化作为商业发展的内在沉淀，自古有之，真正上升到理论层面是在改革开放后，前商业部部长胡平在20世纪80年代正式提出，商业文化是一种流通领域文化，更是一种社会文化。胡平（1996）指出，商业文化应包括商品文化、商业营销文化、商业环境文化、商业伦理文化、商业企业文化和新商人文化，商业文化的灵魂就是商业精神和商业道德。历史文化从广义上来讲是人类社会发生、发展过程中所创造的并对人们的行为导向、价值理念等有重大影响的物质财富和精神财富的总和。从历史文化的包含内容来看，主要以传统文化为主，具有地域性、民族性、封闭性的特点，但同时也包括近现代历史进程中所发生的具有重大革命意义及历史纪念价值的遗址遗迹等。①

① 历史文化名城是对广义历史文化内涵按照城市地理空间进行分类，形成的具有城市特色、地域人文特点的“保存文物丰富、具有重大历史文化价值和革命意义”的城市。

当前，对商业文化与历史文化关系的研究大致分为以下几类。一是把商业文化作为历史文化的一个组成部分，即商业历史文化。林耿、李燕（2005），李蕊蕊（2009）分别从商业历史文化对城市商业业态空间和商业空间发展的影响进行分析，认为可以对历史文化因素进行创新来丰富商业文化内容，进而有效指导城市经济空间布局和商业发展。二是对历史文化进行分门别类，认为可以对一些具有商业价值的历史文化进行“商业化”，如旅游资源开发，进而实现商业文化推动历史文化的积极发展。三是从历史文化的局限性出发，分析“重农抑商”、“重义轻利”、“家族血亲”等价值观念对中国民族工商业发展的消极影响；同时也肯定了传统文化在商业伦理和商业精神塑造过程中所发挥的积极作用。

关于商业文化与城市发展的关系的系统理论研究比较少。姜长宝（2004）认为商业文化在城市化过程中不可或缺，具体表现在一方面城市化呼唤着商业文化，商业文化推动城市的发展；另一方面，商业文化的发展又以城市的发展为基础。同时，作者还认为，商业文化是刺激城市经济发展的重要因素，商业文化是生动的旅游文化资源。向力力（2000）认为提升商业文化是建设现代化商贸中心城市的客观要求，良好的商业环境是城市发展的必要条件。由于商业活动是城市活动的重要载体，所以商业文化品位直接影响城市形象和城市品位。因此，实现商业文化品位的升级，是促进城市整体形象品位升级的基础工程。

二　商业文化是城市竞争力的重要动力源泉

马克思认为商业包括了人道，不能把商业仅仅视为经济行为，特别要看到包蕴在商业活动中的人的意识观念、思想意识和价值准则。因此，本章认为商业文化主要特征应该是居民具有较强的财富创造的动力和欲望，在价值取向上固守“无商不富”的艰苦创业理念；同时在交往操守上主张诚信意识，法治观念以及协作精神，并坚持不同地缘间文化兼容并蓄，鼓励文化创新和开放包容的理念。

人类学家哈维兰认为，资源、劳动资本是一个社会群体可用于生产，并期望得到商品和服务的生产资源。围绕着这些东西的使用规则深植于文化之中，并决定着经济运转的方式。城市竞争力是指通过对资源要素的竞争，实现在一定区域范围内集散资源、提供产品和服务的能力，从而达到社会财富的增加、经济影响力的增强、居民社会福利的提升、城市机体功能的完善、生活质量的改善等诸多方面目的。文化作为构建城市“软件”的核心要素，是衡量城市竞争力的重要指标，其在积极促进城市发展、繁荣活跃城市经济、提升城市竞争力过程中发挥着至关重要的作用。可以说，重商意识是价值导向，呈现多元性、包容性、开放性的商业文化是提升城市竞争力的重要源泉和核心动力。

（一）积极引导商业健康发展，推动城市经济繁荣

商品经济的发展促进了商业文化的形成和发展，反之，商业文化为经济活动提供了稳定的交易环境，为商业活动规模的扩大提供内在动力。与相关法律制度和行政管理手段相比，商业文化作为非正式制度，具有更大的灵活性和约定俗成的内在力量，对商业活动及行为主体具有较强的导向和规制作用，商业文化的灵魂是商业精神与商业伦理，如爱国守法、义利并举、以诚待客、童叟无欺、货真价实等具有强大的道德约束力和潜在的行为力，积极引导商人秉持职业操守与商业准则，使其营业聚财取之有道。良好的商业文化可以优化商业经营环境，减少商业交易过程中出现的机会主义和不诚信行为，大大降低市场交易成本，提高顾客的忠诚度，有利于城市商业形象的提升，鼓励更多的商业运营商进入城市，市场规模的扩大和市场信誉的扩散会进一步吸纳更多的社会资本、要素进入城市；同时，商业文化可以培养人们爱岗敬业、辛勤劳作、热爱城市的情怀，并进而转化为现实的生产力，推动城市向前发展。

（二）赋予城市价值内涵，提升城市整体形象品位

随着城市圈和都市带的大力推进，区域性中心城市如雨后春笋般快速崛起，城市经营的浪潮已经到来，城市间的竞争将会加剧，特别是金融、贸易、航运中心的争夺将会愈发激烈。文化的地理特性表明，区域性的商业文化融合了城市发展过程中形成的带有地理与时代特色的人格化城市的内外形象，集中折射出城市的特色和价值内涵。众所周知，城市形象和特质是区分不同城市风格和特色的内在要素，从一定程度上讲，商业文化是构建城市形象的核心，如上海南京路，北京王府井；纽约华尔街，东京银座等。同时，企业文化和商品文化作为商业文

化的组成部分，将会在国际、国内贸易中反映城市的特色，并扩展城市的知名度与美誉度，提升城市的国内和国际影响力。商业活动是城市活动的重要载体，城市独特的商业文化必将为城市间的竞争提供“给力”的竞争优势。商业文化在一定程度上决定了城市特点和品质，因此，实现商业文化品味的升级，不仅是促进城市整体形象品位升级的基础工程，而且也是形成城市辐射力、吸引力的关键所在。

（三）商业文化产业化发展，促进城市服务业发展

文化产业被认为是21世纪最具潜力的产业之一。文化产业的发展，不仅具有重要的社会、经济价值，还具有极为重要的战略价值，堪称是城市现代化的支柱产业。[①] 商业文化拥有丰富的内涵，商业具有纵横网络化的产业特点，商业文化的产业化必将促进产业间的联动，带动更多资源要素向城市聚集，推动生产性服务业积极发展，为城市带来更大的发展空间。

经济服务化是工业化阶段之后进入的发展阶段，同时，三次产业渐次发展的规律也表明第三产业将成为主导城市经济社会发展的支柱产业，城市的经济服务化必然要求以商贸业为主的现代服务业大力发展。因此，大力发展服务业对于城市经济增长方式的转变和产业结构的优化极具现实意义。随着人们生活方式的转变，精神文化需求必然进一步获得释放，休闲旅游将成为人们生活的一部分，城市旅游产业将会获得空前的发展。由于商业文化具有物质文化遗产的特点，商业街、商业店铺、百年老店、地标性建筑等蕴含着深厚的文化底蕴。商业文化旅游资源属于人文旅游资源，是旅游资源的重要组成部分。[②] 例如，扬州的城市建设、园林、书画、戏曲、菜肴等的繁荣无一不与扬州商业文化有密切关系。因此，商业文化愈发成为生动的旅游资源并成为推动城市经济发展的重要动力。

（四）便利居民生产生活，提高城市人居环境质量

商业对于城市来讲，其最大功能就是服务城市，繁荣城市经济，推动城市的

---

① 《城市文化在城市发展的地位》，中国城市发展网，http：//www. chinacity. org. cn，2010年12月12日。

② 肖兴江、王国华：《对开发扬州维扬区商业文化旅游资源的思考》，《扬州职业大学学报》2004年第6期。

发展。良好的商业文化可以培养商业从业人员热情的服务态度，提供良好的购物、娱乐、住宿、餐饮等消费环境，提升城市居民的消费者剩余，实现城市社会福利的帕累托效率。同时，商业文化反映了城市居民的精神和价值理念，影响着劳动者对价值收益的需求和辛勤劳动的付出，商业文化还可以培育市民良好的商业伦理观、职业道德观、市民价值观，激发居民的工作热情，减少生产、交易环节中的偷懒、机会主义和搭便车行为，进而形成良好的市民风气风貌，提升城市整体形象。简而言之，文化氛围浓郁将带动人气兴旺，营销学原理认为，市场等于人数乘以购买力，因此，人气旺盛必然带来消费需求的大幅度增加，消费刺激生产，生产刺激投资，投资带动经济增长，从而使城市经济实现良性循环，极大地促进城市商业发展和城市繁荣。

“城市病”问题是任何大城市发展过程中都无法避免的瓶颈，交通、垃圾、噪声污染等严重影响了城市居民的人居生活环境。“城市病”究其原因，从根本上来说是文化观念匮乏导致人的主观意识和自由意识膨胀，把人自身的发展置于对物质的无限追求上，进而造成对环境的破坏。① 商业文化具有丰厚的人文色彩，主张坚持人道原则，因此，商业文化对企业行为、个人行为具有重要的道德约束力和制度规范力，指导微观经济主体的经济活动更趋于人性化，通过文化理念的渗透效益，致使各个商业活动主体树立和谐发展的全局观，保护城市环境，提高城市人居环境质量。

（五）完善城市商业规划，拓展城市经济空间

随着我国城市化进程的加快，城市空间结构及其功能分区对于城市经济、社会、环境的影响日益凸显，如果城市规划缺乏全局战略眼光必然导致城市空间结构的混乱和主体功能的衰弱或无效，进而造成一系列的城市问题。商业作为城市生活的一个关键链条环节，如果没有正确的规划方案引导，缺乏经济地理空间的比较性立体分析，必然引发商业摊点、经营场所、高端商业区、中央商务区的错乱而无序，引发城市居民生产生活的不便，造成城市整体福利的耗损。

---

① 方开群：《探讨城市文化五个力》，http：//www. chinacity. org. cn/csfz/cswh/62905. html，2010 年 11 月 23 日。

新韦伯主义学派认为，对城市空间结构产生影响的是多元的社会制度，而非抽象的“超结构”。一方面，商业文化是商业历史的积淀和传承，具有历史的厚重性，每一个城市均有其独特的商业文化特点，例如，“义利并存”的义乌商业文化、“开放多元”的上海商业文化、“外向包容”的广州商业文化等，对城市现代化发挥着重要影响，近年来传统商业街区等地理空间愈发受到城市商业功能用地的青睐，如北京的前门大街的商风依旧，一些城市金融中心的设址大多选在曾经的钱庄、商铺地段。商业文化对城市的功能分区规划具有重要的指导意义，同时，商业文化也通过商业街区的“复古”而得以实现文化传承。另一方面，中央商务区近年来成为城市规划发展的重中之重，但也存在很大的盲目性，原因就在于中央商务区的发展得益于良好的商业发展和人脉聚集，得益于配套服务设施的完备。上文分析表明，商业文化愈浓厚，商业发展愈兴旺，对于中央商务区的规划、选址帮助愈大。由于中央商务区具有极大的经济、社会效益，被认为是城市的精华聚集地。因此，商业文化对于城市规划具有重大的指导意义，保障城市实现土地资源的综合有效运用，实现中央商务区功能区域的科学划分，提高商业经济效率，繁荣城市经济，增强中心城市的经济控制力、商贸辐射力和形象影响力，进而提升城市的综合竞争力。

三　商业文化相对较弱，历史文化名城竞争力“名”不副“实”

从我国历史文化名城的特点可以看出，每一个城市都凝聚和秉承了其独特的历史文化韵味，居民价值观念仍在很大程度上深受传统文化的潜在影响，同时实证检验的结果也进一步论证了历史文化名城可以作为历史文化禀赋的替代指标和参考内容。因此本文认为历史文化名城完全可以作为历史文化丰富程度的重要载体和行为体现。

（一）历史文化名城其商业文化相对较弱

文化是城市的灵魂，作为不同形态的文化内容，商业文化和历史文化都在不同程度上影响着城市居民的精神生活和价值观念的塑造。在我国针对文化事业发展的“双百方针”实施之前，我国的历史文化基本上是以“罢黜百家，独尊儒术”格局发展的，呈现主流文化的排他性的特征，即使在现代城市发展进程中，城市文化也呈现“一主其次”的特点。传统社会是农耕文明为主，农本思想和意识形态对商人的排斥严重影响了我国民族商业的发展，也在价值观念上严重桎梏着居民的商业意识。历史文化积淀的厚重性，使一些历史文化名城社会转型不可避免地显得相对缓慢，居民适应社会商业竞争氛围需要更大程度上的心理置换。一方面，重农抑商的轻商观念所主导的历史文化在很大程度上对商业文化是排斥的，“无商不奸”、“重利轻义”、“官本位”等历史文化对居民价值观念的影响是根深蒂固的，这就导致了有限的、优秀的资源禀赋难以有效地配置到商业活动上，阻碍了商业文化的弘扬。另一方面，地理空间的封闭性和历史文化的厚重“烙印”，导致历史文化名城居民思维转变滞后，接受市场化、商业化的价值理念存在较长的心理置换期，致使其城市商业气氛不浓，居民创业意识不强，严重抑制了商业文化的较快发展。因此，在一定条件下，纵观历史发展进程，历史文化和商业文化呈现此消彼长的“负向”关系，历史文化沉淀越丰富，商业文化反而越弱。

（二）历史文化名城“名”不副“实”，其竞争力总体上较弱

从城市的发展来看，“城”为廓，“市”为实，城市以“市”为经济载体，而逐渐形成并发展成为具有区域影响力的市场交易场所，随着商业流通日益发达，商业活动给城市带来了空前的大发展，人口骤增，并带动了金融、运输业和其他各行各业的发展，为城市的经济发展奠定了基础，推动城市经济不断繁荣。近年来，中央商务区（CBD）在我国大中城市的迅猛发展也进一步表明城市的发展必须依赖于商业的繁荣。文化作为城市软竞争力，城市竞争力指标把文化竞争力指标分解为价值取向、创业精神、创新氛围和交往操守，这四个方面均寓于商业文化之中，因此可以说，文化竞争力就是商业文化的竞争力，商业文化是提升城市能级的核心动力。而历史文化在价值取向上牢牢固守“轻商”的观念，难以实现城市商业的发展和产业价值的创造；“学而优则仕”致使商人队伍难以壮大；“舍生取义、重义轻利、安贫乐道”的道德操守泯灭了财富创造的欲望和创业精神的塑造；“家族血亲”、“非我族类，其心必异”的社会关系网络严格限制了阶层之间的流动，难以实现人力资源的有效配置和社会交往的开放化；等等。因此，历史文化在文化竞争力的四个层面上呈现商业文化强势则历史文化弱

势的负向关系，这也就表明了在文化竞争力的表现上，历史文化对城市综合竞争力总体呈现负向影响，历史文化比较丰富的城市其城市综合竞争力相对较弱。以下将通过实证检验来论证历史文化名城的伤痛表现在商业文化相对较弱，其整体竞争实力与“威名”不可等量齐观，呈现竞争力整体较弱的特点。

表 19－1　主要城市文化（商业文化）竞争力及其城市综合竞争力年度排名情况

城市 \ 指标	文化竞争力		综合竞争力		城市 \ 指标	文化竞争力		综合竞争力	
城市 \ 年份	2008	2009	2008	2007	城市 \ 年份	2008	2009	2008	2007
温　州*	1	45	43	43	武　汉	25	18	23	32
深　圳*	2	2	2	2	成　都	40	23	24	22
台　州*	4	63	63	60	济　南	44	27	26	23
东　莞*	6	15	18	24	南　昌	43	38	36	34
惠　州*	7	62	60	64	郑　州	32	41	37	35
北　京	34	4	4	4	西　安	41	39	42	42
天　津	48	7	9	10	泉　州	36	71	56	57
杭　州	23	12	11	11	昆　明	50	55	54	55
南　京	31	21	21	19	徐　州	51	58	59	59

* 为非历史文化名城，其余均为历史文化名城。

注：文化竞争力为我国 51 个城市分项竞争力排名情况；综合竞争力为我国 294 个城市综合竞争力排名情况。

资料来源：城市与竞争力指数数据库。

表 19－2　其他历史文化名城——城市综合竞争力年度排名情况

城市 \ 年份	2009	2008	2007	2006	城市 \ 年份	2009	2008	2007	2006
广　州	6	6	7	7	咸　阳	125	127	131	141
长　沙	16	22	18	21	景德镇	146	137	117	113
南　京	21	21	19	20	承　德	151	151	150	161
扬　州	50	51	50	58	南　阳	162	163	175	175
洛　阳	72	69	66	61	开　封	171	187	186	189
桂　林	84	86	83	89	延　安	172	172	162	176
岳　阳	90	103	98	92	武　威	280	276	277	263
邯　郸	112	115	118	133	张　掖	283	277	272	271

资料来源：城市与竞争力指数数据库。

从表 19－1 可以看出，非历史文化名城：温州、深圳、台州、东莞和惠州其文化竞争力均处于前 10 位，而历史文化名城：北京、南京、西安等古代政治、经济、文化中心其文化竞争力均处于极不理想的地位，天津、昆明和徐州在全国51个城市排名中处于倒数第4位、第2位和第1位，充分显示出历史文化越丰富，其商业文化竞争力越弱；历史文化越弱，其商业文化竞争力越强势的现象。从表19-1、表19-2中可以看出历史文化与城市综合竞争力的关系总体上呈现出负相关性。根据2009年数据显示，全国112个历史文化名城在全国294个城市综合竞争力排名中，处于前50位的城市占比为21.4%，处于前100位的城市占比为37.5%，其余62.5%的城市排名均在第100位以后，其中包括古代政治中心，如开封、咸阳。

根据经济社会发展的区域性特点，我国可以分为六大经济区，从表19-1，19-2中可以看出，各个区域文化竞争力表现迥异，其中长三角、珠三角地区文化竞争力表现极为强势，城市综合竞争力排名处于全国前沿地位。长三角、珠三角地区城市竞争力的强势得益于其富有竞争力的商业文化，众所周知，珠三角地区对外通商历史久远，商埠文化独特，加之毗邻港澳的区位优势与作为改革开放"试验田"的政策优势，较早的引入了市场经济体制，商品经济活跃，商业文化氛围较为浓厚。同时，外向型的经济模式推动了商业文化的多元化，包容的多元商业文化加强了国际间的商业交流和沟通，扩大了区域城市的国际知名度和影响力。开放包容的商业文化又进一步推动了珠三角地区商务环境的改善和优化，商务环境竞争力的增强直接导致城市竞争力的大幅度跃升，如深圳、东莞、惠州等城市。

长三角地区经济社会发展始终坚持与"商"为伴，商业发展历史漫长，商业文化氛围厚重，同时，由于其便利的区位优势，在积极发展对外开放战略的过程中，通过有效吸纳海外有益的商业文化，形成了极具包容性的多元商业文化，增强了商业文化的影响力和辐射力，加快了城市的区域化与国际化进程。长三角地区城市的综合竞争力较强，如上海、苏州和杭州等。

东北地区依靠资源区位优势，形成了全国的重工业生产基地，城市的发展在很大程度上以依靠资源开发和工业产业带动，加之计划体制的影响，市场营商意识较弱，商业发展空间、关联产业范围极为有限，商业文化氛围不浓，严重影响了城市的现代化进程和竞争力的提升，近年来随着资源的枯竭，一大批城市开始走向衰落，如阜新。而一些城市开始逐步改善营商环境、大力发展商业、积极构建适合自身的商业文化的理念开始日益崛起，城市的影响力获得大幅度的跃升，如大连。

西南地区、西北地区以及其他一些偏远地区的城市发展进程比较缓慢，城市竞争力落后于东部地区，除了区位、交通布局优势之外，很大程度上就是商业不发达，商业文化底蕴比较薄弱，在传统文化的影响下其商人精神和商业经营理念多为保守型，致使商业发展有限，难以有效发挥商业的产业联动效应，造成城市商业氛围不旺，商业文化氛围不浓，城市经济社会发展难以大幅度推进。近年来，随着国家区域统筹发展战略的推进，商业活动对城市的积极效应开始显现，城市的商业“小氛围”传统被打破，开放的、多元的商业文化开始营造。例如，包头、南宁、呼和浩特、银川等城市的影响力的提升很大程度上得益于营商环境的改善和商务环境的优化，得益于商业文化氛围的日益活跃。

四　政策建议

城市的竞争归根是经济和文化的竞争，商业文化的特点和功效决定了经济和文化的竞争归根还是商业文化的竞争，商业文化薄弱，城市竞争力就不强。理论和实证检验的结果充分显示出历史文化名城由于深受历史文化影响而其商业文化表现较弱，居民价值观念受“重农轻商”等传统文化影响，对创业致富、营商兴业一直处于保守自封状态，商业文化氛围不浓，企业文化动力不足，商业发展程度不高，加之区位不便等其他因素的困扰，致使历史文化氛围较强的城市总体上呈现发展滞后状况，城市企业本体竞争力弱，企业管理理念落后、创新意识不强，严重影响了其城市竞争力提升幅度和经济社会发展速度。因此，历史文化名城欲摆脱整体竞争力较弱的窘况，彻底解除商业文化不强的伤痛，就必须大力发展商业文化，推动商业文化在城市经济社会发展进程中所发挥的正向积极的关键导向作用。

城市是现代文明的标志，商业文化是城市文明的重要载体，以文化引领商业是现代城市商业发展的新战略。商业文化作为引导商业健康持久发展的灵魂，对处于经济服务化阶段的城市产业发展、经济空间的拓展将发挥着更加显著的促进作用，是提升城市能级、增强城市的综合竞争力的核心驱动力。面对竞争日益激烈的区域经济环境，城市商业的发展一方面必须以深厚的商业文化为依托，另一方面城市的发展和竞争力的提升也越来越倚重于商业文化的支撑。因此，提升商业文化，重视商业文化品位是增强城市商业竞争力、促进城市形象品位升级的战略选择，也是实现城市综合竞争力的关键所在。

B.20
第二十章 中国城市化加速进程中的“城市病”

过度倾斜的世界带来的市委问题就是“城市病”，联合国人居署1996年发布的《伊斯坦布尔宣言》强调：“我们的城市必须成为人类能够过上有尊严的、健康、安全、幸福和充满希望的美满生活的地方。”但这一梦想却受到了“城市病”的严重威胁。所谓“城市病”，是指人口过度向大城市集中而引起的一系列社会问题。“城市病”缘于失谐关系外发出来所形成的冲突，即人口向城市快速集中，而城市配套设施建设与管理服务水平却难以实现同步快速增长，这两者之间的冲突催生了“城市病”。很大程度上，“城市病”发生概率主要取决于两方面因素的对比，即城市人口总量与城市配套设施建设与管理服务水平的比较（见图20－1）。城市人口总量越大，城市配套建设与管理服务水平越差，越容易引发“城市病”。

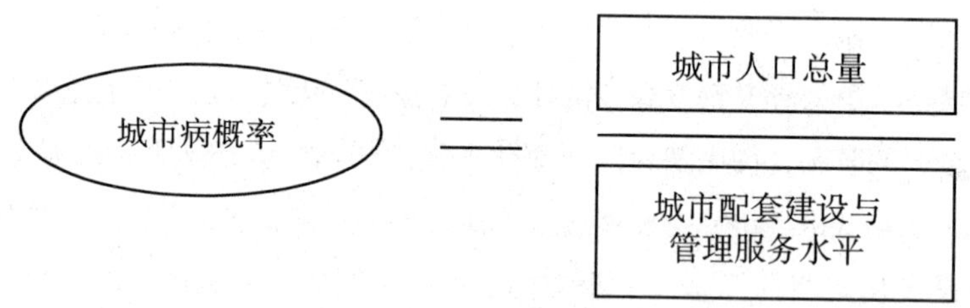

图20－1　“城市病”产生机制

在工业革命以前，除少数世界级中心城市以外，大多数城市人口数量相对较少，“城市病”问题并不严重。但随着工业革命的深入推进以至当前全球化时代到来，世界城市人口比重快速上升，人口高速向城市特别是大型城市集聚（见表20－1）。“城市病”也因此由个别现象成为全球性难题。

1978年以后，中国城市化伴随工业化进展进入加快发展通道，到2009年，已

表 20－1　世界人口最多十大城市（2010 年、2025 年）

单位：万人

城　市	2010 年	2025 年(预计)	城　市	2010 年	2025 年(预计)
日本东京	3670	3710	美国纽约	1940	2060
印度新德里	2220	2860	中国上海	1660	2000
巴西圣保罗	2030	2370	印度加尔各答	1560	2010
印度孟买	2000	2580	孟加拉国达卡	1460	2090
墨西哥首都墨西哥城	1950	2070	巴基斯坦卡拉奇	1310	1810

资料来源：波士顿《环球邮报》“世界发展最快的城市”调查，《世界人口最多城市前十公布，上海位第 7》，2010－09－16，http：//news. cnxianzai. com/2010/09/290691. html。

经有接近一半（44%①）的中国人生活在城市。城市，正在成为越来越多中国人的共同家园。“城市，让生活更美好”，这是 2010 年上海世博会主题，也寄托着中国乃至世界人民对于幸福城市的美好期待。但一个令人叹惜的现实是，中国现阶段的城市化在很大程度上是“伪城市化”或“半城市化”，是低质量的城市化，是不成熟的城市化。许多新进入城市的中国人在还没有享受到城市所带来的快乐与幸福时，却先遭遇了越来越严重的“城市病”。人们不断抱怨城市特别是那些大城市中似乎让人越来越难以忍受的问题，交通、住房、教育、就业、医疗、环境、安全等，不一而足。当全国有一半以上的人口生活在城市的时候，如果城市化质量仍然不能得到充分改善，中国将有可能因“城市病”困扰而陷入“城市化陷阱”。如果我们依然怀有创造幸福城市的梦想，那“城市病”在中国已不再是小疾，而是应该成为政府与民众共同关注与解决的首要大事之一。因此，迫切需要对“城市病”展开研究。本文结合笔者一直以来的研究和中国社会科学院城市与竞争力研究中心发起的 2010 年度中国城市幸福感指数专项调查，对中国的“城市病”现状进行了总结，并提出了相应的政策建议。

一　“城市病”在中国的表现

改革开放 30 多年以来，中国城市人口快速增长（见图 20－2），但却无法提供满足城市居民需要的配套建设及管理服务，中国城市开始患上“城市病”，且

① 2009 年中国城市人口占总人口的 44% 是世界银行的统计数据。而据中国国家统计局数据，2009 年这一比重更高一些，达到 46.6%。

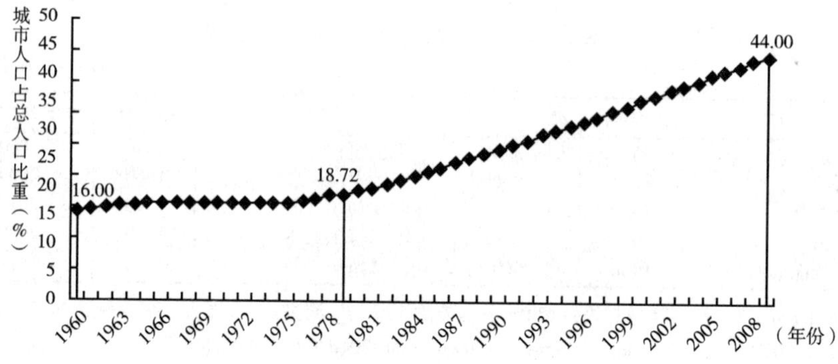

图 20－2　中国 1960～2009 年城市化率

资料来源：世界银行数据库－国别数据－中国。

症状越来越严重。①

“城市病”表征了城市发展及运行的某些不健康状态，这些不健康状态在中国不同地区、不同规模的城市中表现有所差异，但也存在一些共性特征。吕政等②认为我国城市“不同程度存在着交通拥堵、住房不足、环境噪音污染严重、水资源短缺、天然气普及率和硬化道路比重低，社区服务和管理（特别是大城市边缘地区的管理）不完善等问题，与人口和经济集中的要求严重不适应”。朱颖慧③归纳了中国城市六大病：人口无序集聚、能源资源紧张、生态环境恶化、交通拥堵严重、房价居高不下、安全形势严峻。陈锡文④也认为，“在一定时期内，一个国家或地区城镇化推进的速度，必须与其工业化的进程相适应，与其发展水平和经济实力相匹配，超出了这个能力很可能会出现就业不足、贫困人口增多、两极分化严重等问题，对经济发展、社会稳定、人民生活都会带来严重影响”。

总结既有研究及中国城市发展历程，本文将“城市病”在中国所表现的特征归纳为：交通拥堵、环境污染、贫困失业、住房紧张、健康危害、城市灾害、安全弱化等。但这些特征在中国不同规模城市（见表 20－2）表现有所不同。

① 交通拥堵之外，房价高企、生活成本提高、空气污染、无处不在的噪音……特大型城市集中暴发的“城市病”，让越来越多的人发觉，城市似乎并没有那么美好，一些人甚至开始逃离“北上广”。——《大城市能否宜居?》，2010 年 11 月 25 日《人民日报》。

② 吕政、黄群慧、吕铁、周维富：《中国工业化、城市化的进程与问题——“十五”时期的状况与“十一五”时期的建议》，《中国工业经济》2005 年第 12 期。

③ 朱颖慧：《城市六大病：中国城市发展新挑战》，2010 年 11 月 7 日《光明日报》。

④ 陈锡文：《城镇化率不是越高越好》，2011 年 4 月 11 日《人民日报》。

表 20－2　中国地级以上城市按规模分类

城市规模	人口总数标准	城市名
中心城市	1000 万以上	上海市、北京市、重庆市、广州市
特大城市	100 万～1000 万	天津市、深圳市、东莞市、南京市、武汉市、杭州市、西安市、佛山市、成都市、沈阳市、汕头市、哈尔滨市、济南市、苏州市、郑州市、宁波市、青岛市、长春市、无锡市、大连市、昆明市、常州市、温州市、唐山市、太原市、南宁市、淄博市、淮安市、乌鲁木齐市、长沙市、石家庄市、中山市、贵阳市、厦门市、福州市、南昌市、襄阳市、合肥市、莆田市、枣庄市、临沂市、徐州市、台州市、兰州市、烟台市、阜阳市、南充市、吉林市、六安市、南阳市、贵港市、宿州市、盐城市、淮南市、惠州市、潍坊市、商丘市、江门市、包头市、海口市、泰安市、洛阳市、宿迁市、大同市、柳州市、大庆市、亳州市、鞍山市、遂宁市、扬州市、自贡市、菏泽市、抚顺市、邯郸市、泸州市、泉州市、湛江市、常德市、呼和浩特市、齐齐哈尔市、随州市、信阳市、内江市、珠海市、湖州市、南通市、巴中市、日照市、益阳市、天水市、嘉兴市、茂名市、宜昌市、钦州市、莱芜市、漯河市、广安市、绵阳市、乐山市、西宁市、赤峰市、荆州市、保定市、镇江市、金华市、济宁市、永州市、安阳市、资阳市、鄂州市、聊城市、抚州市、淮北市、衡阳市、宜春市、芜湖市、宝鸡市、来宾市、武威市、平顶山市、贺州市
大城市	50 万～100 万	本溪市、新乡市、玉林市、岳阳市、安康市、葫芦岛市、株洲市、蚌埠市、韶关市、东营市、秦皇岛市、广元市、渭南市、银川市、锦州市、孝感市、张家口市、遵义市、咸阳市、鸡西市、营口市、新余市、绥化市、宣城市、巢湖市、保山市、衢州市、舟山市、绍兴市、连云港市、焦作市、廊坊市、开封市、眉山市、安顺市、萍乡市、伊春市、佳木斯市、通辽市、临汾市、桂林市、牡丹江市、宜宾市、湘潭市、昭通市、泰州市、阜新市、威海市、丹东市、铜川市、辽阳市、安庆市、揭阳市、攀枝花市、长治市、曲靖市、荆门市、郴州市、阳泉市、鹤岗市、邵阳市、滨州市、马鞍山市、黄石市、德州市、德阳市、阳江市、运城市、驻马店市、清远市、朔州市、池州市、濮阳市、赣州市、九江市、邢台市、盘锦市、漳州市、四平市、咸宁市、肇庆市、滁州市、三亚市、北海市、十堰市、晋中市、巴彦淖尔市、七台河市、松原市、龙岩市、商洛市、鹤壁市、白山市、榆林市、汉中市、陇南市、朝阳市、吉安市、忻州市、梧州市、张掖市、白城市、承德市、沧州市、双鸭山市、汕尾市、白银市、南平市、防城港市、丽水市、张家界市、固原市、平凉市
中小城市	50 万以下	周口市、乌海市、六盘水市、辽源市、铁岭市、延安市、通化市、定西市、景德镇市、石嘴山市、铜陵市、娄底市、玉溪市、黄山市、宁德市、达州市、衡水市、克拉玛依市、许昌市、黄冈市、酒泉市、上饶市、怀化市、潮州市、鄂尔多斯市、中卫市、吴忠市、河源市、晋城市、乌兰察布市、雅安市、庆阳市、崇左市、百色市、三明市、河池市、梅州市、云浮市、三门峡市、临沧市、呼伦贝尔市、吕梁市、思茅市、金昌市、鹰潭市、嘉峪关市、黑河市、丽江市

注：中国在城市统计中对城市规模的分类标准为：20 万人以下为小城市，20 万～50 万人为中等城市，50 万～100 万人为大城市，100 万人以上为特大城市。为便于更有效分析“城市病”问题在不同规模城市的表现，本文将常住人口规模超过 1000 万人的城市单列出来，称为“中心城市”。拉萨市因数据缺失，不纳入统计分析范围。

（一）交通拥堵

交通拥堵是指城市交通难以满足市民日常生活需要。主要表现在：城市交通设施缺乏，交通拥堵严重，城市居民日常交通耗时过多，城市居民对交通状况评价较低。

总体而言，城市规模越大，人均道路面积越小，公共汽车拥有量相对较高。中心城市人均道路面积在 2005～2009 年逐年递减，且人均公共汽车拥有量也呈现逐年递减趋势。说明中心城市交通条件不断恶化，交通堵塞程度加剧。与之对应的是，中小城市在 2005～2009 年期间，人均道路面积、人均公共汽车拥有量等交通硬件设施有明显改善（见图 20－3 与图 20－4）。

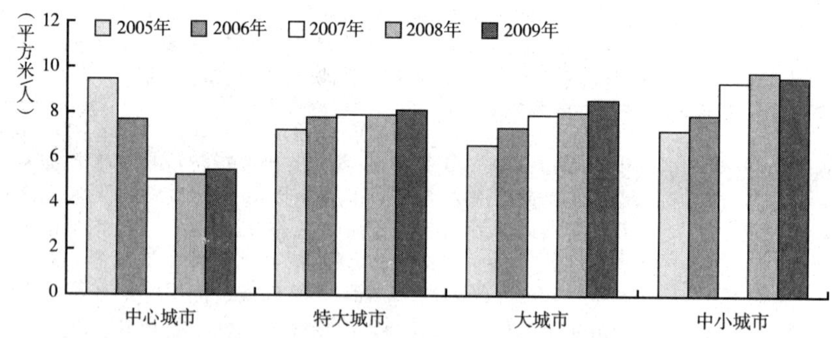

图 20－3　中国不同规模城市 2005～2009 年人均道路面积

资料来源：国家统计局城市司。

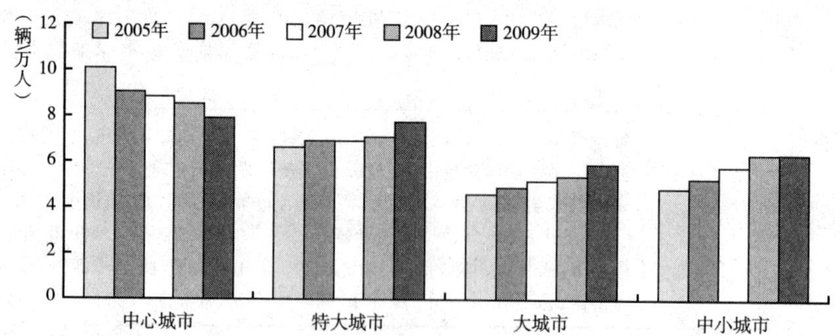

图 20－4　中国不同规模城市 2005～2009 年人均公共汽车拥有量

资料来源：国家统计局城市司。

中国社会科学院城市与竞争力研究中心2010年对中国城市幸福感指数的全国性调查发现：全国35个大中型城市居民对本城市交通状况表示“非常满意”、“满意”分别占18.6%、8.7%，满意率合计仅为27.3%（见表20-3）。另据北京社会心理研究所2009年5月针对北京市一项民意调查发现：认为北京市目前交通非常拥堵的占17.5%，比较拥堵的占45.8%，两者合计达63.3%。①

表20-3　全国35个大中城市居民对交通状况评价

单位：个，%

指　标	样本数	比重
交通设施硬件存在许多问题，出行很不方便，很不满意	664	17.3
交通设施硬件有待改善，出行不是很通畅，不满意	854	22.3
出行基本无障碍，一般	1264	33.1
交通设施硬件加强，交通工具运行基本通畅，满意	713	18.6
交通硬件设施良好，交通工具运行通畅，非常满意	334	8.7
合　计	3829	100.0

数据来源：城市与竞争力指数数据库。

（二）环境污染

环境污染主要体现为城市水资源等自然资源的过度消耗，绿地资源等优质环境资源供给不足，更表现为城市居民对城市卫生环境总体评价偏低。

1. 水资源：中心城市、特大城市已对水资源自然循环带来极大压力

随城市规模的增加，单位面积土地供水量增加，即水资源系统的承载压力加大。中心城市、特大城市2009年每平方千米供水量分别达到16万吨、8.8万吨。不考虑外来水系，单纯满足中心城市、特大城市生活、工业、公共设施、市政用水就需至少年降雨159.9毫米，87.8毫米（见表20-4）。而中国近2/3国土年均降水量小于400毫米，布局于这一区域的中心城市、特大城市平衡降水量折算分别超过年降水量的40%和22%，已对水资源的自然循环带来极大压力。国家发展和改革委员会发展规划司司长李守信2010年两会期间在

① 康悦：《北京城市交通问题民意调查报告》，《北京观察》2009年第7期。

新闻发布会上表示：中国655个城市（含县级城市）中现在有近400个城市缺水，其中约200个城市严重缺水，[①] 更进一步证明中国城市水资源过度消耗的严峻现状。

表20－4　中国城市地均供水量及其平衡降水量折算

指标	城市类型＼年份	2005	2006	2007	2008	2009
地均供水量（万吨/平方千米）	中心城市	22.7	14.2	15.5	15.5	16.0
	特大城市	9.0	9.1	9.0	8.9	8.8
	大 城 市	4.5	4.1	4.1	4.1	3.9
	中小城市	2.5	2.2	2.1	2.0	1.8
平衡降水量折算（mm）	中心城市	227.3	141.6	155.4	154.7	159.9
	特大城市	90.5	91.1	89.8	88.6	87.8
	大 城 市	45.3	41.2	41.0	40.7	38.9
	中小城市	24.6	22.1	21.2	19.9	17.7

注：地均供水量＝城市供水总量/城市行政区划面积；平衡降水量折算＝地均供水量/单位面积降水量。供水量单位为：万吨/年；面积单位为：平方千米；降水量单位为：毫米/年。城市供水主要用于：城市生活用水、公共设施用水、工业用水、市政用水。

2. 绿地资源：特大城市与大城市人均绿地资源不足

随着城市规模增长，人均公共绿地面积呈现U形趋势，2009年中小城市及中心城市人均绿地面积都超过40平方米，而特大城市与大城市人均绿地仅为30平方米左右。而人均绿地面积在20平方米以下的城市达86个，占全部286个样本城市的近1/3（见图20－5）。

3. 环境卫生：城市居民满意度评价低

中国社会科学院城市与竞争力研究中心进行了2010年度中国城市幸福感指数的全国性调查发现：全国35个大中城市居民对本城市卫生环境评价为“非常满意”及“满意”的分别占11.3%、27.6%，满意率仅为38.9%。表明了中国大中城市居民对城市卫生环境的严峻担忧（见图20－6）。

① 《中国近400个城市缺水约200城市严重缺水》，2010－03－29，网易，http：//news.163.com/10/0329/20/62VHC99R000146BD.html。

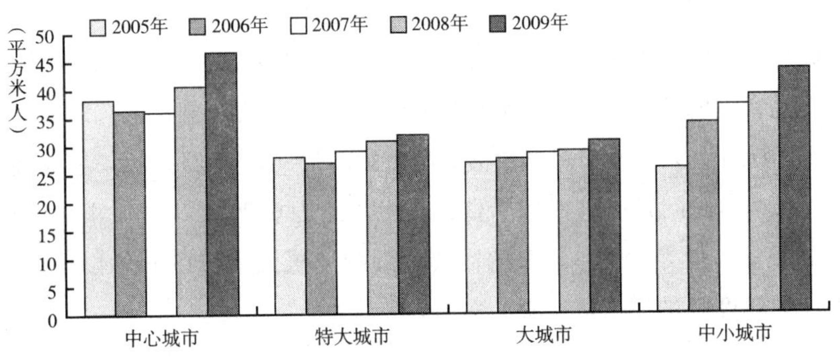

图 20－5　中国不同规模城市 2005～2009 年人均绿地面积

数据来源：国家统计局城市司。

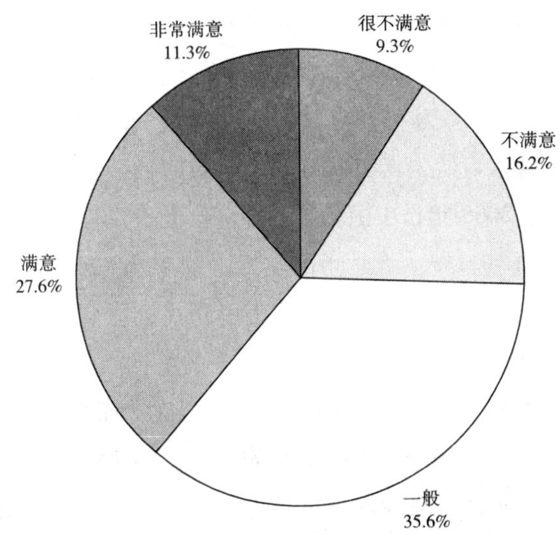

图 20－6　全国 35 个大中城市居民对本城市卫生环境的评价

资料来源：中国社会科学院城市与竞争力研究中心发起的 2010 年度中国城市幸福感指数专项调查。

（三）贫困失业

贫困失业是指城市经济发展收益无法为所有城市居民分享，部分居民被迫处于贫困或失业状态。联合国人居署将 2003 年的全球人类居住区报告命名为《贫民窟的挑战》，根据该报告，世界有将近1/3的城市人口居住在贫民窟里面，其中大多数生活在发展中国家。① 在中国，贫民窟现象虽然没有巴西、印度等发展中国家严重，但也常以生活配套水平较低的“城中村”、“棚户区”等形式存在。据民政部门统计，处于城市最低生活保障线以下的人口是2334万。有学者认为，实际上，城市贫困问题应该更加严重，其人数约为6000万，占城市总人口比例的10%。目前，世界上发达国家的社会救助制度覆盖率都在10%以上，而发展中国家（如印度）的城市贫困救助率为6%。②

城市化使大量人口从农村流动进入城市，但由于城市经济规模扩张所形成的就业吸纳能力低于城市进入劳动力规模，从而导致城市居民失业。这一现象在拉丁美洲、南亚等地区一些特大城市中表现突出。就中国城市而言，在经济持续快速发展时，问题相对并不严重。但在国际金融危机期间，受全球需求放缓影响，中国城市经济规模增长放缓，导致大量人口失业。人力资源和社会保障部发布的《2008年度人力资源和社会保障事业发展统计公报》指出：城镇登记失业人数为886万人，城镇登记失业率为4.2%。这一数据由于采用失业人员申报登记方式获取，被学术界普遍认为低于真实失业率。而中国社会科学院2009年《社会蓝皮书》的调查显示：2008年，中国城镇的经济活动人口失业率大概是9.4%。其中大中城市失业率约10.1%，大学生的实际失业率为12%③，失业人口约85%属于青壮年。而2008年度美国失业率创历史新高，达到7%。如果以此推算，中国失业率甚至超过了直接遭受金融危机冲击的美国。另一个直接的证据是在2008年下半年，大量农民工因工厂缺少订单甚至破产而失业被迫提前返乡，使2008年农民工返乡潮高峰明显提前。2010年以来，中国经济全面复苏，就业吸纳能力上升。但城市居民对就业状况的满意率依然处于低位：2010年期间，中国35个大中城市居民对所在城市就业状况表示“非常满意”或“满意”的分别为22.5%、8.8%，即满意率仅为31.3%。④

---

① UN-Habitat, “The Challenge of Slums: Global Report on Human Settlements 2003”, London and Sterling: Earthscan Publications Ltd. 转引自余高红《城市贫困空间形成原因解析》，《城市问题》2010年第6期。

② 社科院学报：《中国城市贫困人口中年人最多》，2010年9月28日。http://hb.qq.com/a/20101027/000661.htm。

③ 2009年3月份人力资源和社会保障部公布的2008年城镇登记失业率是4.2%。

④ 中国社会科学院城市与竞争力研究中心发起的2010年度中国城市幸福感指数专项调查。

（四）住房紧张

住房问题是当前中国城市最受关注的议题，是中国“城市病”的主要构成之一。住房紧张总体表现为两个方面：一是人均住房面积不足，二是住房可支付能力偏弱。

人均住房面积不足：总体而言，人均住房面积随着中国住房供应量的上升，呈现平稳上升趋势，但离满足居民住房需求还有较大不足（见图 20－7）。相对而言，住房问题在大城市，特别是中心城市表现严峻（见表 20－5）。住房可支付能力偏弱：《中国住房发展报告（2010～2011）》测算了 1999～2010 年上半年中国 35 个大中城市住房支付能力指数，发现：2010 年上半年中国支付能力很弱的城市数达到 13 个。① 2010 年，中央及地方政府出台多项住房价格调控措施，力度

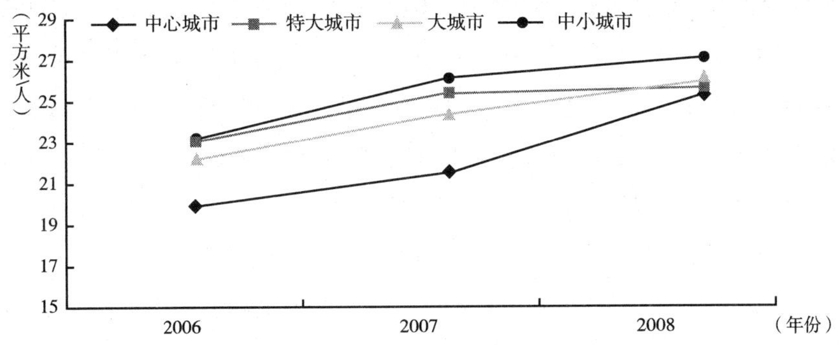

图 20－7　中国不同规模城市人均住房面积

数据来源：国家统计局城市司。

表 20－5　中心城市人均住房面积

单位：平方米/人

城市 \ 年份	2006	2007	2008
北京市	17.8	20.3	21.6
上海市	22.0	24.2	25.1
重庆市	19.3	21.0	27.3
广州市	19.4	20.0	27.4

数据来源：国家统计局城市司。

① 倪鹏飞：《中国住房发展报告》，社会科学文献出版社，2011，第 147～148 页。

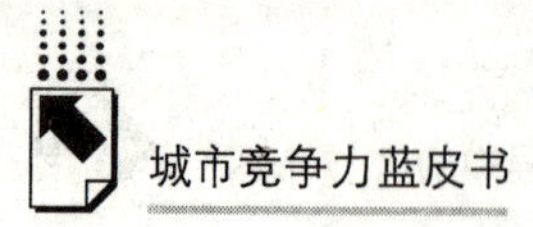

空前，在一定程度上抑制了住房价格的过快上涨，但尚未能从根上扭转中国城市特别是一、二线城市居民的住房可支付能力偏弱的总体局面。在35个大中城市，2010年对自身居住状况表示“非常满意”或“满意”的人数分别为19.4%、25.8%，满意率合计为45.2%，[①] 处于相对较低水平。

（五）健康危害

在很长历史时期内，单个城市人口规模一般控制在100万以内（除极个别城市以外），其重要限制因素正在于瘟疫等重大传染病的严重威胁。现代社会以来，医疗卫生水平的进步为城市人口规模扩张创造了条件，1000万人口以上规模的城市不断形成。但城市人口高密集分布依然对城市防疫工作提出重大挑战，加大了流行传染病传播的控制难度。在2003年非典型性肺炎（SARS）大规模流行期间，中国四大直辖市确诊病例占中国内地确诊病例的47.5%，在2009年甲型H1N1流感爆发期间，中国四大直辖市确诊病例占中国内陆确诊病例的37.4%。而中国四大直辖市总人口仅占中国内陆总人口的约5%。这两次重大传染病流行期间，北京市和广州市两个千万人口规模的中心城市都是重灾区。2010年对全国35个大中城市居民的问卷调查显示：城市居民对当地医疗卫生状况表现非常满意或满意的分别为11.6%、21.8%，满意率仅为33.4%。

对中小城市而言，城市人口密度相对较低，传染疾病的威胁相对较轻。但因为高端医疗资源过度集中于一、二线中心城市或特大城市，中小城市居民难以在本地获得高质量的医疗服务，因而对本地医疗卫生水平的满意度下降。

（六）城市灾害

城市灾害的一个重要表现是城市火灾事故频发，且造成严重后果。城市建筑在防火方面存在两大先天劣势：一是建筑密度大，火灾事故容易蔓延，不利于人员疏散；二是建筑高度高，不利于消防救援。2010年中国城市发生多起严重火灾事故，如上海市教师公寓火灾造成53人死亡，70人受伤的重大事故，详细情况如表20－6所示。

---

① 中国社会科学院城市与竞争力研究中心发起的2010年度中国城市幸福感指数专项调查。

表 20－6　2010 年中国部分重点城市重大火灾事故

城　市	火灾地点	时间	直接损失
北京市	清华大学清华学堂	2010 年 11 月 13 日	过火面积约 800 平方米，全国重点文物保护单位受损
上海市	静安区胶州路教师公寓	2010 年 11 月 15 日	53 人死亡、70 人受伤
吉林市	商业大厦	2010 年 11 月 5 日	19 人死亡、24 人受伤
南京市	栖霞化工厂	2010 年 7 月 28 日	13 人死亡、120 人住院治疗（重伤 14 人）
大连市	大连中石油国际储运有限公司原油罐区输油管道	2010 年 7 月 16 日	造成原油大量泄漏并引起火灾
呼和浩特市	中铁十九局工棚	2010 年 5 月 3 日	过火面积约 320 平方米，造成 10 人死亡、14 人受伤
衢州市	马站底 16 幢 C 座一户单元房	2010 年 12 月 13 日	发生火灾致 9 人死亡、2 人受伤
乌鲁木齐市	新市区河北东路仁居三巷西侧 187 号	2010 年 7 月 19 日	据初步调查，火灾已造成 12 人死亡、17 人受伤
温州市	瑞安市塘下镇场桥办事处五方村	2010 年 1 月 6 日	经现场清理发现造成 9 人死亡、2 人受伤
湖州市	南浔区练市镇湖盐东路 87 号	2010 年 2 月 21 日	4 人死亡、3 人受伤
沈阳市	万达广场售楼处	2010 年 08 月 28 日	9 人死亡、9 人受伤

资料来源：《国务院办公厅关于进一步做好消防工作坚决遏制重特大火灾事故的通知》，国办发明电〔2010〕35 号，http：//news. qq. com/a/20101116/001748. htm；林晓：《2010 年中国重特大火灾事故盘点》，慧聪消防网，2010－12－24，http：//info. fire. hc360. com/2010/12/240830360147. shtml。

（七）安全弱化

安全弱化是指由于违法乱纪行为给城市居民社会安全感所带来的负面影响。图 20－8 显示：2009 年期间，中心城市万人刑事案件立案数量为 74.4 件/万人，特大城市为 26.4 件/万人，中小城市为 27.9 件/万人。中心城市与特大城市刑事案件高发重要原因是人口规模大，人口流动性强，难以全方位监控犯罪行为；中小城市则由于社会安全网络建设投入力度有限，同样不容易监控与侦破刑事案件。刑事犯罪行为会对城市居民社会安全感产生重大负面影响，导致其社会安全感弱化，影响城镇居民得的幸福感。对全国 35 个大中城市的调查也发现：城市居民对社会治安的满意率约为 47.7%，基本满意 33.8%，相对其他几项指标这个满意度还比较高，但仍有18.6%的不满意和很不满意率（见表20－7）。

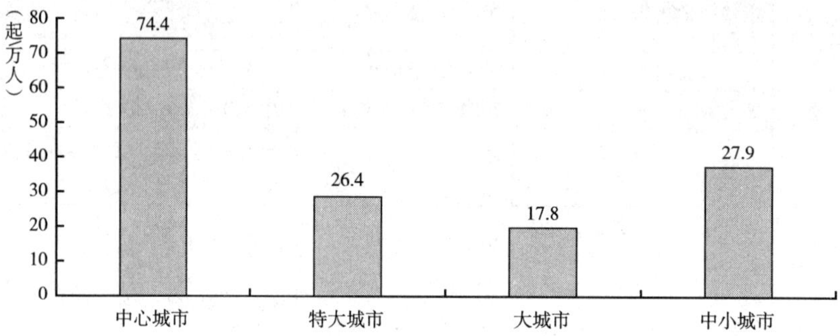

图20－8　中国城市2009年万人刑事案件立案数

资料来源：国家统计局城市司。

表20－7　35个大中城市居民对社会治安的评价

单位：个，%

分　　类	样本数	比重
社会治安存在诸多严重问题,很不满意	239	6.5
社会治安还存在诸多隐患,不满意	444	12.1
社会治安较以前有所好转,基本满意	1242	33.8
社会治安较好,满意	1238	33.7
社会治安良好,非常满意	513	14.0
合　　计	3676	100.0

资料来源：城市与竞争力指数数据库。

二　“城市病”治理策略

基于上述分析，我们认为，治理中国的“城市病”，创造幸福城市，可以从以下几个方面着手。

（一）总体逻辑思路

创造能够让所有城市居民可以快乐工作、生活于其中的幸福城市，关键之一

是针对性治理“城市病”。“城市病”的产生机制表明，城市人口总量增长带来物质生活与精神生活需求的增长，而城市配套建设与管理服务水平所能提供的物质与精神供给无法满足日益增长的需求，供需失衡引发“城市病”，使城市化进程处于不健康或者亚健康状态。因此，治理“城市病”总体上需要从两个基本方向入手（见图20－9）。

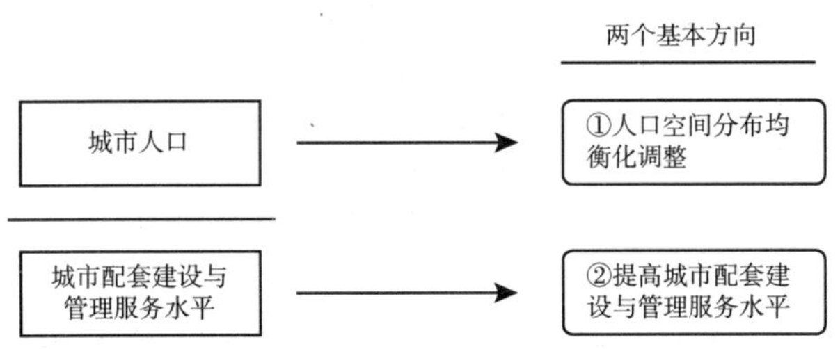

图20－9　城市化健康推进总体逻辑进路

第一种方向是人口空间分布均衡化调整。人口在城市内部、城市之间、城乡之间分布不均，部分区域人口密度过高超出其生态系统与社会系统最大承载能力，但更多区域其人口密度仍位于生态系统与社会系统最大承载能力范围内。人口空间分布均衡化调整目的是推动人口从高密度区域向低密度区域迁移，以满足生态系统与社会系统的承载能力限制。

第二种方向是提高城市配套建设与管理服务水平。生态系统与社会系统的最大承载能力不是恒定不变的，而是与生态资源的利用效率、社会管理的水平呈正相关。因此，提高配套建设与管理服务水平等同于在资源约束条件不变条件下扩大人口承载能力，缓解“城市病”。

（二）城市人口空间分布均衡化调整

人口高度集中于大城市，且在城市内部分布不均衡是引发“城市病”的诱因。缓解或解决“城市病”首先需要促进城市人口在空间分布上向均衡化方向调整。对单个城市而言，可行的思路是通过培育城市副中心，改进城市郊区生活条件及交通可达性，实现城市人口多中心布局，或部分城市人口向郊区转移布局。而超越单个城市，将视角拓展至区域层面，比较有利的尝试是：围绕一个或多个中心城市，培育一批富有活力的中小城市，形成集群式发展的城市群；或沿国家经济主干线（一般为国家交通主干线）促进沿线城市联动发展形成城市带。

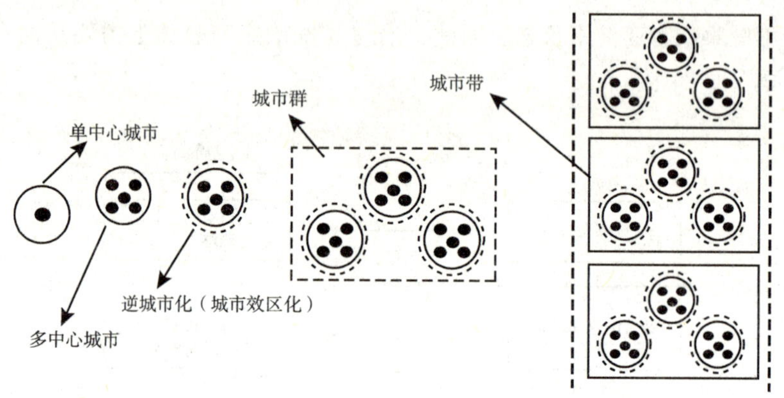

图 20－10　城市人口空间合理化调整逻辑

促进人口空间分布的均衡化调整的具体建议有如下几个方面。

第一，创新规划理念，优化城市内部功能布局。在城市内部考虑以多中心布局替代单中心布局；在城市边缘扩张中，通过建设快捷交通系统促进城市人口向郊区迁移，实施逆城市化进程；在城市空间规划中，降低产业区与生活区的空间距离，降低城市人口日常交通通行频率与距离。

第二，发挥集群外生优势，打造城市群。在经济发展程度较高的京津唐、长三角、珠三角等地区重点培育城市群，降低一、二、三线城市之间的经济差距，增进城市之间的互动互联，强化基础设施与公共资源共享，逐步形成富有竞争力的城市群。

第三，依托经济主干线，协同城市带空间。以长江、黄河、珠江等航运干线，京广、京沪、新亚欧大陆桥等铁路干线，国家高速公路主干线等国家经济主干线为依托，实施长江战略等经济主干线城市重大合作战略，促进沿经济主干线城市之间的空间合作协同，打造形成若干城市带。

第四，发展中小城镇，实现点状布局。紧紧抓住国家大力推进新农村建设的战略契机，加快实施农村社区化建设，完善农村生活、商业配套设施建设发展中小城镇，实现城镇居民点状集中布局。

（三）提高配套建设与管理服务水平

2010 年，上海世博会主题为“城市，让生活更美好”。探索创造可以为市民实现美好生活的未来“和谐城市”是贯穿上海世博会的核心理念。为此，上海世博会特设“城市最佳实践区”，以“集中体现全球具有代表性的城市为提高城市生活质量所做的公认的、创新和有价值的各种实践方案和实物，同时也为世界各城市提供了一个交流城市建设经验的平台。”①

这些全球城市最佳实践案例为解决“城市病”提供了极为有益的启示与借鉴。如不来梅市强调通过创新城市交通解决方案来缓解城市交通堵塞；鹿特丹、巴黎、大阪、杭州、广州、伊兹密尔在如何合理利用水资源方面给出了自己的解答；旧金山非常重视通过全球合作来实践低碳城市理念；罗阿、波恩、台北展现了对于优化利用资源的解决之道；马歇尔、弗赖堡、唐山则为衰落中的城市社区复兴给出了有益参考；深圳大芬村案例证明了城市贫困区域完全可以发展成为城市特色区域；杜塞尔多夫、弗洛茨瓦夫、香港为便利而舒适的市民生活提出了巧妙的构想；博洛尼亚、阿雷格里港、延边为促进社会融合、增进社会安全贡献了独到的思想。

具体来讲，提高中国城市配套建设与管理水平主要可以从以下几个方面进行。

第一，创新完善交通体系，改进通勤效率。合理调整城市功能空间规划，减少市民工作与生活空间的过度隔离，在严重拥堵的特大型城市及中心城市规划建设若干副中心，缓解城市交通压力。大力发展公共交通，一方面要增大公共交通运输能力；另一方面适度降低市民的公共交通出行成本；适度限制私家汽车使用频率及范围，降低交通总流量。

第二，提高生态资源利用效率，增进生态资源供给与循环。鼓励发展节能性环保产业，降低产业发展对能源、水资源、空气等生态资源的消耗或破坏；支持探索循环经济模式，以更少资源实现更多经济价值生产；加强节能环保宣传，鼓励城市居民开展日常生活节能环保；加强城市绿地资源建设，提高生态环境自我净化能力。

---

① 资料来源：上海世博会官方网站。

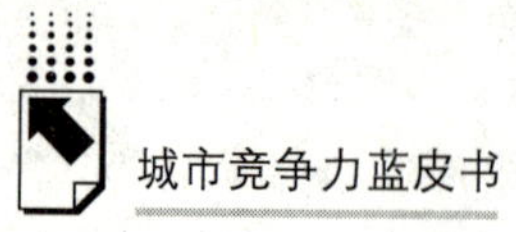

表 20－8 治理“城市病”的全球案例：上海世博会城市最佳实践案例

“城市病”特征	案例城市	最佳实践方案
交通堵塞	不来梅案例	从知识到创新:城市交通解决方案
	欧登塞案例	自行车的复活
环境污染	意大利环境署案例	意大利风格的可持续发展城市
	圣保罗案例	清洁城市法案
	日内瓦、苏黎世、巴塞尔案例	改善水质,让城市生活更美好
	鹿特丹案例	水城鹿特丹
	巴黎/巴黎大区案例	一条母亲河、一处名胜地、一种生活态度
	大阪案例	环境先进城市·水都大阪的挑战
	杭州案例	以西湖为核心的“五水共导”治水实践造就“品质杭州”
	广州案例	城市建设可持续发展——水环境治理行动
	伊兹密尔案例	“城市沟渠再造”:伊兹密尔的城市排污工程
	旧金山案例	全球变暖:通过姐妹城市合作,为国家模型探求本地方案
	罗阿案例	城市环境下的环保能源和可持续家园;城市节能照明系统
	波恩－布卡拉案例	节能从学校抓起
	台北案例	迈向资源循环永续社会的城市典范
	蒙特利尔案例	圣米歇尔区的环境复合工程——一个世界级的最佳实践
	马尔默案例	旧工业城市的可持续发展项目
	弗赖堡案例	弗赖堡沃邦居住区:旧军营生态改造范例
	唐山案例	唐山市南部采煤沉降区生态治理工程
城市贫困	深圳案例	深圳大芬村:一个城中村的再生故事
居民健康	杜塞尔多夫案例	经济发展与生活方式共生:宜居家园和可持续发展作为城市的战略目标和成就
	弗洛茨瓦夫案例	悠闲城市
	香港案例	智能卡、智能城市、智能生活
社会安全	博洛尼亚案例	博洛尼亚的文化创意产业发展和社会包容政策
	阿雷格里港案例	基于地方社会共识的管治实践:促进社会融合战略
	延边案例	东北亚的绿色生态“金三角”,多民族的和谐幸福大家园

注：本表只列举上海世博会城市最佳案例中的部分案例，非完全列举。

第三，提高就业吸纳能力，拉动居民收入增长。继续保持或扩大第二产业优势，为产业工人提供就业机会；部分经济发展水平达到较高水平的重点城市，大力发展就业吸纳能力高的第三产业，形成高素质的人才服务市场；制定实施城市

居民收入增长计划，适度提高最低工资标准与最低保障水平，拉动城市居民收入增长，降低贫困人口比重，提高城市居民生活水平。

第四，加大商品住房供给能力，提高公共住房保障水平。鼓励住房问题相对较为严重的城市增加土地供应总量，鼓励住房开发企业加大住房开发力度，打击住房市场投机违法行为，加大商品住房市场供给能力；通过国家宏观调控、政策引导等形式，通过财政转移支付提高公共住房保障专项资金，吸引专业住房开发企业进入公共住房建设开发领域，提高公共住房保障水平。

第五，提高卫生医疗体系质量，扩大医疗保障覆盖。建设高质量专业医院，扩大社区医院覆盖面与医疗服务能力，为城市居民提供更加专业，更加便捷的医疗服务；完善城市居民医疗保障覆盖面，逐步提高医疗保障水平，降低居民个人医疗费用，解除城市居民后顾之忧；探索流动人口医疗保障与医疗服务新模式，为流动人口提供更加人性化的医疗服务；鼓励民众积极开展体育、文娱活动，强健体魄，愉悦身心。

第六，增进灾害防范意识，提高灾害应急处置能力。加大城市灾害宣传力度，增进城市居民灾害防范意识，降低城市灾害发生概率；在灾害易发区域建设完善监控体系，及时防范或发现灾害的产生；建立城市灾害处置预案，完善应急机制，提高危害处置队伍职业素质，提高灾害应急处置能力。

第七，完善社会安全网络建设，增强居民社会安全感。增强城市居民的公民意识，实施预防犯罪教育；建设城市安全监控体系，为侦破犯罪案件提供软硬件支持；加强公检法队伍建设，提高从业人员职业素质与道德水平；及时侦破重大案件并保持信息透明，增强城市居民社会安全感。

第五部分

重点城市报告

Part Ⅴ Main Cities Report

B.21

第二十一章 中国56个重点城市竞争力对标

中国经济的高速发展造就了一个个以城市为中心的经济亮点，它们在祖国的版图上交相呼应、熠熠生辉。以下按综合竞争力排名顺序给出中国56个重要城市各项竞争力指标得分和排名（见表21-1至表21-14），以期为政府部门、海内外企业投资和人才创业提供参考。各项竞争力评价指标体系共三级指标，本章仅提供二级指标。更详尽的数据请向“城市与竞争力指数数据库”。

表21-1 港沪双星闪耀 京深南北遥望

香港		上海		指标名称	北京		深圳	
得分	排名	得分	排名		得分	排名	得分	排名
1.000	1	0.892	2	YY 综合竞争力	0.881	3	0.859	4
0.256	288	0.621	267	Y1 综合增长指数	0.626	265	0.723	193
0.979	2	1.000	1	Y2 经济规模指数	0.893	3	0.731	5
0.966	2	0.606	14	Y3 经济效率指数	0.460	32	0.609	13
0.818	4	0.618	55	Y4 发展成本指数	0.569	101	0.615	60

续表

香港		上海		指标名称	北京		深圳	
得分	排名	得分	排名		得分	排名	得分	排名
0.992	2	0.735	3	Y5 产业层次指数	1.000	1	0.685	6
1.000	1	0.408	9	Y6 收入水平指数	0.378	10	0.365	11
0.797	271	0.833	205	Y7 幸福感指数	0.928	9	0.815	243
1.000	1	0.953	2	Z1 人才竞争力	0.887	3	0.650	9
0.380	32	1.000	1	Z1.1 人力资源数量指数	0.881	2	0.789	4
1.000	1	0.603	3	Z1.2 人力资源质量指数	0.623	2	0.564	5
0.881	21	0.910	12	Z1.3 人力资源配置指数	0.923	9	0.865	29
1.000	1	0.363	7	Z1.4 人力资源需求指数	0.428	3	0.302	11
1.000	1	0.820	2	Z1.5 人力资源教育指数	0.719	3	0.338	36
1.000	1	0.846	3	Z2 资本竞争力	0.859	2	0.625	4
1.000	1	0.621	3	Z2.1 资本数量指数	0.755	2	0.322	14
0.999	2	0.862	26	Z2.2 资本质量指数	0.782	46	0.840	33
0.955	2	1.000	1	Z2.3 金融控制力指数	0.898	3	0.766	4
1.000	1	0.922	7	Z2.4 资本获得便利性指数	0.989	2	0.896	8
0.212	26	0.823	2	Z3 科学技术竞争力	1.000	1	0.419	4
0.181	18	0.589	2	Z3.1 科技实力指数	1.000	1	0.282	6
0.099	39	0.955	2	Z3.2 科技创新能力指数	1.000	1	0.391	4
0.650	16	0.876	2	Z3.3 科技转化能力指数	1.000	1	0.793	3
1.000	1	0.861	5	Z4 结构竞争力	0.787	19	0.866	4
1.000	1	0.615	10	Z4.1 产业结构高级化程度指数	0.731	2	0.563	23
1.000	1	0.642	29	Z4.2 经济结构转化速度指数	0.593	43	0.652	28
0.870	3	0.819	11	Z4.3 经济体系健全度指数	0.761	28	0.799	18
0.872	8	0.802	21	Z4.4 经济体系灵活适应性指数	0.783	27	0.737	34
0.916	5	0.949	3	Z4.5 产业聚集程度指数	0.796	19	0.993	2
0.661	4	1.000	1	Z5 基础设施竞争力	0.711	3	0.582	6
0.780	6	0.844	3	Z5.1 市内基本基础设施指数	1.000	1	0.803	4
0.742	2	1.000	1	Z5.2 对外基本基础设施指数	0.565	3	0.323	11
0.461	37	1.000	1	Z5.3 信息技术基础设施指数	0.625	18	0.650	13
0.590	56	0.864	18	Z5.4 基础设施成本指数	0.871	14	0.825	28
0.903	3	0.966	2	Z6 综合区位竞争力	1.000	1	0.730	8
1.000	1	1.000	1	Z6.1 自然区位便利度指数	0.820	4	0.810	6
0.661	5	1.000	1	Z6.2 经济区位优势指数	0.939	2	0.799	4
0.430	37	0.298	52	Z6.3 资源优势度指数	0.310	51	0.291	53
0.850	2	0.800	3	Z6.4 政治文化区位优势指数	1.000	1	0.475	29
1.000	1	0.649	35	Z7 环境竞争力	0.578	48	0.845	7

续表

香港		上海		指标名称	北京		深圳	
得分	排名	得分	排名		得分	排名	得分	排名
0.741	11	0.730	17	Z7.1 城市环境质量指数	0.611	55	0.687	43
0.819	15	0.683	31	Z7.2 城市环境舒适度指数	0.411	55	0.825	12
1.000	1	0.305	44	Z7.3 城市自然环境优美度指数	0.451	10	0.743	2
0.953	3	0.650	39	Z7.4 城市人工环境优美度指数	0.724	25	0.682	32
0.987	3	0.904	16	Z8 文化竞争力	0.833	43	0.951	6
0.850	22	0.907	5	Z8.1 价值取向指数	0.788	45	1.000	1
0.972	2	0.801	35	Z8.2 创业精神指数	0.787	41	0.926	6
0.961	4	0.946	6	Z8.3 创新氛围指数	0.879	21	0.985	2
0.957	2	0.856	19	Z8.4 交往操守指数	0.767	45	0.818	29
0.945	4	0.675	32	Z9 制度竞争力	0.628	41	0.845	11
1.000	1	0.825	24	Z9.1 产权保护制度指数	0.736	37	0.752	36
0.725	7	0.383	40	Z9.2 个体经济决策自由度指数	0.344	43	0.723	8
1.000	1	0.889	35	Z9.3 市场发育程度指数	0.885	38	0.935	14
0.897	5	0.789	28	Z9.4 政府审批与管制指数	0.740	34	0.830	19
0.896	3	0.808	8	Z9.5 法制健全程度指数	0.824	5	0.639	48
1.000	1	0.680	3	Z10 政府管理竞争力	0.625	8	0.668	4
0.859	6	0.696	30	Z10.1 政府规划能力指数	0.565	53	0.758	22
1.000	1	0.477	2	Z10.2 政府推销能力指数	0.423	3	0.227	7
0.795	4	0.711	18	Z10.3 政府社会凝聚力指数	0.616	43	0.627	38
1.000	1	0.656	5	Z10.4 政府财政能力指数	0.627	6	0.987	2
0.776	4	0.614	26	Z10.5 政府执法能力指数	0.579	38	0.532	48
1.000	1	0.846	19	Z10.6 政府服务能力指数	0.780	28	0.668	49
0.894	3	0.609	32	Z10.7 政府创新能力指数	0.631	28	0.638	27
0.988	2	0.897	8	Z11 企业管理竞争力	0.797	33	0.794	34
0.918	4	0.788	18	Z11.1 管理应用水平	0.692	42	0.759	29
0.985	2	0.947	8	Z11.2 管理技术和经验	0.962	7	0.758	39
0.871	10	0.835	15	Z11.3 激励和约束绩效	0.756	39	0.627	55
0.770	3	0.682	21	Z11.4 产品和服务质量	0.513	50	0.720	11
1.000	1	0.875	5	Z11.5 企业管理经济效益	0.746	22	0.720	32
1.000	1	0.838	4	Z12 开放竞争力	0.725	7	0.838	3
1.000	1	0.693	3	Z12.1 经济国际化程度	0.467	10	0.703	2
0.861	5	0.770	24	Z12.2 经济区域化程度	0.678	51	0.804	14
0.770	11	0.861	5	Z12.3 人文国际化指数	0.938	2	0.872	4
0.894	2	0.804	6	Z12.4 社会交流指数	0.779	8	0.713	18

资料来源：城市与竞争力数据库。

表21－2　广州天津各展南北雄姿　大连长沙沿海内地争雄

广州		天津		指标名称	大连		长沙	
得分	排名	得分	排名		得分	排名	得分	排名
0.843	6	0.803	7	YY 综合竞争力	0.794	8	0.783	9
0.726	188	0.861	40	Y1 综合增长指数	0.842	48	0.818	76
0.741	4	0.674	6	Y2 经济规模指数	0.426	16	0.362	24
0.556	17	0.464	31	Y3 经济效率指数	0.540	19	0.535	20
0.666	34	0.609	68	Y4 发展成本指数	0.672	31	0.753	10
0.593	11	0.498	29	Y5 产业层次指数	0.541	18	0.554	14
0.318	17	0.288	23	Y6 收入水平指数	0.309	19	0.277	28
0.891	48	0.877	75	Y7 幸福感指数	0.848	146	0.863	114
0.759	4	0.701	5	Z1 人才竞争力	0.577	18	0.548	24
0.639	6	0.671	5	Z1.1 人力资源数量指数	0.457	18	0.399	30
0.481	28	0.485	24	Z1.2 人力资源质量指数	0.521	12	0.476	29
0.901	16	0.938	7	Z1.3 人力资源配置指数	0.836	40	0.831	44
0.408	5	0.280	17	Z1.4 人力资源需求指数	0.277	19	0.219	40
0.665	4	0.559	7	Z1.5 人力资源教育指数	0.462	19	0.482	18
0.606	5	0.562	9	Z2 资本竞争力	0.489	19	0.465	30
0.351	10	0.298	15	Z2.1 资本数量指数	0.222	31	0.229	27
0.807	40	0.858	29	Z2.2 资本质量指数	0.821	39	0.917	6
0.706	5	0.653	7	Z2.3 金融控制力指数	0.569	13	0.478	25
0.871	16	0.825	31	Z2.4 资本获得便利性指数	0.785	43	0.801	39
0.270	15	0.362	5	Z3 科学技术竞争力	0.234	21	0.202	30
0.108	40	0.166	22	Z3.1 科技实力指数	0.114	37	0.117	34
0.260	10	0.368	5	Z3.2 科技创新能力指数	0.183	21	0.148	26
0.642	18	0.751	5	Z3.3 科技转化能力指数	0.650	16	0.556	40
0.827	8	0.673	40	Z4 结构竞争力	0.660	44	0.577	52
0.606	11	0.534	32	Z4.1 产业结构高级化程度指数	0.549	27	0.602	12
0.576	49	0.631	31	Z4.2 经济结构转化速度指数	0.622	32	0.249	56
0.793	19	0.694	55	Z4.3 经济体系健全度指数	0.776	23	0.754	30
0.808	20	0.702	39	Z4.4 经济体系灵活适应性指数	0.799	22	0.643	54
0.915	6	0.628	38	Z4.5 产业聚集程度指数	0.556	45	0.610	42
0.774	2	0.605	5	Z5 基础设施竞争力	0.480	24	0.483	23
0.904	2	0.673	10	Z5.1 市内基本基础设施指数	0.605	24	0.633	14
0.504	4	0.373	7	Z5.2 对外基本基础设施指数	0.169	40	0.283	18
0.940	2	0.735	6	Z5.3 信息技术基础设施指数	0.631	17	0.515	30
0.732	51	0.753	48	Z5.4 基础设施成本指数	0.865	16	0.784	42
0.837	4	0.731	7	Z6 综合区位竞争力	0.635	21	0.614	27
0.810	6	1.000	1	Z6.1 自然区位便利度指数	0.810	6	0.601	45
0.810	3	0.419	12	Z6.2 经济区位优势指数	0.430	9	0.347	20

续表

广州		天津		指标名称	大连		长沙	
得分	排名	得分	排名		得分	排名	得分	排名
0.328	50	0.336	49	Z6.3 资源优势度指数	0.372	45	0.452	31
0.700	5	0.750	4	Z6.4 政治文化区位优势指数	0.525	22	0.550	20
0.650	34	0.610	41	Z7 环境竞争力	0.722	26	0.705	31
0.699	38	0.734	16	Z7.1 城市环境质量指数	0.709	30	0.691	41
0.668	32	0.567	44	Z7.2 城市环境舒适度指数	0.813	17	0.610	40
0.394	24	0.287	51	Z7.3 城市自然环境优美度指数	0.345	36	0.413	19
0.600	48	0.715	26	Z7.4 城市人工环境优美度指数	0.661	37	0.855	9
0.900	18	0.772	52	Z8 文化竞争力	0.874	30	0.851	39
0.863	17	0.795	42	Z8.1 价值取向指数	0.860	19	0.723	56
0.866	17	0.685	53	Z8.2 创业精神指数	0.833	25	0.847	21
0.921	12	0.784	52	Z8.3 创新氛围指数	0.893	17	0.838	39
0.825	26	0.734	49	Z8.4 交往操守指数	0.799	35	0.818	29
0.660	38	0.674	33	Z9 制度竞争力	0.666	36	0.662	37
0.809	26	0.760	33	Z9.1 产权保护制度指数	0.766	32	0.685	44
0.392	39	0.460	30	Z9.2 个体经济决策自由度指数	0.437	32	0.444	31
0.905	27	0.844	49	Z9.3 市场发育程度指数	0.902	30	0.970	2
0.795	26	0.726	40	Z9.4 政府审批与管制指数	0.695	45	0.631	53
0.665	45	0.657	46	Z9.5 法制健全程度指数	0.708	34	0.822	6
0.538	25	0.527	29	Z10 政府管理竞争力	0.525	31	0.616	9
0.601	45	0.732	27	Z10.1 政府规划能力指数	0.614	43	0.804	12
0.264	4	0.173	9	Z10.2 政府推销能力指数	0.133	17	0.111	22
0.601	48	0.613	44	Z10.3 政府社会凝聚力指数	0.598	51	0.732	16
0.497	17	0.521	13	Z10.4 政府财政能力指数	0.530	11	0.509	15
0.528	49	0.555	44	Z10.5 政府执法能力指数	0.563	42	0.795	3
0.750	36	0.655	51	Z10.6 政府服务能力指数	0.761	32	0.885	13
0.549	45	0.532	50	Z10.7 政府创新能力指数	0.604	34	0.783	7
0.835	24	0.776	40	Z11 企业管理竞争力	0.790	36	0.853	19
0.750	30	0.692	42	Z11.1 管理应用水平	0.700	40	0.765	28
0.856	20	0.826	26	Z11.2 管理技术和经验	0.856	20	0.818	27
0.794	29	0.721	44	Z11.3 激励和约束绩效	0.740	41	0.844	13
0.645	32	0.539	49	Z11.4 产品和服务质量	0.566	44	0.683	19
0.786	12	0.823	7	Z11.5 企业管理经济效益	0.782	14	0.815	9
0.732	6	0.512	20	Z12 开放竞争力	0.535	18	0.385	34
0.539	8	0.283	18	Z12.1 经济国际化程度	0.311	14	0.141	33
0.730	36	0.674	52	Z12.2 经济区域化程度	0.727	38	0.791	17
0.809	8	0.681	19	Z12.3 人文国际化指数	0.677	20	0.509	36
0.818	5	0.610	42	Z12.4 社会交流指数	0.647	33	0.633	36

资料来源：城市与竞争力数据库。

表21-3　杭州青岛共展魅力之城　佛山澳门同现岭南风范

杭州		青岛		指标名称	佛山		澳门	
得分	排名	得分	排名		得分	排名	得分	排名
0.781	10	0.781	11	YY 综合竞争力	0.778	12	0.773	13
0.685	223	0.828	60	Y1 综合增长指数	0.879	30	0.676	231
0.502	10	0.408	18	Y2 经济规模指数	0.550	8	0.140	97
0.489	26	0.528	21	Y3 经济效率指数	0.646	9	0.801	6
0.551	115	0.677	28	Y4 发展成本指数	0.592	82	0.611	61
0.592	12	0.489	31	Y5 产业层次指数	0.370	89	0.547	15
0.326	16	0.298	21	Y6 收入水平指数	0.248	38	0.592	3
0.851	141	0.877	78	Y7 幸福感指数	0.886	56	0.887	54
0.669	7	0.538	25	Z1 人才竞争力	0.503	35	0.625	12
0.559	9	0.429	21	Z1.1 人力资源数量指数	0.337	46	0.401	28
0.467	34	0.492	22	Z1.2 人力资源质量指数	0.495	21	0.439	49
1.000	1	0.956	5	Z1.3 人力资源配置指数	0.869	28	0.828	46
0.290	14	0.277	19	Z1.4 人力资源需求指数	0.279	18	0.537	2
0.553	8	0.365	33	Z1.5 人力资源教育指数	0.381	29	0.508	15
0.605	6	0.491	17	Z2 资本竞争力	0.433	37	0.446	33
0.328	12	0.188	44	Z2.1 资本数量指数	0.215	35	0.154	55
0.987	3	0.888	19	Z2.2 资本质量指数	0.790	45	0.768	53
0.656	6	0.562	15	Z2.3 金融控制力指数	0.438	35	0.622	8
0.976	3	0.890	11	Z2.4 资本获得便利性指数	0.808	37	0.517	56
0.334	8	0.250	16	Z3 科学技术竞争力	0.210	29	0.132	53
0.217	12	0.202	15	Z3.1 科技实力指数	0.052	53	0.082	48
0.294	7	0.151	24	Z3.2 科技创新能力指数	0.189	18	0.022	55
0.711	10	0.675	13	Z3.3 科技转化能力指数	0.607	25	0.598	27
0.891	3	0.762	25	Z4 结构竞争力	0.798	15	0.774	20
0.574	20	0.535	30	Z4.1 产业结构高级化程度指数	0.483	46	0.676	3
0.664	26	0.555	54	Z4.2 经济结构转化速度指数	0.618	34	0.585	46
0.865	4	0.807	15	Z4.3 经济体系健全度指数	0.816	13	1.000	1
0.824	16	0.898	5	Z4.4 经济体系灵活适应性指数	0.779	28	0.790	26
1.000	1	0.778	21	Z4.5 产业聚集程度指数	0.873	10	0.750	25
0.538	14	0.576	8	Z5 基础设施竞争力	0.561	9	0.380	45
0.656	11	0.655	12	Z5.1 市内基本基础设施指数	0.570	33	0.372	56
0.295	15	0.370	8	Z5.2 对外基本基础设施指数	0.277	19	0.275	20
0.648	14	0.674	9	Z5.3 信息技术基础设施指数	0.772	4	0.352	48
0.753	48	0.724	52	Z5.4 基础设施成本指数	0.749	50	0.867	15
0.689	14	0.643	20	Z6 综合区位竞争力	0.554	43	0.629	24
0.725	18	0.810	6	Z6.1 自然区位便利度指数	0.681	22	0.810	6
0.410	14	0.282	29	Z6.2 经济区位优势指数	0.505	6	0.429	10

续表

杭州		青岛		指标名称	佛山		澳门	
得分	排名	得分	排名		得分	排名	得分	排名
0.386	43	0.593	17	Z6.3 资源优势度指数	0.360	47	0.181	56
0.700	5	0.475	29	Z6.4 政治文化区位优势指数	0.300	39	0.700	5
0.920	2	0.783	13	Z7 环境竞争力	0.727	25	0.791	12
0.690	42	0.749	8	Z7.1 城市环境质量指数	0.707	32	0.841	2
0.937	4	0.811	18	Z7.2 城市环境舒适度指数	0.767	20	0.750	25
0.543	4	0.413	19	Z7.3 城市自然环境优美度指数	0.395	23	0.366	29
0.948	5	0.793	15	Z7.4 城市人工环境优美度指数	0.699	28	0.936	6
0.948	7	0.960	5	Z8 文化竞争力	0.874	29	0.893	22
0.920	4	0.890	11	Z8.1 价值取向指数	0.803	40	0.816	35
0.884	12	0.921	8	Z8.2 创业精神指数	0.833	25	0.843	22
0.941	8	0.914	13	Z8.3 创新氛围指数	0.852	32	0.876	23
0.904	11	0.933	6	Z8.4 交往操守指数	0.847	20	0.870	16
0.725	26	0.626	43	Z9 制度竞争力	0.784	17	0.764	21
0.909	6	0.846	18	Z9.1 产权保护制度指数	0.878	11	0.838	20
0.406	35	0.286	51	Z9.2 个体经济决策自由度指数	0.572	17	0.488	27
0.911	24	0.915	21	Z9.3 市场发育程度指数	0.909	25	0.953	5
0.878	10	0.842	17	Z9.4 政府审批与管制指数	0.780	29	0.823	21
0.830	4	0.747	22	Z9.5 法制健全程度指数	0.723	28	0.934	2
0.630	7	0.599	12	Z10 政府管理竞争力	0.510	36	0.792	2
0.781	17	0.811	10	Z10.1 政府规划能力指数	0.570	52	0.819	9
0.180	8	0.120	19	Z10.2 政府推销能力指数	0.037	35	0.243	6
0.777	6	0.754	11	Z10.3 政府社会凝聚力指数	0.694	23	0.944	2
0.512	14	0.489	20	Z10.4 政府财政能力指数	0.436	29	0.877	4
0.709	8	0.701	10	Z10.5 政府执法能力指数	0.626	21	0.799	2
0.964	5	0.918	7	Z10.6 政府服务能力指数	0.837	21	0.997	2
0.741	12	0.698	18	Z10.7 政府创新能力指数	0.694	20	0.939	2
1.000	1	0.963	6	Z11 企业管理竞争力	0.881	10	0.988	3
1.000	1	0.934	3	Z11.1 管理应用水平	0.873	7	0.774	23
0.985	2	0.970	4	Z11.2 管理技术和经验	0.879	14	0.970	4
1.000	1	0.937	2	Z11.3 激励和约束绩效	0.850	11	0.920	4
0.766	5	0.750	7	Z11.4 产品和服务质量	0.700	15	1.000	1
0.787	11	0.782	14	Z11.5 企业管理经济效益	0.680	49	0.767	18
0.541	17	0.638	10	Z12 开放竞争力	0.415	29	0.705	8
0.197	23	0.388	13	Z12.1 经济国际化程度	0.171	29	0.527	9
0.822	10	0.805	12	Z12.2 经济区域化程度	0.723	39	1.000	1
0.820	7	0.794	9	Z12.3 人文国际化指数	0.542	31	0.728	13
0.776	9	0.758	11	Z12.4 社会交流指数	0.688	26	0.731	15

资料来源：城市与竞争力数据库。

表21－4　东莞苏州异彩纷呈　沈阳无锡英雄相惜

东莞		苏州		指标名称	沈阳		无锡	
得分	排名	得分	排名		得分	排名	得分	排名
0.770	14	0.768	15	YY 综合竞争力	0.762	16	0.762	17
0.746	170	0.753	159	Y1 综合增长指数	0.896	27	0.734	178
0.481	13	0.424	17	Y2 经济规模指数	0.474	14	0.404	19
0.655	8	0.528	22	Y3 经济效率指数	0.443	38	0.545	18
0.532	131	0.616	57	Y4 发展成本指数	0.716	21	0.611	63
0.446	48	0.478	33	Y5 产业层次指数	0.458	39	0.450	47
0.279	26	0.330	15	Y6 收入水平指数	0.226	55	0.310	18
0.848	149	0.794	276	Y7 幸福感指数	0.868	97	0.871	87
0.555	23	0.622	13	Z1 人才竞争力	0.590	17	0.562	22
0.522	13	0.449	19	Z1.1 人力资源数量指数	0.497	14	0.411	25
0.566	4	0.516	15	Z1.2 人力资源质量指数	0.486	23	0.533	10
0.882	20	0.957	4	Z1.3 人力资源配置指数	0.842	37	0.931	8
0.413	4	0.325	8	Z1.4 人力资源需求指数	0.242	30	0.312	9
0.265	46	0.514	13	Z1.5 人力资源教育指数	0.486	17	0.416	23
0.420	42	0.584	7	Z2 资本竞争力	0.489	20	0.492	16
0.177	46	0.438	4	Z2.1 资本数量指数	0.230	26	0.326	13
0.759	54	0.922	5	Z2.2 资本质量指数	0.833	36	0.883	21
0.443	34	0.524	22	Z2.3 金融控制力指数	0.547	17	0.434	36
0.828	30	0.931	5	Z2.4 资本获得便利性指数	0.821	33	0.879	14
0.236	19	0.465	3	Z3 科学技术竞争力	0.228	22	0.275	13
0.115	35	0.230	10	Z3.1 科技实力指数	0.164	23	0.209	14
0.213	12	0.561	3	Z3.2 科技创新能力指数	0.151	24	0.186	19
0.564	35	0.637	19	Z3.3 科技转化能力指数	0.611	24	0.702	11
0.750	28	0.918	2	Z4 结构竞争力	0.635	47	0.757	26
0.535	30	0.509	40	Z4.1 产业结构高级化程度指数	0.555	25	0.525	34
0.572	50	0.942	2	Z4.2 经济结构转化速度指数	0.610	37	0.706	12
0.806	16	0.865	4	Z4.3 经济体系健全度指数	0.742	37	0.846	8
0.720	38	1.000	1	Z4.4 经济体系灵活适应性指数	0.680	45	0.861	9
0.799	17	0.877	9	Z4.5 产业聚集程度指数	0.550	48	0.697	30
0.551	11	0.456	28	Z5 基础设施竞争力	0.393	42	0.471	27
0.762	7	0.655	12	Z5.1 市内基本基础设施指数	0.612	23	0.628	16
0.356	9	0.064	48	Z5.2 对外基本基础设施指数	0.086	44	0.188	33
0.559	25	0.664	11	Z5.3 信息技术基础设施指数	0.459	38	0.588	21
0.783	43	0.834	23	Z5.4 基础设施成本指数	0.977	2	0.802	38
0.508	50	0.565	39	Z6 综合区位竞争力	0.702	12	0.515	48
0.810	6	0.810	6	Z6.1 自然区位便利度指数	0.725	18	0.766	16
0.442	7	0.302	24	Z6.2 经济区位优势指数	0.421	11	0.280	30

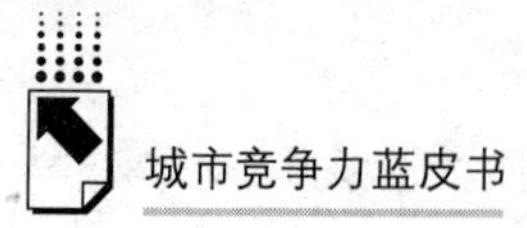

续表

东莞		苏州		指标名称	沈阳		无锡	
得分	排名	得分	排名		得分	排名	得分	排名
0.261	55	0.449	33	Z6.3 资源优势度指数	0.457	28	0.408	40
0.300	39	0.400	35	Z6.4 政治文化区位优势指数	0.650	14	0.350	36
0.742	22	0.892	4	Z7 环境竞争力	0.599	44	0.756	17
0.720	25	0.764	5	Z7.1 城市环境质量指数	0.687	43	0.745	10
0.750	25	0.895	6	Z7.2 城市环境舒适度指数	0.591	42	0.783	19
0.517	6	0.438	13	Z7.3 城市自然环境优美度指数	0.293	48	0.376	26
0.658	38	1.000	1	Z7.4 城市人工环境优美度指数	0.644	42	0.780	17
0.866	35	0.915	12	Z8 文化竞争力	0.836	42	0.895	21
0.937	3	0.875	14	Z8.1 价值取向指数	0.790	44	0.903	7
0.764	46	0.769	45	Z8.2 创业精神指数	0.764	46	0.829	29
0.875	24	0.932	9	Z8.3 创新氛围指数	0.855	30	0.909	15
0.808	32	0.933	6	Z8.4 交往操守指数	0.806	33	0.830	25
0.830	12	0.850	10	Z9 制度竞争力	0.678	31	0.929	6
0.792	29	0.882	10	Z9.1 产权保护制度指数	0.735	38	0.906	7
0.693	10	0.632	14	Z9.2 个体经济决策自由度指数	0.464	29	0.777	5
0.901	31	0.946	8	Z9.3 市场发育程度指数	0.903	29	0.871	42
0.774	30	0.883	7	Z9.4 政府审批与管制指数	0.733	36	0.881	8
0.678	40	0.804	9	Z9.5 法制健全程度指数	0.676	41	0.761	18
0.533	27	0.607	11	Z10 政府管理竞争力	0.460	49	0.551	22
0.736	25	0.847	7	Z10.1 政府规划能力指数	0.614	43	0.777	18
0.114	21	0.138	14	Z10.2 政府推销能力指数	0.121	18	0.080	28
0.600	49	0.709	19	Z10.3 政府社会凝聚力指数	0.625	40	0.681	25
0.548	9	0.543	10	Z10.4 政府财政能力指数	0.404	39	0.523	12
0.559	43	0.650	17	Z10.5 政府执法能力指数	0.512	52	0.618	24
0.710	43	0.872	15	Z10.6 政府服务能力指数	0.633	53	0.804	25
0.592	40	0.698	18	Z10.7 政府创新能力指数	0.494	54	0.613	30
0.809	30	0.965	5	Z11 企业管理竞争力	0.764	43	0.879	11
0.773	24	0.882	5	Z11.1 管理应用水平	0.670	46	0.802	14
0.795	34	1.000	1	Z11.2 管理技术和经验	0.773	37	0.833	25
0.766	38	0.889	7	Z11.3 激励和约束绩效	0.730	42	0.814	25
0.652	31	0.743	8	Z11.4 产品和服务质量	0.596	38	0.697	17
0.694	45	0.907	3	Z11.5 企业管理经济效益	0.746	22	0.917	2
0.894	2	0.789	5	Z12 开放竞争力	0.394	33	0.517	19
0.665	4	0.598	5	Z12.1 经济国际化程度	0.137	34	0.243	20
0.780	19	0.849	6	Z12.2 经济区域化程度	0.752	29	0.787	18
1.000	1	0.888	3	Z12.3 人文国际化指数	0.557	30	0.729	12
1.000	1	0.738	14	Z12.4 社会交流指数	0.616	41	0.642	34

资料来源：城市与竞争力数据库。

表21－5　南京武汉共享黄金水道　宁波厦门雄踞东南之滨

南京		武汉		指标名称	宁波		厦门	
得分	排名	得分	排名		得分	排名	得分	排名
0.749	19	0.747	20	YY 综合竞争力	0.745	21	0.734	22
0.726	189	0.812	79	Y1 综合增长指数	0.643	258	0.694	218
0.485	12	0.490	11	Y2 经济规模指数	0.388	20	0.312	33
0.382	59	0.445	37	Y3 经济效率指数	0.504	25	0.452	34
0.590	84	0.611	62	Y4 发展成本指数	0.508	160	0.610	66
0.519	24	0.513	26	Y5 产业层次指数	0.478	34	0.465	36
0.285	24	0.215	58	Y6 收入水平指数	0.352	12	0.343	13
0.852	140	0.824	228	Y7 幸福感指数	0.877	77	0.851	142
0.656	8	0.694	6	Z1 人才竞争力	0.594	14	0.636	10
0.568	8	0.548	11	Z1.1 人力资源数量指数	0.622	7	0.420	24
0.536	9	0.496	20	Z1.2 人力资源质量指数	0.551	7	0.485	24
0.902	15	0.956	5	Z1.3 人力资源配置指数	0.847	35	0.963	3
0.292	13	0.262	24	Z1.4 人力资源需求指数	0.308	10	0.266	22
0.528	12	0.641	5	Z1.5 人力资源教育指数	0.345	35	0.606	6
0.537	10	0.519	13	Z2 资本竞争力	0.532	11	0.482	21
0.272	19	0.262	23	Z2.1 资本数量指数	0.413	7	0.171	48
0.892	16	0.889	18	Z2.2 资本质量指数	0.913	8	0.928	4
0.602	10	0.566	14	Z2.3 金融控制力指数	0.457	29	0.580	11
0.852	23	0.859	21	Z2.4 资本获得便利性指数	0.819	34	0.784	44
0.298	11	0.308	10	Z3 科学技术竞争力	0.288	12	0.186	38
0.278	7	0.210	13	Z3.1 科技实力指数	0.162	24	0.113	38
0.193	17	0.236	11	Z3.2 科技创新能力指数	0.263	9	0.068	45
0.685	12	0.747	6	Z3.3 科技转化能力指数	0.633	20	0.728	8
0.818	13	0.666	41	Z4 结构竞争力	0.797	16	0.819	12
0.560	24	0.576	19	Z4.1 产业结构高级化程度指数	0.510	39	0.589	15
0.620	33	0.665	25	Z4.2 经济结构转化速度指数	0.673	21	0.769	8
0.819	11	0.841	10	Z4.3 经济体系健全度指数	0.814	14	0.911	2
0.816	18	0.727	36	Z4.4 经济体系灵活适应性指数	0.849	11	0.910	4
0.880	8	0.552	47	Z4.5 产业聚集程度指数	0.813	13	0.753	24
0.476	25	0.475	26	Z5 基础设施竞争力	0.549	12	0.531	15
0.615	20	0.693	9	Z5.1 市内基本基础设施指数	0.591	26	0.578	30
0.307	13	0.203	30	Z5.2 对外基本基础设施指数	0.293	16	0.232	26
0.471	36	0.573	23	Z5.3 信息技术基础设施指数	0.683	8	0.695	7
0.821	29	0.698	53	Z5.4 基础设施成本指数	0.878	11	0.932	5
0.685	16	0.720	9	Z6 综合区位竞争力	0.490	53	0.632	22
0.640	30	0.820	4	Z6.1 自然区位便利度指数	0.640	30	0.810	6
0.373	18	0.387	16	Z6.2 经济区位优势指数	0.300	25	0.374	17

续表

南京		武汉		指标名称	宁波		厦门	
得分	排名	得分	排名		得分	排名	得分	排名
0.443	35	0.455	29	Z6.3 资源优势度指数	0.419	39	0.370	46
0.700	5	0.700	5	Z6.4 政治文化区位优势指数	0.300	39	0.575	19
0.750	19	0.648	36	Z7 环境竞争力	0.753	18	0.909	3
0.694	40	0.707	32	Z7.1 城市环境质量指数	0.647	50	0.705	36
0.651	35	0.611	39	Z7.2 城市环境舒适度指数	0.751	24	0.966	3
0.459	9	0.383	25	Z7.3 城市自然环境优美度指数	0.429	15	0.426	16
0.899	7	0.689	31	Z7.4 城市人工环境优美度指数	0.796	14	0.973	2
0.907	14	0.897	19	Z8 文化竞争力	0.992	2	0.945	8
0.899	8	0.846	25	Z8.1 价值取向指数	0.948	2	0.895	9
0.870	15	0.954	4	Z8.2 创业精神指数	1.000	1	0.856	19
0.822	43	0.852	32	Z8.3 创新氛围指数	0.952	5	0.929	10
0.875	15	0.789	38	Z8.4 交往操守指数	0.907	10	0.935	5
0.685	28	0.626	42	Z9 制度竞争力	0.766	20	0.757	22
0.833	21	0.650	50	Z9.1 产权保护制度指数	0.832	22	0.856	15
0.322	47	0.401	37	Z9.2 个体经济决策自由度指数	0.529	20	0.490	24
0.652	56	0.889	35	Z9.3 市场发育程度指数	0.912	22	0.930	18
0.973	2	0.728	38	Z9.4 政府审批与管制指数	0.819	22	0.856	13
1.000	1	0.707	35	Z9.5 法制健全程度指数	0.791	11	0.809	7
0.656	5	0.526	30	Z10 政府管理竞争力	0.615	10	0.643	6
0.917	2	0.707	28	Z10.1 政府规划能力指数	0.776	19	0.860	5
0.156	12	0.138	14	Z10.2 政府推销能力指数	0.145	13	0.115	20
1.000	1	0.641	36	Z10.3 政府社会凝聚力指数	0.723	17	0.763	9
0.446	27	0.410	38	Z10.4 政府财政能力指数	0.553	8	0.557	7
1.000	1	0.614	26	Z10.5 政府执法能力指数	0.681	13	0.744	6
0.806	24	0.759	34	Z10.6 政府服务能力指数	0.905	9	0.977	3
0.740	13	0.643	25	Z10.7 政府创新能力指数	0.737	14	0.770	10
0.874	13	0.846	23	Z11 企业管理竞争力	0.860	17	0.988	4
0.787	19	0.794	16	Z11.1 管理应用水平	0.824	11	0.941	2
0.909	11	0.864	18	Z11.2 管理技术和经验	0.902	13	0.970	4
0.839	14	0.818	23	Z11.3 激励和约束绩效	0.835	15	0.930	3
0.709	13	0.656	27	Z11.4 产品和服务质量	0.671	23	0.785	2
0.722	30	0.719	34	Z11.5 企业管理经济效益	0.655	54	0.879	4
0.576	14	0.420	28	Z12 开放竞争力	0.547	16	0.587	12
0.223	21	0.110	38	Z12.1 经济国际化程度	0.299	16	0.301	15
0.896	3	0.756	28	Z12.2 经济区域化程度	0.768	25	0.866	4
0.848	6	0.676	21	Z12.3 人文国际化指数	0.702	16	0.783	10
0.821	4	0.629	37	Z12.4 社会交流指数	0.706	19	0.743	13

资料来源：城市与竞争力数据库。

表21－6　济南合肥同踞黄淮大地　成都包头分列天府草原

济南		合肥		指标名称	成都		包头	
得分	排名	得分	排名		得分	排名	得分	排名
0.732	23	0.730	25	YY 综合竞争力	0.731	24	0.723	27
0.741	173	0.914	20	Y1 综合增长指数	0.783	116	0.985	6
0.385	21	0.297	34	Y2 经济规模指数	0.435	15	0.319	32
0.404	48	0.412	45	Y3 经济效率指数	0.384	58	0.514	23
0.655	38	0.730	17	Y4 发展成本指数	0.732	16	0.443	211
0.522	20	0.450	46	Y5 产业层次指数	0.521	21	0.396	71
0.237	43	0.250	36	Y6 收入水平指数	0.180	89	0.270	32
0.846	155	0.857	128	Y7 幸福感指数	0.864	111	0.929	8
0.594	15	0.576	19	Z1 人才竞争力	0.527	26	0.479	42
0.477	15	0.410	26	Z1.1 人力资源数量指数	0.551	10	0.371	35
0.507	17	0.471	31	Z1.2 人力资源质量指数	0.521	12	0.515	16
0.854	33	0.826	48	Z1.3 人力资源配置指数	0.883	19	0.838	39
0.177	52	0.214	43	Z1.4 人力资源需求指数	0.243	28	0.238	32
0.534	11	0.543	9	Z1.5 人力资源教育指数	0.277	45	0.324	39
0.402	50	0.423	41	Z2 资本竞争力	0.577	8	0.445	34
0.030	56	0.190	43	Z2.1 资本数量指数	0.360	8	0.164	52
0.856	30	0.891	17	Z2.2 资本质量指数	0.907	12	0.603	56
0.524	22	0.465	28	Z2.3 金融控制力指数	0.608	9	0.540	19
0.822	32	0.648	55	Z2.4 资本获得便利性指数	0.861	20	0.862	19
0.273	14	0.187	37	Z3 科学技术竞争力	0.358	6	0.217	24
0.200	16	0.133	31	Z3.1 科技实力指数	0.222	11	0.099	42
0.203	13	0.056	48	Z3.2 科技创新能力指数	0.322	6	0.199	14
0.655	15	0.732	7	Z3.3 科技转化能力指数	0.756	4	0.520	48
0.679	38	0.665	42	Z4 结构竞争力	0.737	31	0.622	51
0.574	20	0.564	22	Z4.1 产业结构高级化程度指数	0.581	18	0.542	29
0.566	52	0.673	21	Z4.2 经济结构转化速度指数	0.731	11	0.614	36
0.740	38	0.791	21	Z4.3 经济体系健全度指数	0.848	7	0.751	32
0.746	33	0.692	42	Z4.4 经济体系灵活适应性指数	0.775	29	0.646	53
0.641	34	0.567	43	Z4.5 产业聚集程度指数	0.651	33	0.533	49
0.488	22	0.409	36	Z5 基础设施竞争力	0.491	21	0.326	53
0.622	19	0.627	17	Z5.1 市内基本基础设施指数	0.615	20	0.533	44
0.292	17	0.240	24	Z5.2 对外基本基础设施指数	0.383	5	0.050	51
0.526	28	0.352	48	Z5.3 信息技术基础设施指数	0.428	40	0.395	45
0.781	44	0.852	20	Z5.4 基础设施成本指数	0.821	29	0.797	39
0.620	26	0.589	35	Z6 综合区位竞争力	0.703	11	0.668	17
0.640	30	0.640	30	Z6.1 自然区位便利度指数	0.745	17	0.601	45
0.241	44	0.272	33	Z6.2 经济区位优势指数	0.419	12	0.410	14

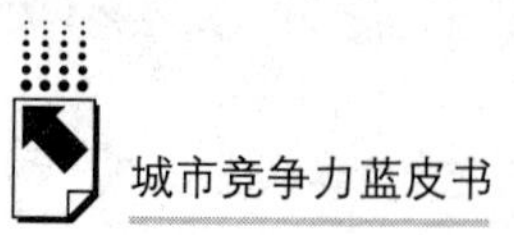

续表

济南		合肥		指标名称	成都		包头	
得分	排名	得分	排名		得分	排名	得分	排名
0.512	20	0.399	42	Z6.3 资源优势度指数	0.454	30	0.626	15
0.600	16	0.600	16	Z6.4 政治文化区位优势指数	0.650	14	0.450	31
0.624	40	0.645	38	Z7 环境竞争力	0.714	30	0.533	52
0.712	29	0.728	19	Z7.1 城市环境质量指数	0.749	8	0.631	53
0.539	48	0.633	36	Z7.2 城市环境舒适度指数	0.728	27	0.532	49
0.359	32	0.356	33	Z7.3 城市自然环境优美度指数	0.348	35	0.264	54
0.742	19	0.665	36	Z7.4 城市人工环境优美度指数	0.752	18	0.556	53
0.889	24	0.931	9	Z8 文化竞争力	0.880	28	0.882	27
0.793	43	0.808	38	Z8.1 价值取向指数	0.855	20	0.843	26
0.843	22	0.917	9	Z8.2 创业精神指数	0.792	39	0.819	31
0.850	34	0.923	11	Z8.3 创新氛围指数	0.945	7	0.896	16
0.885	13	0.892	12	Z8.4 交往操守指数	0.825	26	0.837	23
0.743	24	0.629	40	Z9 制度竞争力	0.705	27	0.669	35
0.826	23	0.691	43	Z9.1 产权保护制度指数	0.647	51	0.797	28
0.489	25	0.394	38	Z9.2 个体经济决策自由度指数	0.533	19	0.406	35
0.931	16	0.875	41	Z9.3 市场发育程度指数	0.898	32	0.946	8
0.835	18	0.686	46	Z9.4 政府审批与管制指数	0.730	37	0.717	41
0.779	15	0.749	21	Z9.5 法制健全程度指数	0.720	29	0.769	16
0.554	21	0.579	15	Z10 政府管理竞争力	0.506	37	0.481	45
0.689	31	0.735	26	Z10.1 政府规划能力指数	0.685	33	0.583	50
0.109	24	0.091	27	Z10.2 政府推销能力指数	0.137	16	0.007	53
0.745	15	0.689	24	Z10.3 政府社会凝聚力指数	0.657	33	0.680	26
0.403	40	0.494	18	Z10.4 政府财政能力指数	0.374	50	0.501	16
0.661	15	0.697	11	Z10.5 政府执法能力指数	0.595	33	0.610	28
0.892	12	0.855	17	Z10.6 政府服务能力指数	0.777	30	0.704	45
0.711	16	0.766	11	Z10.7 政府创新能力指数	0.574	43	0.562	44
0.847	22	0.848	21	Z11 企业管理竞争力	0.818	28	0.775	41
0.780	21	0.825	10	Z11.1 管理应用水平	0.736	32	0.745	31
0.939	9	0.841	24	Z11.2 管理技术和经验	0.818	27	0.697	51
0.816	24	0.809	27	Z11.3 激励和约束绩效	0.768	37	0.820	21
0.615	36	0.656	27	Z11.4 产品和服务质量	0.683	19	0.597	37
0.708	41	0.737	28	Z11.5 企业管理经济效益	0.717	38	0.707	43
0.468	24	0.356	42	Z12 开放竞争力	0.409	31	0.312	51
0.175	27	0.100	40	Z12.1 经济国际化程度	0.093	44	0.062	50
0.704	46	0.759	26	Z12.2 经济区域化程度	0.793	16	0.747	31
0.705	15	0.499	37	Z12.3 人文国际化指数	0.631	24	0.457	44
0.663	31	0.635	35	Z12.4 社会交流指数	0.718	17	0.574	50

资料来源：城市与竞争力数据库。

表21－7　常州呼市各领江南草原风情　烟台中山展示齐鲁岭南风韵

常州		呼和浩特		指标名称	烟台		中山	
得分	排名	得分	排名		得分	排名	得分	排名
0.715	29	0.711	32	YY 综合竞争力	0.710	34	0.704	35
0.749	164	0.836	52	Y1 综合增长指数	0.879	31	0.698	215
0.331	28	0.250	43	Y2 经济规模指数	0.293	36	0.294	35
0.478	28	0.426	42	Y3 经济效率指数	0.438	40	0.616	12
0.578	93	0.639	48	Y4 发展成本指数	0.677	29	0.516	146
0.377	81	0.511	27	Y5 产业层次指数	0.362	95	0.387	75
0.270	33	0.244	39	Y6 收入水平指数	0.234	48	0.242	40
0.900	29	0.840	175	Y7 幸福感指数	0.908	20	0.863	113
0.525	28	0.467	43	Z1 人才竞争力	0.462	44	0.510	32
0.400	29	0.299	55	Z1.1 人力资源数量指数	0.361	39	0.345	43
0.561	6	0.465	35	Z1.2 人力资源质量指数	0.448	45	0.547	8
0.912	11	0.818	49	Z1.3 人力资源配置指数	0.877	25	0.872	26
0.220	39	0.242	30	Z1.4 人力资源需求指数	0.274	21	0.294	12
0.384	27	0.368	32	Z1.5 人力资源教育指数	0.279	44	0.369	31
0.432	38	0.411	47	Z2 资本竞争力	0.490	18	0.385	53
0.207	37	0.171	48	Z2.1 资本数量指数	0.272	19	0.163	53
0.840	33	0.894	15	Z2.2 资本质量指数	0.908	10	0.775	49
0.419	39	0.420	37	Z2.3 金融控制力指数	0.471	27	0.374	45
0.852	23	0.764	46	Z2.4 资本获得便利性指数	0.893	9	0.813	35
0.236	20	0.102	56	Z3 科学技术竞争力	0.198	32	0.167	46
0.143	29	0.033	56	Z3.1 科技实力指数	0.199	17	0.059	52
0.164	22	0.032	53	Z3.2 科技创新能力指数	0.079	44	0.095	42
0.664	14	0.477	55	Z3.3 科技转化能力指数	0.585	30	0.627	21
0.681	36	0.634	48	Z4 结构竞争力	0.679	37	0.764	24
0.506	43	0.667	4	Z4.1 产业结构高级化程度指数	0.469	52	0.482	47
0.608	39	0.617	35	Z4.2 经济结构转化速度指数	0.586	45	0.602	41
0.771	26	0.658	56	Z4.3 经济体系健全度指数	0.857	6	0.844	9
0.750	32	0.653	52	Z4.4 经济体系灵活适应性指数	0.847	12	0.733	35
0.638	35	0.533	49	Z4.5 产业聚集程度指数	0.613	41	0.820	11
0.392	43	0.401	39	Z5 基础设施竞争力	0.428	30	0.577	7
0.554	38	0.580	27	Z5.1 市内基本基础设施指数	0.551	39	0.574	31
0.081	46	0.088	43	Z5.2 对外基本基础设施指数	0.231	27	0.187	34
0.515	30	0.526	28	Z5.3 信息技术基础设施指数	0.450	39	0.897	3
0.865	16	0.829	27	Z5.4 基础设施成本指数	0.849	21	0.818	33
0.480	55	0.697	13	Z6 综合区位竞争力	0.564	42	0.486	54
0.643	28	0.601	45	Z6.1 自然区位便利度指数	0.601	45	0.681	22
0.263	35	0.292	26	Z6.2 经济区位优势指数	0.245	41	0.337	21

续表

常州		呼和浩特		指标名称	烟台		中山	
得分	排名	得分	排名		得分	排名	得分	排名
0.430	37	0.821	5	Z6.3 资源优势度指数	0.678	12	0.356	48
0.300	39	0.450	31	Z6.4 政治文化区位优势指数	0.300	39	0.300	39
0.758	16	0.502	55	Z7 环境竞争力	0.800	10	0.798	11
0.728	19	0.628	54	Z7.1 城市环境质量指数	0.697	39	0.669	48
0.826	11	0.544	47	Z7.2 城市环境舒适度指数	0.904	5	0.833	9
0.300	46	0.281	52	Z7.3 城市自然环境优美度指数	0.404	21	0.369	27
0.799	13	0.420	56	Z7.4 城市人工环境优美度指数	0.726	24	0.868	8
0.928	10	0.786	48	Z8 文化竞争力	0.964	4	1.000	1
0.818	34	0.800	41	Z8.1 价值取向指数	0.906	6	0.854	21
0.880	13	0.741	50	Z8.2 创业精神指数	0.889	11	0.935	5
0.911	14	0.802	48	Z8.3 创新氛围指数	0.962	3	1.000	1
0.916	9	0.714	51	Z8.4 交往操守指数	0.937	4	1.000	1
0.946	3	0.538	51	Z9 制度竞争力	0.946	2	0.945	5
0.894	8	0.683	45	Z9.1 产权保护制度指数	0.946	4	0.947	2
0.816	2	0.269	53	Z9.2 个体经济决策自由度指数	0.787	3	0.787	3
0.917	20	0.931	16	Z9.3 市场发育程度指数	0.928	19	0.942	10
0.845	16	0.702	44	Z9.4 政府审批与管制指数	0.885	6	0.852	14
0.761	18	0.584	56	Z9.5 法制健全程度指数	0.755	20	0.781	13
0.570	17	0.415	56	Z10 政府管理竞争力	0.544	23	0.593	13
0.789	15	0.416	56	Z10.1 政府规划能力指数	0.784	16	0.829	8
0.027	39	0.007	53	Z10.2 政府推销能力指数	0.021	42	0.047	32
0.750	12	0.575	52	Z10.3 政府社会凝聚力指数	0.750	12	0.796	3
0.468	24	0.474	23	Z10.4 政府财政能力指数	0.400	41	0.442	28
0.638	18	0.535	46	Z10.5 政府执法能力指数	0.666	14	0.768	5
0.894	11	0.694	47	Z10.6 政府服务能力指数	0.971	4	0.910	8
0.783	7	0.431	56	Z10.7 政府创新能力指数	0.643	25	0.783	7
0.870	15	0.699	54	Z11 企业管理竞争力	0.876	12	0.918	7
0.766	26	0.648	50	Z11.1 管理应用水平	0.882	5	0.845	8
0.848	22	0.674	54	Z11.2 管理技术和经验	0.811	32	0.917	10
0.847	12	0.713	45	Z11.3 激励和约束绩效	0.877	9	0.835	15
0.770	3	0.468	53	Z11.4 产品和服务质量	0.721	10	0.762	6
0.705	44	0.773	17	Z11.5 企业管理经济效益	0.672	51	0.817	8
0.456	26	0.298	54	Z12 开放竞争力	0.487	22	0.498	21
0.160	30	0.097	42	Z12.1 经济国际化程度	0.279	19	0.172	28
0.813	11	0.621	55	Z12.2 经济区域化程度	0.829	8	0.840	7
0.647	22	0.423	51	Z12.3 人文国际化指数	0.520	32	0.695	17
0.729	16	0.468	56	Z12.4 社会交流指数	0.768	10	0.864	3

资料来源：城市与竞争力数据库。

表21-8 福州重庆武夷巫山双峰比肩 西安长春黄土黑土哺育苍生

福州		重庆		指标名称	西安		长春	
得分	排名	得分	排名		得分	排名	得分	排名
0.702	36	0.698	37	YY 综合竞争力	0.697	38	0.694	39
0.776	129	0.808	84	Y1 综合增长指数	0.814	78	0.868	35
0.268	41	0.554	7	Y2 经济规模指数	0.368	22	0.344	25
0.391	54	0.449	35	Y3 经济效率指数	0.327	91	0.356	74
0.600	75	0.506	163	Y4 发展成本指数	0.639	49	0.725	18
0.543	16	0.392	73	Y5 产业层次指数	0.521	22	0.396	72
0.233	51	0.141	152	Y6 收入水平指数	0.177	92	0.175	97
0.847	153	0.854	135	Y7 幸福感指数	0.826	218	0.857	127
0.496	37	0.633	11	Z1 人才竞争力	0.563	20	0.527	27
0.374	33	0.845	3	Z1.1 人力资源数量指数	0.531	12	0.397	31
0.447	46	0.522	11	Z1.2 人力资源质量指数	0.474	30	0.455	39
0.840	38	0.835	41	Z1.3 人力资源配置指数	0.879	22	0.845	36
0.260	25	0.195	48	Z1.4 人力资源需求指数	0.223	38	0.226	37
0.365	33	0.329	38	Z1.5 人力资源教育指数	0.399	25	0.433	21
0.495	15	0.520	12	Z2 资本竞争力	0.470	27	0.457	32
0.222	31	0.294	16	Z2.1 资本数量指数	0.227	28	0.207	37
0.878	22	0.908	10	Z2.2 资本质量指数	0.793	44	1.000	1
0.554	16	0.571	12	Z2.3 金融控制力指数	0.545	18	0.450	31
0.841	28	0.739	51	Z2.4 资本获得便利性指数	0.714	53	0.844	27
0.202	31	0.221	23	Z3 科学技术竞争力	0.342	7	0.197	33
0.172	20	0.156	25	Z3.1 科技实力指数	0.346	4	0.096	45
0.101	36	0.163	23	Z3.2 科技创新能力指数	0.271	8	0.101	36
0.595	28	0.546	42	Z3.3 科技转化能力指数	0.565	34	0.723	9
0.829	7	0.676	39	Z4 结构竞争力	0.754	27	0.540	55
0.631	7	0.520	36	Z4.1 产业结构高级化程度指数	0.621	9	0.549	27
0.750	9	0.668	23	Z4.2 经济结构转化速度指数	0.705	13	0.600	42
0.776	23	0.733	40	Z4.3 经济体系健全度指数	0.714	48	0.731	42
0.829	14	0.681	44	Z4.4 经济体系灵活适应性指数	0.672	47	0.699	40
0.817	12	0.620	40	Z4.5 产业聚集程度指数	0.743	27	0.349	54
0.426	31	0.331	52	Z5 基础设施竞争力	0.507	18	0.408	38
0.579	29	0.557	37	Z5.1 市内基本基础设施指数	0.559	36	0.580	27
0.117	42	0.170	38	Z5.2 对外基本基础设施指数	0.320	12	0.046	55
0.566	24	0.255	56	Z5.3 信息技术基础设施指数	0.527	27	0.589	20
0.812	35	0.831	26	Z5.4 基础设施成本指数	1.000	1	0.840	22
0.585	36	0.757	5	Z6 综合区位竞争力	0.630	23	0.713	10
0.725	18	0.781	15	Z6.1 自然区位便利度指数	0.650	26	0.640	30
0.236	45	0.439	8	Z6.2 经济区位优势指数	0.290	27	0.203	50

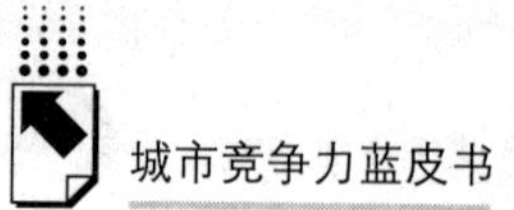

续表

福州		重庆		指标名称	西安		长春	
得分	排名	得分	排名		得分	排名	得分	排名
0.445	34	0.509	21	Z6.3 资源优势度指数	0.382	44	0.687	11
0.550	20	0.700	5	Z6.4 政治文化区位优势指数	0.700	5	0.700	5
0.641	39	0.749	20	Z7 环境竞争力	0.651	33	0.516	53
0.713	28	1.000	1	Z7.1 城市环境质量指数	0.703	37	0.709	30
0.618	37	0.702	29	Z7.2 城市环境舒适度指数	0.557	45	0.450	52
0.335	38	0.474	7	Z7.3 城市自然环境优美度指数	0.306	43	0.265	53
0.698	29	0.729	23	Z7.4 城市人工环境优美度指数	0.855	9	0.606	47
0.856	37	0.904	17	Z8 文化竞争力	0.794	47	0.892	23
0.839	28	0.891	10	Z8.1 价值取向指数	0.740	53	0.778	49
0.838	24	0.926	6	Z8.2 创业精神指数	0.727	52	0.852	20
0.829	42	0.873	25	Z8.3 创新氛围指数	0.782	53	0.869	27
0.789	38	0.798	36	Z8.4 交往操守指数	0.784	40	0.882	14
0.608	46	0.679	30	Z9 制度竞争力	0.624	44	0.743	25
0.756	35	0.713	40	Z9.1 产权保护制度指数	0.703	41	0.729	39
0.333	45	0.467	28	Z9.2 个体经济决策自由度指数	0.430	33	0.598	15
0.868	45	0.948	7	Z9.3 市场发育程度指数	0.849	48	0.844	49
0.738	35	0.744	33	Z9.4 政府审批与管制指数	0.633	52	0.706	43
0.699	36	0.672	43	Z9.5 法制健全程度指数	0.611	52	0.642	47
0.522	32	0.520	33	Z10 政府管理竞争力	0.477	46	0.503	39
0.649	38	0.762	20	Z10.1 政府规划能力指数	0.601	45	0.598	47
0.096	25	0.161	10	Z10.2 政府推销能力指数	0.254	5	0.066	29
0.646	35	0.709	19	Z10.3 政府社会凝聚力指数	0.543	55	0.774	7
0.432	30	0.316	55	Z10.4 政府财政能力指数	0.396	43	0.386	45
0.610	28	0.599	32	Z10.5 政府执法能力指数	0.465	56	0.634	19
0.815	22	0.731	38	Z10.6 政府服务能力指数	0.611	55	0.903	10
0.664	23	0.646	24	Z10.7 政府创新能力指数	0.498	52	0.545	47
0.804	32	0.791	35	Z11 企业管理竞争力	0.708	51	0.821	27
0.735	33	0.721	36	Z11.1 管理应用水平	0.634	52	0.789	17
0.818	27	0.735	43	Z11.2 管理技术和经验	0.689	52	0.879	14
0.782	32	0.748	40	Z11.3 激励和约束绩效	0.699	48	0.777	34
0.626	34	0.668	24	Z11.4 产品和服务质量	0.551	47	0.578	42
0.713	39	0.749	21	Z11.5 企业管理经济效益	0.692	46	0.737	28
0.460	25	0.366	39	Z12 开放竞争力	0.376	37	0.381	35
0.189	24	0.057	52	Z12.1 经济国际化程度	0.092	45	0.157	31
0.702	47	0.805	12	Z12.2 经济区域化程度	0.712	41	0.705	45
0.686	18	0.566	29	Z12.3 人文国际化指数	0.595	25	0.467	42
0.588	47	0.701	23	Z12.4 社会交流指数	0.600	46	0.688	26

资料来源：城市与竞争力数据库。

表21－9　珠海冰城南北竞技　郑州扬州共图发展

珠海		哈尔滨		指标名称	郑州		扬州	
得分	排名	得分	排名		得分	排名	得分	排名
0.682	40	0.681	41	YY 综合竞争力	0.679	43	0.678	44
0.637	262	0.782	117	Y1 综合增长指数	0.718	196	0.793	105
0.231	51	0.364	23	Y2 经济规模指数	0.279	37	0.202	56
0.436	41	0.329	89	Y3 经济效率指数	0.340	80	0.439	39
0.598	76	0.590	85	Y4 发展成本指数	0.437	213	0.617	56
0.398	70	0.452	45	Y5 产业层次指数	0.559	13	0.365	93
0.284	25	0.178	91	Y6 收入水平指数	0.249	37	0.239	41
0.864	105	0.844	165	Y7 幸福感指数	0.879	69	0.945	3
0.484	40	0.513	31	Z1 人才竞争力	0.591	16	0.521	30
0.335	47	0.459	17	Z1.1 人力资源数量指数	0.410	26	0.373	34
0.449	44	0.458	38	Z1.2 人力资源质量指数	0.433	52	0.520	14
0.921	10	0.832	43	Z1.3 人力资源配置指数	0.878	24	0.879	22
0.282	16	0.187	50	Z1.4 人力资源需求指数	0.287	15	0.193	49
0.333	37	0.374	30	Z1.5 人力资源教育指数	0.537	10	0.428	22
0.414	46	0.427	40	Z2 资本竞争力	0.478	22	0.364	55
0.166	51	0.199	39	Z2.1 资本数量指数	0.226	29	0.259	24
0.799	43	0.804	41	Z2.2 资本质量指数	0.887	20	0.771	50
0.420	37	0.450	31	Z2.3 金融控制力指数	0.535	20	0.277	55
0.870	17	0.763	47	Z2.4 资本获得便利性指数	0.748	49	0.653	54
0.133	52	0.211	27	Z3 科学技术竞争力	0.211	28	0.182	40
0.043	54	0.171	21	Z3.1 科技实力指数	0.150	27	0.141	30
0.047	52	0.125	28	Z3.2 科技创新能力指数	0.142	27	0.109	31
0.600	26	0.576	33	Z3.3 科技转化能力指数	0.563	36	0.506	52
0.765	23	0.529	56	Z4 结构竞争力	0.664	43	0.825	10
0.505	44	0.554	26	Z4.1 产业结构高级化程度指数	0.622	8	0.509	40
0.610	37	0.578	48	Z4.2 经济结构转化速度指数	0.667	24	0.803	6
0.739	39	0.726	44	Z4.3 经济体系健全度指数	0.697	53	0.750	33
0.821	17	0.663	50	Z4.4 经济体系灵活适应性指数	0.724	37	0.857	10
0.799	17	0.349	54	Z4.5 产业聚集程度指数	0.556	45	0.813	13
0.502	20	0.399	40	Z5 基础设施竞争力	0.553	10	0.341	50
0.727	8	0.596	25	Z5.1 市内基本基础设施指数	0.615	20	0.495	49
0.175	36	0.048	53	Z5.2 对外基本基础设施指数	0.344	10	0.053	50
0.664	11	0.538	26	Z5.3 信息技术基础设施指数	0.645	15	0.418	42
0.686	54	0.916	7	Z5.4 基础设施成本指数	0.793	40	0.939	3
0.565	41	0.752	6	Z6 综合区位竞争力	0.605	30	0.613	28
0.725	18	0.640	30	Z6.1 自然区位便利度指数	0.650	26	0.601	45
0.365	19	0.220	49	Z6.2 经济区位优势指数	0.323	22	0.229	47

续表

珠海		哈尔滨		指标名称	郑州		扬州	
得分	排名	得分	排名		得分	排名	得分	排名
0.464	27	0.769	8	Z6.3 资源优势度指数	0.487	24	0.820	6
0.350	36	0.700	5	Z6.4 政治文化区位优势指数	0.500	23	0.300	39
0.856	6	0.537	50	Z7 环境竞争力	0.586	47	0.820	8
0.726	22	0.637	52	Z7.1 城市环境质量指数	0.706	35	0.750	7
0.991	2	0.501	50	Z7.2 城市环境舒适度指数	0.580	43	0.820	14
0.439	12	0.314	42	Z7.3 城市自然环境优美度指数	0.254	55	0.363	30
0.739	20	0.569	52	Z7.4 城市人工环境优美度指数	0.650	39	0.950	4
0.845	41	0.822	44	Z8 文化竞争力	0.872	31	0.751	55
0.821	33	0.814	37	Z8.1 价值取向指数	0.825	31	0.816	35
0.755	49	0.801	35	Z8.2 创业精神指数	0.866	17	0.653	56
0.837	40	0.830	41	Z8.3 创新氛围指数	0.855	30	0.842	36
0.832	24	0.741	47	Z8.4 交往操守指数	0.803	34	0.664	53
0.774	19	0.499	56	Z9 制度竞争力	0.576	48	0.901	7
0.939	5	0.569	55	Z9.1 产权保护制度指数	0.662	48	0.894	8
0.512	21	0.234	54	Z9.2 个体经济决策自由度指数	0.302	48	0.706	9
0.828	54	0.892	34	Z9.3 市场发育程度指数	0.939	11	0.888	37
0.847	15	0.715	42	Z9.4 政府审批与管制指数	0.757	32	1.000	1
0.764	17	0.617	50	Z9.5 法制健全程度指数	0.686	37	0.719	30
0.582	14	0.429	55	Z10 政府管理竞争力	0.506	38	0.512	35
0.811	10	0.619	42	Z10.1 政府规划能力指数	0.682	35	0.801	14
0.041	34	0.045	33	Z10.2 政府推销能力指数	0.111	22	0.023	40
0.779	5	0.599	50	Z10.3 政府社会凝聚力指数	0.660	30	0.623	41
0.488	21	0.386	45	Z10.4 政府财政能力指数	0.467	25	0.450	26
0.713	7	0.468	55	Z10.5 政府执法能力指数	0.520	51	0.555	44
0.779	29	0.595	56	Z10.6 政府服务能力指数	0.705	44	0.725	40
0.813	5	0.515	51	Z10.7 政府创新能力指数	0.579	41	0.678	22
0.853	20	0.681	55	Z11 企业管理竞争力	0.805	31	0.787	37
0.839	9	0.648	50	Z11.1 管理应用水平	0.729	34	0.663	49
0.871	16	0.689	52	Z11.2 管理技术和经验	0.735	43	0.705	49
0.830	18	0.679	51	Z11.3 激励和约束绩效	0.823	19	0.813	26
0.656	27	0.498	52	Z11.4 产品和服务质量	0.664	26	0.638	33
0.667	52	0.610	56	Z11.5 企业管理经济效益	0.746	22	0.847	6
0.673	9	0.306	52	Z12 开放竞争力	0.367	38	0.366	40
0.553	7	0.079	46	Z12.1 经济国际化程度	0.066	49	0.152	32
0.771	22	0.702	47	Z12.2 经济区域化程度	0.743	33	0.747	31
0.646	23	0.406	52	Z12.3 人文国际化指数	0.574	28	0.396	53
0.704	22	0.605	44	Z12.4 社会交流指数	0.681	29	0.751	12

资料来源：城市与竞争力数据库。

表21－10　南通温州共显江浙底蕴　徐州石家庄再现华北之谊

南通		石家庄		指标名称	温州		徐州	
得分	排名	得分	排名		得分	排名	得分	排名
0.676	45	0.665	46	YY 综合竞争力	0.663	47	0.663	48
0.791	106	0.620	268	Y1 综合增长指数	0.610	273	0.803	91
0.245	44	0.237	47	Y2 经济规模指数	0.234	50	0.245	45
0.421	43	0.387	55	Y3 经济效率指数	0.363	71	0.382	60
0.588	86	0.537	125	Y4 发展成本指数	0.529	134	0.609	67
0.353	107	0.542	17	Y5 产业层次指数	0.469	35	0.344	125
0.234	49	0.171	106	Y6 收入水平指数	0.273	31	0.208	63
0.878	73	1.000	1	Y7 幸福感指数	0.799	268	0.872	85
0.493	38	0.509	33	Z1 人才竞争力	0.499	36	0.446	46
0.476	16	0.352	42	Z1.1 人力资源数量指数	0.431	20	0.353	41
0.469	32	0.411	54	Z1.2 人力资源质量指数	0.497	18	0.485	24
0.973	2	0.828	46	Z1.3 人力资源配置指数	0.872	26	0.855	32
0.236	34	0.229	36	Z1.4 人力资源需求指数	0.266	22	0.185	51
0.247	48	0.442	20	Z1.5 人力资源教育指数	0.304	40	0.290	43
0.467	29	0.439	36	Z2 资本竞争力	0.470	26	0.408	48
0.354	9	0.224	30	Z2.1 资本数量指数	0.288	18	0.265	22
0.804	41	0.729	55	Z2.2 资本质量指数	0.848	31	0.769	52
0.360	47	0.455	30	Z2.3 金融控制力指数	0.399	41	0.319	53
0.887	13	0.813	35	Z2.4 资本获得便利性指数	0.962	4	0.850	26
0.238	18	0.163	48	Z3 科学技术竞争力	0.182	41	0.180	42
0.155	26	0.119	33	Z3.1 科技实力指数	0.099	42	0.112	39
0.194	16	0.090	43	Z3.2 科技创新能力指数	0.118	29	0.103	35
0.558	39	0.495	54	Z3.3 科技转化能力指数	0.563	36	0.577	32
0.790	18	0.629	50	Z4 结构竞争力	0.802	14	0.773	21
0.484	45	0.634	6	Z4.1 产业结构高级化程度指数	0.523	35	0.516	37
0.686	18	0.698	16	Z4.2 经济结构转化速度指数	0.747	10	0.895	4
0.801	17	0.711	51	Z4.3 经济体系健全度指数	0.717	47	0.696	54
0.879	6	0.752	31	Z4.4 经济体系灵活适应性指数	0.798	23	0.828	15
0.792	20	0.451	52	Z4.5 产业聚集程度指数	0.813	13	0.669	31
0.290	56	0.408	37	Z5 基础设施竞争力	0.512	17	0.321	54
0.467	53	0.623	18	Z5.1 市内基本基础设施指数	0.569	34	0.534	43
0.068	47	0.037	56	Z5.2 对外基本基础设施指数	0.172	37	0.047	54
0.290	53	0.588	21	Z5.3 信息技术基础设施指数	0.741	5	0.365	47
0.882	10	0.806	37	Z5.4 基础设施成本指数	0.814	34	0.887	9
0.569	38	0.595	34	Z6 综合区位竞争力	0.515	49	0.584	37
0.810	6	0.601	45	Z6.1 自然区位便利度指数	0.640	30	0.601	45
0.261	36	0.165	55	Z6.2 经济区位优势指数	0.287	28	0.275	31

续表

南通		石家庄		指标名称	温州		徐州	
得分	排名	得分	排名		得分	排名	得分	排名
0.600	16	0.639	13	Z6.3 资源优势度指数	0.496	23	0.699	10
0.300	39	0.500	23	Z6.4 政治文化区位优势指数	0.300	39	0.300	39
0.715	29	0.505	54	Z7 环境竞争力	0.556	49	0.465	56
0.740	12	0.837	3	Z7.1 城市环境质量指数	0.676	47	0.755	6
0.838	8	0.435	54	Z7.2 城市环境舒适度指数	0.440	53	0.315	56
0.298	47	0.242	56	Z7.3 城市自然环境优美度指数	0.361	31	0.304	45
0.635	43	0.584	50	Z7.4 城市人工环境优美度指数	0.673	35	0.596	49
0.895	20	0.807	46	Z8 文化竞争力	0.887	26	0.857	36
0.847	24	0.741	52	Z8.1 价值取向指数	0.877	13	0.881	12
0.880	13	0.773	43	Z8.2 创业精神指数	0.963	3	0.824	30
0.857	28	0.798	51	Z8.3 创新氛围指数	0.850	34	0.841	37
0.842	21	0.774	43	Z8.4 交往操守指数	0.741	47	0.779	42
0.830	13	0.526	52	Z9 制度竞争力	0.749	23	0.792	15
0.823	25	0.620	53	Z9.1 产权保护制度指数	0.866	13	0.800	27
0.641	13	0.295	50	Z9.2 个体经济决策自由度指数	0.504	22	0.593	16
0.882	40	0.819	55	Z9.3 市场发育程度指数	0.963	3	0.907	26
0.874	12	0.628	54	Z9.4 政府审批与管制指数	0.801	25	0.880	9
0.739	25	0.616	51	Z9.5 法制健全程度指数	0.727	27	0.681	38
0.514	34	0.469	47	Z10 政府管理竞争力	0.537	26	0.449	51
0.762	20	0.688	32	Z10.1 政府规划能力指数	0.684	34	0.589	49
0.016	46	0.066	29	Z10.2 政府推销能力指数	0.096	25	0.014	48
0.659	31	0.619	42	Z10.3 政府社会凝聚力指数	0.610	45	0.652	34
0.494	18	0.374	50	Z10.4 政府财政能力指数	0.420	35	0.400	41
0.610	28	0.583	35	Z10.5 政府执法能力指数	0.579	38	0.583	35
0.735	37	0.695	46	Z10.6 政府服务能力指数	0.811	23	0.633	53
0.605	33	0.541	49	Z10.7 政府创新能力指数	0.796	6	0.579	41
0.815	29	0.757	45	Z11 企业管理竞争力	0.764	42	0.701	53
0.766	26	0.692	42	Z11.1 管理应用水平	0.669	48	0.700	40
0.765	38	0.788	35	Z11.2 管理技术和经验	0.909	11	0.742	41
0.770	36	0.703	47	Z11.3 激励和约束绩效	0.787	30	0.660	54
0.690	18	0.559	45	Z11.4 产品和服务质量	0.446	55	0.439	56
0.718	36	0.744	26	Z11.5 企业管理经济效益	0.740	27	0.708	41
0.397	32	0.292	55	Z12 开放竞争力	0.432	27	0.267	56
0.211	22	0.050	54	Z12.1 经济国际化程度	0.109	39	0.050	54
0.750	30	0.681	50	Z12.2 经济区域化程度	0.713	40	0.591	56
0.439	46	0.431	49	Z12.3 人文国际化指数	0.706	14	0.364	56
0.619	40	0.577	49	Z12.4 社会交流指数	0.673	30	0.602	45

资料来源：城市与竞争力数据库。

表21－11　南宁淄博各现异地风情　南昌唐山又话江海远景

南宁		淄博		指标名称	南昌		唐山	
得分	排名	得分	排名		得分	排名	得分	排名
0.658	49	0.654	50	YY 综合竞争力	0.653	51	0.648	53
0.853	44	0.773	132	Y1 综合增长指数	0.804	90	0.726	190
0.240	46	0.328	30	Y2 经济规模指数	0.258	42	0.331	29
0.280	126	0.412	44	Y3 经济效率指数	0.356	73	0.449	36
0.607	70	0.511	155	Y4 发展成本指数	0.627	53	0.392	233
0.479	32	0.309	170	Y5 产业层次指数	0.404	64	0.318	160
0.189	83	0.177	93	Y6 收入水平指数	0.157	122	0.191	78
0.843	166	0.852	138	Y7 幸福感指数	0.833	202	0.881	66
0.505	34	0.426	47	Z1 人才竞争力	0.525	29	0.376	54
0.426	22	0.367	37	Z1.1 人力资源数量指数	0.305	54	0.319	53
0.497	18	0.432	53	Z1.2 人力资源质量指数	0.434	50	0.343	56
0.762	52	0.736	53	Z1.3 人力资源配置指数	0.835	41	0.712	54
0.209	46	0.159	55	Z1.4 人力资源需求指数	0.219	40	0.233	35
0.383	28	0.295	41	Z1.5 人力资源教育指数	0.512	14	0.208	50
0.416	45	0.359	56	Z2 资本竞争力	0.397	51	0.418	44
0.194	41	0.192	42	Z2.1 资本数量指数	0.175	47	0.269	21
0.859	28	0.770	51	Z2.2 资本质量指数	0.867	25	0.836	35
0.416	40	0.270	56	Z2.3 金融控制力指数	0.393	44	0.319	53
0.763	47	0.853	22	Z2.4 资本获得便利性指数	0.746	50	0.873	15
0.119	54	0.145	49	Z3 科学技术竞争力	0.166	47	0.137	51
0.079	49	0.092	47	Z3.1 科技实力指数	0.101	41	0.098	44
0.030	54	0.064	46	Z3.2 科技创新能力指数	0.096	40	0.048	50
0.497	53	0.519	50	Z3.3 科技转化能力指数	0.533	45	0.510	51
0.709	33	0.634	49	Z4 结构竞争力	0.688	34	0.648	46
0.582	17	0.465	53	Z4.1 产业结构高级化程度指数	0.655	5	0.460	54
0.692	17	0.496	55	Z4.2 经济结构转化速度指数	0.852	5	0.581	47
0.712	49	0.744	35	Z4.3 经济体系健全度指数	0.712	49	0.743	36
0.698	41	0.667	49	Z4.4 经济体系灵活适应性指数	0.629	55	0.661	51
0.656	32	0.637	36	Z4.5 产业聚集程度指数	0.528	51	0.627	39
0.344	48	0.389	44	Z5 基础设施竞争力	0.415	35	0.339	51
0.497	48	0.489	51	Z5.1 市内基本基础设施指数	0.481	52	0.518	46
0.129	41	0.307	13	Z5.2 对外基本基础设施指数	0.061	49	0.183	35
0.378	46	0.276	55	Z5.3 信息技术基础设施指数	0.635	16	0.294	52
0.780	45	0.905	8	Z5.4 基础设施成本指数	0.859	19	0.776	46
0.531	45	0.474	56	Z6 综合区位竞争力	0.595	33	0.598	32
0.640	30	0.601	45	Z6.1 自然区位便利度指数	0.640	30	0.640	30
0.170	53	0.261	36	Z6.2 经济区位优势指数	0.306	23	0.167	54

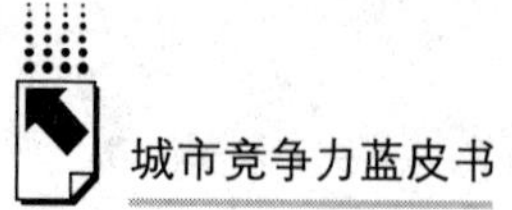

续表

南宁		淄博		指标名称	南昌		唐山	
得分	排名	得分	排名		得分	排名	得分	排名
0.507	22	0.433	36	Z6.3 资源优势度指数	0.482	26	0.630	14
0.450	31	0.300	39	Z6.4 政治文化区位优势指数	0.500	23	0.500	23
0.729	24	0.648	37	Z7 环境竞争力	0.599	43	0.537	51
0.683	45	0.715	27	Z7.1 城市环境质量指数	0.728	19	0.737	13
0.846	7	0.713	28	Z7.2 城市环境舒适度指数	0.613	38	0.492	51
0.369	27	0.293	48	Z7.3 城市自然环境优美度指数	0.318	41	0.353	34
0.615	45	0.614	46	Z7.4 城市人工环境优美度指数	0.577	51	0.521	55
0.812	45	0.854	38	Z8 文化竞争力	0.785	49	0.872	32
0.781	47	0.806	39	Z8.1 价值取向指数	0.780	48	0.864	16
0.741	50	0.819	31	Z8.2 创业精神指数	0.773	43	0.833	25
0.840	38	0.821	44	Z8.3 创新氛围指数	0.799	50	0.800	49
0.772	44	0.818	29	Z8.4 交往操守指数	0.695	52	0.839	22
0.565	50	0.777	18	Z9 制度竞争力	0.511	54	0.610	45
0.660	49	0.849	17	Z9.1 产权保护制度指数	0.674	47	0.757	34
0.323	46	0.563	18	Z9.2 个体经济决策自由度指数	0.230	55	0.363	42
0.936	13	0.883	39	Z9.3 市场发育程度指数	0.869	43	0.855	47
0.605	56	0.803	24	Z9.4 政府审批与管制指数	0.667	49	0.661	50
0.709	33	0.732	26	Z9.5 法制健全程度指数	0.634	49	0.681	38
0.493	41	0.448	52	Z10 政府管理竞争力	0.443	53	0.483	44
0.598	47	0.649	38	Z10.1 政府规划能力指数	0.582	51	0.702	29
0.021	42	0.009	51	Z10.2 政府推销能力指数	0.048	31	0.009	51
0.670	27	0.668	28	Z10.3 政府社会凝聚力指数	0.626	39	0.698	22
0.426	33	0.286	56	Z10.4 政府财政能力指数	0.392	44	0.370	53
0.626	21	0.618	24	Z10.5 政府执法能力指数	0.512	52	0.626	21
0.839	20	0.788	26	Z10.6 政府服务能力指数	0.720	41	0.763	31
0.613	30	0.545	47	Z10.7 政府创新能力指数	0.485	55	0.601	37
0.731	49	0.829	25	Z11 企业管理竞争力	0.732	48	0.776	39
0.633	53	0.787	19	Z11.1 管理应用水平	0.677	45	0.670	46
0.705	49	0.818	27	Z11.2 管理技术和经验	0.727	46	0.803	33
0.777	34	0.798	28	Z11.3 激励和约束绩效	0.695	49	0.823	19
0.559	45	0.656	27	Z11.4 产品和服务质量	0.540	48	0.585	40
0.711	40	0.719	34	Z11.5 企业管理经济效益	0.746	22	0.686	47
0.326	46	0.312	50	Z12 开放竞争力	0.323	47	0.300	53
0.059	51	0.072	47	Z12.1 经济国际化程度	0.131	35	0.056	53
0.707	43	0.731	34	Z12.2 经济区域化程度	0.712	41	0.706	44
0.491	38	0.441	45	Z12.3 人文国际化指数	0.387	54	0.426	50
0.627	38	0.583	48	Z12.4 社会交流指数	0.555	52	0.608	43

资料来源：城市与竞争力数据库。

表21-12　海上丝绸之路发端再比茶马古道起点　长江米都芜湖逾越珠江名城惠州

泉州		昆明		指标名称	芜湖		惠州	
得分	排名	得分	排名		得分	排名	得分	排名
0.647	54	0.646	56	YY 综合竞争力	0.646	57	0.640	59
0.809	82	0.691	221	Y1 综合增长指数	0.840	50	0.831	58
0.183	65	0.270	40	Y2 经济规模指数	0.174	72	0.211	53
0.386	57	0.287	120	Y3 经济效率指数	0.387	56	0.325	93
0.585	90	0.510	156	Y4 发展成本指数	0.631	52	0.498	175
0.346	122	0.453	42	Y5 产业层次指数	0.343	128	0.344	126
0.235	46	0.199	70	Y6 收入水平指数	0.208	62	0.231	54
0.820	237	0.883	63	Y7 幸福感指数	0.860	119	0.887	55
0.343	55	0.486	39	Z1 人才竞争力	0.483	41	0.390	52
0.328	49	0.371	35	Z1.1 人力资源数量指数	0.321	51	0.345	43
0.434	50	0.440	48	Z1.2 人力资源质量指数	0.442	47	0.460	37
0.506	55	0.779	50	Z1.3 人力资源配置指数	0.897	17	0.907	13
0.210	45	0.205	47	Z1.4 人力资源需求指数	0.176	53	0.211	44
0.174	52	0.393	26	Z1.5 人力资源教育指数	0.405	24	0.145	54
0.473	25	0.468	28	Z2 资本竞争力	0.457	31	0.370	54
0.333	11	0.221	33	Z2.1 资本数量指数	0.187	45	0.158	54
0.782	46	0.895	13	Z2.2 资本质量指数	0.915	7	0.776	48
0.396	42	0.524	22	Z2.3 金融控制力指数	0.474	26	0.335	49
0.893	9	0.719	52	Z2.4 资本获得便利性指数	0.890	11	0.838	29
0.168	45	0.170	44	Z3 科学技术竞争力	0.185	39	0.195	34
0.094	46	0.065	51	Z3.1 科技实力指数	0.115	35	0.149	28
0.105	33	0.108	32	Z3.2 科技创新能力指数	0.096	40	0.112	30
0.528	46	0.595	28	Z3.3 科技转化能力指数	0.621	23	0.562	38
0.821	11	0.710	32	Z4 结构竞争力	0.657	45	0.769	22
0.409	56	0.593	14	Z4.1 产业结构高级化程度指数	0.480	48	0.470	51
0.911	3	0.607	40	Z4.2 经济结构转化速度指数	0.655	27	0.633	30
0.722	45	0.753	31	Z4.3 经济体系健全度指数	0.783	22	0.772	25
0.972	2	0.677	46	Z4.4 经济体系灵活适应性指数	0.754	30	0.812	19
0.746	26	0.701	29	Z4.5 产业聚集程度指数	0.567	43	0.803	16
0.296	55	0.505	19	Z5 基础设施竞争力	0.342	49	0.540	13
0.466	55	0.572	32	Z5.1 市内基本基础设施指数	0.562	35	0.786	5
0.049	52	0.258	22	Z5.2 对外基本基础设施指数	0.170	38	0.208	29
0.349	51	0.597	19	Z5.3 信息技术基础设施指数	0.286	54	0.674	9
0.789	41	0.938	4	Z5.4 基础设施成本指数	0.820	32	0.812	35
0.528	46	0.535	44	Z6 综合区位竞争力	0.605	29	0.492	51
0.681	22	0.565	55	Z6.1 自然区位便利度指数	0.640	30	0.640	30
0.221	48	0.260	38	Z6.2 经济区位优势指数	0.232	46	0.275	31

续表

泉州		昆明		指标名称	芜湖		惠州	
得分	排名	得分	排名		得分	排名	得分	排名
0.581	18	0.402	41	Z6.3 资源优势度指数	0.483	25	0.451	32
0.300	39	0.500	23	Z6.4 政治文化区位优势指数	0.600	16	0.300	39
0.598	45	0.777	15	Z7 环境竞争力	0.739	23	0.699	32
0.735	15	0.721	24	Z7.1 城市环境质量指数	0.737	13	0.652	49
0.594	41	0.822	13	Z7.2 城市环境舒适度指数	0.814	16	0.701	30
0.292	50	0.533	5	Z7.3 城市自然环境优美度指数	0.345	36	0.443	11
0.628	44	0.649	41	Z7.4 城市人工环境优美度指数	0.707	27	0.678	33
0.757	53	0.782	50	Z8 文化竞争力	0.869	34	0.850	40
0.737	55	0.788	45	Z8.1 价值取向指数	0.872	15	0.826	30
0.806	34	0.662	55	Z8.2 创业精神指数	0.819	31	0.792	39
0.736	55	0.815	46	Z8.3 创新氛围指数	0.888	19	0.813	47
0.645	55	0.765	46	Z8.4 交往操守指数	0.794	37	0.825	26
1.000	1	0.522	53	Z9 制度竞争力	0.639	39	0.604	47
0.784	30	0.565	56	Z9.1 产权保护制度指数	0.683	45	0.858	14
1.000	1	0.297	49	Z9.2 个体经济决策自由度指数	0.413	34	0.276	52
0.904	28	0.896	33	Z9.3 市场发育程度指数	0.933	15	0.860	46
0.791	27	0.644	51	Z9.4 政府审批与管制指数	0.678	47	0.809	23
0.606	54	0.608	53	Z9.5 法制健全程度指数	0.744	23	0.672	43
0.436	54	0.554	20	Z10 政府管理竞争力	0.499	40	0.488	42
0.544	54	0.503	55	Z10.1 政府规划能力指数	0.748	23	0.663	37
0.028	38	0.032	37	Z10.2 政府推销能力指数	0.005	56	0.020	44
0.510	56	0.609	46	Z10.3 政府社会凝聚力指数	0.658	32	0.609	46
0.375	49	0.882	3	Z10.4 政府财政能力指数	0.432	30	0.475	22
0.523	50	0.583	35	Z10.5 政府执法能力指数	0.591	34	0.535	46
0.726	39	0.716	42	Z10.6 政府服务能力指数	0.786	27	0.755	35
0.596	39	0.546	46	Z10.7 政府创新能力指数	0.604	34	0.604	34
0.638	56	0.707	52	Z11 企业管理竞争力	0.862	16	0.784	38
0.516	55	0.611	54	Z11.1 管理应用水平	0.824	11	0.706	39
0.629	56	0.674	54	Z11.2 管理技术和经验	0.818	27	0.742	41
0.704	46	0.693	50	Z11.3 激励和约束绩效	0.782	32	0.784	31
0.460	54	0.588	39	Z11.4 产品和服务质量	0.705	14	0.622	35
0.680	49	0.685	48	Z11.5 企业管理经济效益	0.807	10	0.760	20
0.415	30	0.326	45	Z12 开放竞争力	0.339	44	0.616	11
0.183	26	0.068	48	Z12.1 经济国际化程度	0.099	41	0.555	6
0.626	54	0.693	49	Z12.2 经济区域化程度	0.780	19	0.731	34
0.586	26	0.520	32	Z12.3 人文国际化指数	0.437	47	0.479	39
0.568	51	0.525	53	Z12.4 社会交流指数	0.657	32	0.705	20

资料来源：城市与竞争力指数数据库。

表21－13　渤海新星威海牵手文化名城绍兴　浙江小虎台州共舞晋中之主太原

威海		绍兴		指标名称	台州		太原	
得分	排名	得分	排名		得分	排名	得分	排名
0.632	61	0.630	62	YY 综合竞争力	0.627	64	0.627	65
0.781	120	0.611	271	Y1 综合增长指数	0.599	276	0.593	277
0.148	87	0.128	105	Y2 经济规模指数	0.187	61	0.278	38
0.402	49	0.363	70	Y3 经济效率指数	0.316	99	0.376	62
0.529	135	0.491	180	Y4 发展成本指数	0.570	99	0.313	262
0.304	180	0.518	25	Y5 产业层次指数	0.422	54	0.520	23
0.257	35	0.279	27	Y6 收入水平指数	0.235	47	0.183	86
0.897	34	0.808	258	Y7 幸福感指数	0.791	280	0.843	168
0.420	48	0.410	50	Z1 人才竞争力	0.392	51	0.563	21
0.292	56	0.332	48	Z1.1 人力资源数量指数	0.359	40	0.421	23
0.451	42	0.400	55	Z1.2 人力资源质量指数	0.451	42	0.454	40
0.861	30	0.848	34	Z1.3 人力资源配置指数	0.907	13	0.831	44
0.237	33	0.364	6	Z1.4 人力资源需求指数	0.243	28	0.244	27
0.259	47	0.156	53	Z1.5 人力资源教育指数	0.125	56	0.493	16
0.420	43	0.515	14	Z2 资本竞争力	0.439	35	0.473	24
0.241	25	0.424	6	Z2.1 资本数量指数	0.294	16	0.219	34
0.911	9	0.895	13	Z2.2 资本质量指数	0.844	32	0.822	38
0.359	48	0.395	43	Z2.3 金融控制力指数	0.330	52	0.531	21
0.796	40	0.865	18	Z2.4 资本获得便利性指数	0.923	6	0.788	42
0.189	36	0.329	9	Z3 科学技术竞争力	0.239	17	0.175	43
0.244	9	0.396	3	Z3.1 科技实力指数	0.176	19	0.120	32
0.048	50	0.195	15	Z3.2 科技创新能力指数	0.184	20	0.104	34
0.536	44	0.627	21	Z3.3 科技转化能力指数	0.552	41	0.520	48
0.746	29	0.848	6	Z4 结构竞争力	0.825	9	0.553	54
0.452	55	0.531	33	Z4.1 产业结构高级化程度指数	0.515	38	0.583	16
0.571	51	0.702	14	Z4.2 经济结构转化速度指数	0.683	19	0.683	19
0.756	29	0.792	20	Z4.3 经济体系健全度指数	0.748	34	0.733	40
0.873	7	0.923	3	Z4.4 经济体系灵活适应性指数	0.671	48	0.687	43
0.775	23	0.881	7	Z4.5 产业聚集程度指数	0.933	4	0.328	56
0.421	33	0.437	29	Z5 基础设施竞争力	0.420	34	0.421	32
0.631	15	0.550	40	Z5.1 市内基本基础设施指数	0.495	49	0.539	41
0.220	28	0.192	31	Z5.2 对外基本基础设施指数	0.264	21	0.192	31
0.399	43	0.513	33	Z5.3 信息技术基础设施指数	0.423	41	0.487	34
0.878	11	0.876	13	Z5.4 基础设施成本指数	0.832	25	0.821	29
0.605	31	0.628	25	Z6 综合区位竞争力	0.522	47	0.492	52
0.640	30	0.681	22	Z6.1 自然区位便利度指数	0.640	30	0.601	45
0.193	51	0.243	43	Z6.2 经济区位优势指数	0.266	34	0.257	39

续表

威海		绍兴		指标名称	台州		太原	
得分	排名	得分	排名		得分	排名	得分	排名
0.823	4	0.817	7	Z6.3 资源优势度指数	0.536	19	0.282	54
0.300	39	0.300	39	Z6.4 政治文化区位优势指数	0.300	39	0.500	23
0.876	5	0.805	9	Z7 环境竞争力	0.717	28	0.591	46
0.640	51	0.724	23	Z7.1 城市环境质量指数	0.677	46	0.551	56
1.000	1	0.762	22	Z7.2 城市环境舒适度指数	0.660	33	0.556	46
0.467	8	0.550	3	Z7.3 城市自然环境优美度指数	0.416	18	0.324	40
0.786	16	0.818	11	Z7.4 城市人工环境优美度指数	0.818	11	0.675	34
0.904	15	0.870	33	Z8 文化竞争力	0.919	11	0.774	51
0.828	29	0.848	23	Z8.1 价值取向指数	0.862	18	0.776	50
0.801	35	0.870	15	Z8.2 创业精神指数	0.912	10	0.782	42
0.885	20	0.856	29	Z8.3 创新氛围指数	0.879	21	0.817	45
0.925	8	0.784	40	Z8.4 交往操守指数	0.861	17	0.652	54
0.890	8	0.883	9	Z9 制度竞争力	0.681	29	0.500	55
0.846	18	0.875	12	Z9.1 产权保护制度指数	0.855	16	0.636	52
0.730	6	0.691	11	Z9.2 个体经济决策自由度指数	0.369	41	0.229	56
0.835	52	0.958	4	Z9.3 市场发育程度指数	0.937	12	0.836	51
0.878	10	0.927	4	Z9.4 政府审批与管制指数	0.829	20	0.628	54
0.781	13	0.744	23	Z9.5 法制健全程度指数	0.798	10	0.675	42
0.540	24	0.532	28	Z10 政府管理竞争力	0.571	16	0.451	50
0.802	13	0.675	36	Z10.1 政府规划能力指数	0.899	3	0.640	40
0.015	47	0.036	36	Z10.2 政府推销能力指数	0.012	50	0.023	40
0.748	14	0.664	29	Z10.3 政府社会凝聚力指数	0.768	8	0.628	37
0.420	35	0.427	32	Z10.4 政府财政能力指数	0.371	52	0.352	54
0.661	15	0.610	28	Z10.5 政府执法能力指数	0.705	9	0.568	40
0.851	18	0.941	6	Z10.6 政府服务能力指数	0.864	16	0.670	48
0.681	21	0.711	16	Z10.7 政府创新能力指数	0.830	4	0.600	38
0.884	9	0.873	14	Z11 企业管理竞争力	0.854	18	0.752	46
0.795	15	0.816	13	Z11.1 管理应用水平	0.714	38	0.723	35
0.848	22	0.871	16	Z11.2 管理技术和经验	0.864	18	0.712	48
0.898	6	0.911	5	Z11.3 激励和约束绩效	0.819	22	0.679	51
0.720	11	0.668	24	Z11.4 产品和服务质量	0.732	9	0.577	43
0.785	13	0.718	36	Z11.5 企业管理经济效益	0.763	19	0.781	16
0.474	23	0.569	15	Z12 开放竞争力	0.361	41	0.319	48
0.291	17	0.445	12	Z12.1 经济国际化程度	0.113	36	0.097	42
0.774	21	0.804	14	Z12.2 经济区域化程度	0.758	27	0.646	53
0.462	43	0.516	35	Z12.3 人文国际化指数	0.471	40	0.469	41
0.793	7	0.693	24	Z12.4 社会交流指数	0.686	28	0.496	55

资料来源：城市与竞争力数据库。

表21－14 浙江新秀嘉兴直逼广西榜眼柳州 风筝之都潍坊追赶度假胜地海口

柳州		嘉兴		指标名称	海口		潍坊	
得分	排名	得分	排名		得分	排名	得分	排名
0.620	69	0.619	70	YY 综合竞争力	0.600	84	0.598	86
0.775	130	0.666	237	Y1 综合增长指数	0.650	253	0.731	180
0.183	64	0.144	91	Y2 经济规模指数	0.145	88	0.180	66
0.372	63	0.320	96	Y3 经济效率指数	0.226	176	0.264	141
0.514	150	0.537	126	Y4 发展成本指数	0.999	1	0.542	123
0.334	137	0.409	60	Y5 产业层次指数	0.413	57	0.348	118
0.189	79	0.238	42	Y6 收入水平指数	0.134	163	0.167	112
0.835	199	0.857	126	Y7 幸福感指数	0.823	230	0.897	35
0.417	49	0.386	53	Z1 人才竞争力	0.451	45	0.316	56
0.326	50	0.321	51	Z1.1 人力资源数量指数	0.362	38	0.338	45
0.468	33	0.454	40	Z1.2 人力资源质量指数	0.484	27	0.462	36
0.860	31	0.768	51	Z1.3 人力资源配置指数	0.886	18	0.460	56
0.217	42	0.251	26	Z1.4 人力资源需求指数	0.173	54	0.159	55
0.232	49	0.176	51	Z1.5 人力资源教育指数	0.293	42	0.136	55
0.389	52	0.477	23	Z2 资本竞争力	0.431	39	0.404	49
0.198	40	0.428	5	Z2.1 资本数量指数	0.167	50	0.213	36
0.860	27	0.869	24	Z2.2 资本质量指数	0.877	23	0.825	37
0.333	50	0.333	50	Z2.3 金融控制力指数	0.448	33	0.367	46
0.805	38	0.773	45	Z2.4 资本获得便利性指数	0.852	23	0.795	41
0.144	50	0.217	25	Z3 科学技术竞争力	0.106	55	0.193	35
0.074	50	0.296	5	Z3.1 科技实力指数	0.035	55	0.247	8
0.054	49	0.100	38	Z3.2 科技创新能力指数	0.019	56	0.058	47
0.583	31	0.435	56	Z3.3 科技转化能力指数	0.537	43	0.526	47
0.739	30	0.797	17	Z4 结构竞争力	0.567	53	0.682	35
0.472	50	0.509	40	Z4.1 产业结构高级化程度指数	0.600	13	0.480	48
0.701	15	0.785	7	Z4.2 经济结构转化速度指数	0.566	52	0.587	44
0.718	46	0.770	27	Z4.3 经济体系健全度指数	0.702	52	0.728	43
0.793	25	0.794	24	Z4.4 经济体系灵活适应性指数	0.608	56	0.839	13
0.718	28	0.778	21	Z4.5 产业聚集程度指数	0.444	53	0.637	36
0.368	47	0.513	16	Z5 基础设施竞争力	0.377	46	0.396	41
0.535	42	0.513	47	Z5.1 市内基本基础设施指数	0.467	53	0.523	45
0.083	45	0.383	5	Z5.2 对外基本基础设施指数	0.237	25	0.257	23
0.480	35	0.514	32	Z5.3 信息技术基础设施指数	0.398	44	0.350	50
0.754	47	0.917	6	Z5.4 基础设施成本指数	0.607	55	0.834	23
0.565	40	0.647	19	Z6 综合区位竞争力	0.656	18	0.689	15
0.526	56	0.643	28	Z6.1 自然区位便利度指数	0.640	30	0.601	45
0.157	56	0.246	40	Z6.2 经济区位优势指数	0.171	52	0.244	42

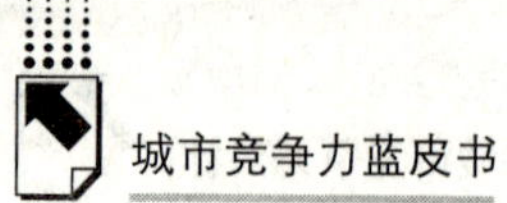

续表

柳州		嘉兴		指标名称	海口		潍坊	
得分	排名	得分	排名		得分	排名	得分	排名
0.747	9	0.875	2	Z6.3 资源优势度指数	0.825	3	1.000	1
0.350	36	0.300	39	Z6.4 政治文化区位优势指数	0.450	31	0.300	39
0.779	14	0.749	21	Z7 环境竞争力	0.605	42	0.722	27
0.729	18	0.769	4	Z7.1 城市环境质量指数	0.707	32	0.720	25
0.832	10	0.764	21	Z7.2 城市环境舒适度指数	0.656	34	0.757	23
0.434	14	0.420	17	Z7.3 城市自然环境优美度指数	0.327	39	0.399	22
0.730	22	0.739	20	Z7.4 城市人工环境优美度指数	0.527	54	0.693	30
0.889	25	0.911	13	Z8 文化竞争力	0.754	54	0.716	56
0.842	27	0.824	32	Z8.1 价值取向指数	0.756	51	0.740	53
0.833	25	0.801	35	Z8.2 创业精神指数	0.681	54	0.764	46
0.870	26	0.889	18	Z8.3 创新氛围指数	0.758	54	0.710	56
0.858	18	0.944	3	Z8.4 交往操守指数	0.719	50	0.583	56
0.576	49	0.791	16	Z9 制度竞争力	0.670	34	0.817	14
0.606	54	0.947	2	Z9.1 产权保护制度指数	0.697	42	0.777	31
0.342	44	0.497	23	Z9.2 个体经济决策自由度指数	0.489	25	0.678	12
0.912	22	0.949	6	Z9.3 市场发育程度指数	0.869	43	0.830	53
0.668	48	0.931	3	Z9.4 政府审批与管制指数	0.727	39	0.764	31
0.719	30	0.791	11	Z9.5 法制健全程度指数	0.588	55	0.713	32
0.488	43	0.562	19	Z10 政府管理竞争力	0.461	48	0.567	18
0.737	24	0.877	4	Z10.1 政府规划能力指数	0.636	41	1.000	1
0.006	55	0.017	45	Z10.2 政府推销能力指数	0.159	11	0.014	48
0.706	21	0.755	10	Z10.3 政府社会凝聚力指数	0.547	54	0.556	53
0.421	34	0.411	37	Z10.4 政府财政能力指数	0.382	47	0.376	48
0.634	19	0.682	12	Z10.5 政府执法能力指数	0.480	54	0.567	41
0.637	52	0.885	13	Z10.6 政府服务能力指数	0.656	50	0.761	32
0.617	29	0.724	15	Z10.7 政府创新能力指数	0.498	52	1.000	1
0.757	44	0.827	26	Z11 企业管理竞争力	0.737	47	0.717	50
0.767	25	0.780	21	Z11.1 管理应用水平	0.715	37	0.516	55
0.720	47	0.788	35	Z11.2 管理技术和经验	0.735	43	0.758	39
0.679	51	0.881	8	Z11.3 激励和约束绩效	0.722	43	0.616	56
0.581	41	0.675	22	Z11.4 产品和服务质量	0.513	50	0.700	15
0.720	32	0.626	55	Z11.5 企业管理经济效益	0.722	30	0.658	53
0.355	43	0.584	13	Z12 开放竞争力	0.380	36	0.313	49
0.039	56	0.456	11	Z12.1 经济国际化程度	0.187	25	0.111	37
0.771	22	0.898	2	Z12.2 经济区域化程度	0.730	36	0.823	9
0.576	27	0.517	34	Z12.3 人文国际化指数	0.432	48	0.387	54
0.692	25	0.705	20	Z12.4 社会交流指数	0.621	39	0.510	54

资料来源：城市与竞争力数据库。

B.22
附 录

一 中国城市竞争力报告：产出或显示性指标体系

一级指标	二级指标	指标说明
01 经济规模	GDP 总量	作为增加值概念，反映城市货币收益的规模，同时也反映城市产品和服务的市场占有规模。
02 经济增长	短期 GDP 增长率 中期经济增长率 长期经济增长率	经济发展的速度是反映竞争力的关键指标，但由于资源环境等约束，并不是速度越快越好。
03 经济效率	人均 GDP 地均 GDP	克服劳动生产率指标的不足，从更加综合的角度，反映经济发展的效率。
04 发展成本	单位 GDP 耗电量 单位 GDP 产生的二氧化硫量 工业废水排放达标量 单位土地上二氧化硫量 工业固体废弃物综合利用率	反映城市在创造价值的同时，其资源节约和环境保护状况。
05 产业层次	非农产业比例 服务业比例 高端服务业比例 人均服务业增加值 人均金融服务业 + 人均科学研究、技术服务和地质勘察业增加值 + 人均信息传输、计算机服务和软件业增加值	从比例和水平两个角度，反映产业层次的高级化水平，克服仅依靠比例指标的对现实状况的扭曲。
06 收入水平	人均财政收入 人均可支配收入	从公共和私人两个角度，反映居民货币化的收益和福利水平。
07 幸福感	居民总体幸福感	从主观感觉角度，反映出居民非货币化的收益和福利水平。
08 就业水平	城镇失业率	就业是居民获取收益和福利的基本途径，也是居民收益的表现，由于就业数据不够准确，这里没有纳入测度范围。

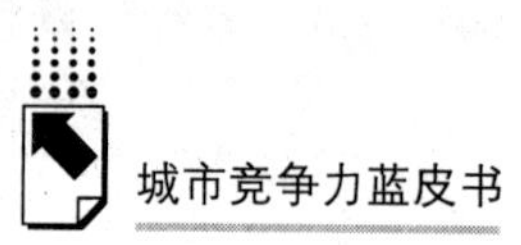

二　中国城市竞争力报告：投入或解释性指标体系

解释性指标名称	指标含义	指标衡量方法
Z1 人才竞争力		
Z1. 1 人力资源数量指数	人力资源规模	
Z1. 1. 1 城市总人口数	人口规模	年常住人口
Z1. 1. 2 城市从业人员数	劳动力规模	2009 年单位就业人数
Z1. 1. 3 城市从业人员增长率	劳动力增长	单位就业人数增长率(2008 ~ 2009 年)
Z1. 2 人力资源质量指数	人力资源质量	
Z1. 2. 1 从业人员文化素质		成人识字率,大专以上人口占总人数比重
Z1. 2. 2 各类专业人员指数		各类专业人员占全部从业人员比例,各类专业人员增长率(2008 ~ 2009 年)
Z1. 2. 3 创业人员指数		私营及个体从业人员占全部从业人员比例及增长率
Z1. 3 人力资源配置指数	人力资源供求	
Z1. 3. 1 城市就业指数		登记失业人数/从业人员数
Z1. 3. 2 * 熟练工人获得便利性	熟练工人获得难易程度	问卷调查
Z1. 3. 3 * 高级人才获得便利性	高级人才获得难易程度	问卷调查
Z1. 4 人力资源需求指数	人力资源投资和消费需求	
Z1. 4. 1 人力资源消费需求	人均消费支出,人均用电量	年人均消费支出,人均居民生活用电
Z1. 4. 2 人力资源投资需求	人均银行储蓄	人均金融机构年存款余额
Z1. 4. 3 人力资源基本成长	职工平均工资	在岗职工年平均工资
Z1. 5 人力资源教育指数	人力资源潜力	
Z1. 5. 1 中等以上学生/全部学生数	教育规模	中等以上学生/全部学生数(含成人)
Z1. 5. 2 人均公共教育支出	教育投入	人均公共教育支出
Z1. 5. 3 成人高等教育在校人数	教育体系的健全性	成人高等教育在校人数
Z2 资本竞争力		
Z2. 1 资本数量指数	资本规模	

续表

解释性指标名称	指标含义	指标衡量方法
Z2. 1. 1 金融机构年存款总余额	资本供应总量	金融机构年存款余额
Z2. 1. 2 金融机构年贷款总余额	资本需求总量	金融机构年贷款余额
Z2. 1. 3 金融机构年贷款增长率	资本需求增长	金融机构年贷款余额增长率(2008～2009 年)
Z2. 2 资本质量指数	资本质量	
Z2. 2. 1 资本使用率	金融机构存贷率	金融机构年存、贷款余额
Z2. 2. 2 * 金融资产质量	企业逃债比例,银行呆坏账风险	问卷调查
Z2. 2. 3 * 资本实际利率	银行利息 + 各种贷款开支	问卷调查
Z2. 3 金融控制力指数	金融控制和服务	
Z2. 3. 1 外贸金融机构数	外资金融机构数量	专家估计
Z2. 3. 2 内资金融机构数	内资金融机构数量	专家估计
Z2. 3. 3 * 金融服务多样性	企业获得金融服务的便利性	问卷调查
Z2. 4 * 资本获得便利性指数	获得资本难易	
Z2. 4. 1 * 银行贷款获得便利性	获得银行资本难易	问卷调查
Z2. 4. 2 * 资本市场可接近性	获得证券市场资本难易	问卷调查
Z2. 4. 3 * 民间及风险资本可得性	获得民间和风险资本难易	问卷调查
Z3 科学技术竞争力		
Z3. 1 科技实力指数	科技资源投入	
Z3. 1. 1 大学、科研院所指数	大学、科研院校、企业研究中心	企业办科技机构数
Z3. 1. 2 科技开发人员指数	科技工作、科技服务人员	科技活动人员,科学家与工程师
Z3. 1. 3 R&D 投入综合指数	政府、企业科研投入	R&D 占 GDP 比重
Z3. 2 科技创新能力指数	科技产出	
Z3. 2. 1 专利产品数	一定时期获得批准专利数	授权专利(件)
Z3. 2. 2 论文发表数	一定时期国内发表论文数	论文发表数
Z3. 3 科技转化能力指数	科技转化	
Z3. 3. 1 * 产学研合作指数	公司和大学的研究合作	问卷调查
Z3. 3. 2 * 企业技术转化指数	引进国内外技术能力	问卷调查
Z3. 3. 3 企业研发效率指数	企业研发效率	2009 年各类专业人员,论文发表数,授权专利
Z4 结构竞争力		

续表

解释性指标名称	指标含义	指标衡量方法
Z4.1 产业结构高级化程度指数	产业结构	
Z4.1.1 非农业增加值占GDP比重	工业化	二、三产增加值占GDP比重
Z4.1.2 服务业增加值占GDP的比重	服务化	三产增加值占GDP的比重
Z4.1.3 高科技从业人员占全部从业人员比例	高科技化	信息传输计算机服务和软件业，年末单位从业人员数
Z4.2 经济结构转化速度指数	结构转型	
Z4.2.1 产业结构提升速率		非农业产值占GDP比重增长率，服务业占GDP的比重增长率（2008～2009年）
Z4.2.2 消费结构升级速率		恩格尔系数年下降百分点（2008～2009年）
Z4.2.3 城市化增长速率	城市化年增长百分点	非农人口比重下降的百分点（2008～2009年）
Z4.3 经济体系健全度指数	服务体系健全性	
Z4.3.1 商饮服务网点健全性	万人拥有商饮服务网点数、万人超市、百货商场数	每万人拥有的餐饮服务和金融网点数
Z4.3.2 中介组织发展充分性	各类服务组织发展	专家估计
Z4.3.3 * 创业服务体系健全性	创业服务满意度	问卷调查
Z4.4 经济体系灵活适应性指数	各类经济主题对经济变化的反映	
Z4.4.1 企业相互间关系灵活性	企业平均规模，企业增长率	专家估计
Z4.4.2 * 公司与政府关系灵活性	政府对企业需求的适应性	问卷调查
Z4.4.3 城市化与工业化适应性		非农业产业结构比重，非农人口比重
Z4.5 产业聚集程度指数	产业集中状况	
Z4.5.1 产业空间聚集度	企业空间度接近程度	专家估计
Z4.5.2 产业专业化聚集	企业间生产联系程度	专家估计
Z4.5.3 产业社会聚集度	企业关系亲密程度	专家估计
Z5 基础设施竞争力		
Z5.1 市内基本基础设施指数	市内基本生产和生活设施	
Z5.1.1 道路交通设施指数	人均道路面积，人均机动车数量	人均道路面积，公交车数量

续表

解释性指标名称	指标含义	指标衡量方法
Z5.1.2 水电煤气设施指数	用水普及率、用气普及率	用水普及率、燃气普及率
Z5.1.3 文化卫生设施指数	文化馆、影剧院、医院个数、万人医院床位	影剧院(剧院)、医院(卫生院)个数、万人医院床位
Z5.1.4 城市旅游设施指数	大型展览馆,涉外饭店	星级饭店数
Z5.2 对外基本基础设施指数	对外大型设施	
Z5.2.1 路网设施指数		公路密集度
Z5.2.2 港口设施指数	吞吐量	港口货物吞吐量
Z5.2.3 航空设施指数	民航机场起降架次	民航机场起降架次
Z5.3 信息技术基础设施指数	技术型基础设施	
Z5.3.1 每百人拥有移动电话机数	一般信息设施	每百人拥有移动电话机数
Z5.3.2 每百人拥有互联网用户数	高级信息设施	每百人拥有互联网用户数
Z5.4 * 基础设施成本指数	基础设施价格	
Z5.4.1 * 实际交通成本	路桥收费等	专家估计
Z5.4.2 实际通信成本	市内电话费	专家估计
Z5.4.3 * 实际房地成本	商品房平均价格	专家估计
Z6 综合区位竞争力		
Z6.1 自然区位便利度指数	城市区位的天然方便程度	
Z6.1.1 自然区位便利度	距离海河湖的远近	专家估计
Z6.1.2 城市在区域中优势度	城市在区域城市群的位置有利性	
Z6.2 经济区位优势指数	城市地区的发展经济的优势	
Z6.2.1 经济腹地发展水平		腹地人均 GDP
Z6.2.2 经济腹地市场规模		专家估计
Z6.2.3 经济区域物流能力		客运量、货运量、邮电业务量
Z6.3 资源优势度指数	城市地区的资源禀赋	
Z6.3.1 * 淡水资源丰富度	水资源供给状况	问卷调查
Z6.3.2 土地资源丰富度		人均可耕地面积
Z6.4 政治文化区位优势指数	社会区位优势	
Z6.4.1 城市行政中心等级指数	行政级别	专家估计
Z6.4.2 城市科教文中心等级指数	科技教育大致级别	专家估计
Z7 环境竞争力		

续表

解释性指标名称	指标含义	指标衡量方法
Z7.1 城市环境质量指数	基本环境质量状况	
Z7.1.1 空气质量	每平方千米二氧化碳排放量	每平方千米二氧化硫排放量
Z7.1.2 水源质量	工业废水排放达标率	工业废水排放达标率
Z7.1.3 工业固体废弃物综合质量	工业固体废弃物综合利用率	工业固体废弃物综合利用率
Z7.2 城市环境舒适度指数	环境舒服程度	
Z7.2.1 城市气候环境	气温和温差,城市晴好天数	专家估计
Z7.2.2 * 自然灾害少发率	台风、地震、洪水、风沙发生率	问卷调查
Z7.2.3 * 城市街区清洁度	城市整洁程度	问卷调查
Z7.3 城市自然环境优美度指数	整体自然环境	
Z7.3.1 * 城市山水环境	山环境、水环境	问卷调查
Z7.3.2 城市自然风景	风景区等级城市,公园风景区数量	公园个数,公园面积
Z7.3.3 城市绿化程度	人均绿地面积	人均公共绿地面积
Z7.4 * 城市人工环境优美度指数		
Z7.4.1 * 城市名胜古迹	数量和级别	问卷调查
Z7.4.2 * 城市建筑布局和谐度	城市布局和建筑物布局	问卷调查
Z7.4.3 * 城市建筑和景观优美度	标志性建筑、商业街、广场,建筑格调	问卷调查
Z8 * 文化竞争力		
Z8.1 * 价值取向指数	社会价值观	
Z8.1.1 * 重商意识	敬重商人程度	问卷调查
Z8.1.2 * 赚钱欲望	追求财富欲望	问卷调查
Z8.1.3 * 消费倾向	积极消费的观念	问卷调查
Z8.2 * 创业精神指数	创业观念和意识	
Z8.2.1 * 辛劳精神	吃苦耐劳程度	问卷调查
Z8.2.2 * 闯荡意识	向外闯荡的意识	问卷调查
Z8.2.3 * 竞争心理	与别人竞争的心理	问卷调查
Z8.3 * 创新氛围指数	创新的社会环境	
Z8.3.1 * 求新意识	个人标新立异的意识	问卷调查

续表

解释性指标名称	指标含义	指标衡量方法
Z8.3.2 * 平等观念	社会平等的观念	问卷调查
Z8.3.3 * 兼容心理	社会的宽容理解心理	问卷调查
Z8.4 * 交往操守指数	交往守信程度	
Z8.4.1 * 诚信意识	诚实守信程度	问卷调查
Z8.4.2 * 法制观念	遵法守纪观念	问卷调查
Z8.4.3 * 协作精神	相互合作意识	问卷调查
Z9 制度竞争力		
Z9.1 * 产权保护制度指数	财产保护程度	
Z9.1.1 * 非规范收费收敛程度	个人及法人财产权益保护度	问卷调查
Z9.1.2 * 盗版知识产品状况	知识产权保护度	问卷调查
Z9.1.3 * 法院体系保证履约状况	人身财产保护度	问卷调查
Z9.2 个体经济决策自由度指数	经济自由度	
Z9.2.1 个体从业人数占总就业人数比重	自由创业者比例	私营个体从业人数占总单位就业人数的比重
Z9.2.2 利润比税收	创业激励程度	利税总额与 GDP 的比值
Z9.2.3 税收占财政收入的比重	政府退出企业经营的程度	利税收入与地方财政一般预算内收入的比值
Z9.3 * 市场发育程度指数	市场完善程度	
Z9.3.1 * 市场定价程度	商品和商场要素通过市场定价的程度	问卷调查
Z9.3.2 * 竞争充分程度	公平充分竞争程度	问卷调查
Z9.4 * 政府审批与管制指数	政府监管制度	
Z9.4.1 * 企业创办难易度	申办企业的难易、申办时间环节	问卷调查
Z9.4.2 * 行业准入限制度	政府对民营企业经营的行业限制	问卷调查
Z9.4.3 * 政府监管有效性	政府对生产、交易、运输等经济秩序的监管有效性	问卷调查
Z9.5 * 法制健全程度指数	城市法律制度	
Z9.5.1 * 地方法规条例的健全性	地方法规的条例健全程度	问卷调查
Z9.5.2 * 主要法规政策的连续性	主要法规政策的可持续程度	问卷调查

续表

解释性指标名称	指标含义	指标衡量方法
Z9.5.3*政策法规普及和透明度	市民对法制的了解程度	问卷调查
Z10 政府管理竞争力		
Z10.1*政府规划能力指数	政府的战略决策	
Z10.1.1*城市战略规划的科学性	规划科学论证和市民参与程度	问卷调查
Z10.1.2*城市功能定位的准确性	城市功能定位接近科学的程度	问卷调查
Z10.1.3*政府产业政策的准确性	政府产业政策的科学明确性	问卷调查
Z10.2 政府推销能力指数	政府营销绩效	
Z10.2.1 城市知名度		城市国内外知名度、市长国内外知名度
Z10.2.2 吸引外资能力	引进外资数	实际利用 FDI
Z10.2.3 吸引游客能力	旅游业国际收入	国际旅游收入
Z10.3*政府社会凝聚力指数	政府威信、社会稳定性	
Z10.3.1*市民满意程度	市民对政府的满意度	问卷调查
Z10.3.2*社会安全程度	社会治安状况	问卷调查
Z10.4 政府财政能力指数	政府融资能力	
Z10.4.1 城市人均财政收入水平	预算内人均财政收入	人均地方财政一般预算内收入
Z10.4.2 城市财政收入增长率	预算内财政收入增长率	人均地方财政一般预算内收入的增长率 2008～2009
Z10.5*政府执法能力指数	依法管理水平	
Z10.5.1*守法自觉性	公务人员守法自觉程度	问卷调查
Z10.5.2*执法公正性	公务人员执法自觉性	问卷调查
Z10.5.3*执法严格性	公务人员执法严格性	问卷调查
Z10.6*政府服务能力指数	政府服务水平	
Z10.6.1*办事效率	官僚主义程度	问卷调查
Z10.6.2*服务态度	对前来办事人员的态度	问卷调查
Z10.6.3*服务质量	对服务对象提供便利服务的程度	问卷调查
Z10.7*政府创新能力指数	政府创新水平	
Z10.7.1*执行政策的灵活性	政策执行的创新性	问卷调查
Z10.7.2*重大创新和成功经验	政府管理的创新探索	问卷调查

续表

解释性指标名称	指标含义	指标衡量方法
Z10.7.3 * 学习能力和交流活动	政府的学习和交流频繁程度	问卷调查
Z11 企业管理竞争力		
Z11.1 * 管理应用水平	城市企业有效管理程度	
Z11.1.1 * 企业管理普遍性	城市企业采用有效管理方法的程度	问卷调查
Z11.1.2 * 企业决策规范性	城市企业决策程式化程度	问卷调查
Z11.2 管理技术和经验	管理工具和手段	
Z11.2.1 * 管理人员的经验	高级管理人员国际经验和职称水平	问卷调查
Z11.3 * 激励和约束绩效	管理人力绩效	
Z11.3.1 * 公司决策执行有效性	政府决策得到有效执行程度	问卷调查
Z11.3.2 * 公司雇员的积极性	雇员因管理产生的工作热情	问卷调查
Z11.3.3 * 雇主和雇员目标一致性	雇主和雇员利益一致性	问卷调查
Z11.4 * 产品和服务质量	管理产出绩效	
Z11.4.1 * 产品质量	同等价格下,企业产品质量	问卷调查
Z11.4.2 * 顾客满意度	同等价格下,企业服务质量	问卷调查
Z11.4.3 * 公司信誉	公司的知名度和美誉度	问卷调查
Z11.5 企业管理经济效益	最终经济效益	
Z11.5.1 企业百元资金销售收入		销售收入/(固定资金 + 流动资金)
Z11.5.2 企业百元资金总产值		总产值/(固定资金 + 流动资金)
Z11.5.3 企业百元资金利税		利税/(固定资金 + 流动资金)
Z12 开放竞争力		
Z12.1 经济国际化程度	国际开放度	
Z12.1.1 外贸依存度		(进口 + 出口)/2 * 城市 GDP
Z12.1.2 外贸占固定资产投资的比重		外资/固定资产投资
Z12.1.3 外企占城市总企业的比重		规模以上:外企/总企业数
Z12.2 * 经济区域化程度	区域开放度	

续表

解释性指标名称	指标含义	指标衡量方法
Z12.2.1 * 城市区域开放度	对外来投资的歧视、外地产品销售的现状、对外地人就业的限制	问卷调查
Z12.2.2 * 基础设施区域共享程度	交通通信设施等	问卷调查
Z12.2.3 * 产业分工程度	城市参与区域、全球产业分工程度	问卷调查
Z12.3 人文国际化指数	人文开放度	
Z12.3.1 移民人口指数	人口国际、区域化程度	暂住人口占年均人口的比重
Z12.3.2 外语普及率	语言国际化程度	专家估计
Z12.3.3 * 外来文化影响度	文化多样性	问卷调查
Z12.4 社会交流指数	社会交流程度	
Z12.4.1 * 政府间正式交流指数	正式对外交流程度	问卷调查
Z12.4.2 * 民间非正式社会交往指数	民间、非正式城市内外交流程度	问卷调查
Z12.4.3 社会远距离交往程度		人均邮电业务量

* 皆通过采用问卷调查的方式获得。

三　数据来源

（一）中国城市竞争力报告显示性数据来源

指标名称	数据来源			
	中国内地	中国香港	中国澳门	中国台湾地区
增长率（2005～2009年）	国家统计局	根据香港特别行政区政府统计处	根据澳门特别行政区统计暨普查局	根据“行政院”主计处数据计算得到
2009年国内生产总值（当年价格）	国家统计局	香港特别行政区政府统计处	澳门特别行政区统计暨普查局	“行政院”主计处
第二产业增加值	国家统计局	香港特别行政区政府统计处	澳门特别行政区统计暨普查局	“行政院”主计处

续表

指标名称	数据来源			
第三产业增加值	国家统计局	香港特别行政区政府统计处	澳门特别行政区统计暨普查局	“行政院”主计处
建成区面积	国家统计局	香港特别行政区政府统计处	澳门特别行政区统计暨普查局	“行政院”主计处
行政区域土地面积	国家统计局	香港特别行政区政府统计处	澳门特别行政区统计暨普查局	“行政院”主计处
年常住人口	国家统计局	香港特别行政区政府统计处	澳门特别行政区统计暨普查局	“行政院”主计处
工业固体废弃物综合利用率	国家统计局			
工业污水排放达标率	国家统计局			
全年用电量	国家统计局	香港特别行政区政府统计处	澳门特别行政区统计暨普查局	“行政院”主计处
工业二氧化硫排放量	国家统计局	香港特别行政区政府统计处	澳门特别行政区统计暨普查局	
信息传输、计算机服务和软件业	国家统计局	香港特别行政区政府统计处	澳门特别行政区统计暨普查局	
金融业	国家统计局	香港特别行政区政府统计处	澳门特别行政区统计暨普查局	
科学研究、综合技术服务和地质勘察业	国家统计局	香港特别行政区政府统计处	澳门特别行政区统计暨普查局	
研究与试验发展(R&D)费用	国家统计局	香港特别行政区政府统计处	澳门特别行政区统计暨普查局	
地方财政一般预算内收入	国家统计局	香港特别行政区政府统计处	澳门特别行政区统计暨普查局	“行政院”主计处
城镇居民人均可支配收入	国家统计局	根据香港特别行政区政府统计处数据计算	根据澳门特别行政区统计暨普查局数据计算	根据“行政院”主计处数据计算
幸福感指数	调查数据	调查数据	调查数据	调查数据

四 样本选择

报告中的样本城市包括中国34个省、市、区和特别行政区的294个城市，具体为内地286个地级以上城市和香港、澳门、台北、高雄、基隆、新竹、台中、台南。

五　计算方法

（一）指标数据标准化方法

由于城市竞争力各项指标数据的量纲不同，因此，要对这些指标进行综合集成，所有指标数据都必须进行无量纲化处理。客观指标分为单一客观指标和综合客观指标。对于单一性客观指标原始数据无量纲处理，本书主要采取标准化、指数化和阈值法三个方法。

标准化计算公式为：

$$X_i = \frac{(x_i - \bar{x})}{Q^2}$$

x_i 为原始数据，$\bar{x}$ 为平均值，Q^2 为方差，X_i 为标准化后数据。

指数法的计算公式为：$X_i = \frac{x_i}{x_{0i}}$；x_i 为原始值，x_{0i}为最大值，X_i 为指数。

阈值法的计算公式为：$X_i = \frac{(x_i - x_{min})}{x_{max} - x_{min}}$，$X_i$ 为转换后的值，x_{max} 为最大样本值，x_{max} 为最小样本值，x_i 为原始值。

综合客观指标原始数据的无量纲化处理是：先对构成中的各单个指标进行量化处理，然后再用等权法加权求得综合的指标值。

（二）城市竞争力计量的方法

1. 城市竞争力显示指数：综合竞争力的计算方法

2009 年显示性竞争力各项指标综合成综合竞争力的方法是非线性加权综合法。所谓非线性加权综合法（或“乘法”合成法）是指应用非线性模型 $g = \pi^{x_j^{wj}}$ 来进行综合评价的。式中 w_i 为权重系数，$x_i \geqslant 1$。对于非线性模型来说，在计算城市综合竞争力的 7 项显示指标中，只要有一个指标值非常小，那么综合竞争力值将迅速接近于零。换言之，这种评价模型对取值较小的指标反应灵敏，对取值较大的指标反应迟钝。运用非线性加权综合法进行城市竞争力计量，能够更全面、科学的反映综合指标值。

2. 城市竞争力的解释指数：分项竞争力的计算方法

尽管报告设计的解释性城市竞争力的指标为三级指标，实际上包括原始指标在内，解释性城市竞争力的指标为四级，而在四级指标合成三级指标时，一般采用先标准化再等权相加的办法，标准化方法如前所述。而三级指标合成二级指标，二级指标合成一级指标，一级指标最后合成城市综合竞争力主要采用了方差加权法。其公式为：

$$Z_{i.l} = \sum_{i.l} k_{i.l.j} z_{i.l.j}$$

其中，$Z_{i.j}$表示各二级指标，$K_{i.l.j}$表示各三级指标方差，$Z_{i.l.j}$表示各三级指标。

$$Z_i = \sum_i b_{i.j} z_{i.j}$$

其中，Z_i 表示各一级指标，$b_{i.l}$表示各二级指标方差，$Z_{i.l}$表示各二级指标。

$$Z = \sum a_i z_i$$

其中，Z 表示解释竞争力加总的城市竞争力，a_i 表示各一级指标方差，z_i 表示各一级指标。

3. 竞争力基尼系数计算方法：

报告借鉴基尼系数的思想，设计出了竞争力基尼系数，以此来衡量城市各指标之间的竞争力差异程度。基尼系数最大为“1”，最小等于“0”，竞争力基尼系数越大则城市之间的差异越大。具体的计算公式为：

1 -2/ (n -1) ×sum [v_i× (r_i -1), i =1, …, n] /sum (v_i, i =1, …,n)

其中 n 为城市个数，v_i 为各城市指标值，而 r_i 为相应的排名。

4. 城市分类竞争力指数

报告将城市分别按照区域、省份、城市规模和发展阶段进行了归类，各类别中某一类型的竞争指数是对该类别所有城市该项指标的竞争力指数求平均。比如区域分类中，东南地区的区域增长竞争力指数是对东南所有 55 个城市的增长竞争力指数求平均。

B.23
参考文献

Arrow, Kenneth J., Kurz, Mordecai, *Public Investment, the Rate of Return, and Optimal Fiscal Policy*, John Hopkins Press (1970).

Anselin, L., *GeoDa* 0.9 *User's Guide*, Spatial Analysis Laboratory (SAL), Department of Agricultural and Consumer Economics, University of Illinois, Urbana-Champaign, IL, 2003.

Davis, D., Weinstein, D. "Economic Geography and Regional Production Structure: An Empirical Investigation", *European Economic Review* (1999) 53 (2).

Easterly, William, Aart Kraay, "Small States, Small problems?" Policy Research Working Paper World Bank, Development Research Group. Macroeconomics and Growth, Washington D. C. 1999.

Frank Bruinsma, Piet Rietveld, "Urban Agglomerations in European Infrastructure Networks", *Urban Stud* June 1993 vol. 30 No. 6.

Henderson, J. V., "Marshall's scale economies", *Journal of Urban Economics*, (2003) 53.

Jochem de Vries and Hugo Priemus, "Megacorridors in north-west Europe: issues for transnational spatial governance", *Journal of Transport Geography*, Volume 11, Issue 3, September 2003.

Krugman P., *Geography and Trades*, MIT Press (1993).

Louis Albrechts and Tom Coppens, "Megacorridors: striking a balance between the space of flows and the space of places", *Journal of Transport Geography*, Volume 11, Issue 3, September 2003.

Seil Mun, "Transport Network and System of Cities", *Journal of Urban Economics*, Volume 42, Issue 2, September 1997.

Albrechts L., Tom Coppens, "Megacorridors: striking a balance between the space of flows and the space of places" *Journal of Transport Geography*, Volume 11, Issue

3, September 2003.

Atsuku Ueda, "Measuring Distortion in Capital Allocation—the Case of Heavy and Chemical Industries in Korea", *Journal of Policy Modeling*, 1999, 21.

Bruinsma F., Piet Rietveld, "Urban Agglomerations in European Infrastructure Networks", *Urban Stud June* 1993 vol. 30 No. 6.

Krugman P., *Rethinking International Trade*, MIT Press (1990).

Krugman P., *geography and trades*, MIT Press (1991).

Seitz Helmut, "Infrastructure, Industrial Development, and Employment in Cities: Theoretical Aspects and Empirical Evidence", *International Regional Science Review*, 2000, Vol. 23.

Yusuke Onitsuka, "International Capital Movements and the Pattern of Economic Growth", *The American Economic Review*, 2001, (3).

Wurgler J., "Financial Market and the Allocation of Capital", *Journal of Financial Economics*, 2000, 58 (2).

Peter Hall, *The world cities*, London: Weidenfeld and Nicolson Ltd. 1984.

Cohen R. J. "The new international division of labour, multinational corporations and urban hierarchy" in Dear M. and Scott A. J. (eds) *Urbanisation and urban planning in capitalist society*. London: Methuen. 1981.

Friedmann J. and G. Wolf, "World city formation: an agenda for research and action", *International Journal of Urban and Regional Research* 1982, 6 (3).

Sassen S., *Cities in a world economy*, London: Forge press. 1994.

Sassen S. (eds), *Global networks-linked cities*, London: Routledge. 2002.

Sassen S., *The global city: New York*, London, Tokyo. Princeton: Princeton University Press. 2001.

Castells M., *Network society*. Oxford: Blackwell. 1996.

Friedmann, J. *The World City Hypothesis. Development and Change*, 1986, 17 (1).

Taylor, P. J., *World City Network: Aglobal Urban Analysis*. London: Routledge. 2004.

Jacobs, J., *The Nature of Economies*, New York: Vintage, 2000.

Beaverstock, J. V. Smith, R. G. and Taylor, P. J., "A roster of world cities," *Cities*, 1999, 16.

Smith, David A. and Michael Timberlake, "World city networks and hierarchies, 1977 – 1997: An empirical analysis of global air travel links," *American Behavioral Scientist*, 2001, 44 (10).

Beltil G. Ohlin,《地区间贸易和国际贸易》，王继祖等译，首都经济贸易大学出版社，2001。

Cathy Lips,《世界银行2009年度报告》，经济科学出版社，2009。

Johann Heinrich von Thünen,《孤立国同农业和国民经济的关系》，吴衡康译，商务印书馆，1986。

Masahisa Fujita, Paul Krugman, Anthony J. Venables,《空间经济学：城市、区域与国际贸易》，梁琦译，中国人民大学出版社，2011。

理查德·佛罗里达：《创意新贵》，宝鼎出版社，2003。

理查德·佛罗里达：《您属哪座城》，北京大学出版社，2009。

理查德·佛罗里达：《世界是平的》，何帆等译，湖南科学技术出版社，2006。

〔美〕威廉·A. 哈维兰：《文化人类学（第10版）》，瞿铁鹏、张钰译，上海社会科学院出版社，2006。

陈建军：《长江三角洲地区的产业同构及产业定位》，《中国工业经济》2004年第2期。

范剑勇、石灵云：《地方化经济与劳动生产率：来自制造业四位数行业的证据》，《浙江社会科学》2008年第5期。

范剑勇、谢强强：《地区间产业分布的本地市场效应及其对区域协调发展的启示》，《经济研究》2010年第4期。

薄文广：《外部性与产业增长》，《中国工业经济》2007年第1期。

耿勇：《物流基础设施网络规模确定方法研究》，北京交通大学2007年博士论文。

黄静兰：《交通运输网络特性分析》，《综合运输》2003年第6期。

刘勇：《交通基础设施投资、区域经济增长及空间溢出作用——基于公路、水运交通的面板数据分析》，《中国工业经济》2010年12期。

荣朝和：《关于运输业规模经济和范围经济问题的探讨》，《中国铁道科学》2001年第4期。

王永刚：《中国城市群经济规模效应研究》，辽宁大学2008年博士论文。

张光南、李小瑛、陈广汉：《中国基础设施的就业、产出和投资效应——基于 1998 ~2006 年省际工业企业面板数据研究》，《管理世界》2010 年第 4 期。

张杰、李勇、刘志彪：《制度对中国地区间出口差异的影响：来自中国省际层面 4 分位行业的经验证据》，《世界经济》2010 年第 2 期。

张军、傅勇、高远、张弘：《中国基础设施的基础研究：分权竞争、政府治理与基础设施的投资决定》，复旦大学中国经济研究中心 2006 年工作论文，网上查询地址 http：//www. cenet. org. cn/userfiles/2009 －9 －13/20090913123806649. pdf。

陈修颖：《长江经济带空间结构演化及重组》，《地理学报》2007 年第 12 期。

罗蓉：《长江经济带产业协调发展研究》，《开发研究》2007 年第 2 期。

周一星、张莉：《改革开放条件下的中国城市经济区》，《地理学报》2003 年第 2 期。

邓春玉：《珠三角经济圈对外经济联系与地缘经济关系匹配分析》，《地理科学进展》2010 年第 2 期。

丁洪建、余振国：《城市对外经济联系量与地缘经济关系的匹配分析：以南京市为例》，《中国软科学》2008 年第 3 期。

赖国毅、陈超：《SPSS17 中文版统计分析实例精粹》，电子工业出版社，2010。

孙孝文：《长江流域产业结构分析与思考》，《西北农林科技大学学报（社会科学版)》2009 年第 7 期。

王远飞、何洪林：《空间数据分析方法》，科学出版社，2007。

魏锋：《中国省域腐败邻居效应的实证研究》，《经济社会体制比较》2010 年第 4 期。

魏后凯、蒋媛媛：《长江流域地区开发规划：现状与展望》，《学习与实践》2009 年第 11 期。

伍新木：《应将长江经济带的发展上升为国家战略》，《长江流域资源与环境》2010 年第 10 期。

徐茜：《省际外联经济量与地缘经济关系的匹配分析——以浙江省为例》，《经济地理》2010 年第 4 期。

于良春、付强：《地区行政垄断与区域产业同构互动关系分析——基于省际的面板数据》，《中国工业经济》2008 年第 6 期。

田建军、徐旭忠、朱旭东：《长江经济带恶性竞争：市场割据带来产业趋同》，《半月谈内部版》2010 年第 9 期。

杨永春、李欣珏：《中国城市资本密度空间变化与机制——以兰州市为例》，《地理研究》2009 年第 7 期。

郑群峰：《我国资本配置效率空间计量研究——基于投资主体结构变迁的视角》，《商业经济与管理》2010 年第 5 期。

钟永红、李政：《中国区域资本形成的空间特征及成因》，《经济纵横》2004 年第 10 期。

胡平：《中国商业文化新论》，《山西财经学院学报》1996 年第 6 期。

向力力：《城市商业文化品味升级的战略思考》，《湖南行政学院学报》2000 年第 4 期。

姜长宝：《商业文化的经济效应探析》，《理论学刊》2004 年第 2 期。

马勇：《商业文化的经济学解释》，《商业文化》2003 年第 4 期。

林耿、李燕：《历史文化因素对广州商业业态空间的影响》，《人文地理》2005 年第 4 期。

李蕊蕊：《历史文化因素对泉州城市商业空间发展的影响》，《吉林师范大学学报》2009 年第 2 期。

周俊敏：《重新认识商业文化》，《湖南商学院学报》2004 年第 4 期。

郑学益：《近代中国商业文化及其社会意义》，《经济科学》1996 年第 2 期。

陈翼：《文化产业在 17 个城市成为支柱产业》，《中国税务报》2005 年 11 月 21 日。

黎仕明：《政治、经济、文化——中国城市发展动力的三重变奏》，《城市研究》2006 年第 6 期。

肖兴江、王国华：《对开发扬州维扬区商业文化旅游资源的思考》，《扬州职业大学学报》2004 年第 6 期。

刘赣州：《资本市场与资本配置效率：基于中国的实证分析》，《当代经济研究》，2003 年第 11 期。

郭金龙，王宏伟：《中国区域间资本流动与区域经济差距研究》，《管理世界》2003 年第 7 期。

唐旭：《区域货币资金流动论（上）》，《河南金融管理干部学院学报》1999 年第 2 期。

理查德·佛罗里达：《创意新贵》，宝鼎出版社，2003。

理查德·佛罗里达：《您属哪座城》，北京大学出版社，2009。

B.24
后 记

在全球化迅速发展的今天，城市化与全球化相互影响、相互促进，因此，城市发展产生了新的变化。由于全球化的影响，当今世界是一个“倾斜而平坦”的世界，也是城市化对世界产生的影响，反过来又就对城市化的发展提出了新的要求。《中国城市竞争力报告 No.9》将“城市：让世界倾斜而平坦”作为报告的主题。本次报告在以往研究的基础上，在“倾斜而平坦”世界的背景下，深入研究了影响城市发展的多层次原因，并引入到中国城市的研究之中，从而为研究中国城市化的发展，甚至世界城市化的发展提供了新的研究视角。

《中国城市竞争力报告 No.9》由中国社会科学院财贸经济研究所倪鹏飞博士牵头，数十家国内著名高校、地方院校、权威统计部门、企业研发机构的近百名专家参与，历经大半年时间，进行理论和调查、计量和案例等经验研究而形成的成果。《中国城市竞争力报告 No.9》的基础理论、指标体系、研究框架和重要结论主要由主编倪鹏飞博士做出。副主编南开大学组合数学研究中心侯庆虎博士（数学专家）负责计量、提供计算支持；副主编梁华负责主题报告的统稿、审阅。副主编陈小龙博士（统计专家）负责标准化数据、数据审核，并提供统计技术支持。特邀主编沈建法、林祖嘉、杨允中负责台湾、香港、澳门的数据支持、审核和报告的讨论工作。主编助理赵恒（中国社会科学院研究生院）、魏劭琨负责报告的数据采集、具体计算、资料汇总、协调调度等工作。负责数据采集与计算的还有：陈帅（中国社会科学院研究生院）、周颖（中国社会科学院研究生院）、汪怡宁（中国社会科学院研究生院）、史萌（中国社会科学院研究生院）、李蔬妍（中国社会科学院研究生院）、王宁（中国社会科学院研究生院）、董亮亮（中国社会科学院研究生院）。

关于城市综合竞争力，本次样本涉及中国294个城市，除了总体报告外，本次报告根据中国进入城市化加速阶段的时代特征，探讨城市居民的幸福感，城市病等问题构成主题报告。同时，还制作了六大区域报告和二十二个省区报告。报告的文稿是在锤炼理论、采集数据，进行计量并得出基本结论后，由执笔者撰写而成的。

各章的文字贡献者是：第一章：中国城市综合竞争力2010年度排名 课题组

集体；第二章：中国城市竞争力2010年度述评 倪鹏飞 魏劭琨（中国社会科学院研究生院）张兴瑞（复旦大学）李超（暨南大学）李小江（西南财经大学）刘峥（河南大学）赵恒 等；第三章：城市竞争力的理论框架 倪鹏飞；第四章：我们的城市幸福吗？李清彬（南开大学）赵恒；第五章：中国（东南地区）城市竞争力报告 陈帅（中国社会科学院研究生院）；第六章：中国（环渤海地区）城市竞争力报告 李蔬妍（中国社会科学院研究生院）；第七章：中国（东北地区）城市竞争力报告 周颖（中国社会科学院研究生院）；第八章：中国（中部地区）城市竞争力报告 王宁 汪怡宁（中国社会科学院研究生院）；第九章：中国（西南地区）城市竞争力报告 董亮亮（中国社会科学院研究生院）；第十章：中国（西北地区）城市竞争力报告 史萌（中国社会科学院研究生院）；第十一章：中国（香港）城市竞争力报告 王子忠（国务院港澳办港澳研究所）；第十二章：城市：让世界倾斜而平坦 倪鹏飞 魏劭琨；第十三章：中国城市的地位：基于全球500个城市的分析 魏劭琨；第十四章：中国城市联系度：基于世界城市网络的测度 刘凯（中南财经政法大学）魏劭琨；第十五章：运输成本与城市收益：基于城市群的研究 李煜伟（中央财经大学）；第十六章：长江经济带空间经济联系与结构形态分析 李超（暨南大学）；第十七章：中国城市产业升级与全球价值链分工 张兴瑞（复旦大学）；第十八章：中国城市资本的空间分布：基于上市公司的实证检验 黄斯赫（深圳市证监局）；第十九章：中国历史文化名城与城市商业文化 依绍华（中国社会科学院财贸所）、聂新伟（中国社会科学院研究生院）；第二十章：中国城市化加速进程中的“城市病”张兴瑞（复旦大学）；第二十一章：中国56个重点城市竞争力对标 课题组集体；附录：倪鹏飞、侯庆虎、赵恒。整个报告的计量数据，由倪鹏飞、侯庆虎领导的课题组完成。

《中国城市竞争力报告 No. 9》和中国城市竞争力的研究得到报告顾问及诸多机构和人士真诚无私的帮助，特别鸣谢北京新捷智业市场研究公司对本报告城市居民幸福感调查的大力支持。我们对所有支持和关心这项研究单位和人士表示钦佩、敬意和感谢。

倪鹏飞

2011 年 4 月 15 日

图书在版编目（CIP）数据

中国城市竞争力报告.9，城市：让世界倾斜而平坦/倪鹏飞主编.—北京：社会科学文献出版社，2011.5
（城市竞争力蓝皮书）
ISBN 978-7-5097-2305-0

Ⅰ.①中… Ⅱ.①倪… Ⅲ.①城市-竞争-研究报告-中国 Ⅳ.①F299.2

中国版本图书馆CIP数据核字（2011）第068194号

城市竞争力蓝皮书

中国城市竞争力报告No.9

——城市：让世界倾斜而平坦

主　　编／倪鹏飞
副 主 编／侯庆虎　梁　华　陈小龙

出 版 人／谢寿光
总 编 辑／邹东涛
出 版 者／社会科学文献出版社
地　　址／北京市西城区北三环中路甲29号院3号楼华龙大厦
邮政编码／100029
网　　址／http：//www.ssap.com.cn
网站支持／（010）59367077
责任部门／皮书出版中心（010）59367217
电子信箱／pishubu@ssap.cn
项目经理／邓泳红
责任编辑／吴　丹　姚冬梅
责任校对／邓晓春
责任印制／董　然
品牌推广／蔡继辉

总 经 销／社会科学文献出版社发行部
（010）59367081　59367089
经　　销／各地书店
读者服务／读者服务中心（010）59367028
排　　版／北京中文天地文化艺术有限公司
印　　刷／北京季蜂印刷有限公司

开　　本／787mm×1092mm　1/16
印　　张／25.25　字数／431千字
版　　次／2011年5月第1版　印次／2011年5月第1次印刷

书　　号／ISBN 978-7-5097-2305-0
定　　价／65.00元

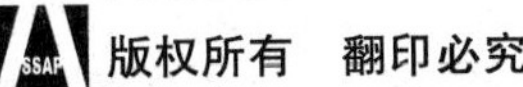